KB177655

카를 힐티(1833~1909)

▲〈우르비노의 비너스〉 티치아노, 1538, 우피치 미술관

'노동은 피곤한 것이다. 피곤할 때 쉬는 것보다 더 빨리 피로를 회복시켜주는 것이 있다. 그것은 노동을 하는 것이다.'
힐티는 티치아노가 여든이 넘어서까지 계속 그림을 그릴 수 있었던 것은 그가 피곤해지면 다른 소재의 그림을 그려 피로를 빨리 회복했기 때문이라고 말한다. 즉 풍경화를 그리다 지치면 누드화를 그리는 방식이다.

◀티치아노(1485~1576)

카이저 빌헬름 2세(1859~1941, 재위 1888~1918) 독일 황제 겸 프로이센 왕

카를 힐티는 제1차 세계대전이 '황제의 질투심'에서 비롯되었다고 봤다. 황제가 질투심을 일으키지 않았다면 독일은 해군을 만들지도 않았을 것이고 영국과, 나아가 세계대전의 참화가 일어나지도 않았으리라고 지적했다.

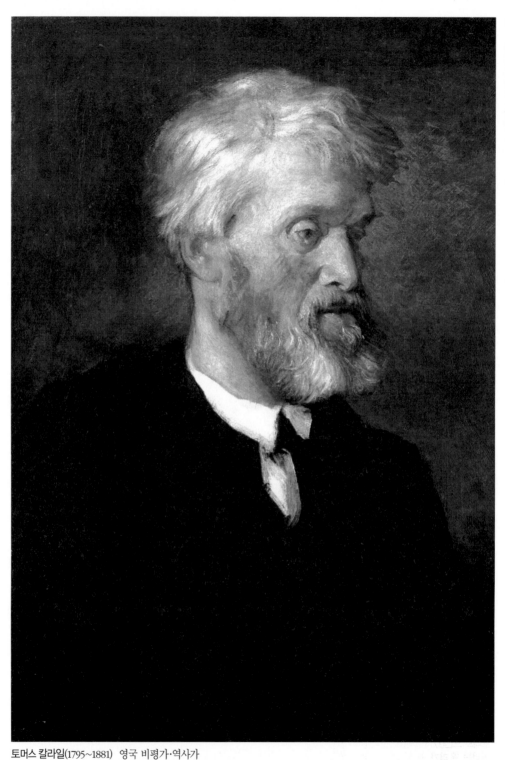

토머스 칼라일(1795~1881) 영국 비평가·역사가
힐티는 노년에 이르기까지 성실하며 규칙적인 생활을 했으며 시간을 아껴 끊임없이 독서에 매달렸다. 특히 그리스·로마 고전은 물론 근대의 칼라일 등의 작품을 애독했다. 그가 활발한 활동과 봉사를 한 것은 이러한 다양한 독서 덕분이었다.

로버트 오언(1771~1858) 영국의 사상가·사회주의자

힐티는 '우리가 좋은 일을 할 때 무엇을 기준삼아야 하는가'를 생각해 보게 하는 교훈으로 '로버트 오언'을 예로 들었다. 오언은 섬유공장을 성공적으로 운영했는데 그 바탕은 직원들을 위해 학교를 짓고 복지시설을 세웠기 때문이다. 그는 사업 성공에서 번 돈으로 미국에서 대지를 사들여 '유토피아'를 건설하려 했으나 실패로 끝나 빈털터리가 되었다.

〈산상설교〉 신약성서 '마태복음'에서
힐티는 '잠 못 이루는 조용한 밤 예수의 가르침을 읽으며 자신을 성찰하라. 이 험난한 삶에서 자신을 구원해 줄 소중한 시간을 갖게 될 것이다'고 말한다.

〈예수의 초상〉 렘브란트
힐티는 자신의 신앙 경험을 바탕으로 예수 그리스도의 가르침을 솔직히 받아들여 실행해 보라고 조언하면서, 그 가르침을 믿고 사는 기쁨을 설파한다.

Carl Hilty

Für schlaflose Nächte

Von der Kraft,
die aus der Stille
kommt

Vorwort
Veronica Carstens

HERDER

《잠못 이루는 밤을 위하여》(초판, 1901~19) 표지 힐티는 1년 365일의 구성을 통해 그날그날 불면의 밤들을 조금씩 잠언을 읽으며 묵상할 수 있도록 만들었다.

세계사상전집082
Carl Hilty
FÜR SCHLAFLOSE NÄCHTE

잠 못 이루는 밤을 위하여

카를 힐티 지음/곽복록 옮김

동서문화사

디자인 : 동서랑 미술팀

잠 못 이루는 밤을 위하여

차례

잠 못 이루는 밤을 위하여

잠 못 이루는 밤은 참으로 견디기 어려운 고통이다. 그래서 건강한 사람이나 병자나 모두 잠 못 이루는 밤을 두려워한다. 건강한 사람은 규칙적인 수면이 건강을 지켜 준다는 것을 알고 있고, 병자는 심신을 안정시키고 기력을 되찾아 주는 수면을 취하지 못하면, 기나긴 어두운 밤 번뇌와 고통이 더더욱 크게 느껴지기 때문이다. 게다가 여러 가지 근심과 슬픔이 겹치면, 체력마저 떨어지고, 기력이 없는 사람에게는 미래에 대한 공포가 '무장한 병사'처럼 엄습한다. 거기에 저항하기란 힘든 일이고 그렇다고 달아날 수도 없다.

불면증이 일시적이든 지속적이든, 효과적인 치료법이 있으면 그것을 이용하거나, 차라리 불면증 그 자체를 최대한 활용하는 수밖에 없다. 이 두 가지 방법은 어느 정도는 서로 결합시킬 수도 있다. 그러나 대비책을 강구하지 않은 채 괜히 탄식만 하는 것은 매우 어리석은 짓이며 고통을 덜기는커녕 오히려 더 심해지게 만든다.

1

불면증이 왜 생기는지 한 마디로 단정하기는 어렵다. 불면증은 대개 질병이나 걱정거리, 또는 불안에서 생긴다. 하지만 때로는 휴식이 너무 지나치거나 안일한 생활, 여러 가지 부절제, 또는 불규칙한 수면 등에서 생기는 수도 있다.[1] 수면이란 무엇인지 우리는 알지 못한다. 이 문제에 대해서는 당분간 실제로는 그다지 성과도 없는 연구와 논쟁을 벗어날 수 없을 것 같다. 다만 경험상

---

[1] 나의 오랜 친구이며 80살을 넘긴 한 노부인은 말한다. "이 나이가 되도록 나는 소녀시절처럼 달콤한 잠을 자고 있답니다." 그녀는 그 비결이 잠이 오지 않으면 자리에 눕지 않는 습관 덕택이라며, 아버지한테서 배운 칸트 철학의 원칙이 '모세의 율법처럼 어겨서는 안 되는 계율로 마음에 새겨져 살아 있는 것처럼 작용한다' 말했다. 실제로 여성의 경우, 불면증은 불필요하게 너무 오래 누워 있거나 몸이 너무 피곤해도 일어난다. 여성은 체력에 비해 일을 너무 많이 하거나 너무 적게 하는데, 그 어느 쪽도 좋지 않은 결과를 가져온다.

우리가 알고 있는 것은 적당한 수면이 건강을 유지하는 데 꼭 필요하고, 질병, 특히 신경계통의 질병에는 가장 효과적인 치료수단이며, 또 수면은 밤, 그것도 자정 전부터 시작하여 6시간에서 8시간*² 동안 이어지는 것이 가장 효과적이고, 수면제는 가능하면 복용하지 말아야 한다는 것이다.

잠못이룸은 언제나 재앙이므로 가능한 한 없애야 한다. 다만 예외가 있는데, 그 불면이 매우 기쁜 일로 생겼을 때(이 경우 잠을 이루지 못하는 것이 오히려 인생의 가장 큰 기쁨이다), 또는 평소에 소홀히 하기 쉬운 자기 반성을 위한, 아무도 방해할 수 없는 조용한 시간을 보내기 위해 불면이 찾아오는 경우이다. 이 경우, 불면은 내적 삶의 진보를 이룩하고 인생에서 가장 큰 보물을 손에 넣을 수 있는 귀중한 기회이다. 잠 못 이루는 밤에 생애의 결정적인 통찰과 결단을 이끌어낸 사람들이 수없이 많다.

이러한 견지에서 불면을 고찰해 보는 것도 무의미한 일은 아닐 것이다. 이스라엘의 현자 카하나이의 아들 랍비 카나나는 이렇게 말했다.

'밤에 깨어 있을 때나 혼자 길을 걸어갈 때, 안일한 생각에 마음을 맡기는 자는 자신의 영혼에 죄를 범하고 있는 것이다.'

그런 사람은 정신적인 이익을 얻을 수 있는 둘도 없는 기회를 놓칠 뿐만 아니라, 무익한 생각이 초래하기 쉬운 위험에 스스로 몸을 맡기게 된다는 뜻이다.

그러므로 잠 못 이루는 밤을 '신의 선물'로 보는 것은 자신에게도 유익하다. 우리는 그 기회를 활용해야 하며, 무작정 거슬러서는 안 된다. 다시 말해 불면에는 뭔가 목적이 있고, 마땅히 있어야 한다고 생각하는 것이 바람직하다. 바로 그러한 때, 평소보다 명확하게 들리는 조용한 목소리에 귀를 기울이고, 다른 모든 생각은 물리치는 것이 좋다. '왜 잠 못 이루는 밤이 나에게 찾아온 것일까?' 하고 생각해보는 것이 큰 축복이 될 수도 있다. 여기에 대해서는 이미 욥기에 기록되어 있는데, 이는 욥의 깊은 경험을 토대로 얘기한 것이다. *³그러

─────────

*2 물론 수면 시간은 나이와 신체 상태에 따라 다르다. 그러나 우리는 유해한 환경에도 익숙해지기 때문에 과다한 수면은 오히려 몸에 해롭다. 몸의 기관들은 충분하게 움직여 주지 않으면 약해져서, 활동과 영양이 정상이 아닌 상태(너무 긴 수면이 그러한 상태이다)에도 익숙해지기 때문이다.

*3 욥기 33장 15~30절, 다니엘 2장 19~30절, 시편 56편 13절 참조. H. 로름은 약간 염세적이지만 더할 나위 없이 아름다운 시로 이와 같은 사상을 다음과 같이 노래했다.

한 불면의 목적을 발견하면, 불면 자체도 없앨 수 있다. 즉, 목적을 발견하고 나서 영혼의 평화가 찾아오면, 육체의 기관, 특히 신경에 좋은 작용을 하게 된다.

이 경우 주의해야 할 것이 있다. 잠이 오지 않을 때, 그저 막연하게 자기 생각에만 몰두해서 자기라는 작은 배를 상념의 물결이 흘러가는 대로 맡기는 것은 좋지 않다. 오히려 그 생각이 나아가야 할 방향을 지시해 주어야 한다. 따라서 먼저 자신을 상대로 얘기해서는 안 된다. 그것은 대개 불안을 증폭시킬 뿐이다. 가능하면 항상 흔들리지 않는 평화를 주는 신과 얘기하거나, 만약 그런 사람이 있다면 당신을 사랑하는 사람들과 대화하라. 특히 신앙심이 깊은 여성과 얘기하는 것이 좋다. 그런 사람의 말과 손길은 이따금 커다란 위안을 주는 법이다.

그런 도움을 얻을 수 없을 때 힘이 되는 것은 좋은 책이다. 그저 좋은 책 속의 극히 짧은 한 구절이라도 좋다. 그것이 사고에 자극을 주어, 수많은 어지러운 생각에서 정신을 돌리고 올바른 위안의 샘으로 이끌어준다. 그런 의미에서 가장 좋은 책은 구약의 시편, 욥기, 신약의 그리스도의 말, 개신교의 찬송가 같은 것이다. 특히 보헤미아 형제단*4의 찬송가집 속에 아름다운 노래들이 많이 있다. 이러한 좋은 사상을 스스로 발견하는 것이 쉽지 않기 때문에 그것들을 접할 수 있는 좋은 기회와 자극을 주는 데에 이 책의 목적이 있다. 따라서 이 책에는 잠 못 이루는 밤에 어울리는 사상, 그것도 대개 그러한 불면의 밤에 태어난 사상들이 수록되어 있다. 그 가운데 하나를 택해 조용한 마음으로 사색하는 것이 이 책의 목적이다. 그러나 그런 사상 속에 아무리 마음을 자극하

오직 가슴에 고동칠 뿐
말하여진 적 없는 언어로
깨어 있는 시간, 꿈의 힘으로
밤이라는 마법의 안경으로
잠을 빼앗긴
어둡고 조용한 밤은
살아 있는 그대로
이 괴로운 삶에서 우리를 구해준다.

*4 헤른후트(Herrnhut). 15세기 중반 보헤미아에서 후스파의 영적 이상주의에 영감을 받아 생겨난 종교단체. 성서를 신앙의 유일한 규준으로 삼으면서 소박하고 겸손한 비폭력의 삶을 추구한 보헤미아 형제단 일부 가문이 모라비아를 떠나 작센에 있는 친첸도르프 백작의 땅에 정착해 헤른후트를 건설했다. (역자 주)

는 힘이 있다 해도, 현실적으로 그 진실성과 진지함을 방해하는 공상적인 요소가 조금이라도 있어서는 안 된다. 유감스럽게도 그런 종류의 책은 매우 적다. 어느 정도 그것을 대신할 만한 유명한 기도문도 반드시 그 요구에 부응하는 것은 아니다. 이른 바 주기도문*⁵조차 온갖 고난에 직면했을 때, 다른 기도문과 마찬가지로 직접적인 힘을 가지지는 못한다. 상황에 따라 오히려 다른 기도문이 때로는 더 적합하여 효과를 발휘하기도 한다.*⁶

물론 이 모든 것들은 병자를 간호하는 사람이나 병자와 함께 지내는 사람은 알아두어야 할 일이다. 그런데 이들도 이따금 자신의 임무를 올바르게 이해하지 못하고 있을 때가 있다. 그들은 잠 못 이루는 병자를 번거로운 생각에서 벗어나게 하여, 과거의 무의미한 기억과 미래에 대한 쓸데없는 근심에서 자연스레 마음을 돌리게 하고, 또 가능하다면 깨어 있는 것을 즐기도록 위대하고 기쁜 이념으로 그들의 정신이 고양될 수 있도록 이끌어 주어야 한다.

현대인들에게서 모자라기 쉬운 것은 특히 기뻐하는 마음이다. 다른 모든 점에서는 뛰어난 사람들이라도 기뻐하는 마음이 부족한 경우가 많다. 게다가 그들에게 그 이유를 솔직하게 지적해 주는 것은 쉬운 일이 아니다. 그 까닭은 그들은 이것을 늘 왜곡하기 때문이다. 기뻐하는 마음을 방해하는 것은 언제나 그 사람의 자기애와 고집, 고상함, 또는 단순한 게으름이다. 신에 대한 완전한 순종이야말로 이 기쁨을 얻을 수 있는 첫 번째 조건이다.*⁷ 기뻐하는 마음은 신에게 순종한다는 거짓 없는 증거이며, 누구나 증명할 수 있는 증거이다.

병고에 시달리며 불면으로 괴로워하는 사람도 어느 순간 신의 은총과 신의 재림을 확실히 깨닫고 강한 기쁨을 느낄 때가 있다. 그런 때는 모든 괴로움, 특히 불면도 아무렇지 않게 느껴지면서, 평소의 질병에 걸려 있는 삶과는 아무 상관도 없는 완전히 다른 생명을 자신 속에서 느낀다. 실제로 경험한 적이

---

*5 마태복음 6장 9~13절.

*6 요한복음 12장 27절, 15장 7절, 16장 24절, 6장 37절, 마태복음 7장 11절, 18장 19절, 마가복음 10장 48절, 누가복음 18장 7절, 마태복음 5장 25~28절, 14장 30·31절, 시편 34편 4~8절. 17~20절, 138장 3절, 사무엘상 12장 20·21절, 보헤미아 형제단 찬송가 638번, 644번~648번, 229번 참조.

*7 여기에 대해서는 이미 수천 년 전에 이스라엘의 성가 시인이 시편 119장 45절, 84편의 3·4절에서 노래했다. 또 예레미야 31장, 시편 37편도 참고하기 바란다.

없는 사람은 믿기 힘들겠지만, 여기에 대해서는 살아 있는 증인들이 많이 있다. 미래의 의학도 언젠가는 치료 목적을 위해 이 기쁨이라는 감정을 도입하고, 질병의 '심리적 요소'에 대해 단순히 인간의 육체적인 면만 고려한 기계적인 치료에 못지않은 효과를 인정하지 않을 수 없게 될 것이다.[8]

이미 현대의학은 신체를 강화하여 그 생명력을 높이는 것이 질병에 걸린 각 신체기관을 회복시킬 수 있는 전제조건임을 인정하고 있다. 머지않아 의학은 인간의 내적 강화라는 힘을 빌리게 되고, 나아가서 근대의 한 의사가 '은총의 작용'이라고 명명한, 질병회복에 더 고도로 작용하는 힘도 믿게 될 것이다. 그렇게 되면, 의학이라는 존엄한 기술은 반세기 전부터 수많은 병자들에게서 의학에 대한 믿음을 빼앗아갔던, 인간의 정신을 죽이는 유물론에서 비로소 벗어날 수 있을 것이다.

2

지금까지 얘기한 바로는, 적어도 불면은 물론이고 불면의 원인이 되기 쉬운 질병까지도 반드시 불행만은 아니라고 할 수 있다.

그렇다 해도 역시 어떻게 불면을 피할 수 있는가 하는 문제를 검토하는 것은 중요하다. 왜냐하면 한 독일 시인이 말했듯, '밤은 천상의 것이며 신의 기적이다. 하지만 더욱더 아름다운 밤은 깊은 수면 속에 보낸 밤'이기 때문이다. 원칙적·일반적으로 이것은 당연한 말이다.

불면을 피하는 데 중요한 것은 무엇보다 흥분과 불안을 유발하는 생각을 하지 말고, 가능한 한 좋은 생각과 평온한 마음으로 조용한 밤의 휴식을 보내는 것이다. 이것이 편안한 수면을 위해 가장 좋은 방법이다. 그럼 어떻게 하면 그렇게 할 수 있을까? 잠자기 전에 가벼운 일을 하는 것이 좋다. 온화한 대화를 나누든지, 아니면 좋은 책을 읽든지(단, 신문을 읽는 것보다는 좀 나은 읽을거리) 하는 것인데, 그것은 각자 개성에 달린 문제다. 다만 머리를 많이 써야 하는 진지한 일이나, 흔히 밤 깊도록 계속되는 일, 정신을 혹사시키는 일, 특히 계산이나 그것과 유사한 것은 잠자기 직전에 해서는 안 된다. 마찬가지로 폭음이나 폭식, 무의미하고 시끄러운 대화가 따르기 마련인 그렇고 그런 교제

---

[8] 이에 대한 주목할 만한 말이 시편 41편 1~3절에 있다. 이것은 어떤 요법보다 더 많은 사람들을 도와줄 것이다.

와 연극관람 같은 것도 머리를 흥분시키기 쉬우므로 수면에 방해가 된다.

수면제는 많든 적든 예외 없이 해롭다. 그러므로 불가피한 경우에만 의사와 상담한 뒤에 복용하는 것이 바람직하다. 알코올 음료도 그런 종류에 속한다. 한편, 배가 너무 불러도 좋지 않지만, 배가 너무 고파도 잠을 이루지 못하는 직접적인 원인이 될 수 있다. 그러므로 도저히 잠이 오지 않을 때는 불을 켜고 잠시 일어나 소화가 잘 되는 가벼운 음식을 먹고,*9 기분을 달랜 뒤 다시 눕는 것이 현명한 방법이다.

그러나 편안한 수면에 가장 좋은 것은 선한 행위와 바람직한 의도, 참회, 타인과의 화해, 미래의 삶을 위한 확고한 결의 등이다. 이런 것은 특히 마음을 안정시켜 줌으로, 분노와 증오, 질투와 걱정에 사로잡히는 것보다, 잠을 자는 데 훨씬 효과적이다. 반면 초조한 생각은 아무런 득이 없으며, 특히 밤의 어둠 속에서는 가장 좋지 않다. 밤의 어둠은 인간의 친구가 아니라는 말이 있는데, 맞는 말이다. 실제로 밤의 어둠 속에서는 모든 어려움과 어두운 그림자가 새 힘으로 시작되는 새날 아침의 밝은 빛 속에서보다 훨씬 무겁고 괴롭게 보이는 법이다.

물론 앞에서 말한 것들은 현재 불면을 일으킬 만한 질병에 걸리지 않았을 때 적용된다. 그러나 질병에 의한 불면의 경우에도, 이미 말한 것처럼 정신을 강화함으로써 질병 자체를 쉽게 치료할 수 있으며, 이 점을 전보다 깊이 고려해야 한다는 것이 앞으로 증명될 것이다. 이러한 정신적 도움은 꼭 필요한 것이며, 병자의 내부에 있는 치유력이 외부로부터 의술의 도움을 받아들이게 해야 할 것이다.

이러한 힘이 내부에 존재하지 않을 때는 아무리 정신을 집중하라고 권하고 격려해도 그 힘은 솟아나지 않으며, 또 일상적인 경험에서도 알 수 있듯, 철학과 정신적 교양으로도 얻을 수 없다. 오히려 그 반대로 철학과 교양은 사람들이 자신의 내부에서 완전한 무력감을 느끼는 순간, 전혀 쓸모없는 것이 될 때가 많다. 그런 힘을 얻으려면 오로지 스스로 우리의 밖에 무한하게 존재하고, 언제든지 얻을 수 있는 어떤 힘에 다가가서, 흔들리지 않는 믿음을 보내는 수

---

*9 저녁 식사 때 육류를 먹지 않으면 잠이 잘 오는 경험을 가진 사람이 많다. 또 자기 전에 사과를 먹으면 도움이 된다는 사람도 있다. 이것은 아무런 해도 없으며 누구든지 시험해볼 수 있는 방법이다.

밖에 없다. 그 위대한 힘은 '나약한 자에게 힘을 주고'*10 인간의 정신에 탄력성과 나아가 기쁨을 주어, 그것으로 육체의 병을 완전히 극복할 수는 없어도 조금이나마 줄여 주는 역할을 한다.

흔히 그렇듯 질병이 그 사람의 정신적, 도덕적 영역에 속하는 결함에서 생긴 경우, 위에서 말한 것은 더더욱 옳다. 특히 신경질환과 초기 정신병같이, 과학이 무한하게 진보하였음에도 여전히 복잡하고 불명확한 영역의 치료는 적어도 육체에 드러난 결과가 아니라 그 정신적 원인을 밝히는 데서 시작되어야 한다. 오늘날에도 일어나고 있는 '기적적'인 치료도 이것으로 설명되어야 하며, 그것을 단순히 우연이나 자기 기만으로 단정해서는 안 된다. 인간의 정신이 강해져서 육체를 완전히 지배하게 되고, 마침내 도덕적 부정을 육체적 불쾌감, 혐오감, 신경쇠약으로 느끼고, 반대로 진실과 선한 행위를 육체의 힘과 기운, 명석한 두뇌, 조용한 심장 고동으로 느낄 수 있는 경지에 이르면, 그것은 인생에서 올바른 길을 나아가는 데 큰 도움이 될 것이다. 그렇게 되면 육체는 정신의 진정한 하인이 되고 짐꾼이 되어, 정신의 작용을 방해하기는커녕 아주 바람직한 방향으로 도움을 주게 된다. 따라서 대부분의 질병에 대해 인간은 오히려 신에게 감사하고, 올바른 길을 통해 그 치유를 구해야 한다. 그리고 그 질병의 더 높은 목적을 오해하거나, 질병이 내포하고 있는 경고와 암시를 돌아보지 않고 외적인 방법으로만 제거하려 해서는 안 된다.

이러한 사고(思考)가 바로 '기도치료소'의 밑바탕을 이루지만, 그것을 올바르게 실천하지 않는 경우가 많다. 또 그런 생각을 실천하는 데 반드시 특별한 장소가 필요한 것도 아니다. 어떤 집이든 신이 존재할 수 있는 장소면 된다. 마치 성*11 안에서 사는 것처럼, 신 속에 머무르며 절대로 뛰쳐나와 헤매지 말 것, 하루하루 깨어 있는 동안 늘 선을 행하고 올바른 일을 하며, 어떤 상황에서도 굳게, 더욱 굳게 신을 신뢰할 것, 이것이 인간의 완성과 건강을 향한 확실하고 유일한 길이다. 이 길을 어릴 때부터 쉬지 않고 똑바로 걸어가는 사람은 시에나의 성녀 카타리나*12처럼 젊어서 위대한 완성에 도달할 수 있다. 그녀가 33

---

*10 이사야서 40장 29절.
*11 스가랴 9장 12절.
*12 시에나의 성녀 카타리나(1347~1380). 이탈리아 도미니코회 수녀. 묵상과 봉사의 생애를 보냈다.

살에 벌써 지상의 인생행로를 끝낼 수 있었던 것도 그 결과이다. 그렇지만 대부분의 사람들은 그렇게 일찍부터 진정한 지혜에 이르겠다는[13] 단호한 의지와 다른 모든 것들을 물리칠 수 있는 의지를 갖는 일이 드물다. 뿐만 아니라 오늘날에는 그런 완전하고 올바른 길로 인도해주는 지도자도 많지 않다. 그래서 사람들은 생애의 마지막에 이르러서야 올바른 구원의 길에 들어서지만, 그 길 속에도 많은 그릇된 길이 섞여 있어 올바른 길로 가는 것을 방해하고 있다.

3

본디 인간과 같은 복잡한 존재의 건강은 여러 가지 악영향에 대한 저항, 다시 말해 일부는 육체적이고 일부는 정신적인 반작용에 의해 유지된다. 게다가 이런 악영향은 어떤 예방책으로도 완전하게 피할 수는 없다. 그보다는 정신과 육체를 훈련하고 강화하여 모든 것에 저항할 수 있게 할 뿐만 아니라, 그 싸움으로 손상을 입지 않고 오히려 저항력을 키우는 것이 훨씬 쉽고 효과적인 방법이다.

건강법 가운데 가장 바람직하고 간단한 것은 신의 명령에 따라 삶을 사는 것이다. 그런 삶을 지키면, 노년이 될 때까지 건강한 생명력과 체력을 유지할 수 있다는 것은 오랜 옛날부터 신이 약속한 것이다.[14] 건강에 가장 나쁜 것은 오로지 향락만을 좇는 생활인데, 단순히 마음속으로 생각만 하는 것도 좋지 않다. 특히, 어떤 일정한 방향으로 치우친 향락 생활에는 그 대가로 반드시 정신과 육체의 저주가 찾아온다. 이러한 올바른 생각에서 완전히 멀어져버린 현대인들은 그 저주를 자신의 육체와 정신으로 뼈저리게 경험하게 될 것이다. 거기서 구원해줄 수 있는 의학적 수단은 당연한 일이지만 전혀 존재하지 않는다.

또 흔히 있는 일이지만, 집요한 성격과 불행한 환경이 향락 생활에 치우쳐 그것에 몰두하게 되거나 외부적인 노동이 부족하면, 특히 시인과 예술가, 철학자 같은 재능 있는 사람들의 경우에는 우울증과 심지어 광기까지 찾아오는 수가 있다. 하지만 이런 질병은 일반적으로 도덕적 원인이 없으면 일어나지 않는

---

*13 단테의 《신곡》천국편 제22곡 133~138행.
*14 창세기 49장 24절, 출애굽기 15장 26절, 레위기 18장 5절, 민수기 15장 39, 40절, 24장 8,9절, 신명기 4장 1~8절, 5장 26절, 7장 3절, 8장 18절, 10장 12절, 32장 47절, 34장 7절, 여호수아 14장 11절, 24장 19, 20절, 이사야 48장 18, 19절, 시편 55편 23절.

법이다. 또, 그런 질병의 유전적 소질이 있다 하더라도 도덕적으로 올바른 생활과 윤리적 세계질서에 대한 확고한 신앙으로 대항할 수 있다. 오늘날 불가항력이라고 할 수 있는 이러한 '유전적 성향'에 대한 공포가 많은 사람들의 삶을 불행하게 만들고 있는데, 그것은 유물론의 필연적 결과이자 형벌로서 단순한 의학적 수단으로는 완전하게 해결할 수 없다.

병자는 말할 것도 없고, 병자는 아니지만 몸이 허약하여 안정과 원기 회복이 필요한 사람들에게 특히 중요한 필수조건인데도 거의 간과되는 것이 바로 사람과의 교류이다. 어떤 종류의 것이든 좋지 않은 교류, 이를테면 요양소 같은 곳에서의 일상적이고 의미 없는 잡담도 나쁜 공기와 마찬가지로 심신이 쇠약한 사람들에게는 해롭다. 반대로 좋은 교류, 특히 평화로운 교류는 질병 회복에 중요한 조건이 된다.

'평화'*15는 분명히 실재하는 것이다. 사람들이 그것을 몸에 두르고, 사람을 즐겁게 하는 분위기가 사방으로 퍼져가듯 가는 곳마다 전파하는, 현실적인 성질을 가진 힘이다. 반면, 다른 면에서는 뛰어난 재능을 가지고 있고, 부도덕하지도 않으며, 때로는 신앙이 깊은 데도, 들어가는 방마다 불안과 불쾌감을 가져다주는 사람들이 있다. 사람들은 이내 그런 분위기를 알아채기 마련인데, 특히 어린아이와 동물은 그것을 즉각 느끼는 본능을 가지고 있지만, 어른은 그런 것에 너무 익숙하거나, 쓸데없는 생각 때문에 그 본능을 잃어버리는 경우가 있다. 그런데 병자들에게는 그 본능이 이따금 되살아나기도 한다. 병자를 간호하는 사람은 물론이고, 병자의 가족과 문병객들도 그런 점을 충분히 고려해야 할 것이다. 그저 겉모습뿐인 경건함(예를 들어 디아콘과 디아코니세*16에서 볼 수 있듯)만으로는 충분하지 않다. 오로지 사명에 살며 참으로 깊은 동정심과 수고를 아끼지 않는 친절한 마음, 진정한 신앙에서 우러나는 감사하는 마음이 없어서는 안 된다. 보살펴주는 사람이 몸짓과 태도, 목소리에 독선적인 면을 보이거나 마지못해 하는 시중이라는 낌새, 남을 심판하는 엄격함 같은 것을 조금만 드러내도, 병자의 마음을 어둡게 하고 병의 회복을 더디게 하

---

*15 마태복음 10장 13절, 요한복음 14장 27절, 이사야 48장 22절 참조.
*16 디아콘은 개신교에서는 부목사, 가톨릭에서는 부제에 해당하며, 모두 사회봉사를 담당한다. 디아코니세는 개신교에서는 여성봉사자로 번역되며, 가톨릭에서는 일반 수녀로 역시 각종 사회사업에 봉사하는 사람들이다.

여, 그의 마음을 위안의 샘에서 멀어지게 한다. 이런 말을 하지 않으면 안 되는 것이 참으로 유감이지만, 일부 의사들한테서 볼 수 있는 유물주의, 그리고 간호사 중 일부에게서 보이는 진정한 내적 사명감과 정성의 결핍이 오늘날 의학의 기술적 진보를 저해하는 커다란 장애가 되고 있다.[*17]

이른바 '자연법칙'이라는 것은 하나의 가설에 지나지 않으며, 그 '입법자'가 없이는 성립할 수 없지만, 자연법칙의 배후에는 그 바탕을 이루는 윤리적 세계질서의 법칙이 반드시 존재한다. 이것은 오늘날의 자연과학자들도 다시 인정하지 않으면 안 될 것이다. 도덕적으로 옳지 않은 생활 속에서 건강은 결코 태어날 수 없다. 도덕적인 치유력과 그 작용에 의지하지 않고 오직 외적인 치료법만 사용한다면, 그것이 아무리 뛰어난 방법이라 하더라도 건강을 유지하거나 회복할 수 없다. 우리 모두 조금씩은 '유전적 성향'을 가지고 있지만, 올바른 방법을 사용하면 누구에게나 치유의 길은 열려 있다. 그렇게 하면 아무리 불치병이라 해도 적어도 그 고통을 현저하게 줄이는 것은 가능하다.

각 기관의 질병은 대부분 오늘날 신경과민 또는 신경쇠약으로 불리는 전반적인 병약함에서 오는 것일 뿐이다. 그러므로 질병의 원인이 치유되면, 그 질병도 저절로 자취를 감춰버린다. 하지만 이 병약함 자체는 육체적 치료법만으로는 뿌리 뽑을 수 없다. 여기에는 늘 정신적 요소의 도움이 필요하다.[*18]

[*17] 마태복음 9장 28·29절은 분명하게 병자가 아니라 의사와 간호사를 가리키고 있다. 참으로 많은 것이 의사와 간호사의 태도에 달려 있다. 오늘날 흔히 들을 수 있는 고충이지만, 그들 중에는 자신들이 돌봐야 할 병자에 대한 중요한 의무를 신앙을 핑계로 소홀히 하는 자들이 있다고 한다. 그들의 사명이 아닌 종교상의 '직무'에 충실하기 위해, 병자에게 필요한 시중을 게을리하는 경향이 있는 것이다.

[*18] 이사야 33장 24절. 병약함은 원래 이겨내기 힘든 것이다. 사람은 누구나 강인한 것을 동경하지만, 육체의 질병, 특히 심장병은 올바르지 않은 정신적 경향과 밀접한 관계를 가진 경우가 많다. 모든 생명의 원천인 심장은 순수하게 육체적인 원인에 의해서만이 아니라, 그 이상으로 정신적인 감응에 영향을 받는다. 특히 마음의 고통은 지속적인 슬픔을 낳고, 또 그것이 사도 바울이 말한 '하느님의 뜻대로 하는 근심'(고린도후서 7장 10절)이 아니라면, 결국은 죽음까지 부를 수 있다. 왜냐하면 슬픔은 심장을 해치고, 나아가서 심장을 통해 두뇌와 모든 신경계통을 해치게 되는데, 그것이 일정한 정도 이상으로 진행되면 불치의 병이 되기 때문이다. 누구나 힘겨운 현대 생활에서 겪게 되는 이러한 슬픔에서 완전히 벗어나는 것은 신앙의 힘이 없으면 어려운 일이다. 철학적 교양을 많이 쌓은 사람들도 노화와 질병에 시달리면, 결국 이런 슬픔에 굴복하게 된다. 그들의 만년에 대해서는 전기(傳記)에서도 있는 그대로 기록되었다고 할 수는 없을 것 같다. 고린도후서 7장 10절, 열왕기하 20장,

마지막으로 이러한 의미에서의 특별한 치유능력이 과연 개인의 힘에 존재하는가 하는 문제가 남는다. 성서는 이를 긍정하고 있다.[19] 그러나 분명 이것은 가장 위대한 능력은 아니며, 또 그것만 따로 떼어놓고 생각할 수 있는 독립적인 능력도 아니다. 이 경우의 치료는 아마 병든 정신이 완전히 건강한 정신에게서 받는 강한 자극으로 인한 것이리라. 설명할 수는 없지만 확실히 느낄 수 있는 두 정신의 결합에서 일어나는 내적 자극으로 인한 것이다.[20]

어쨌든 이런 종류의 치료는 오로지 병자의 내적 인간에게 눈을 돌려, 그 내적 인간을 새로운 생명으로 일깨워 강화하거나, 내적 생명을 해치고 있는 현재의 장애에서 해방시키는 것이다. 이러한 요법은 미국의 한 학파가 인정하고 있듯 기술적으로 습득되는 것이 아니다. 오히려 이 능력은 지혜와 성실한 마음으로 다루지 않으면 상실될 우려가 있다. 이를 위해서는 무엇보다 먼저 치료자 자신이 굳건한 신앙을 가질 필요가 있다. 그 신앙이 병자에게 작용하여, 그 가운데 일부가 실제로 병자의 내부에 들어가는 것이다. 그러려면 아마추어 치료자에게 있을 수 있는 명예욕과 허영심에서 완전히 벗어나야 한다. 아주 미미하게라도 이러한 성질이 느껴지면, 상대방에게 불신을 품게 하는 충분한 이유가 된다. 왜냐하면 치료자는 자신의 힘으로 치료하는 것이 아니라 어떤 타자의 힘을 빌려 대행하는 것이며, 이 타자는 인간처럼 쉽게 속지 않기 때문이다. 이 점에서 인간은 참으로 믿음이 가벼워서, 어떤 방법으로든 병만 나으면 되지 않느냐고 막무가내로 주장한다.[21]

그러나 이러한 능력은 어떤 직무에 의해 계승되는 것이 아니며, 또 특별한 집안에만 전해지는 것도 아니다. 그것은 은총이며, 완전히 개인적인 선물일 뿐 일정한 치료소나 이른바 '신의 나라의 집'과는 아무런 관계가 없다. 만약 그렇게 생각한다면, 그것은 이미 신앙이 아니라 미신의 영역에 속한다고 할 수 있다. 치료 영역에서, 신앙의 순수함과 모든 '인간적인 것'에 관한 자유가 사라지는 기색이 보이면, 미신은 언제든지 그 신앙의 자리를 대신 차지하려고 호시

이사야 33장 22~24절 참조.

[19] 마태복음 10장 8절, 마가복음 16장 18절, 누가복음 10장 19절, 사도행전 28장 3~6절.

[20] 마가복음 16장 17~20절, 5장 34절, 요한복음 20장 23절.

[21] 요한복음 5장 44절, 누가복음 5장 17절.

탐탐 엿보고 있다. 그렇게 되면, 처음에는 훌륭했던 그 능력도 급속하게 타락하는 것이 보통이다. 그런 실례는 늘 있었지만, 가까운 미래에는 더 많아질 것이다. 왜냐하면 우리는 지금 신학과 의학, 특히 정신병학과 신경의학의 과도기 및 발전기에 있기 때문이다.

　이 책에 실려 있는 잠 못 이루는 밤을 위한 사상은 모두 이러한 관점에서 태어난 것이다. 1년의 하루하루 일별(日別)로 묶은 것은 우연한 분류일 뿐, 꼭 그렇게 해야 할 이유가 있는 것은 아니다. 다만, 자연스러운 단락을 짓는 동시에 한 번의 분량이 너무 많아지는 것을 피하다 보니 그렇게 되었다.
　이 글 속에는 나 개인의 사색과 내 인생의 경험을 토대로 하지 않은 사상은 하나도 없다. 이 책 속의 글들은 잠 못 이루는 밤, 특히 마음이 괴로울 때 읽어보기 바란다. 바로 그런 시간에 가장 어울리기 때문이다.

　　탑을 세우려면
　　먼저 땅을 파야 한다.
　　밭에 씨앗을 뿌리지 않으면
　　수확의 날은 오지 않으리.
　　오랫동안 경험을 쌓은 자만이
　　사람들에게 시온의 희망을
　　애기해줄 수 있나니.

　　　　　　　　　　　　　　　　　　　　　—친첸도르프

　　……나의 죄, 남의 죄에 흐려진 양심에
　　그대 말은 참으로 무섭게 느껴지리라.
　　그러나 모든 거짓을 버리고 본 그대로 말하라.
　　딱지 앉은 곳이 가려운 자는 긁게 하라.
　　비록 그대 목소리 처음에는 쓴맛일지라도
　　잘 새기고 나면 생명의 자양이 되리니.

　　　　　　　　　　　　　—단테 《신곡》 천국편 제17곡 124~132행

1월

1월 1일

끊임없이 위대한 사상을 품고 살며 사소한 것은 돌아보지 않도록 노력하라. 이는 인생의 숱한 고난과 걱정거리를 가장 쉽게 극복할 수 있는 길이다.

가장 위대하고 보편적이며, 가장 이해하기 쉬운 사상은 현재로서는 그리스도교라는 형태를 취하고 있는 하느님의 신앙이다.

그러나 오랜 옛날부터 지금까지, 지나치게 위축되고 편협한 성격의 그리스도교가 존재했던 것도 사실이다. 그것은 그리스도의 본성과 가르침에 어긋나거나, 적어도 완전하게 일치하지 않는 것이며, 실제로 그로 인해 이미 수없이 많은 훌륭하고 교양 있는 사람들이 그리스도의 가르침에서 멀어졌다.

진심으로 인생의 행복을 원한다면, 그리스도교를 신학이나 교회주의로 대체해서는 안 된다. 오히려 스스로 그리스도교를 그 원천에 두고 복음서 안에서, 특히 그리스도가 한 말 속에서 행복을 찾도록 하라. 어떤 철학 속에서도 그리스도의 가르침에 비할 수 있는 것은 찾을 수 없을 것이다.

마태복음 21장, 보헤미아 형제단 찬송가 67번, 591번 참고.

우리는 때때로 자신이 얼마나 강하게 정화되고, 어떤 방법으로 정화되고 싶은지 선택할 수 있다. 그러나 곧 순금 같은 품성은 오직 강도(強度) 높은, 그것도 거듭되는 정련에 의해서만 얻을 수 있음을 똑똑히 깨닫게 된다.

올바르게 이해하고 잘만 이용한다면, 질병은 마음의 순화에 도달할 수 있는 가장 빠른 방법이다.

이사야 8장 10절, 사무엘하 24장 13~16절 참고.

✢

한 번에 너무 긴 글을 읽는 것은 좋지 않다. 특히 이 책에서는 더더욱 그렇다. 이 책은 그런 목적으로 편집된 것이 아니다. 하루하루가 다 다르기 때문에,

그것을 읽은 날 밤에—만약 이 책을 아침이나 전날 밤에 펼쳐보았다면—당신은 그날의 사상에 공감하는지 아닌지, 또는 훗날을 위해 마음속에 간직해 두어야 할지 어떨지 확실히 알 수 있을 것이다. 하지만 좀처럼 그 사상을 외면할 수는 없을 것이다. 우연히 당신 손에 들어온 이 책을 완전히 덮어버리고 밀쳐버리지 않는 한에는.

1월 2일

요한복음 15장 7절[*1]은 아마 성서에서 가장 주목할 만한 말일 것이다. 이 말이 진실이라면, 인간이 이 세상에 사는 동안 맞닥뜨리게 되는 모든 악에 대해 언제나 도움의 손길이 준비되어 있는 셈이다.

그렇다면 이 말을 한 사람이 이 세상의 평범한 사람 이상이었다는 것도 진실이다.

그러나 이것은 잠시 제쳐두기로 하자. 그리고 우선 이 말이 약속하고 있는 도움의 전제조건을 채우도록 노력해보라. 그것은 절대로 당신을 해칠 리 없고, 오히려 당신의 생명을 구원해줄 것이다.

보헤미아 형제단 찬송가 1009번 참고.

✣

우리는 지금까지 늘 신의 손 안에 있었고, 앞으로도 영원히 그럴 것이다. 이런 마음을 지니는 한 죽음이라는 변화도 그 중요성과 무서움을 잃어버릴 것이다.

1월 3일

인생에서 유일한 도덕적 목표는 지상에 신의 나라를, 즉 불화와 생존경쟁의 나라가 아닌 평화와 사랑의 나라를 세우는 일이다. 이 사명에 협조하는 한 우리의 삶은 목적과 가치를 얻을 수 있다. 인간은 누구든지 활동하고 고난을 견딤으로써 이 사명에 참여할 수 있다.

보헤미아 형제단 찬송가 652번, 785번 참고.

[*1] 너희가 내 안에 거하고 내 말이 너희 안에 거하면 무엇이든지 원하는 대로 구하라. 그리하면 이루리라.

끊임없이 유익한 일을 하며 조급해하거나 걱정하지 말 것. 또 우리가 겪는 일과 우리의 마음을 늘 스스로 지배하며, 결코 다른 것에 지배당하지 말 것. 이것이 새해를 맞이할 때마다 계획해야 할 올바른 삶의 프로그램이다. 그러나 이 프로그램을 실천하려면, 우리가 만물의 창조주와 친밀하고 굳은 결속을 맺어, 그 분의 인도에 무조건 복종하겠다는 결심이 필요하다. 그렇지 않으면 아무리 현명하고 강한 사람이라도 주변 사람들과 상황에 이리저리 끌려 다니면서, 끊임없이 저항하거나 방어하는 것이 고작이다. 그렇게 나이와 함께 늘어나는 사소하면서도 감당하기 벅찬 잡일 때문에 인생은 무거운 짐이 되고, 결국 그 짐 아래 쓰러져 대부분 비참한 파멸의 구렁텅이에 빠지게 된다.

신앙을 가진 사람도 때때로 믿음이 부족한 길을 가는 경우가 있다. 이들은 대개 신의 인도를 원하지만, 결혼, 사교, 정치, 투기 같은 금전적인 문제에 대해서는 자신이 생각하고 행동하는 울타리를 치고, 그 안에서는 신의 조언을 원치 않는 것은 물론, 신이 들여다보는 것조차 싫어한다. 왜냐하면 이들은 자신의 생각이 잘못되어 있으며, 그 생각을 버려야 한다는 것을 이미 알고 있기 때문이다. 하지만 신앙이 없는 사람들과 마찬가지로 자신 앞의 문제에 대해 번민하며 자신은 물론 타인까지 괴롭히고 압박한다. 그리고 그것 때문에 불행에 빠져서야 다시 신의 도움을 청한다. 사실 그것이 불행에 빠진 경우 이들이 할 수 있는 최상의 일이다. 신이 그들을 그 상태 속에 잠시 내버려 두어 자신들이 제멋대로 한 행동의 결과를 깨닫게 하는 것은 조금도 이상한 일이 아니다.

지나치게 과로해서는 안 된다. 평상시에 절도 있는 생활을 하면 사실 그럴 필요도 없다. 그러나 한편 과도한 일은 힘을 유지하는 가장 좋은 방법이며, 또 비활동적인 힘과 해이해진 힘을 구원하는 유일하고 무해한 자극제이기도 하다.

✼

우리는 나이를 먹을수록 사후(死後)의 또 다른 삶을 살기 위해, 또 그곳에서 우리의 자리를 얻기 위해 더 많은 사랑을 배워야 한다. 이 세상의 마지막 과제로서 사랑은 더욱 중요하다. 이 마지막 졸업시험에는 어떤 학문도, 그 어떤 예술도 쓸모가 없다.

1월 4일

"어떻게 하면 멋지고 유쾌한 일을 즐길 수 있을까?" 라고 묻는 대신 "지금 어떤 선한 일, 옳은 일을 할 수 있을까?" 하고 질문하라. 그리고 그 궁극적인 목적을 위해 자신의 상태를 어떻게 개선해야 할지 끊임없이 집중하며 돌아본다면, 당신은 이 세상에 대해 전혀 다르면서도 만족스러운 시각을 얻을 수 있다. 그리고 '산다'는 것이 진정 어떤 것인지 알게 될 것이다.

그때는 당장 선을 행할 기회만 있다면—그 기회가 없는 일은 드물다—현재의 삶이 괴롭든 편하든, 또 건강하든 그렇지 않든, 그런 것은 아무 문제가 되지 않는다. 그런데 이와 반대되는 인생관을 가진다면, 내적으로도 외적으로도 불만과 번민, 그리고 공포와 불화에서 완전히 벗어나기 어려울 것이다. 이것은 특별히 좋은 신체를 가졌다고 해도 예외가 아니며, 하물며 그렇지 않은 사람들은 더 말할 나위도 없다.

이 두 가지 인생관이 바로 종교와 계급에 관계없이 모든 현대인을 가늠하는 진정한 기준이다. 이에 비하면 다른 기준은 별 의미가 없다.

처음에 말한 올바르게 생각하는 사람들 편에 서도록 하라. 그들이 어떤 종교, 어떤 철학을 가지고 있는지, 또 어떤 계급에 속하는지는 아무 상관없다. 보헤미아 형제단 찬송가 370번, 372번 참고.

❧

진정한 삶은 우리 사상의 세계이다. 그 속에 진정한 사랑이 많으면 많을수록 우리 삶은 신과 가까워지고, 훗날의 행복을 약속받은 것이나 마찬가지가 된다.

천국과 지옥은 하나의 상황, 즉 마음의 상태이다. 그것을 설명하는 단순하고 소박한 비유를 그리스도인들은 어떠한 때라도 외경심을 가지고 대하지 않으면 안 된다. 왜냐하면 예수 또한 틀림없이 이러한 신앙을 가지고 있었을 것이기 때문이다.

1월 5일

괴로운 일에 부딪혔을 때는 우선 그것에 대해 감사할 일부터 찾아내어 솔직하게 감사하라. 그러면 마음이 훨씬 편안해지고, 마음이 편안해지면 그 밖의 모든 일도 그리 힘들게 여겨지지 않는다. 늘 감사하는 것을 연습하고 훈련하면, 차츰 좋은 습관이 되어 인생이 무척 편안해진다.

우리가 신의 인도에 완전히 몸을 맡긴다면, 삶을 고단하게 하고 아무리 노력해도 뜻같이 되지 않는 수많은 일에 대해 무심(無心)의 경지에 이를 수 있다. 그러나 이 '가벼운 마음'을 얻기 위해서는 신을 굳게 믿고 반드시 그의 명령에 따라야 한다.

✢

인간은 누구나 삶의 즐거움을 얻고 싶어하는 자연적인 욕구를 가지고 있다. 인간에게서 그것을 억지로 빼앗는다면, 사람들은 틀림없이, 특히 젊은 시절에는 정신적으로 상처를 입게 된다. 따라서 적절한 시기에 그들을 삶의 올바른 즐거움으로 이끌어주는 것이 중요하다. 올바른 즐거움이란 신과의 사랑에 찬 교류와 모든 피조물에 대한 우애이다. 이것은 올바른 길에 있는 사람의 마음을 만족시킬 수 있다. 그런 사람에게는 그 밖의 즐거움은 모두 부족하기만 할 뿐이다. 그리고 진정한 즐거움을 얻지 못하면 흔히 지루하다고 표현하는 불쾌감이 찾아든다.

사람들에게 이 진리를 가르치고, 가능한 한 이 진리에 따라 사는 능력을 갖게 하는 것, 그것이 바로 교육이다. 그것과 다른 교육은 모두 잘못된 방향으로 가는 것이다.

1월 6일

그리스도교가 가르치는 대로 사는 것은 도저히 불가능하다는 인식이 꽤 널리 퍼져 있다. 만약 그것이 진실이라면, 종교적 목적이나 정치적 목적을 위해 그리스도교를 그저 '형식적'으로 지키기보다는 차라리 버리는 편이 나을 것이다. 물론 그리스도가 이 지상에 재림하는 날이 온다면, 아마 처음 왔을 때와 마찬가지로 '온 예루살렘'이 두려움에 떨 것이다.*² 그렇지만 이런 견해를 그 옛날 그리스도교에 평생 몸과 마음을 바친 사람들이 공언했다는 것은 믿기

---

*2 마태복음 2장 3절, 7장 28절.

힘든 일이다. 그 사람들에게는 신앙생활의 아름다움과 위대함이 그것에 뒤따르는 고통보다 훨씬 크기 때문이다. 그런 삶은 처음에는 고통스러울지 모르나, 그 길을 가면서 차차 변하게 된다. 좁지만 더할 수 없이 평탄한 길이며, 거기에는 곳곳에 휴식처와 열려 있는 문이 있다.

오늘날 '산상수훈'이라 불리며 그 개요만 전해지고 있는 성구(聖句)를 주의 깊게 읽어보라. 당신도 그 가르침에 경탄하는지, 아니면 그 모든 것을 이른바 '이상적'인 명령으로 받아들이고 이해는 하지만 실행할 수는 없는 것이라고 생각하는지 검토하라. 당신이 내적으로 진보하고 안 하고는 그 검토와 대답에 달려 있다. 적어도 그 모든 가르침을 지킬 수 있기를 간절히 원하지 않는다면, 당신은 그리스도교와 전혀 인연이 없으며, 무슨 교회제도니 철학이니 하는 것으로 만족하는 수밖에 없다.

만약 신은 존재하지 않으며 이 세상에는 오직 다윈의 생물학적인 세계질서와 인간들끼리의 단순한 '생존경쟁', 그리고 사회적으로 '실리정치'밖에 없다고 한다면, 산상수훈에 따라 삶의 법칙을 세우고, 그것을 홀로 지키고자 하는 것은 분명히 어리석음의 극치일 것이다. 그러나 신이 정말 존재하여 그 명령에 충실하게 따르는 자에게는 신의 축복이 주어지지만, 그렇지 않은 자에게는 축복이 주어지지 않는다면, 사정은 달라진다. 다행히 이것은 누구나 시험해볼 수 있다. 처음부터 무조건 믿고 덤벼들 필요는 없다. 언젠가 가까운 장래에, 물질주의에 염증을 느낀 수많은 사람들에 의해 확인될 것이기 때문이다.

요한복음 7장 16·46절, 8장 12·47절을 보라.

복음서의 이 구절을 주관에 사로잡히지 않고 읽는다면, 아마도 당신은 그리스도교는 정신적으로 이 가르침을 이해할 능력이 없었던 지난 수세기 동안 쌓여온 피상적인 교회 만능주의의 거대한 짐에서 해방되어, 개개인에 의해 완전히 새롭게 시작되어야 한다고 생각할 것이다. 시민권을 볼모로 종교가 강제되지 않는 지금은 그리스도교에 대한 복종을 노골적으로 거부하는 사람들도 있겠지만, 대부분의 사람들은 그리스도교가 지닌 내적인 우월성으로 인해, 차츰 깊은 신뢰를 가지고 온 마음을 바칠 것이다. 그 시대가 지금 다가오고 있다.

❀

우리 한 사람 한 사람이 하나의 축복의 샘이 되지 않으면 안 된다. 그 샘은 한쪽에서 신의 축복이 그 사람의 의지에 조금도 방해받지 않고 자유롭게 흘러 들어와서, 그와 접하는 모든 사람들을 향해 다시 흘러나가는 것이어야 한다. 그렇지 않으면 그의 생애는 실패한 것이라 해도 무방하다.

1월 7일

우리를 욕하는 사람을 용서하라는 가르침은 확실히 그리스도의 말과 행위로 증명되었지만, 우리의 경험으로도 그것이 옳다는 것을 확인할 수 있다. 뿌리 깊은 증오는 내적 생활을 해치고, 증오의 대상보다 증오하는 당사자의 마음을 해치는 법이다.

그러나 때로는 그 자리에서 완전히 용서하는 것이 어려울 때도 있다. 그러나 '용서는 하되 잊을 수는 없다'거나 '부디 신께서 당신을 용서해주시기를' 하는 대사로 모호하고 위선적으로 용서하는 것은 신을 모독하는 것이다.

이 경우에는 잠시 복수를 멈추고 신에게 맡기는 편이 낫다. 그렇게 하면 정당한 이유가 있는 한, 신은 틀림없이 꼭 필요한 시기에 그것을 이루어줄 것이다. 인간에게는 차라리 그것이 편하고 쉬운 길이다. 그리고 상처받은 감정도 보복 계획이니 하는 것으로 부채질하지 않는다면, 시간이 흐르면서 다시 신의 은총을 받아 차츰 치유될 것이다.

히브리서 10장 30·31절, 신명기 32장 35절, 시편 37편 및 73편, 이사야 46장 11절, 49장 23절, 55장 17절, 60장 14절, 예레미야 11장 20절을 참고하라.

설령 마음으로라도 결코 남과 다투어서는 안 된다. 이것은 때때로 실제 다툼보다 더욱 마음을 불쾌하게 하고, 여러 가지 내적 불안의 원인이 된다. 유대의 격언에 있듯 특히 '자신이 사랑하는 사람에게 화를 내는 것은 머리 위에 광기의 씨앗을 뿌리는 것과 같다.'

심판하지 마라

악인들을 그냥 두고 싸움을 멈추라.

너에게 맡겨지지 않은 일은 내버려둬라.
신이 누구의 회개를 원하고 있는지
그 구원의 뜻을 너는 알 수 없나니.

신이 악인들을 도와주지 않는다면
너는 그것으로 충분하지 않느냐.
그들은 은총을 입을 수 없는
무거운 사슬을 끌고 있지 않느냐.

행복의 어렴풋한 불빛 속에 있으면서도
그들은 늘 불행의 불안에 떨며
그 머리 위에는 언제나
심판의 칼이 겨누어져 있는 것이 보이도다.

악인은 정당한 심판자에게 맡기고
너는 머뭇거리지 말고 너의 길을 가라.
신은 일상적이고 평범한 사상을 지닌
속세의 시인과 같은 무리가 아니나니.

❧

우리가 초감각적인 것을 자연 그대로의 감각으로 지각할 수 있는지, 즉 그것을 보고 들을 수 있는지, 아니면 그런 것은 '옛날이야기'이며 현대인들에게는 더 이상 있을 수 없는 일인지 아무도 대답할 수 없으며, 또 꼭 대답해야 하는 문제도 아니다. 그리스도도 분명히 초감각적인 일을 수없이 체험했지만, 그것을 얘기하지는 않았다. 그러나 그런 초감각적인 일은 옛날과 마찬가지로 지금도 일어나고 있다. 다만, 그것을 눈으로 보는 것이 귀로 듣는 것보다 훨씬 드물고, 그런 만큼 놀라운 일이며, 대개 중대한 위험에 처했을 때 어떤 도움의 형태로 나타날 뿐이어서, 우리에게 늘 친숙한 격려와 위안을 주는 것은 아니다. 만약 그것이 친숙한 형태로 우리에게 나타난다면 비할 데 없이 아름다운 사건이리라. 어느 쪽이든 그것을 경험한 자에게는 영원히 잊을 수 없는 것이면서,

아울러 초감각적인 것의 실재를 증명하는 것이다. 그러나 단순한 환상은 빨리 잊혀지기 쉽고, 그런 기적은 결코 옛날처럼 일어날 수는 없다. 또한 초감각적인 현상을 우리가 불러일으키는 것도 불가능하다. 간절한 기도와 금식, 그 밖에 비슷한 수단으로도 불가능하다. 그런 경우에는 늘 위험한 기만이 뒤따르기 쉽다. 이런 현상은 저절로, 또 전혀 생각지도 못한 합당한 순간, 생활 속에 불현듯 찾아왔다가 불현듯 사라져버린다.

1월 8일

'(지금) 나는 이 고통을 이겨내지 않으면 안 된다. 그러나 지고한 자의 오른손이 (이윽고) 모든 것을 바꿔주시리라.'*³ 한글성서와는 뚜렷이 차이가 나는 것을 알 수 있다.(역자 주) 이 말을 성실한 마음으로 완전히 공감하면서 노래할 수 있는 사람은 이미 자신의 고뇌를 넘어 내적 평화와 안정에 다다른 것이다. 스토아 철학자들이 말했듯이, 그저 겉으로만 초연한 척해서는 안 된다. 그것도 사실은 어려운 일이지만.

예레미야 10장 24절, 15장 11~13절, 보헤미아 형제단 찬송가 172번 참고.

기도한다고 그것이 즉각 실현되지는 않는다. 그 전에 당신과 다른 사람들의 내부에서 더 많은 것이 성장하고 강화되어야 하며, 설령 은총의 기적이 일어난다 하더라도 어느 정도까지는 자연적인 순서를 거쳐야 한다. 또 어떤 것을 얻는 것만이 중요한 일은 아니다. 어떤 것을 얻을 수 있다는 확신과 굳건한 신앙은 이미 그것을 소유하고 있는 것이나 다름없다.

> 너에게 최선의 일이
> 예정되어 있다는 걸 굳게 믿으라.
> 네 마음이 참으로 평화롭다면
> 모든 고뇌를 벗어나리라.
> 그때가 찾아오면
> 힘찬 도움의 손길이 갑자기 나타나
> 너의 어리석은 슬픔을

---

*3 시편 77편 10절. 이것은 힐티가 인용한 독일어역을 번역한 것이다.

불현듯 부끄러워지게 하리라.

보헤미아 형제단 찬송가 636번

✤

요한복음 13장 34절*4에서 그리스도가 말했고, 또 제자들에게 계명으로 내린 '사랑의 법칙'은 당시에도 이미 '친숙한' 계율이었고, 그 뒤에도 죽 그래왔다. 오늘날에도 이 법칙은 거대한 그리스도 교회보다는 작은 그리스도 모임 안에 살아 있다. 일반적으로 인간 상호관계에서 원칙적으로 작용하고 있는 것은 기껏해야 권리의 법칙, 법률상 상호의무의 법칙이고, 가장 높은 단계에서도 공정과 인도(人道)의 법칙, 또는 양심의 '지상명령'이지만, 보통은 강자의 권리와 생존경쟁, 또는 단순한 미적 감각과 '삶을 최대한 즐기자'는 주의가 활개치고 있다.

그러나 그리스도교의 이 근본 법칙을 생활원칙으로 받아들이고 성실하게 지킨다면, 당신은 그리스도교인로서 초자연적인 힘의 보호와 축복을 기대할 수 있게 된다. 그러나 지키지 않으면 자신의 힘으로 최선을 다해 살아가는 수밖에 없다. 그런데 이 새로운 사랑의 법칙을 실천하려면, 그것을 배우고 실제로 연습하는 것이 필요하다. 그것은 저절로 효력을 낳는 것이 아니라 오로지 그것을 실천하겠다는 진지한 결심으로 효력이 나타난다. 또 이 사랑의 법칙은 천성적으로 타고나는 것이 아니며, 현대의 교육에 의해 길러지는 것도 아니다. 인간을 올바르게 판단하고 더욱이 그들을 사랑하는 것, 이것이 인간의 지혜와 인생경험에 있어 가장 높은 단계이다. 그것이 완성되는 것은 대개 노년에 이르렀을 때이다.

1월 9일

아모스 3장 2절*5은 '선인은 왜 이렇게 많은 고난을 겪어야 하는가' 하는 문제에 대해 잘 설명해주고 있다. 실제로 선인의 고난은 이 구절처럼 생각하지

---

*4 새 계명을 너희에게 주노니 서로 사랑하라! 내가 너희를 사랑한 것같이 너희도 서로 사랑하라.

*5 내가 땅의 모든 족속 중에 너희만 알았나니, 그러므로 내가 너희 모든 죄악을 너희에게 보응하리라.

않으면 설명이 되지 않을 뿐만 아니라, 사람들에게 신의 의지를 의심하게 할 것이다.

"의인은 고난이 많으나 여호와께서 그 모든 고난에서 건지시는도다."[*6] 이것은 이미 수천 년 전의 말이지만, 선한 사람이 이 세상에서 어떤 각오로 살아야 하는지 더할 나위 없이 간결하게 말해주고 있다. 그들은 끝없이 고뇌하지 않으면 안 된다. 다른 길을 통해서는 그들이 지향하는 진정한 선에 도달할 수 없기 때문이다. 그들이 이 고난을 피해 세상 사람들에게서 흔히 볼 수 있는, 또는 적어도 그런 것처럼 보이는 안락한 생활을 영위하고 싶어한다면, 그때부터 그들은 오류와 잘못된 선택, 그리고 진정 괴로운 운명에 처하게 된다. 이것이 바로 그들이 완전히 벗어나야 하는 잘못된 길이다. 선한 사람이 겪는 대부분의 고통은 피할 수 없는 것이므로, 기꺼이 그것에 순응해야 한다. 그리고 최대한 빨리, 완전하게 마음을 가라앉혀라. 그때에야 비로소 완성에 이르는 바른 길을 나아가고 있는 것이다.

요한계시록 3장 19절, 히브리서 12장 6절, 잠언 3장 12절, 고린도전서 11장 32절, 시편 71편 20절, 73편 26절, 97편 11절, 112편 7절을 참고하라.

위안은 고통의 바로 옆에 있다. 이것은 신이 다른 누구보다 고통을 감내하고자 하는 사람들 가까이에 있다는 얘기이다. 그러므로 그들에게는 고난이 참으로 감미롭고 쉽게 견딜 수 있는 것일 뿐만 아니라 그것으로 인해 모든 것이 좋은 결과를 얻게 된다.

이러한 위안이 없다면, 그 '좁은 길'을 나아갈 수 있는 사람은 아무도 없을 것이다. 이미 수많은 사람들이 크나큰 고통 속에서도 이 위안을 얻음으로써 행복할 수 있었다.

❧

사랑은 모든 것을 이길 수 있다. 사랑이 없으면 평생 동안 남은 물론 자신과도 늘 투쟁하게 되고, 그 결과 지칠 대로 지쳐 결국 허무주의나 인간혐오에 빠지게 된다. 그런데 사랑은 우리가 태어나면서부터 갖추고 있는 것이 아니어서, 처음에는 그 실천을 결심하기가 쉽지 않으며, 신의 손길에 이끌려 차츰 그것

*6 시편 34편 19절.

을 실천할 수 있게 되기까지 오랫동안 쉬지 않고 배워야 한다. 따라서 마침내 사랑을 터득한 사람에게는 다른 사람보다 더 많은 힘은 물론이고 더 많은 지혜와 인내력이 주어진다. 왜냐하면 사랑은 영원한 존재와 생명의 일부이며, 지상의 것과는 달리 사라지지 않기 때문이다.

1월 10일

'침묵으로 실패하는 자는 없다.' 조금 이색적인 이 문장은 다양한 사회적 지위에서 성공을 거둔 사람들 중에 특히 뛰어난 한 친구가 입버릇처럼 하던 말이었다. 실제로 괴롭고 불쾌한 인생의 수많은 문제를 가끔 이 방법으로 쉽게 헤쳐 나갈 수가 있다. 이에 반해 대부분의 사람들이 선호하는 '자신의 의견주장'은 대체로 양쪽의 의견 차이를 더욱 부각시키기만 할 뿐이며, 때로는 사태를 수습할 수 없는 지경으로 몰고 가는 경우도 있다.

'다시 한 번 깊이 생각해 봅시다'라는 말도 몹시 다혈질적인 사람과 생각과 마음이 쉽게 바뀌는 사람에게는 때때로 기적적인 효과를 발휘한다.

편지를 주고받을 때도 대답하고 싶지 않은 말에는 대답하지 않고, 상대방이 재촉해도 결심을 바꾸지 않는 것이 불쾌한 논쟁을 끝낼 수 있는 방법이다. 그런데 사람들은 세 번째에는 대부분 결심을 번복하고 만다.

그러나 개선할 수 있고, 또 개선하지 않으면 안 되는 명백한 부정에 대해서는 침묵하면 안 된다. 부정을 마음속으로 증오하면서 침묵하고 있는 것은 잘못이다.

⚜

언제까지나 같은 생각, 같은 추억에 집착하는 것은 좋지 않다. 지나간 일은 지나간 일, 뒤돌아보지 말고 지금 해야 할 일을 하지 않으면 안 된다. "처세의 지혜는 어떤 일을 하고 그것을 완성시키는 것이다. 당신이 할 수 있는 가장 훌륭하고 옳은 일을 하도록 노력하라. 그러나 그렇게 한 뒤에는 뒤돌아보지 않는 것이 좋다."

1월 11일

철저한 유물론자인 어느 철학자가 다음과 같은 말을 했다. "우리 눈에 들어

오는 모든 비참함을 우리 자신의 수치로 삼아야 한다." 그것은 비뚤어지지 않은 마음, 부와 가난 때문에 냉혹해지지 않은 마음의 소유자가 지니는 자연스러운 감정이다. 그러나 대부분의 사람들은 불쾌한 감정 때문에 비참한 광경을 외면하려 한다. 그 외면을 불가능하게 만든 것이 바로 현대 사회주의의 가장 큰 공적 가운데 하나이다.

✤

채식주의 생활은 원칙적으로 말하면 분명히 가장 좋은 것이다. 그러나 그것을 위해서는 무엇보다 먼저 문명화한 인류를 다시 옛날 생활로 되돌려, 훨씬 단순하고 소박한 생활에 길들 수 있게 해야 한다. 소위 문명이라는 것이 인류를 그 단순한 생활에서 떼어놓았고, 결국 인류에게 큰 손실이 되었다.

1월 12일

이기주의는 우리에게 나쁜 결과를 가져다 준다는 것을 신앙이 아무리 가르쳐주어도, 인간이 이성으로 이해하지 못하는 한 그 가르침은 생활에 실제적인 영향을 거의 미치지 못한다. 그러나 그것을 깊이 이해하는 사람은 크나큰 진보를 이룩한다.

대화

1

사랑하는 옛 친구여
이제 더 이상 너와 함께 살 수 없구나.
이제부터는 너를 마음으로 미워하리라.
지금이 바로 네가 항복해야 할 때.

흔쾌히 죽음에 몸을 맡기고
운명에 따르라.
그렇지 않으면, 너는 반드시
뼈저린 비참함과 고통을 당하리라.

2

나는 너와 논쟁하지 않겠다.
오직 침묵을 지킬 뿐
더욱 높은 빛(지혜)은 너에게 맡기마.
다만 (믿음의) 의지만은 내가 계속 지니리라.

3

너는 변함이 없구나.
아무리 패배해도 그대로구나.
인간은 누구나 너, 자아에게는 이길 수 없다.
새로운 새벽이 오지 않으면 안 된다.

미지의 높은 곳에서 찾아오는
다른 영혼, 다른 마음
어떤 대가를 치르더라도 어떤 고통을 받더라도
그것을 얻고 싶다. 너는 이제 사라져야 한다.

⚜

인생은 노년에 이를수록 아름답고 훌륭해질 수 있으며, 또 그렇게 되어야 한다. 그렇다고 더 안락해지는 것은 아니다. 오히려 전에는 생활에 즐거움을 더해 주었던 수많은 사람들이 사라지고, 다양했던 흥미도 잃어버리게 된다. 그리고 요한복음 21장 18절*7에서 예수가 베드로에게 한 말을 연상시키는 수많은 일들이 밀려온다. 우리는 분명히 부름을 받아 그곳으로 간다. 한가로운 속인들이 꿈꾸는 이상적인 노후, 성공한 자식과 손자들에게 에워싸인 즐겁고 편안한 생활이 아니라, 자신이 원하지 않는 곳으로 말이다. 그러나 결국 더 넓고 높은 식견으로 인도될 것이다. 그리하여 대부분의 사람들을 두려움에 떨게 하는 죽음도 늘 우리에게 힘을 주고 눈을 뜨게 하는 목소리와 어루만져주는 손길로 나타날 뿐, 결코 무서운 형상으로 나타나지 않는다.

---

*7 내가 진실로 진실로 네게 이르노니, 젊어서는 네가 스스로 띠 띠고 원하는 곳으로 다녔거니와, 늙어서는 네 팔을 벌리리니, 남이 네게 띠 띠우고 원치 아니하는 곳으로 데려가리라.

1월 13일

지상에서의 천국은 인간들이 끊임없이 신의 마음과 일치하는 것 외에는 더 이상 원하는 것이 없을 때 시작된다. 다가올 천국도 그런 것 말고 다른 것일 리가 없다. 마찬가지로 이 경지에 다다르지 못한 사람은 천국에 어울리지도 않고, 또 그곳에서 마음의 평화를 느낄 리도 없다.

❦

인간의 생활은 신의 은총에 의해, 또 그 은총 속에서 굳게 다져지지 않으면 오만해지거나 의기소침해지기 쉬우며, 가끔은 어느 한쪽의 극단에서 금세 다른 극단으로 옮겨가기도 한다. 그러므로 늘 기도에 의지하고, 자신의 힘에 의지하지 않는 것이 지상의 길 가운데 가장 확실한 길이다. 인간 존재의 모든 수수께끼를 해명하고, 또 인생을 하나의 과제로 생각하여, 그것에 만족할 수 있고 행복을 줄 수 있는 철학은 결코 발견되지 않을 것이다. 인생은 단연코 그런 이성으로 해명할 수 있는 것이 아니다. 인생의 일정한 부분은 늘 어둡고 괴로운 것으로, 이 점에 대해 그 누구도 잘못 이해해서는 안 된다. 따라서 이 결함은 하느님에 대한 신앙으로 극복해야 하며, 오직 신앙에 의해서만 마음의 평화와 진정한 행복을 얻을 수 있다. 요한복음 15장, 16장 22~24절, 33절 참고.

1월 14일

뒤돌아보지 말고 언제나 앞을 보라. 최후에는 이 세상의 생명을 넘어 피안을 보라. 뒤돌아보는 것은 아무런 득도 되지 않는다. 다만, 아직 개선할 수 있는 것을 개선하기 위해서나, 지난날의 실패를 앞날의 거울로 삼기 위해, 또는 타인으로부터 입은 은혜에 감사로 보답하기 위해서만 뒤돌아보라.

❦

인생의 길을 떠나는 젊은이들을 위해

만약 완전하게 의로운 사람이 되고 싶다면, '신문에서 좋은 평판을 얻는 것'은 단념해야 한다. 신문이 진정으로 선한 것을 칭송하는 것은 드문 일이며, 오히려 사람들의 시선을 끄는 데 효과가 있을 듯한 선하지 않은 것을 칭송하는 것이 거의 철칙이다. 실제로 그것이 바로 신문에서 말하는 특종이다. 신문이 그리스도의 시대에 있었다 하더라도, 틀림없이 우리의 주 그리스도를 찬양하거나 옹호하지는 않았을 것이다. 신문에서 때때로 대서특필로 찬양하는 인물을 믿지 않는 것은 가장 확실한 지혜 가운데 하나이다. 하물며 선전을 통해 자신의 지위를 얻은 사람은 절대적으로 배척해야 마땅하다. 그런 사람의 내부에는 인간으로서 지녀야 할 어떠한 선의 기초도 없기 때문이다.

1월 15일

신학도 다른 과학과 마찬가지로 가치 있는 것이므로, 신학을 학문으로 순수하게 존경하는 것은 나쁘지 않다. 그러나 그 이상은 아니다. 당신의 내적 생활에 그런 지식이 필요하지 않다는 것은 그리스도가 직접 했던 말이기도 하다. 요한복음 3장 3~12절, 누가복음 10장 21~23절 참고.

교회의 최고 지위자부터 선교사와 디아코니세,*8 자비의 수녀회 수녀에 이르기까지 모든 성직에 있는 사람들을 평가할 때, 평신도들에게 기준이 되는 것은 그들이 다음과 같은 위대한 종교적 능력을 갖추고 있는가 하는 것이다. 즉 위로의 힘, 기도의 능력,*9 질병의 치료,*10 죄의 용서,*11 예언의 능력, 다시 말해 현재와 미래에 대한 올바른 통찰력으로 오직 진리에만 영혼이 사로잡혀 있는가 등이다. 요한복음 17장 17절, 요한1서 5장 20절을 보라. 적어도 이상과 같은 능력의 일부를 갖추었다고 인정할 수 있는 성직자 외에는 어떠한 지도자도 신뢰해서는 안 된다.

그 밖의 것, 이를테면 신학에 대한 해박한 지식, 교회에 대한 열성, 설교의 재능 같은 것은 이차적인 것에 지나지 않으며, 때로는 앞에서 말한 능력을 받는 데 방해가 될 수도 있다. 그 능력들은 배워서 얻을 수 있는 것이 아니며, 하물며 무슨 성직수여식이니 하는 의식으로 주어지는 것도 아니다. 그것은 옛날이나 지금이나 변함없이 신의 직접적인 허락에 의한 것이며, 또 어떤 교단에서나 가능한 일이다.

---

*8 여성 봉사자.
*9 요한복음 15장 7절.
*10 마가복음 3장 15~18절.
*11 마태복음 18장 18절, 요한복음 20장 23절.

이 능력들이 성직자들에게 충분히 갖춰져 있지 않다면, 그것은 성직자 자신의 책임이다. 그들은 때때로 인류에 대한 의의와 감화력을 잃기도 하는데, 그 까닭은 바로 이 능력이 결여되어 있기 때문이다.

누가복음 10장 21, 11장 52절 참고.

민수기 26장 61절, 레위기 10장 1~3절,*12 베드로전서 4장 17절*13을 보라. 이러한 일들은 오늘날의 성직자들에게도 일어나고 있다. 이들은 자신들에게 맡겨진 신의 말씀을 단지 직업적으로, 아니면 정치적 또는 교회의 목적을 위해 선전하고 퍼뜨릴 뿐, 그들에게 지워진 사명으로서 설교하지는 않는다. 그 직접적인 결과가 자신의 영적 생활의 파멸이다.

물론 어느 시대 어느 민족이든 자기와 세계의 관계를 끊고, 자신을 위해서는 아무것도 바라지 않으며, 오로지 올바른 길에서 남을 돕기 위해 사는 몇몇 사람들이 있다. 이들이 바로 진정한 '성직자'이다. 성직자로서 이러한 특징을 갖추고 있지 않은 사람은 성직자로서 아무런 의미도 없다. 자신을 그런 진정한 성직자로 생각할 수 있다면, 그 누가 왕관을 준다 해도 바꿔서는 안 된다. 아무리 훌륭한 왕관이라도 그런 마음가짐으로 머리에 쓸 때에만 가치가 있는 것이다.

❦

우리가 매일 눈앞에서 보고 있는 지금의 세계 질서에는 참으로 많은 결함이 있다. 특히 무수한 사람들의 물질적, 도덕적인 비참한 상황을 보거나 인간 이외의 생명에게 가해지고 있는 학대를 볼 때면, 이에 대해서 의심의 여지가 없다. 그래서 진정 선량한 자질을 갖춘 많은 사람들이 무신론자가 되는 것이다. 실제로 나는 지난날 한 그리스도 교단의 목사였던 한 사람으로부터, 다메섹 근처에서 그리스도가 바울에게 계시를 내렸을 때와 같은 저항할 수 없는 계시의 힘으로 무신론에 대한 확신을 가지게 되었다는 얘기를 들은 적이 있었다.

---

*12 ……나답과 아비후가, ……다른 불을 담아 여호와 앞에 분향하였더니, 불이 여호와 앞에서 나와 그들을 삼키매 그들이 여호와 앞에서 죽은지라…….
*13 심판이 하느님의 집에서 시작될 때가 왔다…….

그러나 이 점에 대해 우리를 안심시켜 주는 것은 우선 다음의 두 가지이다. 첫째, 우리는 최종적인 판단의 기준이 될 만한 것을 아직은 보지 못했고, 특히 아주 짧은 이 지상생활에 이어서 그것을 대신하는 삶에 대해 아직 전혀 모르고 있다는 것이다. 둘째, 우리에게 있어 행복의 중요한 부분을 이루고 있는 사랑은 언제 어떤 상황에서도 우리의 수중에 있고, 우리의 지배 아래 있다는 것이다. 사랑이 없으면 진정한 행복은 없으며, 사랑이 있는 한 영원한 불행은 있을 수 없기 때문이다.

1월 16일

신의 은총을 입고 있다는 사실은 보통 다음의 두 가지로 알 수 있다. 첫째 이따금 참으로 느닷없이, 그리고 아무런 외적 원인도 없이 찾아오는 천상의 기쁨에 의해서이다. 더욱 확실한 표징은 그런 사람이 개인적인 이익과 관련된 일에서는 성공하지 않고—다른 사람들은 다 잘하는데—오히려 힘든 일, 범상하지 않은 일에서는 신기할 만큼 훌륭하게, 또 쉽게 성공하는 것이다.

그러나 이 은총을 입고 있는지 어떤지 살펴보는 것은 무의미하다. 누구나 진심으로 하느님의 은총을 원하고 인생의 다른 모든 보물을 포기하더라도 그것을 얻겠다고 결심하는 사람이라면, 그 밖의 다른 희생과 준비 없이도 은총을 입을 수 있다. 아니, 그런 사람은 이미 은총을 받은 것이나 마찬가지이며, 머지않아 앞에서 말한 표징도 나타나서 곧 의심할 여지없이 확신을 가질 것이다.

❋

교육자나 전도사들처럼 처음부터 사람을 신앙으로 이끌려는 것은 완전히 무익한 일이라 거의 성공하지 못한다. 무엇보다 먼저 사랑에 대한 인식으로 인도해야 한다. 그렇게 하면 사랑에 대한 신앙이 저절로 그 사람의 마음속에 들어온다. 그리스도가 요한복음 14장 23절*14에서 말한 것도 바로 이것이다. 신앙을 전혀 이해하지 못하는 사람에게도 사랑은 언제든지 마음속에 들어가 그들을 사로잡고, 그들 내부에 신과의 관계를 만들어낼 수 있다. 무엇보다 이것이

＊14 예수께서 대답하여 가라사대, 사람이 나를 사랑하면 내 말을 지키리니 내 아버지께서 저를 사랑하실 것이요, 우리가 저에게 와서 거처를 저와 함께 하리라.

중요하다. 오직 자신의 내부에서만 태어난 것은 힘과 지속성이 없지만, 신의 영혼과 결합하여 그 영혼이 우리의 내부에서 이루는 것은 모두 선하며, 유일하게 생명력을 지닌다.

1월 17일

진정한 내적 생활에 다다를 때, 개개의 영혼이 내부에서 경험하는 성장 과정은 보통 다음과 같다.

첫째, 만족할 수 없는 세속적 노력에서 벗어나 신을 바라고, 악과 무관심에서 벗어나 선을 '지향하는' 단계이다. 이사야 45장 22절을 참고하라.

다음에는 '먼저 신의 나라를 구하라.' 즉 다른 노력을 하는 틈틈이, 또는 동시에 노력하는 것이 아니라 오로지 신의 나라만을 구하는 단계이다. 마태복음 6장 33절 참고.

이어서 오로지 진정으로 필요하고 남을 이롭게 하는 것은 언제든 반드시 얻을 수 있다는 확신이 생긴다. 요한복음 15장 7절, 16장 24절을 보라.

그리하여 마지막에 이르는 것은 끊임없는 내적 평화와 이 세상에 대한 극복이다. 실제로 이 세상에서는 아무리 혜택 받은 운명을 만나도 불안과 근심밖에 존재하지 않는다. 요한복음 16장 33절을 참고하라.

인생은 끊임없는 극복, 아니면 굴복이다. 지상에서는 어떤 사람에게도 그 이외의 길은 있을 수 없다.

요단 강가에서
(신명기 10장 및 11장)

오, 진정으로 강건해지기를 원하는 자여
최후에, 일하는 것을 멈추고 조용히 앉아 말하라.
오, 주여, 이제는 저를 데려 가소서,
비록 아직도 선에 이르지 못한 저이지만.

신심으로 교만해지려는 마음을 제거하고,
고집과 투쟁심을 없애주소서.

이 세상의 거짓 쾌락이
저에게 진정 쓰디 쓴 것이 되게 하소서.

제 힘으로는 순결한 사람이 될 수 없나이다.
그 전에 당신의 축복을 받지 않는다면
그리하면 당신은 참을성 있게
사랑으로 제 모든 죄를 사하시나이다.

저의 운명을 당신의 선택에 맡기고
다시 강물에 그물을 던지겠나이다.
당신의 사랑이 저의 마지막 목적이듯
주여, 이제 당신의 사랑의 행위를 시작하소서.

⚜

　그리스도교가 신뢰받지 못하고, 그 진리가 진리로서 널리 인정받지 못한다
면, 그것은 우리 한 사람 한 사람에게 부족한 점이 있기 때문이다. 그 빌라도
*[15]—그는 진리 같은 건 전혀 믿지 않았지만—조차 진리가 한 인간에게서 구
현되고 있는 것을 보자, 꽁무니를 빼고 말았다. 그 뒤에도 이러한 진리의 구현
자들은 훨씬 결점이 많은 자라도 늘 대단히 큰 힘을 지녀왔다. 사람들은 적어
도 그가 속해 있는 사회계급 안에서는 큰 차이가 없다. 그런데 어떤 사람은 인
격자이고 다른 사람은 그렇지 않다. 그것은 모두 그 사람의 도량이 얼마나 크
냐에 달려 있으며, 인격이 비교적 뛰어난 사람이 특별히 돋보이는 법이다. 세상
에는 다양한 생활 방식이 있고, 그것에 따라 인간에게 저마다의 성품이 주어
진다.
　특히 인간에게 가장 좋은 성품을 주는 것은 그리스도교이며, 반대로 유난
히 작은 도량의 인간은 단순히 종교의 외면적 형식 속에서, 다시 말해 특정한
종교 모임 속에서만 그림자처럼 배회하는 종교인이다.

---

*15 본디오 빌라도. 예수를 십자가에 매단 로마 총독. 마가복음 15장, 마태복음 27장 참조.

1월 18일

나쁜 독서는 나쁜 교제보다 더 위험하다. 왜냐하면 현실에서는 공상의 세계에서처럼 완전한 악과 죄악 덩어리이면서 겉으로만 아름다운 모습을 하고 있는 인간은 절대로 없기 때문이다. 게다가 우리는 누구나 악인은 저절로 멀리하고 경계하게 된다. 그런데 책이나 오락잡지, 연극 같은 것은 그 가운데 어떤 것이 고상한 부인과 어린이들의 시야에 들어갈지 알 수 없는 일이다. 한 권의 책이 한 사람의 삶을 불행—물론 마찬가지로 행복—으로 이끄는 일도 드물지 않다.

✤

오래 살면 살수록 또 대중의 영향력과 대중의식, 많은 종류의 사회적, 결사적 조직이 여론에 오르면 오를수록, 오히려 나에게는 개성이라는 것의 의의가 더욱 뚜렷해진다. '육체가 모든 것의 마지막이다'라고 한 에팅거*16의 난해한 말조차 이제 나는 이해할 수 있을 것 같다. 정신적인 것도 개성으로 구체화시켜야 한다. 여기서의 구체성은 이념의 한 형성이고 진보이며, 그렇게 형성된 이념은 비로소 충분한 힘과 성숙에 도달한다. 따라서 이렇게 말할 수 있을 것이다. '현존하는 어떤 이념이든 각각 그 이념을 표현하기에 적합한 사람을 찾아내어, 그것을 구현해낼 때까지는 쉬는 일이 없다.' 또 그들을 통해 구현하고 있는 이념이 수많은 사람의 머리와 마음에 어렴풋한 모습으로 찾아드는 시대가 찾아올 때, 그 이념의 구현자가 그 시대에 강력한 지배력을 가지게 된다.

1월 19일

자연적 소질과 삶의 목적이라는 점에서 인간이 동물과 같다는 생각에 확신을 가져서는 안 된다. 오히려 이러한 근대적 견해에 대해서는 전력을 다해 저항하라. 누가 뭐라 하든 그런 생각은 한낱 과학적 가설에 지나지 않을 뿐만 아니라, 그 가설은 아직 증명되지도 않았고 앞으로도 그럴 것이다.

그러나 이 견해에 의하면, 인간을 동물과 구별할 수 있는 가장 중요한 기준이 사라진다. 그 기준이 사라진다는 점에서 이 가설은 어쩌면 옳을지도 모른

---

*16 18세기의 독일 신학자.

다. 그리고 이 둘에 대한 다른 구별은 더 이상 가치를 지니지 않게 된다. 이 암초에 부딪혀 참으로 많은 사람들의 행복이 난파되고 있다. 이 문제를 다루지 않고, 단순한 교회주의적인*17 신앙만으로 그것에 대항하는 것은 전혀 도움이 되지 못한다. 다원주의의 사상과 대결하려면 삶을 지배할 정도의 확고한 신념이 있어야 한다.

나는 아직까지 현대인이 단순한 철학적 사색이나 근대적 자연과학과 종교를 잇는 시도로, 확고한 신앙에 다다른 예를 본 적이 없다. 변함없는 신앙은 오히려 실천적 요구에서 태어나는 경우가 훨씬 더 많다. 왜냐하면, 외적인 행복과 마찬가지로 영원한 내적 만족에 이르는 길은 실천을 통해서만 찾을 수 있기 때문이다. 지고한 것을 구하는 개개의 영혼에게는 심원한 이상주의와도 일치하는 영적 존재에 대한 신앙과, 인간의 본성 가운데 가장 동물적인 본능이 아니라 최고의 이념에 의해 지배되는 세계에 대한 신앙이, 살아가는 데 가장 절실하다. 이런 신앙이 없으면 자신의 존재를 이해할 수 없고, 또 삶의 모든 고난에도 평화롭게 생존할 수 없다. 그런 사람들을 위해 영국의 한 여류시인은 다음과 같이 노래했다.

아니, 망설이지 말라
참으로 드높은 기상을 구하는 것은
확고한 선(善), 당신의 단 하나의 선이다.
당신은 이미 그것을 알고 있다. 그 숭고한 모습이
모든 하찮은 선택을 영원히 물리쳤으므로.

⚜

올바르고 성실하며, 또한 솔직하고 친근한 사랑은 형제자매와 친척들 사이에서는 더할 나위 없이 좋은 것이다. 그러나 그것은 의무가 아니라 자유의지에 따라야 하는 것이며, 감정에서가 아니라 이성으로 다루어야 한다. 그러면 그것은 인생을 아름답게 하고, 사랑할 수 있게 하지만, 반대의 경우에는 그렇지 않

---

*17 힐티는 교회가 그리스도교 신앙에 공헌한 의의는 높이 평가했지만, 교회의 형식주의와 편협한 태도에는 비판적이었다. 2월 1일, 3월 8일 참조.

다. 오늘날 수많은 사람들은 내세에서는 현세의 형제자매들과 다시 인연을 맺기 원하지 않을지도 모른다. 부모에 대해서도 마찬가지이다. 그들이 가장 만나고 싶은 사람은—물론 모두가 다 그런 건 아니지만—할머니나 고모, 이모일 것이다. 왜냐하면 그들은 이 세상에서 가장 이기적이지 않은 동시에 특별히 이해심이 많은 인척이며, 가장 감사해야 할 사람들이기 때문이다. 일반적으로 복잡한 인간관계는 근친결혼에서 비롯되므로 오래된 교회 규칙이 그것을 금지한 것은 정당한 조치였다. 자신들 본위의 생각이 조금이라도 제한되는 것을 더 이상 인정하지 않는 현대인들은 틀림없이 머지않아 다시 복잡한 인간관계를 직접 경험하게 될 것이다. 예레미야 2장 19절, 26~28절 참조.

1월 20일

당신은 아마 '나는 하느님과 그리스도를 믿을 수 없으며, 나의 오성(悟性)이 그런 형이상학적인 직관에 반대한다'고 말할지도 모른다. 아마 그 양쪽 다 진실일 것이다. 그렇지만 당신과 초감각적 사상의 세계 사이에 가로놓여 있는 것은 오성이 아니라, 그것과는 다른 어떤 마음의 경향이다. 오성의 역할은 의지가 이미 결심한 것을 시인하는 것뿐이다. 그 반대의 경우, 우리는 오성의 망설임 같은 것은 언제라도 극복하고 나아갈 수 있다.

그러므로 성서는 '죄악은 인간의 파멸'이라고 했다. 죄악이란 신을 생각하는 마음과 양립할 수 없는 마음의 경향을 가리킨다.

그 죄가 당신을 행복으로부터 멀어지게 하고 있다. 먼저 이 사실을 믿고 그것을 찾아내 제거하라. 그러면 신앙은 참으로 쉽게, 또 저절로 찾아올 것이다.

⚜

진정한 그리스도교에는 웅대함과 장엄함이 있다. 그런데 대부분의 그리스도교도, 특히 개신교의 많은 목사와 선교사들은 그것을 정확하게 이해하지 못하고, 경험하지도 못하고 있다. 그들은 그리스도교를 단순한 교의로 파악하고, 거기에 온갖 시시콜콜한 견해와 외적인 규칙을 부여하여 설명하고 있다. 하지만 그리스도는 그런 것과 떨어져 있었고, 그리스도의 형제*[18]도 그런 일을

─────────────

*18 그들은 처음에는 예수를 전혀 믿지 않았지만, 나중에는 스스로 터득한 열렬 신앙을 가졌다.

하지 않았으며, 마찬가지로 예수의 제자들과 처음 귀의한 사람들 대부분도 신앙을 그렇게 다루지 않았다.

루터와 멜란히톤, 칼뱅 등에서 볼 수 있는 것보다 더 너그러운 그리스도교가 이제야 가까스로 나타나려 하고 있다. 그것은 교리를 소홀히 하지 않으면서도 세상에는 교리보다 훨씬 뛰어난 인간이 존재한다는 것을 인정하고, 요컨대 중요한 것은 교리가 아니라 그리스도에게 바치는 사랑과 생활이며, 그것을 통해 진정한 진리에 다다를 수 있음을 인정하는 신앙이다. 마태복음 4장 22절을 참조하라.

"교리를 몰라도 진정한 크리스천인 사람이 많다. 그리스도교는 증명되어야 할 교의가 아니라, 생활해야 하는 하나의 생명이다."

1월 21일

하느님과의 교류에는 특별한 시간—이를테면 기도할 시간—과 시기(아침, 저녁 등), 자세와 몸짓 같은 것은 필요치 않다. 오히려 단순한 말이나 오직 마음으로 생각하는 것만으로 충분하다. 여러 가지 외적인 형식은 오히려 방해될 때가 많다. 중요한 것은 하느님과 끊임없는 마음의 유대를 가지는 것이다. 사도 바울은 이것을 '끊임없이 기도한다'고 말했지만, 이른바 '기도자'들은 그런 기도를 모르고 있다. 데살로니가전서 5장 17절 참고.

기도는 단순하고 성실해야 하며, 형식에 구애받지 말아야 한다(이런 기도 방식은 오늘날의 종교 교육에서는 거의 가르치지 않고 있다). 뿐만 아니라 기도에 대한 신의 대답을 들을 수 있어야 한다. 그러기 위해서는 일상의 번잡함과 이기심에 흔들리지 않는 섬세한 마음의 귀가 필요하다.

그런데 대부분의 '기도자'들은 단지 틀에 박힌 기도문을 외고 나면, 바로 일어나 가버리거나 수프에 숟가락을 집어넣는다. 마치 아무 일도 없었다는 듯, 더욱이 하느님의 대답 따위는 기대도 하지 않는다는 듯 말이다.

❧

사람마다 지고 있는 십자가를 우리도 지고 가야 한다. 그것을 떨쳐버리려 하는 건 소용없는 짓이다. 오히려 자신의 십자가를 더욱 무겁게 할 뿐이다. 그러다가 십자가가 사라지면 허전하게 느껴질 만큼, 그것에 익숙해지는 일도 드물지 않다. 그런데 대개의 경우, 이제 십자가가 필요하지 않게 되었을 때 비로소 그 의미를 깨닫는다.

1월 22일

아침에 눈을 뜨자마자 맨 먼저 떠오르는 생각이 무엇인지는 매우 중요하다. 그때 당신은 여러 가지 우연에서 일어나는 그때의 '기분'에 몸을 맡길 것인가, 아니면 당신 삶의 고삐를 스스로 다잡을 생각인가? 오늘도 당장 눈앞의 걱정거리와 괴로움에서 시작하겠는가, 아니면 새로운 생명의 아침에 대한 감사로 시작하겠는가? 신과의 유대를 새롭게 해야겠다고 생각하는가, 아니면 자신만의 힘으로 또다시 '생존경쟁'을 펼쳐갈 생각인가? 아침의 그 선택에서 그날의 운명이 결정된다.

⚜

좋은 결혼은 이 세상의 모든 보물 중에서 으뜸가는 것이며, 누가 뭐라 해도 가장 독특한 것이다. 왜냐하면 결혼은 이 지상생활에서만 누릴 수 있고, 그 뒤에는 없기 때문이다.

좋은 결혼을 위해서는 서로의 진정한 사랑 외에 반드시 다음의 두 가지가 필요하다. 첫째는 두 사람이 똑같이 순결로 결혼생활을 시작해야 한다는 것, 둘째는 남편이 가계를 유지하고 책임을 져야 한다는 것이다. 그런데 다른 면에서는 더할 나위 없이 섬세한 자존심을 가진 고귀한 양반들이 아내의 지참금에 의지하는 생활에 만족하거나, 적극적으로 요구하기까지 하는 것은 현대의 가장 기묘한 모순 가운데 하나이다.

이것을 개선하기 위해서는 오로지 생활양식과 교육, 특히 여성의 교육을 더욱 간소화하는 수밖에 없다. 여성은 다시 가정주부로 돌아가야 된다. 또 단순한 미적 생활의 향락자가 되어서는 안 된다. 그렇지 않으면 여성은 이제 지참금 없이는 결혼할 수 없게 될 것이다. 더욱 간소한 생활로 돌아가는 것이 여성에게 이익이며, 사치야말로 여성의 가장 큰 적이다.

1월 23일

세상에서 참으로 남을 잘 도울 수 있는 자는 '영원히 타오르는 불*[19] 속에 있을 수 있는 자'이다. 그 밖의 사람들은 우리가 스스로 도울 수 있는 이상으로 우리를 도와줄 수는 없다. 이사야 33장 14절 참조.

✤

그리스도교는 2000년 전의 팔레스타인 문화보다 훨씬 고도로 발달한 문화에도 적용될 수 있으며, 우리는 바로 그 사실을 세상 사람들에게 증명하기 위해 이 세상에 보내졌다. 바로 현재 미적 욕구와 종교적 요구 사이에 고민하고 있는 세상 사람들을 그 모순에서 해방시켜 주기 위해서이다.

1월 24일

"그러므로 내일 일을 위하여 염려하지 말라. 내일 일은 내일 염려할 것이요, 한 날 괴로움은 그날에 족하니라."*[20]

이 유명한 말의 후반은 확실하다. 그러므로 누구라도 이렇게 말할 것이다. "앞부분의 명령도 실행할 수만 있다면 기꺼이 따르고 싶다. 그렇게 할 수 있다면 삶이 훨씬 편안해질 테니까." 그렇다. 그 명령은 실행할 수 있다. 다만 하느님의 인도에 따르는 한에서 말이다. 실제로 하느님의 인도는 가장 뛰어난 인간의 지혜보다 훨씬 뛰어나고, 특히 그 시기를 놓치는 일이 없다. 인간의 지혜는 때때로 주위상황과 자신의 능력을 제대로 판단하지 못해, 자칫하면 '자신의 발을 너무 큰 구두에 집어넣기' 쉽다.

그리스도교를 거부하는 가장 큰 이유는, 아직 그리스도교에 입문하지 않은 사람은 이 가르침이 명하는 대로 살 수 있다는 가능성을 상상도 못한다는 데 있다. 그것은 애초에 당연한 것이다. 왜냐하면, 신앙을 가지면 사람 자체가 완전히 바뀌기 때문이다.

신앙을 가지기 전과는 완전히 다른 사람이 되어, 전과 달리 생각하고 행동하게 된다. 그러나 그렇게 되려면 먼저, 그 사람이 과감하게 최초의 '어둠에서 도약'을 하지 않으면 안 된다. 거기에는 물론 아우구스티누스와 칼뱅의 이른바

---

*[19] 신은 적뿐만 아니라 불신자도 태우는 불이다.
*[20] 마태복음 6장 34절.

'은총의 선택'이 필요하다. 그 은총은 모든 인간에게 평생 한 번이나 두 번은 반드시 주어지는 것이며, 때를 놓치지 말고 그것을 잘 포착하여 은총을 받아야 한다.

⚜

올바르게 살아온 인생에서 마지막으로 품게 되는 좌우명은 틀림없이 평화와 친절이라는 말일 것이다. 그렇지 않다면, 그 인생이 아무리 훌륭하게 보여도 결코 올바른 길을 걸어온 것이 아니며, 신의 의지에 합당한 좋은 결과를 가져올 수도 없다. 그러나 이것은 젊어서 죽은 특별히 뛰어난 몇몇 사람들을 제외하고, 대개 만년이 되어서야 성취할 수 있게 마련이다.

1월 25일

두려움은 뭔가 옳지 않은 것에 대한 표출이다. 그 옳지 않은 것을 찾아내 극복하라. 그러면 두려움은 괴로운 것이 아니라 오히려 올바른 삶에 대한 이정표가 될 수 있다.

우리는 인간으로서 완성에 도달해야 할 의무를 지니고 있다. 또 거기에 필요한 힘과 통찰력은 올바르게 추구하기만 하면 얻을 수 있다. 하지만 설사 완전성이 주어진다 해도 대부분의 사람들은 조금도 기뻐하지 않을 것이다. 그들의 영혼에 이 세상의 때가 너무 많이 끼어 있기 때문이다. 마태복음 5장 48절, 레위기 19장 2절 참고.

⚜

질투는 인간의 모든 성정 가운데 가장 흉한 것이고, 허영심은 가장 위험한 것이다. 마음속의 이 두 마리 뱀에게서 벗어나는 일은 멋지고 유쾌한 일이다. 그것을 쫓아낸 자리에 대신 경멸과 오만이라는 다른 두 마리의 뱀이 차지하지만 않는다면 말이다. 그런데 이런 일이 질투와 허영심을 면한 자에게 흔히 있을 수 있다. 그러므로 자기기만에 빠지지 않도록 주의해야 한다.

1월 26일

마태복음 20장 25~28절[21]의 그리스도의 말은 선한 사람들도 많은 어려움을 거친 뒤에야 간신히 이해할 수 있다. 왜냐하면 선한 사람들도 언제나 타인에게 봉사만 하는 삶을 좋게 여기지 않고, 또 자기 생활의 즐거움을 순순히 포기할 생각이 없기 때문이다. 예언자 이사야의 '의인이 죽더라도 마음에 두는 자가 없다'[22]는 말도, 그들에게는 거의 신에 대한 모독으로밖에 들리지 않는다. 이 사실을 충분히 자각하고 있었던 그리스도조차 대부분의 사람들이 그다지 호감과 이해를 보여줄 것 같지 않은 무거운 사명의 짐을 지는 것이 때로 쉬운 일이 아니었다.

어쨌든 위안과 치유, 용서 같은 특별한 '능력'(이것은 지금도 있을 수 있는 일이다)은 봉사할 의지가 없는 사람에게도 주어진다고 생각해서는 안 된다. 이런 잘못된 생각이 바로 오늘날 교회와 종교단체 위에 서 있는 많은 사람들이 힘을 잃게 된 숨겨진 원인이다. 이러한 힘은 올바르게 사용하고자 주의를 기울이는 사람에게는 늘 구비되어 있는 법이다.

⚜

그리스도교의 진리를 이해시킬 수 있는 증명이라고 하면, 단 한 가지, 바로 그 가르침이 사람들에게 줄 수 있는 행복 외에는 없다. 그 밖의 사실, 이를테면 그 가르침이 하느님의 말씀이라거나, 그리스도는 하느님의 '독생자'이며 신의 진리를 전하기 위해 보내진 자였다는 것은 처음부터 믿고 시작하는 수밖에 없다. 또 그 무렵부터 가장 뛰어난 사람들이 이 신앙에 따랐다는 사실도 의심하려 들면 얼마든지 의심할 수 있다. 왜냐하면 그것을 증명하기란 매우 어렵기 때문이다.

그러나 그리스도교가 행복을 가져다준다는 사실은 직접 느낄 수 있는 일이며, 생애에 단 한 번 그러한 행복을 가졌다는 기억만으로도, 모든 교리를 뛰어

---

*21 예수께서 제자들을 불러 가라사대 '이방인의 집권자들이 저희를 임의로 주관하고 그 대인들이 저희에게 권세를 부리는 줄을 너희가 알거니와, 너희 중에는 그렇지 아니하니, 너희 중에 누구든지 크고자 하는 자는 너희를 섬기는 자가 되고, 너희 중에 누구든지 으뜸이 되고자 하는 자는 너희 종이 되어야 하리라. 인자가 온 것은 섬김을 받으려 함이 아니라 도리어 섬기려 하고, 자기 목숨을 많은 사람의 대속물로 주려 함이니라.'

*22 이사야 57장 1절.

넘어 가장 확실한 증명이 될 수 있다.

그런데 현대의 선교사들은 이 세상에서는 오직 십자가와 박해와 온갖 종류의 고난을 약속할 뿐, 또 그 뒤에 오는 내세의 삶에서도—이것 또한 일단 믿는 수밖에 없지만—확실하지도 않은 영광의 면류관을 약속할 뿐이다. 게다가 때로는 그들의 설교에 이어 끊임없이 성가를 합창하거나, 적어도 나에게는 별다른 매력도 없는 종교음악을 들어야 한다. 차라리 그런 것 대신 복음서가 말해주고 있듯, 지상의 것들을 포기하면 나중에 백 배나 보상받으며, 이 길은 가장 힘든 길이 아니라, 인생의 많은 위험에 맞서 우리가 나아갈 수 있는 가장 좋고 확실한 길임을 설득하고 권한다면, 훨씬 좋은 성과를 거둘 수 있을 것이다. 마태복음 19장 29절,[23] 마가복음 8장 35절,[24] 9장 23절, 시편 97편 11절을 참고하라.

"그렇다면 십자가는 어떤가?" 분명히 십자가는 있다. 하지만 그것도 생각하는 것처럼 무겁기만 한 것은 아니다. 그것을 견딜 수 있는 힘이 함께 주어지기 때문이다.[25]

1월 27일

피테칸트로푸스[26]와 그 밖의 유인원의 발견도 성서의 진리를 뒤흔드는 것은 아니었다. 그것은 프톨레마이오스의 우주관이 코페르니쿠스의 우주관으로 옮겨간 것과 신대륙과 새로운 행성의 발견이 성서의 진리를 뒤흔들지 않았던 것과 마찬가지다.

무엇보다 그리스도의 가르침과 그의 지상 출현과 아울러 일어난 많은 사실들을 굳게 믿는다면, 구약성서를 표적으로 하는 더 많은 근대의 의혹은 쉽사리 극복할 수 있다. 학문적 비판으로 인간과 다른 피조물 사이의 거리가 더 가까워지고, 다른 피조물이 전보다 더 나은 대접을 받게 되면, 우리는 그 비판을 인정할 수도 있다.

---

[23] 내 이름을 위하여 집이나 형제나 자매나 부모나 자식이나 전토를 버린 자마다 여러 배를 받고 또 영생을 상속하리라.
[24] 누구든지 제 목숨을 구원코자 하면 잃을 것이요, 누구든지 나와 복음을 위하여 제 목숨을 잃으면 구원하리라.
[25] 마태복음 11장 29·30절 참고.
[26] 화석으로 발견된 자바원인.

근대의 자연과학과 종교를 화해시키려 하거나, 자연현상을 종교적으로 설명하려는 시도는 그리 효과가 없을 뿐만 아니라, 현대인의 정신에는 무익하기까지 하다. 자연과학은 학문의 모든 영역에 걸쳐 가능한 한 해명하려고 노력해야 하지만, 그렇다고 과학적으로 설명할 수 없는 가설에서 출발해서는 안 된다. 자연과학은 그 활동 범위 안에서 만족해야 하며, 학문적으로 규명할 수 없다거나 과학의 영역뿐만 아니라 일반적으로도 존재하지 않는다고 주장해서는 안 된다. 바로 여기에 논의의 요점이 있다.

우리도 자연법칙을 믿는다. 그러나 이것은 '법칙'인 만큼 결코 우연히, 또는 저절로 생긴 것이 아니며, 자연을 창조하고 지배하는 영적인 존재를 전제로 한다. 만약 세계가 순전한 혼돈이며 아무런 존재법칙이 없다고 한다면, 세계는 실제로 하느님 없이 존재하겠지만, 그렇지 않다면 하느님 없이는 존재할 수 없다. 그러나 하느님이 무엇인지, 신학이든 철학이든 그 밖의 어떤 이름으로 불리든, 그것을 학문적으로 규명하고 정의할 수는 없을 것이다. 그런 학문적 시도가 하느님을 예배하는 저급한 관념이나 형식과 다른 점은 그저 정도의 차이일 뿐이다. 그리스도도 여기에 대해서는 요한복음 4장 24절*27에 있는 이상으로 상세하게 말하지는 않았다. 그 밖의 경우에는 다만 사실을 말하거나, 아버지와 아들의 관계 같은 인간적인 비유 몇 가지를 들어 설명했을 뿐이다. 마찬가지로 구약성서 전체를 살펴봐도, 출애굽기 34장 6·7절*28의 구절 이상으로 깊이 파고든 설명은 어디에도 없다.

그러므로 하느님은 실재하고 완전하며 사랑이 하느님의 본질이라는 사실만으로, 지상생활에 만족하지 않으면 안 된다. 게다가 하느님이 우리의 행위를 심판한다는 점에서도 우리가 상상하는 이상으로, 아니 우리가 원하는 이상으로 무한하게 위대하다는 것을 확신하게 된다.

우리는 하느님을 파악할 수도, 하느님을 정의하거나 공식적으로 표현할 수도 없다. 하지만 하느님을 사랑하는 것은 가능하다. 그리하여 출애굽기 20장 5·6절 및 34장 10절에서 이미 고대 이스라엘 민족에게 약속된 것을 오늘날에

---

*27 하느님은 영이시니 예배하는 자가 신령과 진정으로 예배할지니라.
*28 여호와로라, 여호와로라, 자비롭고, 은혜롭고, 노하기를 더디하고, 인자와 진실이 많은 하느님이로라 인자를 천 대까지 베풀며, 악과 과실과 죄를 용서하나, 형벌 받을 자는 결단코 면죄하지 않고, 아비의 악을 자여손(子與孫) 삼사 대까지 보응하리라.

도 그 무렵과 똑같이 경험할 수 있다.

　그러나 이러한 하느님에 대한 경험은 《파우스트》의 경우 시구 자체의 아름다움으로 이따금 인용되는 것에는 들어 있지 않다. '이름은 메아리요, 연기이다.' '누가 그것을 하느님이라 부르고, 나는 그것을 믿습니다 하고 고백할 수 있으랴.'[*29] 그러나 우리 생활에 영향을 주어야 하는 것은 이름의 배후에 있는 실체이다. 그것을 경험한다면, 주인공 파우스트의 생애, 그리고 작자 괴테의 생애도 조금 더 나은 것이 될 수 있었으리라.

⚜

　덕(德)이라는 것은 사람들에게 명령할 수 있는 것도, 가르칠 수 있는 것도 아니다. 다만 덕의 효과를 보여주고, 그들 내부에 덕에 대한 확신이 뿌리내리도록 도와줄 수 있을 뿐이다. 요컨대 자발성이 바로 덕의 진수이다. 그런데 수천 년 이래, 부모와 학교와 교회가 이와는 반대로 노력해 왔기 때문에, 덕은 결국 인류에게 저주의 씨앗이 되고 말았다. 그리하여 인류는 덕을 희생시키면서 억지로 덕의 무거운 짐에서 벗어나기 위해 거듭 노력해 왔다. 때로는 특별히 덕과 잘 어울리는 사람들조차 거기에 가담한다. 그리고 결국 그들은 덕의 편이 아니라 그 적이 되어버린다.

1월 28일

　열왕기하 5장 15~19절, 다니엘 3장 28절, 6장 27절, 창세기 3장 6·16절을 보라. 유럽 문명민족의 종교사를 이스라엘 민족의 종교사에서 완전히 떼어놓을 수는 없다. 이스라엘의 종교사는 그리스도교에서 이루어진 그 필연적인 '개혁'을 부당한 혁명으로 여기고 있다. 이것은 가톨릭과 개신교의 관계와 비슷하다. 어떻게 하면 이러한 역사적 대립을 해결하여 더 높은 합일에 다다를 수 있을까? 그것은 각자가 생각해보아야 할 문제이다. 그 합일이 언젠가 이루어진다는 것은 확실하다. 왜냐하면 이 세 가지 신앙[*30]은 모두 같은 근원과 출발점을 가지고 있기 때문이다. 즉, '이스라엘의 신'은 유일하고 참된 신, 또는 현대적으로 말하면 인간의 지력을 훨씬 뛰어넘는 유일하고 완전한 인간적 이해를 나타

[*29] 《파우스트》 제1부 3432행 이하.
[*30] 유대교, 개신교, 천주교—편집자 주.

내는 신이다.

'신에게 저항하는 것'은 쉬운 일이다. 오늘날 신의 존재를 무시하는 것은 권력자에게 저항하는 경우의 반만큼의 용기도 필요하지 않다. 무신론에 엄벌을 가하는 국가질서 속에서라면, 아마 사람들도 침묵할 것이다. 그러나 엄밀하게 정의된 신의 관념에도 사람들에게는 반대할 권리가 있다는 것은 인정하지 않을 수 없다. 왜냐하면 신의 관념은 언제나 너무나 편협하여 오류를 포함하고 있기 때문이다. 신 그 자체는 분명히 지금까지 인간이 생각해낸 모든 '신의 개념'보다 한없이 위대하다.

그러므로 현대에서는 교의와 철학 같은 건 모조리 옆으로 밀쳐 놓고, 자녀들에게 단순히 역사적인 '이스라엘의 신'과 '그리스도의 신'을 믿도록 가르치는 편이 나을 것이다. 이 신은 이미 고대의 강대한 왕들도 인정하지 않을 수 없었던 역사상의 사건에서 스스로를 드러냈고, 오늘날에도 똑같이 실감할 수 있다.

윤리적 세계질서는 예나 지금이나 변함없이 자유로운 지성에 기초하고 있다. 선악이 일어나는 대로 내버려두다가 선이 완전한 선일 때만 승리의 손을 들어주고, 악은 악에 의해 멸하게, 즉 '사자(死者)로 하여금 사자를 묻게' 한다. 이 사실은 오직 위대한 신에게만 어울리는 것으로, 때로 '철학'과 '정치'로 신의 행위를 바꿀 수 있다고 생각하는 왜소한 인간들의 어리석은 행동에 대한 숭고한 조소처럼 여겨지기도 한다. 시편 2편 1~4절, 출애굽기 3장 6절, 13~16절 참고.

⚜

그리 활동적이지 않고 사변(思辨)에 빠지기 쉬운 학식 있는 극소수의 사람들은 불교가 그리스도교보다 뛰어나다고 생각한다. 그것은 이들이 그리스도교를 오해하고 있기 때문이다. 불교는 사실 그리스도교보다 훨씬 불운한 길을 걸어왔다. 그리스도교의 복음이 이론적인 그리스 신학자에 의해 왜곡된 이상으로 불교는 라마교에 의해, 즉 승려의 기도법에 의해 왜곡되어 왔다.

더욱이 불교는 융성했던 시기에도 그리스도교의 위대함과 관대함, 그 실용성에는 훨씬 미치지 못했다. 불교에 귀의한 여러 민족 중에 가장 좋은 조건에 있었던 경우에도 프룬 바가드 같은 은둔자를 몇 명 길러냈을 뿐이다. 불교는 최고의 발달을 이룩했을 때도 그저 반쯤 꿈꾸는 듯한 명상에 지나지 않았고,

또 그런 형식으로는 언제나 극소수의 사람들만 가까이 갈 수 있는 종교였다. 그런데도 더 뛰어나고 더 진실한 종교를 가진 우리가 그런 종교로 굳이 개종해야 할 이유가 어디에 있단 말인가?

현대의 '교양 있는' 계급의 대다수가 참으로 나태하여, 이 뛰어난 종교를 면밀하게 연구하지는 않고, 오직 신기하고 특이한 것을 좇는 성급한 충동은 결국 허영심이라는 근본악에서 유래한 것이다. 바로 값싸고 쉬운 방법으로 남보다 앞서가는 것, 뭔가 '자신만의 특별한 것'을 가지는 것, 이것이 바로 현대의 교양인이 새로운 종교에 몰려다니는 중요한 원인이다. 머지않아 이런 교양을 가진 사람들은 파산한 자연과학적 유물론의 꽁무니를 좇는 신세가 될 것이다. 마태복음 24장 11·12·14절 참고.

1월 29일

우리는 아직 내적 인간이 밖으로 드러나 있는 인간과 어떤 관계에 있는지 제대로 알지 못한다. 그러나 신의 감화를 받을 수 있는 것은 오직 내적 인간뿐이다. 성찬식이라는 것도 이 내적 인간을 대상으로 하는 것이지, 외적 인간에 대해서가 아니다.

그렇다면 루터와 츠빙글리의 성찬 논쟁은 양쪽 다 사안의 본질에 접근한 것은 아니었던 셈이다. 결국 루터의 주장이 옳았지만, 그도 사안을 지나치게 감각적으로 해석했다. 성찬은 그 자체가 현실적인 힘을 가지며, 단순히 '표징과 상징'이나 과거의 '인증' 같은 것이 아니다. 성찬은 영적인 힘으로서 영적이고 내적인 인간에게 향해진다. 그리스도가 성찬에 대해 한 말도 내적 인간 밖에서의 구체화를 의미하는 것은 아니었다. 외적 인간에게 빵과 포도주는 자연에 있는 그대로의 것이다. 그러나 내적 인간에게 그것은 그리스도의 영적 본성을 함께 나누는 힘을 가진다. 베드로후서 1장 4절을 참고하라.

성찬식은 교회의 의식에 지나지 않으며, 모든 사람에게 현실적인 도움을 주는 것은 아니라는 현대의 사고방식보다는 차라리 가톨릭과 루터의 견해에 따르는 것이 진리에 훨씬 더 가까이 다가갈 수 있다.

⚜

세상 사람들에게 '참고 순종할 것'을 설교하거나 슬퍼하면서 자신의 십자가를 무거운 듯 지고, 이 눈물의 골짜기를 지나 더 나은 영원을 향해 순례하는 인간의 모범을 보여주는 것은 별 의미가 없다. 그런 것은 누구의 마음도 끌어당길 수 없다. 왜냐하면 대부분의 사람들은 단 한 순간만이라도 현세의 쾌락을 맛보고 싶어하기 때문이다. 그러나 인생의 진정하고 영속적인 기쁨의 실례를 본다면, 사람들은 그 기쁨을 줄 수 있는 종교와 철학에 주목하게 될 것이다.

1월 30일

사랑이라는 것은 사람을 속이기 쉽고, 또 때로는 실행하기 어렵다. 그러므로 인간에게는 동정을, 신에게는 신뢰와 감사를 드리는 것이 올바른 감정이다. 모든 인간을 진정으로 사랑하기란 좀처럼 실천하기 어려운 일이어서, 크나큰 환멸과 함께 마지막에는 허무주의에 빠질 뿐이다. 모든 사람에게 친절과 동정을 보내고, 증오와 공포, 분노를 품지 않는 것이라면 가능할지도 모른다. 그러나 평소에 '그리스도의 사랑'이라는 말을 쉽게 하는 사람일수록 그렇지 못한 경우가 많다.

사랑이 없는 사람과 계속 교제하는 것은 영혼을 해치는 일이다. 그러므로 교제를 줄이거나 완전히 끊는 것이 좋다.

동정심이 부족한 것은 여성에게는 중대한 성격상의 특징이다. 그런 특징이 보이는 사람은 경계하는 것이 좋다. 또 인간에 대한 지나친 사랑은 여성에게는 가장 빠져나오기 힘든 함정이다.

❧

인간이 가진 힘의 비밀은 하느님의 도구라는 성질에 있다. 모든 영속적인 진실의 힘은 하느님의 것이지, 인간의 것이 아니기 때문이다. 그러므로 이기주의와 초감각적 세계에 대한 불신이 인간이 나약해지는 근원이다. 요한복음 7장 16·38절 참고.

1월 31일

우리는 이제 이 세상의 행복을 알지 않으면 안 된다. 즉, 어떤 상황에서든 또 어떤 사람이든 손에 넣을 수 있고, 어떤 상황에서도 언제나 기쁨으로 마음을 채워주는 행복에 대해서 말이다. 이러한 행복을 얻도록 하는 것이 철학의 이상적인 임무일 것이다. 그것이 불가능하다면, 아무리 훌륭한 '체계'를 가진 철학이라도 우리에게는 아무 쓸모가 없다.

경험으로 볼 때, 이런 행복을 가져다주는 것은 오직 하느님에 대한 신앙, 하느님 가까이에 있다는 실감, 그리고 유익한 일을 하는 것이다. 적어도 나는 그것 말고는 확실한 방법을 모른다. 또 내가 아는 한 그것 외의 길을 발견한 사람은 지금까지 한 사람도 없다.

❧

당신은 삶에서 선한 인간이 되어야 한다. 늘 선한 영혼이 이끄는 대로 따르고, 그 밖의 것은 모두 거부하는 인간이 되라.

그것 말고는 세상이 아무리 칭찬하고 부추기는 것이라 해도 중요하지 않다. 현재의 삶에 있어서도 미래에 있어서도, 그것은 변하지 않는 진실이다.

2월

2월 1일

신과의 관계에서는 인간이 먼저 철저하고 성실하지 않으면 안 된다. 신앙이 크게 흔들리거나 심지어 믿음을 저버린다 하더라도, 그 뒤에 회개한다면 용서받을 수 있지만, 차가운 무관심과 그저 의무적으로 하는 형식주의는 결코 용서받을 수 없다.

이것은 인간끼리의 우정도 마찬가지여서 의무감만으로는 우정은 유지되지 않는 법이다.

현대 교회의 결함은 바로 이 점에 있다. 교회가 다른 방법으로는 할 수 없는 많은 역할을 하고 있는 것은 사실이지만, 그렇다고 당연히 해야 할 최고의 것, 최선의 것을 실천하고 있다고는 할 수 없다.

✿

악의 힘은 우리의 공포심에서 비롯된다. 우리가 악을 두려워하지 않으면 악은 당장 힘을 잃어버리고 만다.

그래서 하느님은 악에 대해 이렇게 넓은 활동범위를 허락한 것이다. 왜냐하면 하느님은 악이 하느님이 굳건하게 지켜주고자 하는 인간을 결코 정복할 수 없음을 잘 알고 있기 때문이다.

자신을 받쳐주는 신의 손을 놓을 뻔했던 신실(信實)한 욥의 이야기는 이 사실을 잘 보여주고 있다. 이런 일은 모든 사람의 삶에서 일어나고 있다. 악의적인 신문기사조차 두려워하는 사람이 얼마나 많은가!

2월 2일

'하느님의 분노'가 그리스도의 수난과 죽음, 즉 그 피로 진정되었다고 하는 교회의 논리를 나로서는 도저히 이해할 수 없다. 하느님이 그런 분노를 가지고 있었다면, 결코 우리에게 구세주를 보내지 않았을 것이다. 하느님이 구세주를 이 세상에 보냈다는 사실 속에 이미 용서가 들어 있다.

실제로 그리스도는 이 세상에서 일찍 고통을 받고 죽어야 했을 뿐만 아니라, 사두가이인의 현세적인 신앙과 바리새인의 교회주의로는 실천할 수 없는 아름다운 삶을 살 수 있다는 것, 또 어떻게 하면 그렇게 할 수 있는지를 가르쳤다. 이 점, 바로 이런 삶을 우리는 그리스도에게서 배워야 하며, 동시에 우리가 지고 가야 할 고난과 시련의 몫을 인내로 받아들이고, 그를 본받아 그것을 이겨내야 하는 것이다.

그리스도의 생애가 그랬듯이, 삶의 모든 때와 장소에서 마땅히 그래야 할 모범적인 생애도 죽음과 부활이라는 종말이 없었다면, 아마 완전한 것이 되지는 못했을 것이다. 이것은 교리를 들먹이지 않더라도 건전한 상식과 심리학만으로도 알 수 있다. 그리스도가 가장 큰 사명을 실천하고 고난을 견뎌야 했던 것은, 우리가 부딪치는 훨씬 작은 일을 우리도 실천하고 견딜 수 있다는 것, 그리고 어떻게 하면 그럴 수 있는지를 가르치고 실천하도록 하기 위해서였다. 더욱이 이제 우리에게는 자신의 힘 외에 수많은 사람들을 고난과 죽음에서 구해준 그리스도의 힘과 약속이 있기 때문에, 그것을 더욱더 쉽게 이룰 수 있다. 그러나 그리스도의 죽음, 그리스도의 희생이 우리를 저절로 정화(淨化)하는 것은 아니다. 그것은 세례의 물과 마찬가지여서 우리를 위해 바쳐진 희생을 감사하는 마음으로 받아들이고, 그 결과로 그리스도와 하느님을 사랑함으로써 가능하다.

⚜

사람들을 더 이상 사랑하지 않거나 염세주의와 인간 혐오에 빠지게 된 것을 변명하는 사람들은 어김없이 자신들이 사랑 때문에 겪은 쓰라린 경험에 대해 얘기한다. 설사 그 말이 진실이고, 그들이 진실로 성실하게 사람을 사랑하려고 노력했다는 것을 인정한다고 치자. 하지만 과연 그 이후 그들은 사람을 미워함으로써 전보다 더 좋은 경험을 했을까?

그들은 진심으로 사랑하려고 시도한 것이 아니었거나, 그들이 말하는 사랑이 이기주의에 지나지 않았거나 둘 중 하나이다. 솔직하게 그 점을 다시 한 번 스스로에게 물어보는 것이 어떨까?

2월 3일

그리스도는 하느님을 '분노의 아버지'라고 표현한 적이 한 번도 없다. 그런 표현이 나올 법한 누가복음 15장의 방탕한 아들의 이야기에도 역시 없다. 또 구약성서의 아름다운 대목에서도 그런 견해를 찾아볼 수 없다. 이사야 43장 18~25절, 48장 9~11절 참조.

그런데 나중에 와서 인간들이 '하느님에 대한 두려움'을 늘어놓아 수많은 사람들에게 하느님에 대한 신앙을 꺼림칙한 것으로 만들어놓고 말았다. 하느님의 분노란, 실은 우리 삶이 하느님에게서 멀어졌기 때문에, 지상에 아무리 보물이 많고 아무리 학문, 예술, 교통이 발달해도, 우리의 삶은 지금처럼 내적으로 황폐하고 아무런 위안도 없다는 것, 바로 그 점에 존재한다. 이 대지는 옛날 그대로, 아니 어쩌면 전보다 더욱 잘 가꿔지고 있을지 모른다. 그러나 '태양'이 빠져 있다. 인간의 행위 속에 있어야 할, 또 있을 수 있는 '축복'이 없다.

이러한 벌은 자연스레 드러난다. 그것이 인간들이 모독하는 하느님의 불변의 세계 질서 속에 들어 있기 때문이다. 그러나 인간이 진실로 뉘우치고, 하느님의 질서 속으로 돌아간다면, 용서받을 수 있는 것 또한 확실하다.

신의 축복

아침의 안개, 간밤의 비를
당신은 그 백성들에게 약속했습니다.
당신의 축복은 온갖 모습으로
끊임없이 우리들 위에 쏟아집니다.

수없이 많은 자들이 죽음을 향하며
하루도 두렵지 않은 날이 없었습니다.
그러나 진심으로 당신을 섬기며
따른 자 가운데 멸망한 자는 없었나이다.

신의 축복이 어떤 것인지
아직 그것을 밝힌 자는 아무도 없습니다.

다만 우리가 알고 있는 것은
모든 것이 그것에 달려 있다는 것뿐

잠들어 있을 때 조용한 발걸음으로
축복이 찾아가는 자가 있는가 하면
그 옆집에는
쉬지 않고 천둥번개가 몰아칩니다.

뛰어난 재능을 타고 났으면서도
모든 기쁨에서 외면당하는 자가 있는가 하면
고뇌의 한가운데에서도
행복한 마음이 넘치는 사람이 있습니다.

주여, 당신 백성의 후예는
당신에 대한 진실한 신앙의 열매를 얻지만
다른 자들은 자신의 죄는 물론
부모들의 죄도 보속해야 하나이까.

주여, 당신은 저희들 죄인에게는
그 비밀을 탐구하는 것을 허락지 않더라도
저희 아들들의 고통과 기쁨을
원하옵건대, 늘 축복해 주옵소서.

⚜

　특히 사랑이 좋은 건 사랑의 보답을 받는 것뿐 아니라*1 사랑하는 순간부
터 자신이 더 강해지고 활력을 얻게 되는 데 있다. 또 사랑은 차갑기 그지없
는 이 세상에 따뜻한 온기를 불어넣으며, 사랑에서 발생하는 모든 좋은 것을
무시한다 해도 사랑 하나만으로도 이미 하나의 행복이다. 사랑은 바로 영혼의

---

*1 이것은 그 사랑이 어느 정도 지속적이고 강한 것일 때는 거의 일어나는 일이다.

생명이니, 사랑을 완전히 버리는 자는 그 영혼까지 잃게 된다. 그것은 영원히 채울 수 없는 손실이다.

영혼을 잃은 자는 살아남을 수 없다. 그리고 현세의 생명뿐만 아니라 미래의 생명도 잃어버리게 된다.

2월 4일

이 세상에는 사랑은 찾기 힘들고 이기주의만이 난무하고 있기 때문에, 염세주의자들은 '우리는 그 불쌍한 인간들을 버리고 혐오한다'고 말한다.

이 말의 앞부분은 분명히 맞지만 결론은 맞지 않는다. 적어도 그렇기 때문에 우리는 세상에 가능한 한 사랑을 더 많이 전파하고 이기주의를 제거해야 한다.

그러나 당신이 무엇보다 하느님을 사랑하고, 또 모든 피조물을 가엾이 여기고 사랑하는, 지금까지와는 다른 마음을 가지지 못한다면, 당신이 종교와 인간애(人間愛)에 대해 말하는 것은 모두 공허한 말장난에 지나지 않는다. 그보다는 인간 본성을 자연 그대로의 이기주의라고 생각하는 유물론 쪽이 당신에게는 진리에 따른 충실한 사상 체계가 될 것이다. 그것은 당신이 교회의 가르침대로 생각하고 안 하고와는 상관이 없다. 이 '다른 마음'만이 이기주의를 극복할 수 있는 힘이 있지만, 이것은 누구에게나 태어나면서부터 주어지는 것이 아니고, 또 경험에 의하면 사고와 의지의 노력으로 얻을 수 있는 것도 아니다. 이것이 바로 어느 정도의 지성과 인생경험이 있으면서도, 우리가 인간 밖에 존재하는 힘에 의한 해방과 '구원'을 갈망하지 않으면 안 되는 이유이다. 실제로 이 구원에 대해서는 구약성서 안에서도 이미 여러 번 약속되어 있다.

이사야 48장 10절, 65장 17~24절, 66장 12~14절, 예레미야 24장 7절, 31장 1~14·33절, 에스겔 11장 19·20절, 36장 26절을 보라.

구원을 경험하지 못했다면, 아무도 당신에게 구원에 대해 설명해줄 수 없다. 그러나 구원을 경험하는 것은 모든 사람에게 가능한 일이다.

인도의 금언은 이렇게 말하고 있다. '무지의 반은 사상을 자유롭게 나눔으로써 퇴치할 수 있다. 나머지 반은 철학상의 원리 응용으로 물리칠 수 있다. 그래도 남는 것은 자성(自省)의 빛으로 제거할 수 있다.' 그럴 마음이 있다면 한번 시험해 보라. 그러나 미리 말해 두지만, 이 방법으로도 여전히 상당한 불만을 느낄 것이다.

✤

선한 사상은 결코 인간 혼자 만든 것이 아니다. 다만 그 사상이 인간을 통해 흘러가는 데 지나지 않는다. 우리의 공적이라면, 그 선한 사상이 형태를 얻고 행위와 말과 문장이 되었을 때, 그 사상에 대해 마음을 열고 봉사할 용의를 아끼지 않았다는 점뿐이다.

그런데 과연 나쁜 사상에 대해서도 그럴까? 만약 그렇다면, 그것에 봉사하려는 마음 자세에 바로 인간의 죄가 있다.

2월 5일

시험 삼아 잠시 비판하는 것을 완전히 멈춰 보라. 그리고 모든 면에서 힘닿는 데까지 선한 것을 독려하고 지지하며, 비속(卑俗)한 것과 나쁜 것을 하찮은 것 또는 없어질 것으로 무시해보라. 그렇게 하면 전보다 더욱 만족한 삶을 살 수 있을 것이다. 바로 거기에 모든 것이 달려 있다.

✤

인간에게는 저마다 선한 천사와 악한 천사가 일생 동안 따라다니고, 어느 한쪽의 천사가 인간의 귀에 자신의 생각을 속삭인다는 것은 비유에 지나지 않는다. 왜냐하면 복음서 어디에도 그리스도가 그 천사에 대해 말한 적이 없기 때문이다.

그럼에도 이 비유는 실제 현실과 경험으로 보았을 때 옳은 말이다. 한 사람의 마음속에서 한쪽의 영혼을 대신하여 다른 영혼이 권고할 때 일어나는 변화는 참으로 놀랍다. 그 사람의 목소리 변화와 얼굴 표정에서 어느 쪽 영혼에 의한 변화인지 확실하게 알아볼 수 있을 정도이다.

어쨌든 우리는 자신이 원하는 대로, 어느 한쪽 영적 조언자의 말에 따르는 것만은 확실하다. 단, 어느 한쪽에 따르는 것도 다른 행위와 마찬가지로 습관에 의해 차츰 쉬워지기도 하고 어려워지기도 한다. 그래서 예언자 엘리야는 이스라엘의 왕 아합*² 에 대해 이렇게 말했다. "왕이 스스로 팔려 여호와 보시기에 악을 행했노라."*³ 이것은 현대의 수많은 사람들이 처해 있는 운명이다. 게

---

*2 이 왕도 때로는 선한 영혼의 격려를 받았다.
*3 열왕기상 21장 20절 참조.

다가 바로 그런 사람들이 사도가 말한 것처럼 '자유'에 대해 많은 말들은 하지만, 실은 부자유한 죄의 노예일 따름이다.

2월 6일

인간의 삶에는 신비로운 요소가 많이 있어서 어떤 점에서 보면, 세상에는 완전히 진실한 전기(傳記) 따위는 없고, 또 있을 수도 없다고 해도 된다. 나 또한 어떻게 내 경험을 사실 그대로, 남들에게 이해할 수 있도록 표현해야 하는지 모른다.

병 때문에 잠을 이루지 못했던 밤에, 꼭 한 번 머릿속에서 그것이 잘 표현되었던 적이 있었다. 그때는 완전히 다른 영혼이 말하는 것 같았다. 아마 이튿날 아침에 그 내용을 적어두려 했어도 불가능했으리라.

⚜

창세기 49장에서 야곱이 아들들에게 준 축복은 오늘날에 보아도 주목할 만한 두세 가지 예언을 내포하고 있다. 첫째 10절은 확실히 그리스도를 가리키고 있다. 실제로 그리스도는 나중에 유대 부족에서 나왔다. 다음에는 안락함을 지나치게 선호하여 노예가 되는 잇사갈 부족의 운명에 대해서(15절)이다. 오늘날에도 이러한 운명을 함께 하는 자가 적지 않다.

다음에는 요셉 부족의 전도가 밝은 미래에 대해서이다(창세기 49장 22~26절). 이 부족은 전능자의 손길로 보호받기 때문에, 설령 악의의 화살을 쏘는 자들이 끊임없이 그를 박해하고 공격해도 계속 번성할 것이라고 했다. 이 세상의 모든 선량하고 유익한 사람들은 언제나 그런 종족에 속해 있다. 다만 그들에게 가해지는 박해의 징후가 때로 오랫동안, 또는 전혀 나타나지 않을 경우에는 그가 선택 받은 운명인지 의심스러워진다.

2월 7일

어떤 문필가는 이렇게 말했다.

"정말 중요한 것은 올바른 길을 가는 것뿐이다. 그러면 다른 것은 저절로 주어진다."

또 이렇게도 말할 수 있다.

"오직 복음서가 성령이라 부르는 것을 삶 속에 불러들이는 것이 중요하다. 그러면 그 성령이 그 밖의 다른 것을 남김없이 다해 줄 것이다."

여기서 한 걸음 더 나아가 이렇게 말해도 되리라.

"성서 이외의 모든 종교서적을 잠시 덮어버리자. 또 성서 속에서도 그리스도의 말과 행위 이외의 것은 모두 제쳐두기 바란다. 영혼의 행복을 얻는 데 그밖의 것은 필요하지 않다. 때로는 신앙의 유익한 버팀목과 자극이 될 수는 있지만."

복음이 일하는 사람들에게만 제대로 효과를 나타낸다는 것은 주목할 만하다. 복음은 일하는 사람에게는 끊임없이 힘을 주지만, 일하지 않는 사람—게으른 성직자도—은 복음에 뭔가 다른 것을 보태지 않으면 안 된다. 예를 들어 끊임없는 집회와 축하행사, 교회의 형식적인 행사 같은 종류의 것이다. 그런 것은 일하는 사람에게는 없어도 그만이다.

은총의 선택

당신의 사업을 위해 나를
영원으로부터 선택하신 분이시여
그 표징으로서 나에게 힘을 주옵소서.
기쁜 마음으로 일하는 자가 되게 하소서.

당신의 명령을 기꺼이 수행하도록 인도하소서.
원컨대, 당신의 위대한 사업이 이루어지기를
오직 신앙에 사는 자만이
이렇게 아름답고 무거운 운명을 짐질 수 있나이다.

하느님은 인간보다 훨씬 마음이 넓은 존재여서, 우리라면 오래전에 같은 민족으로 생각하지 않았을 사람들도 여전히 잊지 않고 하느님의 종으로 열거한다는 것을 역사를 아는 사람이라면 아무도 의심하지 않을 것이다. 그러나 설명할 수 없는 '신의 축복'에 의한 영광은 그것과는 다르다. '신의 축복'에 의한 영광은 인내와 동정과 넓은 관용이 아니며, 거기에는 하느님의 적극적인 사랑이 들어 있다. 이러한 하느님의 사랑은 우리의 진실하고 성실한 사랑에 대해서만 주어지며, 회의주의나 형식적으로 열성적인 믿음에는 주어지지 않는다. 신명기 6장 5절을 참조하라.*4

2월 8일

대부분의 사람들은 일을 피하고 싶어하고, 자신의 노동의 대가가 아니라 자본의 축적과 연고 관계, 사회적 지위 같은 타인의 노력에 편승하려고 한다. 그러나 이들은 스스로 일할 때보다 행복해지는 것이 아니라, 오히려 남에게 종속당하게 된다. 일찌감치 이 이치를 깨달아 스스로 일하는 생활을 선택해서, 세상에서 유일하고 자유로운 인간이 되는 자는 매우 드물다.

자신의 삶에서 쓸데없는 것을 모조리 멀리하기 시작하면—뭔가 의미 있는 것을 하려면 즉시 이것부터 실천해야 한다—그 뒤에는 오직 일로 메워야 하는 생활의 공백이 생긴다. 사람들 대부분은 이것을 본능적으로 느끼면서도, 일에 열정을 가지지 못하거나 갖고 싶지 않기 때문에, 첫걸음을 내딛는 것을 두려워하고, 다른 사람들과 같이 지금까지 걸어온 길에서 벗어나지 못한다.

✦

아무리 사소한 것도 낭비해서는 안 된다. 시간과 노력은 물론, 헛되고 보람 없는 사랑을 위한 수고도, 활력과 시력(視力)과 금전과 그 밖의 물자도 낭비해서는 안 된다. 이것이 안락한 인생을 보내는 가장 좋은 길이다.

그것은 또 하느님의 뜻이기도 하다. 왜냐하면 하느님은 '질서의 하느님'이어서, 아무리 '천재적'이라도 무질서한 곳에는 머물지 않기 때문이다. 무질서 속에서 쾌적함을 느끼는 자는 하느님과의 관계가 확고하게 정립되어 있다고 할 수 없다. 이 이치는 어떤 사람이 쓴 글을 읽기보다 그의 책상 위를 보면 더 확실히 알 수 있다.

그렇다고 해서 단순히 외적 질서에만 매달리는 사람들이 하느님과 더 가깝다는 뜻은 아니다. 질서를 사랑하는 것은 그만큼 장애가 줄어든 것뿐이다. 만

---

*4 너는 마음을 다하고 성품을 다하고 힘을 다하여 네 하느님 여호와를 사랑하라.

약 그들이 질서를 사랑한 나머지 그것 때문에 남을 괴롭힌다면, 장애가 줄어들기는커녕 오히려 하나의 악마 대신 더 악랄한 악마에게 사로잡힌 것이다.

2월 9일

인생의 행복은 고난에 부딪히는 일이 적거나 고난이 전혀 없는 것이 아니라, 모든 고난과 싸워 빛나는 승리를 거두는 것에 있다.

힘은 약점을 극복하는 훈련에서 생긴다.

'당신이 뿌리 뽑은 모든 죄의 영혼이 힘으로 변하여 당신 내부에 들어온다.'[*5]

⚜

부모나 그 밖의 보호자가 자식이나 자신에게 맡겨진 어린이들에게 해야 할 당연한 의무, 즉 먹이고 입혀주고, 병에 걸렸을 때 간호하고, 교육을 시키고, 사소한 즐거움을 준 것 등에 감사할 것을 원한다면, 그것은 오히려 그들의 목적을 잃어버리게 한다. 어린이들은 그런 요구를 눈치 채면 마음속으로 몹시 불쾌하게 여긴다. 하물며 그것을 노골적인 말로 자주 표현한다면 더더욱 마음이 상한다. 그래서 어린이들은 은혜를 모르는 성격이 되기 쉬워지고, 보호자들은 나중에야 그것을 후회하지만, 그들이 아이들을 그렇게 길렀다는 것은 깨닫지 못한다.

2월 10일

'내 형제들아! 너희가 여러 가지 시험을 만나거든 온전히 기쁘게 여기라'[*6] 시련에 빠져 헤어나지 못하고 있을 때 사도의 이 가르침에 따르는 것은 무척 어려운 일이다. 야고보 사도도 가장 힘든 고난의 순간에 과연 무한한 기쁨을 항상 느낄 수 있었을지 의심스럽다. 사실은 그리스도조차 그렇게 하지 못했다. 마태복음 26장 37, 38절을 보라. 그러므로 늘 그럴 수 있는 사람은 이미 이 세상의 삶을 초월한 것이고, 오직 시험을 의미할 뿐인 시련은 그런 사람에게는 더 이상 필요하지 않게 된다.

---

*5 로버트슨.
*6 야고보서 1장 2절.

그러나 시련에 허덕이는 자는 대부분 위와 같은 말을 도저히 이해하지 못한다. 그들은 때때로 이 말을 자신의 고난을 비웃거나 야박하게 말하는 것으로 해석할 때도 있다. 반대로 그들에게 멍하니 생각에 잠겨 있거나 아픈 상처를 안고 고뇌 속에 가라앉지 말고, 오히려 "주여, 도와주소서"라는 소박하고 짧은 신음 같은 기도라도 좋으니, '내가 산을 향하여 눈을 들리라. 나의 도움이 어디서 올꼬'[7] 하기를 기대하는 게 낫다. 그러면 많든 적든 도움이 되고, 그 결과 영혼이 깊이 생각할 수 있을 만큼 차분해지면, 지나간 시련을 되돌아볼 여유가 생겨서, 그것이 또 더욱 힘이 되어주게 마련이다. 그러면 실제 지금까지 대부분의 시련이 처음에 생각했던 것보다 훨씬 빨리, 게다가 기적적인 방법으로 다 해결되었음을 깨닫게 된다.

보헤미아 형제단 찬송가 374번, 히브리서 10장 32~39절 참고.

개인에게든 민족에게든 시련이 필요 이상으로 오래 이어지는 일은 절대로 없다. 어느 쪽이든 일정한 시기에 이르면 그 뒤에는 '녹임'(시련)[8]이 무의미해지고, 따라서 시련도 끝이 나는 일이 있다. 그렇게 되면 남은 것은 오직 하느님의 심판뿐이다. 이제는 많은 사람들이 그 길을 나아가고 있다.

예레미야 2장 19·20·25절, 4장 22절, 6장 14·27~30절 참고.

산중턱에서
(요한계시록 3장 8절)

신이여, 당신께 감사하나이다.
무거운 빗장이 부서지고 문은 열렸으니!
'온유하게 신뢰하고' 있었으니
나는 마침내 바늘구멍을 지나갔나이다.

내 마음은 참된 의지를 관철하는 용기를 얻어
해방되고, 영혼은 깊은 숨을 들이쉰다.
시대를 심판하기 위해 오는 천둥번개가

---

[7] 시편 121편 1절.
[8] 예레미야 9장 7절 '보라, 내가 그들을 녹이고 연단하리라.'

멀리서 희미하게 울리는 소리가 들려온다.

✤

인생을 더 높은 목표를 향해 전진하는 다음 존재를 위한 학교로 생각하지 않는 한, 인생의 의의는 어떤 철학과 종교로도 확실하게 밝힐 수 없다. 즉, 우리는 그 학교 시절에 이 지상에서는 끝까지 자신의 몸에 따라다니는 동물적인 것에서 완전히 벗어나 자유로운 정신적 존재가 될 준비를 해야 한다. 실제로 인간의 가장 깊은 영혼도 이를 지향하고 있지만, 이에 저항하는 악의 힘은 모든 수단을 다해 인간의 완성을 방해하려 한다.

그런데 이 지상생활을 끝낼 때, 육체 없이 영적 생활을 계속할 수 있을 만큼 충분히 영화(靈化)되어 있지 않은 사람들이나, 영을 잃어버리고 단순한 물질로 전락한 사람들은 어떻게 되는지 우리는 모른다. 복음서조차 이에 대해서는 분명히 밝히고 있지 않다. 그러나 그것이 조금 엄격한 '보충학습과정'이 된다 할지라도, 그들이 언젠가 다시 한 번 이 학교를 다닐 수 있는 것이 바람직하다.

누가복음 21장 36절, 20장 35·36절 참고.

2월 11일

내적인 진보를 이루는 데는 두 가지가 필요하다. 바로 우리에게 말을 거는 목소리와 그것을 들을 수 있는 귀다.

우리의 정신과는 다른, 예지로 이끄는 영혼이 존재한다고 믿을 만한 근거가 없다고 하지만, 다음과 같은 경험은 그 존재를 뒷받침하는 것이 아닐까? 예를 들어 나의 경우 내적 진보에 도움이 된 책은 모두 '생각지도 않게' 내 앞에 나타났으며, 스스로 찾아서 구한 책에서는 아무 것도 배우지 못했다는 사실이다. 아마 그 책들에서 배울 만한 것이 아무 것도 없었던 것이 아니라, 그것을 받아들이는 데 적당한 시기가 아직 오지 않았기 때문일 것이다.

✤

인생의 목적과 목표는 정통신앙에 다다르는 것이 아니다. 이 점에서는 종교개혁 시대에도 잘못되어 있었다. 인생의 목표는 선한 인간이 되는 것, 즉 가능한 한 실제로 하느님 가까이에 있는 일이다. 그리스도교가 그곳에 다다를 수 있는 가장 가깝고도 좋은 길이며, 그것만이 진정 신의 의지에 합당할 뿐 아니라 역사적으로 주어진 길이다.

철학적인 사람들과 내 경험에 의하면, 유니테리언 신자와 이른바 '개혁주의자'도 이러한 결론에 이르는 건 무척 어려운 일이다. 물론 신의 은총은 그 어떤 것일지라도 이룰 수 있는 것이 틀림없지만 말이다.

우리 인간의 사상체계는 신의 사업에 아무런 장애도 되지 못하며, 신의 영혼의 숨결로 단번에 없앨 수 있는 거미줄에 지나지 않는다.

2월 12일

반대의 예가 아무리 많다고 해도, 가진 것이 없어도 지상에서 행복과 기쁨을 얻을 수 있다는 것을 대부분의 사람들은 생각지도 못 한다.

가난한 사람들은 내내 그 비참함에 갇히고, 눈앞을 가리고 있는 슬픔의 구름에 차단되어, 하늘을 우러러보려 하지 않는다. 또 부자들은 진정 행복해지기 위해 반드시 통과해야 하는 바늘구멍을 지나가려 하지 않는다. 신앙을 꺼리는 사람들은 교회에 다니는 신앙인들의 바르지 못한 행동에 늘 얼굴을 찌푸리고 있다.

모든 사람들이 본디 있지도 않은 곳에서 행복과 기쁨을 구하고 있다. 그러나 이 세상의 모든 것을 헤쳐 나온 사람들은 최후에는 그래도 지상이 '눈물의 골짜기'*9가 결코 아니라고 증언할 것이다.

세상에서 가장 가련한 것은 노년이 되어 인생의 반 또는 전부가 허무하게 지나가 버린 과거를 되돌아보며, '그 시간을 더욱 잘 보낼 수 있었는데' 하고 생각하는 것이다. 이것이 오늘날 교양 있는 사람들에게서도 볼 수 있는 운명이다. 그것이 당신의 운명이 되지 않도록 하라.

바나바, 즉 '위안의 아들'이라는 이름은*10 모든 그리스도인들이 가져야 할 아름다운 이름이다. 그리스도인 옆에서는 언제라도 위안을 얻을 수 있어야 한다. 그러나 대부분의 신자들에게는 위안의 힘을 풍부하게 가지고 있다는 느낌이 없고, 또 모든 노력을 기울여 위안의 힘을 얻고, 만족할 수 있는 영역에 이르려고 노력한다는 느낌도 들지 않는다. 이것이 바로 세상 사람들이 그리스도

---

*9 시편 84편 6절.
*10 사도행전 4장 36절.

인들을 비난하는 이유이며, 그 비난은 참으로 정당하다.

특히 뛰어난 사람이 죽었을 때는 애도하는 자가 그리 많지 않은 데 비해, 오히려 평범한 사람의 죽음은 사람들이 매우 슬퍼하는 경우가 있다. 그 이유는 평범한 사람을 대할 때는 늘 마음의 '평화'를 얻을 수 있었던 데 비해, 뛰어난 사람에게서는 그렇지 못했기 때문이다.

⚜

초대 교회의 사도에게서 볼 수 있었던 모든 영적인 능력은 현대에도 분명히 존재하고 있다. 한때 우위를 차지했던 유물론적 시대 풍조 때문에 조금 후퇴했을 뿐이다.

그런 능력을 가진 사람들은 스스로 그것을 잘 알고 있고, 타인도 그들을 대하면 본능적으로 그것을 느낄 수 있다. 다만, 이러한 영적 능력은 쓸데없이 가지고 있을 것이 아니라 활용되어야 한다. 교회의 개혁도 그런 능력을 바탕으로 이루어질 수 있으며, 교회 회의와 성직자 회의, 또는 조합과 소수의 모임으로 이루어지는 것이 아니다. 사람들의 내부에 이러한 영적 능력이 존재하지 않는다면, 어떠한 노력도 허사가 된다.

이 능력 가운데 가장 높은 것은—만약 그 사이에 차별을 둔다고 하면—신에게 들릴 수 있는 기도 능력이다. 왜냐하면 기도의 능력에는 그 밖의 힘, 이를테면 질병의 치료, 죄의 용서, 미래의 예지에 대한 힘도 포함되기 때문이다. 실제로 그런 능력들도 오직 신으로부터, 그리고 기도에 의해서만 내려지는 것으로 인간의 일시적인 힘에 의한 것이 아니다. 이와 다른 의견을 가진 사람, 또는 그런 능력이 없어도 위대한 일을 할 수 있다고 믿는 사람은 아주 잘못 생각하고 있다. 또, 이 세상의 보물을 이 영적 능력과 같은 자리에 두거나 그보다 뛰어나다고 생각하는 것도 마찬가지로 잘못이다. 그런 사람은 결코 그 선물을 받는 일이 없고, 또 오래 유지할 수도 없다.

누가복음 16장 11~15절, 11장 36절, 10장 6·19절, 17장 6절, 요한복음 11장 41·42절 참고.

2월 13일

무슨 일이든 하느님의 뜻이라 믿고, 더 이상 번민하는 일 없이 오직 열려 있는 문을 통해 나아간다면, 그 사람의 삶은 이미 행복해지기 시작한 것이나 다름없다. 그때까지는 크나큰 고난만 있고, 그 사이사이에 이따금 평온한 시간이 있다 해도, 대부분 자기기만과 결부되어 있다.

'하느님 곁에 있는 것', 즉 인간의 영혼에 하느님의 영혼이 '들어오는' 것, 이것이 바로 영혼의 진정한 행복이다. 하느님의 영혼이 들어오는 것을 이 세상 어떤 보물보다 중히 여긴다면, 아무리 불완전한 영혼이라도 일어날 수 있지만, 그런 마음자세가 되어 있지 않으면 고결한 영혼일지라도 그런 일은 일어날 수 없다. 전자는 이로 인해 서서히, 그리고 확실히 정화되지만 후자는 조금도 진보하지 않는다.

우리도 이와 마찬가지여서 설사 뛰어난 재능을 가졌어도 우리에게 무관심한 친구보다 불완전하지만 우리에게 성실한 마음을 주는 친구를 훨씬 더 사랑한다. 그런 친구를 위해서라면 뭐든지 기꺼이 해주고 싶지만, 앞의 친구에게는 그런 마음이 들지 않는다.

✦

기쁜 마음으로 무거운 짐을 지는 것, 이것이 가장 좋은 삶의 '기술'이다. 그것이 가능한 사람이야말로 진정으로 '처세의 달인'이다. 그러나 누구든 내일의 일을 번민하고 있어서는 이 기술을 발휘할 수 없다. 오직 하느님에 대한 신뢰와 날마다 끊임없이 새로 태어나는 신앙에 의해서만 가능하다.

마태복음 6장 31~34절,[11] 누가복음 21장 28~36절 참고.

2월 14일

언제나 진실만 말하는 것은 진심으로 그렇게 마음먹었을 때도 결코 쉬운 일이 아니다. 거짓말은 우리 생활에 깊숙이 관련되어 있기 때문에, 대부분은 거짓말을 해봤자 아무런 목적과 효과가 없는 혼잣말과 기도 속에서도 남몰래

---

[11] 그러므로 염려하여 이르기를 무엇을 먹을까? 무엇을 마실까? 무엇을 입을까? 하지 말라. 이는 다 이방인들이 구하는 것이라. 너희 천부(天父)께서 이 모든 것이 너희에게 있어야 할 줄을 아시느니라. 너희는 먼저 그의 나라와 그의 의를 구하라! 그리하면 이 모든 것을 너희에게 더하시리라. 그러므로 내일 일을 위하여 염려하지 말라. 내일 일은 내일 염려할 것이요, 한 날 괴로움은 그날에 족하니라.

거짓말을 하기 쉽다.

그런데 인간은 타인의 거짓말은 쉽게 눈치 채는 법이어서, 그 거짓말이 자신에게 아부하는 것이거나 이로울 때만 믿는다.

그 교양 있는 로마인*[12]의 회의적인 외침은*[13] 현대 교양인의 생각과 같다. 현대의 교양인은 역사 이래 지금까지 과학과 철학이 확실하고 완전한 진리를 전한 적이 없다는 것을 잘 알고 있다. 그러므로 단지 그때그때 개개의 진리를 찾는 것이 아니라 진리 그 자체를 얻고 싶은 사람은 바로 그 자체로 진리의 증거가 되며, 그것이 세상에서의 역사적이고 유일한 사명이었던 분을 따르는 것 말고는 선택할 길이 없다.

요한복음 18장 37절, 17장 8·17절, 16장 13절, 14장 6절, 11장 25·26절, 8장 51절, 7장 46절, 마태복음 7장 29절을 참고하라.

그 증거가 사람들을 진정 만족시킬 수 있는 진리인지 아닌지 직접 시험해 볼 수도 있다. 그러면 실제적인 체험을 통해 그 증거가 진리라는 것을 확실하게 증명할 것이다.

요한복음 9장 25절, 8장 12절, 7장 16·17·38절, 6장 68절, 4장 14절을 보라.

그러나 그것을 한 번도 진지하게 시험한 적이 없고, 또 시험하려 하지도 않은 자에게는 그것을 부정할 권리가 없다. 자신이 알지도 못하는 것을 주장하기 때문이다.

⚜

신앙심이 깊은 사람들은 용기 있는 사람이다. 그들은 하느님으로부터 수많은 원조의 약속을 받고 있다. 다른 사람들이 모두 괴로워하고 있을 때도 신앙인이 여전히 마음의 평안을 유지하고 있다면, 그것이야말로 그리스도교의 가장 효과적인 설교가 될 것이다. 그런데 유감이지만, 그리스도인들은 마음이 약하고 무기력하여, 사도 바울이 말한 것처럼 질그릇*[14]에 들어가는 일이 너무 많다. 그런 자들은 사람의 마음을 끌어당기는 매력이 거의 없다. 그러한 그리스도인은 더욱 경험을 쌓고 남에 대한 동정심을 기르기 위해, 반드시 고난을

---

*12 로마의 총독 빌라도.
*13 요한복음 18장 38절.
*14 고린도후서 4장 7절.

겪지 않으면 안 된다. 고난을 받을 때 그들이 끊임없이 가련한 비명을 지른다면, 하느님은 결국 그들의 임무를 풀어주게 되는데, 이는 그들에게 일어날 수 있는 최악의 사태이다.

2월 15일

보이지 않는 세계를 '믿음'으로 나아가느냐, 아니면 일상의 세계를 '봄'으로써 나아가느냐에 따라[*15] 인생은 매우 다른 모습으로 나타난다. 우리는 같은 외적 상황에서 절망할 수도 있는가 하면, 참으로 평온할 뿐만 아니라 행복할 수도 있다.

신앙으로 나아가는 경우, 거기에 약간의 '상상(想像)'이 끼어드는 일도 있을 수 있다. 그러나 눈에 보이는 사물은 정말 우리 눈에 보이는 모습 그대로일까? '현실' 세계에 있어서도 우리는 어쩌면 완전한 수수께끼와 가정(假定) 앞에 서 있는 건지도 모른다.

⚜

일반적으로 알려져 있는 것보다 훨씬 많은 질병이 신경성, 즉 신경의 전반적인 건강상태에 따라 좌우된다. 따라서 신경을 회복하는 방법, 특히 수면과 맑은 공기, 운동, 좋은 영양, 마음의 안정으로 치료될 수 있다.

2월 16일

하느님에 대한 믿음을 갖지 않고 오직 자신의 불확실한 힘과 다른 사람들의 믿을 수 없는 도움에 의지하거나, 세상에서 인생의 즐거움이라 일컫는 것만 진정한 즐거움으로 알고, 그 결과 생활이 반은 공포로, 반은 기분풀이와 자기기만으로 이루어지고 있는 사람은, 아무리 부유하더라도 늙어서 병들기 시작했을 때 도대체 어떻게 살아갈지 이해할 수가 없다.

나라면, 완전히 신을 믿지 않기보다는 적어도 우상이라도 우러러보고 싶을 것이다.

현대의 한 개혁파 유대교인이 계율과 유대교인에게 '유대교의 수많은 계율

[*15] 고린도후서 5장 7절.

은 무거운 짐이 아니냐. 그것을 어느 정도 무시할 수 있지 않느냐'고 물었더니 그는 다음과 같이 대답했다. "계율은 분명히 무거운 짐이기는 하지만, 그것은 전장에 나간 병사가 총과 무거운 탄약통을 들고 있는 것과 같은 것이며, 무슨 일이 있어도 놓치고 싶지 않은 것이다."

하느님의 명령은 물론 무거운 짐이다—특히 자기 마음대로 살고 싶은 자에게는—그러나 그 무거운 짐에는 영혼과 육체에 대한 축복이 결부되어 있고, 그 축복은 다른 것으로는 얻을 수 없으며, 다른 방법으로 붙잡을 수 있는 것도 아니다.

신명기 28~30장, 레위기 18장 2~5절, 느헤미야 9장 29~31절, 에스겔 20장 11절을 참고하라.

여기에 대해서는 특히 미래의 의학이 다시 가르쳐줄 것이다.

어쨌든 어느 누구도, 아무리 최고의 지위에 있는 자라도, 모든 제한과 명령에서 해방되어 자기 하고 싶은 대로 살 수는 없다. 하느님의 말씀에 따르지 않는 자는 그 만큼 인간의 노예가 된다. 요컨대, 진정 살아 있는 신앙에는 언제나 수많은 기쁨이 주어지므로 하느님의 명령은 가볍지만, 인간의 명령에는 기쁨이 없기 때문에 무거운 것이다.

누구든지 성실한 마음으로 실천해 보면, 이 말이 옳다는 것을 직접 확인할 수 있다. 요한1서 5장 3절, 마태복음 11장 30절 참고.

✣

늘 우리의 사상이 활발하게 작용하고, 생활의 온갖 잡다한 일에서 벗어나 세상에서 가장 불쾌한 따분함을 제거해 주는, 비교적 큰일에 몰두하는 것은 행복한 삶을 사는 데 없어서는 안 되는 조건이다.

그러므로 당신은 반드시 그런 일을 갖지 않으면 안 된다. 만약 지금 그런 일을 갖고 있지 않다면, 어서 찾도록 하라.

2월 17일

남에게 당한 부당한 일을 언제까지나 생각하는 것은 무익할 뿐만 아니라 유해하다. 그런 생각은 서둘러 떨쳐버리고, 의기소침하지 않는 것이 좋다.

정말 정직한 사람이라면, 대개 자신이 과대평가되고 있고, 또 마땅히 받아야 할 고통을 받고 있지 않다는 것을 남몰래 시인할 것이 틀림없다.

⚜

상당한 기간이 지난 뒤 전에 쓴 글, 특히 제대로 쓰려고 노력하며 쓴 글을 다시 한 번 읽어보면, 자신의 내적 진보를 뚜렷하게 느낄 수 있다. 일기는 그런 역할을 하지 못한다. 날마다 규칙적으로 가치 있는 사상이 마음에 떠오를 리도 없고, 자신이 과연 진보했는지, 또 얼마나 진보했는지 끊임없이 살펴보는 것은 흙에 뿌린 씨앗이 싹이 났는지 날마다 흙을 파헤쳐보는 어린아이의 행동과 같다.

하루도 빠뜨리지 않고 일기를 쓰는 사람은 대개 좀 의심스러운 데가 있는 사람이다. 그런 사람은 하느님의 인도를 충분히 신뢰하고 있지 않거나 거의 따르지 않고 있다.

2월 18일

하느님의 '친밀한 사랑'이야말로 우리에게 진정으로 존경심을 불러일으켜 믿고 복종하게 한다.

하느님의 '분노'는 그렇지 않다. 조금이라도 반항적인 데가 있는 사람이라면, 그 분노에 대해 곧 반발하여 다음과 같이 항의할 것이다. "그렇다면 도대체 왜 당신은 우리를 이렇게 만들고, 이런 곤경에 처하게 하셨습니까?"

또 '아버지의 사랑'도 그런 순종의 마음을 불러일으키지는 않는다. 아버지의 사랑에 대해 우리는 어린시절부터 늘 좋은 추억만 가지고 있는 것은 아니다. 구약성서에서 말한 '신랑의 사랑' 또한 마찬가지여서, 우리로서는 이해하기 힘든 관념이다. 그 말들은 모두 그 자체로 표현할 수 없는 것에 대한 불완전한 비유에 지나지 않는다.

그러나 위대한 그리스도의 친절과 자비로 가득 찬 크고 넓은 마음, 조금도 꾸밈이 없는 진실한 태도, 또 모든 것을 내다보며 아무리 작은 선도 인정하고, 언제나 그것을 도울 준비가 되어 있는 태도야말로 우리가 신에게 진정으로 원하고 있는 것이며, 또 언제나 주어지는 것이다.

당신이 하느님의 인도를 받고 있지 않다면, 철학사적(哲學史的) 지식을 팔기 위해서라는 목적 외에 무엇 때문에 온갖 철학체계를 연구하는가? 지식으로 인해 고작해야 또다시 길을 잃고 의혹에 빠질지도 모른다. 인생에서 중요한 것은 '진리의 영'*16을 가지는 것이다. 그러면 그 영이 어떤 과오도 범하지 않도록 당신을 지켜주고, 시대정신의 유혹과 여론의 영향에서 당신을 안전하게 보호해줄 것이다.

요한복음 13장 17절, 20장 22절, 18장 37절, 17장 17절 참고.

2월 19일

지금까지 생활에서 나는 마음이 내키지 않았으나 외부의 강한 요구를 받아서 행했던 것은 거의 좋은 결과를 얻었지만, 내 뜻에 따라 착수하고 내가 바람직하다고 여겨서 행한 것은 좋은 결과를 낳은 적이 한 번도 없었다.

✤

남을 설득하려면 먼저 그들에게 물질적 '이익'을 보여주거나—이것은 좋지 않은 방법이다—그들의 마음을 끌어당기지 않으면 안 된다. 그렇게 할 수 있는 가장 좋은 방법은 하느님의 귀에 닿는 기도이다. 왜냐하면 하느님은 어떤 사람의 마음도 그때그때 다르게 바꿀 수 있기 때문이다. 그리고 이 마음의 변화는 불가사의할 만큼 갑자기, 또 결정적으로 찾아온다. 누군가를 위해 끊임없이 간절한 기도를 올리지도 않으면서, 그 사람에게 실망해서는 안 된다.

2월 20일

대부분의 사람들, 특히 여성들은 천직(天職)을 잃어버리고 있다. 오늘날과 같은 상황에서는 여성들이 활동할 여지가 없기 때문에 어느 정도 불가피한 일이기도 하다. 이 경우, 그 천직을 대신하는 대용물, 이를테면 어떤 종류의 향락과 예술과 예술가에 대한 지나친 열광, 사교생활, 그 밖에 현대적인 교양 등등도 이 결점을 보완하는 데는 도움이 되지 못한다.

---

*16 요한복음 14장 16·17절.

그러한 때 사람의 영혼을 채워주는 것은 진실하고 실익(實益)이 있는 신앙심 뿐이다. 여성들의 삶이 분열로 끝나지 않기를 원한다면, 신앙에 귀의하지 않으면 안 된다.

✤

'너희 유화(柔和)를 모든 사람이 알게 하라.'[17] 이것은 수많은 시련을 거쳐 정화되고 최후에 높은 경지에 다다른 사도 바울이 제자들에게 했던 말이다. 우리는 사람들에게 친절을 베풀 수 있는 아무리 작은 기회도 놓치지 않겠다고, 생애에 한 번은 결심해야 한다. 친절과 금전을 동일시하는 것에 너무나 익숙해져 있지만, 그 친절이 설사 단 한 번의 부드러운 말과 눈길이라 해도 무방하다.

친절은 결코 마음에 분노를 일으키지 않겠다는 결의와는 다른 것이다. 이런 결의는 무익하다. 그렇게 되려면, 인간의 분노하기 쉬운 천성이 근본부터 완전히 변화하지 않으면 안 된다. 그러나 이것은 오직 신의 은총으로만 사람의 마음속에서 성취할 수 있는 일이다. 또 분노의 일종, 즉 악에 대한 혐오와 엄격한 거부—예를 들어 성전에서의 상인과 하느님의 집을 더럽히는 자에 대한 예수의 태도를 보라[18]—같은 분노는 한순간도 잃어서는 안 된다. 오직 선한 결의와 선한 생활법칙을 지키기만 하면, 언젠가 당신도 그런 경지에 다다를 수 있을 거라고 믿어서는 안 된다.

2월 21일
'인간적인' 일에서 우리가 가장 마음의 위로를 받는 것은 사람들을 깊이 알면 알수록 그들이 대개 평판보다 좋은 사람이라는 것이다.

✤

에머슨의 그리스도교는 일반적으로 유니테리언주의(유일신론) 대표자에게서 그렇듯, 나에게는 너무나 열정이 적고 지나치게 범신론에 가까운 것처럼 여겨

---

*17 빌립보서 4장 5절. 독일어역 성서에서는 국역성서처럼 '관용'이 아니라 '유화(柔和)'로 번역되어 있다. 그래서 힐티는 다시 그것을 '친절'로 바꿔 말한 것 같다.
*18 마태복음 21장 12·13절.

진다.

'콩코드의 현자(賢者)'라고 불린 에머슨 같은 '현자'가 되는 것은 모든 사람의 이상은 아니며, 실천적인 사람의 이상도 아니다. 그러나 우리도 그 옛날 스피노자가 가지고 있었던 그 고요하고도 고독을 사랑하는 인생의 지혜를 이해하고, 또 존중해야 한다. 강렬한 개성을 가지고 있고, 외면적인 명예심 따위는 거의 없는 사람 치고, 생애에서 이따금 그러한 독자적인 경지에 마음이 끌리지 않았던 사람은 아마 거의 없으리라. 이 경우, 그 사람이 하느님의 은총으로 인해 그것마저 극복할 수 있었다면, 그는 하느님에게 감사해야 할 것이다. 마태복음 23장 8절*19 참고.

이를테면 괴테가 독일에 대한 나폴레옹의 폭력적 지배에 대해 보여준 악의 현현이라는 철학적 평정함보다 선에 대한 열정이 분명 뛰어나다. 마찬가지로 인간에 대한 사랑도 그것이 때로 피를 너무 뜨겁게 들끓게 하는 경우에도, 오로지 자신의—외적이거나 내적인—행복에만 관심이 있어서 일하는 편협한 인생관보다는 하느님 가까이 갈 수 있게 한다. 위에서 말한 사상과 태도는 모두 질적인 차이는 있어도 이기주의의 여러 가지 형식에 지나지 않는다. 모두 내세의 삶에서는 존속할 수 없는 것이다.

2월 22일

어떤 고통이든, 거기에 죄악이 조금도 들어 있지 않으면 반드시 이겨낼 수 있다.

⚜

사랑 앞에서 사람은 마음을 열어두기만 하면 된다. 사랑은 하느님의 영혼으로서 이 세상에 가득 차 있다. 그런데 우리는 사랑에 대해 마음을 닫는 힘도 가지고 있고, 오랜 세월의 습관과 유전적 소질로 인해 정도의 차이는 있어도 끊임없이 사랑을 거부하고 있다.

사랑을 배우고 연습하려고 노력할 필요는 없다. 그저 잘못된 철학과 편협한 향락욕 때문에 사랑에 대해 마음을 닫지만 않으면 된다. 사랑은 어떤 순간에

---

*19 그러나 너희는 랍비라 칭함을 받지 말라. 너희 선생은 하나요, 너희는 다 형제니라.

도 우리의 마음을 채우고, 다른 모든 것을 거기서 쫓아내려고 준비하고 있다. 그것이 실현되면, 세상의 고통과 불안은 사라지고, 생명의 기쁨이 솟아난다.

2월 23일

오늘날 순수 유물론을 믿지 않는 교양인들 사이에 널리 퍼져 있는 불가지론(不可知論)은 결국 괴테의 인생관이었고, 그를 숭배하는 사람들의 인생관이기도 한데, 이 불가지론에 대해 칼라일의 전기에 매우 신랄한 말이 적혀 있다. '불가지론은 맛있는 빵을 구울 수 있는 참으로 깨끗한 밀가루처럼 보이지만, 제대로 들여다보면 유리 가루에 지나지 않는다.'

이것이 진실이다. 사람은 불가지론으로는 살 수 없다. 그것은 그저 보기에 아름답고 자신을 속이기에 좋을 뿐이다. 그러나 칼라일 자신도 이 사상을 완전히 극복하지는 못했다. 그는 단지 딱딱하고 차가운 스코틀랜드 칼뱅파의 형태로밖에 그리스도교를 알지 못했고, 따라서 그것에 만족할 수 없었기 때문이다. 요한계시록 21장 5~8절 참고.

'희망과 사랑이 지향하는 것은 결코 성취될 수 없는 완전성이다. 그럼에도 여전히 굳게 그것을 계속 끌어안고 있으면 삶의 소금이 되고 지팡이가 되리라.'

⚜

사람은 인생의 모든 즐거움에 대해 하느님에게 감사해야 하며, 또 감사할 수 있어야 한다. 이것이 진정한 즐거움과 그저 '삶의 즐거움을 누리는' 것을 구별하는 가장 좋은 시금석이다.

2월 24일

인간들의 우정과 사랑은 그저 고상한 즐거움으로 끝나서는 안 된다. 오히려 서로의 내적 진보를 늘 염두에 두는 것이 중요하다.

급속한 내적 진보는 격렬한 영혼의 진동에 의해서만 일어난다. 그러므로 내적 진보를 원한다면, 영혼의 진동을 너무 두려워해서는 안 된다.

그리스도교 신앙은 우선 그리스도의 다음 세 가지 말, 즉 요한복음 17장 3절,*20 14장 21~23절,*21 15장 7절*22로 요약할 수 있다. 이것 말고는 모두 신학이며, 그것은 영혼의 진보에는 필요하지 않을 뿐만 아니라 수많은 논쟁을 불러일으키고 있고 앞으로도 계속 그럴 것이다.

2월 25일

위를 우러르는 마음이 담긴 사랑의 눈길은 그것을 받아들이는 하느님 편에서는 확실히 가장 아름다운 형식의 기도보다 더 큰 가치가 있다. 우리 또한 어린아이와 더 작은 동물의 그러한 말없는 눈길을 어떤 미사여구보다 사랑한다.

❦

지금 신앙이 약해졌거나 실천하는 데 지쳤고, 또 그 허망함을 느끼고 있다면, 이사야 54~55장, 고린도후서 4장의 첫 부분이 큰 위안을 줄 것이다.

때로 흔들리고 지치는 것은 신앙이 깊고 뛰어난 사람들에게도 흔히 일어나는 일이다. 그러나 그것은 곧 지나가고, 이사야 57장에 나와 있듯 큰 재앙의 시대가 닥쳐올 때는—독일에서는 그것이 이미 일어날 우려가 있다—의로운 사람은 미리 부름을 받아 안전한 곳으로 옮겨지는 경우도 있다. 이건 기대해도 되는 일이다. 당신을 중상하는 사람은 조금도 두려워할 필요가 없다. 그들은 당신에게 아무런 해도 가할 수 없다. 당신이 꿋꿋하게 올바른 길을 고수하려 하는 한, 그들이 하는 일은 한때의 불쾌한 일에 지나지 않는다. 이사야 54장 4~17절, 53장 10~12절을 보라. 이것은 모두 이사야 예언자의 풍부한 경험을 토대로 한 말이다. 그러므로 힘이 있다.

---

*20 영생은 곧 유일하신 참 하느님과 그의 보내신 자 예수 그리스도를 아는 것이니이다.

*21 '나의 계명을 가지고 지키는 자라야 나를 사랑하는 자니, 나를 사랑하는 자는 내 아버지께 사랑을 받을 것이요, 나도 그를 사랑하여 그에게 나를 나타내리라.' 가룟인 아닌 유다가 가로되 '주여, 어찌하여 자기를 우리에게는 나타내시고 세상에게는 아니하려 하시나이까?' 예수께서 대답하여 가라사대, '사람이 나를 사랑하면 내 말을 지키리니, 내 아버지께서 저를 사랑하실 것이요, 우리가 저에게 와서 거처를 저와 함께 하리라.'

*22 너희가 내 안에 거하고 내 말이 너희 안에 거하면, 무엇이든지 원하는 대로 구하라. 그리하면 이루리라.

2월 26일

인간의 성질 가운데 가장 좋은 것은 성실이다. 다른 어떤 성질이 부족해도 성실로 메울 수 있지만, 성실이 없을 때는 다른 것으로 메울 수가 없다.

그런데 유감스럽게도 성실함은 인간에게는 드물고, 오히려 동물에게 가끔 볼 수 있다. 이 점에서 본다면, 인간은 실은 동물보다 뛰어난 존재가 아니다. 만약 다른 점보다 이 점에서 인간이 더 뛰어나다면, 생물의 단계적 진화설을 나도 인정할 수 있을 것이다.

또 감사할 줄 안다는 점에서도 일반적으로 인간은 다른 고등동물보다 오히려 뒤떨어진다. 그러므로 타인의 감사를 기대하지 않는 것이 좋다. 그러나 당신은 언제나 예외가 될 수 있도록 노력하라. 배은망덕의 가장 흔한 형태는 상대방을 방문하거나 그 밖의 방법으로 상대의 은혜를 '표창'함으로써 감사의 의무는 끝났다고 생각하는 것이다. 군주국에서 훈장을 수여하는 것을 예로 든다면, 그것으로 감사를 주고받는 관계가 거꾸로 뒤바뀌기도 한다. 우리는 이런 싸구려 변제는 가능한 한 거절하고, 채권자인 상태 그대로 있어야 한다.

⚜

늘 조용한 마음으로 하느님을 신뢰하고 자신의 의무를 다하겠다고 결심하면, 우리는 수많은 마음의 고통과 근심에서 벗어날 수 있다. 그리고 언제든지 어려움을 극복할 수 있다. 뿐만 아니라 지나치게 소심하게 살지 않으면, 처음 생각했던 것보다 훨씬 쉽고 훌륭하게 이겨낼 수 있는 일도 드물지 않다.

2월 27일

어떤 일이 완전히 극복되지 않았다는 것은 우리가 아직 그것에 대해 생각하거나 얘기하고 싶어하지 않는 것에서도 알 수 있다. 그런데 그것을 극복하고 나면, 처음에는 미움도 분노도 동반되지 않은 일종의 무관심이 생기고, 마지막에는 승리했다는 기분 좋은 감정까지 느끼게 된다.

당신도 한번 이것을 경험해보라. 틀림없이 당신의 고난은 하나같이 그렇게 끝나게 될 것이다.

'하느님이 우리를 세우심은 노하심에 이르게 하심이 아니요, 오직 우리 주 예수 그리스도로 말미암아 구원을 얻게 하신 것이라.'[*23]

이것은 사도 바울이 세웠던 데살로니가 교회에 보낸 초기 편지 가운데 하나에 나오는 말이다. 이 말은 그 앞에 있는 다른 말(5절)과 이어져 있는데, 여기서 바울은 빛의 아들과 어둠의 아들을 구별하고 있다. 처음에 쓴 9절의 말은 빛의 아들에게만 적용된다. 이에 반해 그 밖의 어둠의 아들 중에는 무슨 일, 또는 어떤 사람에게 끊임없이 분노를 품고 살고 있는 자가 얼마나 많은지 모른다. 그러면서도 그들 대부분은 이 세상의 행복을 그리스도가 아닌 뭔가 다른 것을 통해 얻고자 애쓰고 있었다. 이 양쪽의 엄격한 경계선을 놓쳐서는 안 된다. 당신은 그 양쪽을 동시에 가질 수는 없다. 반드시 어느 한쪽을 선택해야 한다. 그리고 선택한 이상 불평하지 않아야 한다.

오늘날 세상에 마음을 두는 사람들은 모두 불평만 할 뿐 자신의 운명에 만족하는 사람은 아무도 없다. 그것은 대다수 그리스도인도 마찬가지다. 그들도 분노와 어둠의 찌꺼기를 내부에 품고 있거나 그리스도가 원하지 않는 것, 또는 그리스도를 통해서는 얻을 수 없는 것을 원할 뿐 아니라, 때로 그 모든 것을 다 원하기 때문이다. 보헤미아 형제단 찬송가 176번, 259번·282번 참고.

2월 28일

'내적 싸움'이라고 하는 것은 인간이 자신의 고집과는 대립되는 하느님의 의지를 분명히 알면서도 계속 거역하고자 하는 싸움이다. 그때 우리는 하느님의 의지를 꺾어 자신의 계획에 동의하게 하려 한다. 민수기 22장, 31장 8·16절 참고.

분출

마침내 이룩했다. 이 세상 떠나는 것을!
이 세상의 잔은 산산조각으로 부서졌다.

[*23] 데살로니가전서 5장 9절.

물가를 떠난 조각배 안에서
먼 기슭이 희미한 어둠 속에 보인다.

길도 없는 망망대해에 위태롭게 에워싸여
이제부터 오직 희망만이 재산이다.
내 자리는 당신들이 차지하라
당신들에게는 이 세상이, 나에게는 천국의 문이 열려라.

불안할 때마다 깊이 생각하고
오랫동안 기도해 온 것을 결국 감행했다.
나의 순례의 발길이 영원한 조국을 찾을 때까지
다시는 육지를 밟지 않으리.

이제부터 월계수 가지는 나를 위해 꽃 피우지 않고
떡갈나무관이 내 이마를 장식하는 일은 없으리라.
이 세상의 지나가는 노력은 모두 허망하니
내가 원하는 건 오직 영원한 관뿐.

이 아득히 높은 목표는 꿈이 아닐까.
저 길게 뻗은 안개는 혹 기슭일까.
만약 그렇다 해도 내가 고상한 놀이를 하고 있는 건 아닐까.
이 거친 바다 속에서 길을 찾을 수 있을까.

어두운 여로 끝에 성스러운 도시를 발견할 수 있을까.
아무리 괴로운 고난의 길이라도 나는 나아가리라.
잘 있거라! 나를 낳아준 육지여
고통은 짧고 기쁨은 영원하다.

⚜

우리는 마음속에 일어나는 선한 충동, 예를 들어 물건을 정리하고자 하는 사소한 충동도 그 자리에서 즉시 실천하고, 뒤로 미루거나 변경할 수 없도록 해야 한다. 또 마음속에 떠오르는 나쁜 충동에 대해서는 곧바로 저항하지 않으면 안 된다. 그렇게 하지 않으면, 선한 일에 대한 충동은 갈수록 약해지고 드물어지며, 나쁜 일에 대한 충동은 더욱 강해지고 자주 찾아온다. 선을 향해 나아가는 것도, 악에 빠져드는 것도, 흔히 우리가 생각하는 것과는 달리 작은 일과 행위들이 모여서 되는 것이다. 만약 이 두 가지 충동 가운데 어느 한쪽이 어떤 사람의 습관이 되어버린다면, 그 습관에 의해 그의 생애는 결정적인 승리를 거두든지, 아니면 패배로 끝나버리든지 둘 가운데 하나이다. 보헤미아 형제단 찬송가 698번 참고.

2월 29일(윤년)

1, 2분의 아주 짧은 시간도 뭔가 선한 일과 유익한 일에 사용할 수 있다. 또 가장 큰 결심과 행위도 극히 짧은 시간이면 충분할 때가 적지 않다. 그러므로 시간이 부족하다는 구실만으로 선한 일을 뒤로 미뤄서는 안 된다. 똑같은 기회는 두 번 다시 찾아오지 않는 법이다.

그러나 아직도 뭔가 확실하지 않은 데가 있고, 또 급하지 않을 때는 뒤로 미루는 것이 좋다. 그러면 그 일에 대해 더 이상 깊이 생각하지 않아도 저절로 확신을 갖게 되고, 실행할 용기가 솟아나는 경우가 흔히 있다. 그것은 인간의 정신이 무의식중에도 작용하기 때문이다. 그러나 행동할 때는 반드시 옳은 행동을 하고 있다는 확신을 가지지 않으면 안 된다.

3월

3월 1일

이기주의는 종교와 일치할 수 없다. 따라서 모든 것을 정당하고도 평화롭게 소유하고 싶다면, 일단 재산, 명예, 좋은 평판, 건강, 일할 수 있는 힘, 가족, 생활의 기쁨 등을 버린 뒤—적어도 마음속으로, 때로는 실제로도—새롭게 하느님에게서 돌려받아야 한다. 생명도 마찬가지이다. 그렇게 하지 않으면, 그 모든 재화와 보물이 파멸의 원인이 될지도 모른다. 이것이 이른바 '시련'의 의미이다. 시련은 우리가 스스로 비우고 버리는 일을 할 것인가, 또 그것을 할 수 있는가를 시험하는 테스트이다. 창세기 22장 참고.

시련을 겪은 뒤에 이러한 단호하고 선한 의지가 생기지 않는다면, 그 시련은 역할을 완전히 이룬 것이 아니며, 또 하느님이 우리에게 은혜를 베푸실 거라면 거기서 시련이 끝날 리도 없다. 그러나 인간이 이를 견디지 못하고 불평을 계속 호소하면, 신은 그 시련을 일찌감치 중단한다. 그런데 거기서 끝나는 게 아니라 그가 제멋대로 살도록 내버려 둔다면 그것은 대단히 나쁜 징후이다. 그런 사람들은 신으로부터 버림을 받고, 확실한 파멸의 길로 나아가게 된다. 그런데도 사람들은 그런 자들을 이 세상의 행운아로 생각하고, 때로는 그런 상황에 있는 사람 자신도 그렇게 착각한다. 하지만 눈을 떴을 때는 이미 늦은 뒤이다.

3월의 눈

겨울은 지나갔건만
봄은 아직 오지 않았네.
생명과 빛과 대기를 동경하는
내 마음은 타는 것만 같구나.

깊은 중압감 속에
내 마음은 더욱 웅크리고
불안과 근심과
무거운 노동의 멍에가 나를 괴롭히네.

대지는 옛날부터의 비통한 외침으로
나를 짓누르고 있는데
봄의 기쁜 노랫소리가 들려올 때마다
또다시 새롭게 눈이 내린다.

그러나 눈 밑에는 벌써
푸른 싹이 몸을 도사리고 있는 것이 보인다.
주여, 당신의 숨은 뜻은
드러나지 않으면 안됩니다.

⚜

다시 한 번 내려가라
(요한계시록 3장 1절)

높은 봉우리를 넘어 깊은 계곡으로 내려가라
너는 다시 한 번 하산을 결행해야 하느니
편력(遍歷)을 위해 네 마음을 다시 단련하라.
아직 안식의 관을 쓰기에는 너무 이르나니.

너는 아직 용기가 부족하고 지혜 또한 밝지 않아
주께서는 너의 수련을 중단할 수 없도다.
행위에 따라서는 주어지지 않는 것을
고통 속에서 기꺼이 붙잡으려 노력하라.

인간이 위대한 것은 그 사람이 선의 완전한 도구, 더 정확하게 말하면 그를 통해 말하고 행동하는 하느님의 영혼을 지닌 도구라는 점에 있다.

이것을 자각하면 할수록 그는 더욱 확고하게 자신의 길을 나아가고, 더 많은 것을 이룩할 것이다. 설사 세상 사람들이 전혀 이해하지 못하거나 부분적으로, 게다가 느리게 이해한다 해도 말이다. 세상의 이해 같은 건 중요한 것이 아니다. 위대한 일을 한 사람들도 대부분 죽은 뒤에야 세상의 이해를 받는 경우가 많았다. 생존시에는 그들의 자연적 인간의 성질이 그 내부에 살고 있는 영적 인간의 작용을 방해하는 일이 많기 때문이다.

이사야 42장 1~19절에서 말한 완전한 '하느님의 종'은 아주 드물고, 결국 그리스도밖에 존재하지 않았다. 안수례*¹나 성직서임식으로 그런 성격이 주어진다는 것은 애초에 진지하게 논할 성질의 것이 못 된다.

요한복음 14장 6절,*² 10절,*³ 12·15·17절 참고.

3월 2일

꿈은 그 사람의 삶을 이루는 주된 것이 무엇인지 보여주는 특징이다. 그러므로 꿈이 단지 육체적인 것에 한하지 않고 더욱 정신적이 되는 것은 좋은 징후이다. 이 단계에 다다랐을 때 비로소 신의 작용이 이루어졌다고 할 수 있으니, 결코 그것을 놓쳐서는 안 된다.

환각은 꿈과 전혀 다른 것이다. 환각은 일종의 내적인 시각 또는 청각으로, 완전히 깨어 있을 때 명료하게 나타난다. 또한 언제나 엄숙한 사항과 이어져 있다.

마음이 전반적으로 기쁨과 활력으로 넘치는 것은 이것과는 또 다른 것이다. 이 마음도 우리의 정신이 저절로 만들어낸 것이 아니라 자연적인 억압상태에서 정신을 다시 일으켜 세우려는 것으로, 인생의 가장 큰 기쁨 가운데 하나이

---

*1 가톨릭의 축성식, 서품식.
*2 예수께서 가라사대 '내가 곧 길이요 진리요 생명이니 나로 말미암지 않고는 아버지께로 올 자가 없느니라.'
*3 나는 아버지 안에 있고 아버지는 내 안에 계신 것을 네가 믿지 아니하느냐? 내가 너희에게 이르는 말이 스스로 하는 것이 아니라 아버지께서 내 안에 계셔 그의 일을 하시는 것이라.

다. 이런 기쁜 마음은 우리의 사상을 내면화하여 하느님과 굳게 맺어짐으로써 가질 수 있다.

⚜

사람들과의 교류에 있어서—특히 교육의 경우—가장 중요한 것은 상대방의 호의를 얻는 일이다. 그런데 유감스럽게도 대다수 사람들의 경우, 아이나 어른, 미개인이나 문명인들도, 거창한 인사나 충고보다는 작은 선물을 하는 것이 호의를 얻는 데 훨씬 더 효과적이다. 선물은 반쯤, 또는 완전히 불화를 일으킨 사람들 사이에서도 신기하게 화해의 작용을 할 때가 흔히 있다.

선물로 가장 좋지 않은 것은 꽃집과 온실에서 산 부피가 크고, 값비싼 꽃다발이다. 꽃다발은 얼마 못가 시들어버린 뒤에는 애물단지가 된다. 선물로 가장 좋은 것은 계절이 허락한다면 들에서 직접 꺾은 작은 꽃다발이나, 뜰에서 따온 장미 한 송이, 그밖에 생활용품 같은 것이다. 그런 것으로 한번 시험해보기 바란다.

3월 3일

살아가면서 어떤 일을 당하든 하느님의 인도와 도움을 굳게 믿을 수 있고, 요한복음 15장 7절[*4]에서 얘기한 것을 가끔 경험하면, 이 지상에서 견뎌야 하는 가장 큰 괴로움, 즉 근심과 공포가 완전히 사라지고, 인생의 모든 난관은 신앙을 굳게 다지기 위한 수련에 지나지 않게 된다. 더욱이 이 수련은 마지막에는 승리로 장식되는데, 이것이야말로 지상에서 가장 생생한 행복이다.

만약 내가 《신곡》의 서두에 나오는 말처럼, '인생 길 중반', 즉 30세 무렵에 삶을 인도해 줄 아리아드네의 실[*5]을 꼭 붙잡고 있지 않았더라면, 아마 나의 인생은 반쯤, 아니면 완전히 실패로 끝났을지도 모른다.

⚜

어떤 곤란한 상황일지라도 궁리하거나 걱정하지 않고 오로지 기도하고 일

[*4] 너희가 내 안에 거하고 내 말이 너희 안에 거하면 무엇이든지 원하는 대로 구하라. 그리하면 이루리라.

[*5] 미궁에서 길을 찾아주는 실.

하는 것이 가장 올바른 길이다.

모든 민족을 잘못된 길에서 돌이키고 하느님에 대한 신앙으로 이끌어 가기 위한 고난의 시대가 찾아올 때, 하느님은 보통 먼저 몇몇 사람에게 고난을 주어 하느님의 도움을 경험하게 한 뒤, 그들이 다른 사람들에게 자신들의 경험에 의한 확신을 가지고 가르칠 수 있도록 이끈다. 이 선구자들은 일반 사람들이 고난을 맞이했을 때 용기를 주고, 또 구원받을 가능성이 있는 사람들을 격려할 수 있다. 이리하여 좋은 낟알에서 겉겨는 이내 떨어져 나가고, 시련은 끝을 고한다.

현대에서 이것과 관련하여 중요한 사실은 미적 세계관은 확실히 허망한 것이며, 종교를 떠나서는 도덕이 성립될 수 없다는 믿음이다. 또한 역사적이고 유대교적, 그리스도교적인 종교 관념이 진리라는 믿음이다. 단, 이 종교관에는 어느 정도 수정이 필요하다.

3월 4일

우리는 건강하지 않으면 훌륭한 일을 할 수 없으므로, 무엇보다 건강이 가장 중요하다는 의견을 믿어서는 안 된다. 이것은 오늘날 사람들에게 대부분 미신처럼 여겨진다. 한 시절 전에는 병약한 것을 천재의 표시로 여기고, 건강한 것은 오히려 '범용함' 때문이라고 생각했지만, 지금은 반대로 육체를 지나치게 중시한다.

병약함은 선한 일을 하는 데 조금도 방해가 되지 않는다. 지금까지 위대한 일을 이룩한 사람들은 오히려 병약한 자들이었다. 게다가 건강한 몸은 반드시 그렇다고 할 수는 없지만, 섬세한 정신적 감수성이 결여되어 있는 경우가 실제로 적지 않다. 당신이 건강한 몸을 타고 났다면 하느님께 감사하라. 그러나 건강하지 않더라도 그것을 지나치게 염려하지 말고, 또 그 사실에 영향을 받지 말도록 하라. 단순히 '건강을 지키기 위해 산다'는 사고방식은 교양 있는 사람에게 어울리지 않는다고 생각하는 것이 좋다.

�֍

확실히 밤은 어느 누구의 친구도 아니다. 밤이 되면, 눈앞이 깜깜하고, 모든 사람의 삶에 반드시 따르기 마련인 온갖 고난들이 흥분한 정신 앞에 산더미처럼 높이 솟아오른다. 그러므로 가장 좋은 것은 밤새도록 단잠을 잔 뒤, 밝은 아침햇살 속에 눈을 뜨는 것이다.

만약 그럴 수 없다면—적어도 일정한 나이에 다다르면 일어나기 쉽고, 게다가 갈수록 일찍 일어나는 일이 잦아진다—잠을 이루지 못하는 밤을 걱정과 끊임없는 생각으로 보내지 말고, 흔들리지 않는 확고한 신념을 얻는 데, 또 이튿날 당장 실행할 수 있고 일이 잘되도록 도와주는 결심을 하는 데 이용하는 것이 좋다. 그러기 위해서는 마음의 평정과 완전한 몸의 휴식을 취하는 것이 도움이 된다.

신경이 예민한 사람이나 일반적으로 잠을 잘 이루지 못하는 사람은 생각이 흩어지고 집중이 잘되지 않는 어려움을 겪기 쉽다. 그들에게 가장 좋은 것은 밤새도록 '잠을 잘 자는 것'이다.

3월 5일

언제나 올바르고 선량한 사람이 되도록 노력하라. 세상 사람들은 반드시 그것을 인정해 줄 것이다. 그들은 사람 보는 눈이 결코 어둡지 않다.

이른바 '오해받는 사람들'은 사실 전혀 그런 사람이 아닌 경우가 대부분이다. 나머지 사람들도 오해가 영원히 이어지지는 않는다. 이 세상에 영원한 오해란 없다. 적어도 나는 역사상에서 그 실례를 보지 못했고, 또 지금까지 살아온 인생에서도 그런 예를 본 적이 없다.

✣

성서가 역사에서 하느님에 대한 믿음을 기초로 한 책이라는 사실은 영원히 변치 않을 것이다. 따라서 이 하느님에 대한 믿음은 단순한 철학적 신앙에 비해 훨씬 견고하며, 체험에 의한 직관적인 진정한 신앙—요컨대 이것이 궁극적인 신앙이다—을 위한 길을 가장 잘 열어준다.

성서는 바로 이 신앙체험에 알맞은 어떤 특정한 민족이 경험한 역사이다. 이것에 문제가 있다고 한다면, 이 기록이 왜 그 뒤 계속 이어지지 않았는가, 또는 이러한 경험의 연속으로 볼 수 있는 책에는 어떤 것이 있는가 정도일 것이다. 그러나 성서를 모르는 사람, 또는 꼭 성서가 아니어도 되며 뭔가 다른 것으로 대용할 수 있다고 생각하는 사람은 그 자신의 종교적 확신에 대한 진정한 기반은 없다.

성서를 이해하려면 되풀이해서 전체를 통독하는 것이 효과적이다.

성서를 위한 주해서에 의지하는 쓸데없는 수고는 하지 않는 것이 좋다. 정말 신뢰할 만큼 좋은 주해서는 아직 나오지 않았고, 필요하지도 않다. 단, 주로 구약성서 속의 순전한 역사 기술에 대한 주해는 별개이며, 그것도 결코 주된 사항은 아니다.

성서 중에서 무엇이 하느님의 영혼에 의한 것이며, 무엇이 인간이 해석하고 덧붙인 것인지는 이 성스러운 책을 성실하게 읽으면 이내 알게 된다. 그러므로 성서영감설*⁶이나 이에 대한 비판 따위에는 귀 기울일 필요가 전혀 없다.

3월 6일

염세(厭世)라는 감정은 결코 좋은 징후는 아니다. 이런 감정을 느끼는 사람은 육체적이나 정신적으로 반드시 무언가가 결핍되어 있다. 대개 이런 사람은 하느님과 친숙한 관계를 맺고 있지 않거나 하느님을 아예 믿지 않는 사람이다. 그러므로 어찌 보면 정신적으로 뛰어난 사람이 때때로 염세감에 빠지는 것은 당연한 일이다. 왜냐하면 그들은 자신에 대해서나 다른 사람과의 교류에서, 또 그들이 하는 일에서도 충분한 만족을 얻지 못하기 때문이다. 더욱이 정신적으로 뛰어난 사람일수록 그런 경향이 더 강하다.

특히 이런 사람의 만년은 그리 행복하지 못하다. 실제로 나는 이런 사람이 만년에 우울증과 분노와 불쾌감 속에서 살아가는 예를 무수히 보았다. 하기는 그런 것을 알려면 인생의 무대 뒤를 볼 수 있고, 또 당사자에게 불리한 점은 가능한 한 숨기기 마련인 '전기(傳記)'의 내용을 무조건 믿지 않을 것을 전제로 하지만.

✤

인간은 본성 가운데 동물적 부분 때문에, 또 그 '유전적 성향' 때문에 관능적이고 분노하기 쉬우며, 허세와 탐욕에 빠지기 쉽다. 이러한 타고난 소질에서 벗어나 존재 전체가 근본적인 선에 다다르지 못한다면, 분명히 말해 두지만

---

*6 성서의 한 문장 한 문장은 신의 영감에 의해 기록되었으며 조금의 오류도 없다는 설. 디모데후서 3장 16절 참조. (역자주)

아무리 선행을 쌓고 아름답고 훌륭한 신조를 믿는다 해도, 그것들은 조금도 도움이 되지 않는다.

그 정도로는 아직 이 세상에서나 저 세상에서 선의 왕국에 들어갈 수 없다. 신앙은 분명 선의 왕국에 들어가기 위한 하나의 수단일 뿐만 아니라 우리가 확신하는 바로는 없어서는 안 되는 수단이다. 특히 구약성서의 견해에 의하면, 선행 또한 그것을 위한 수단이다.

그러나 이들은 누가 뭐라 해도 아직 중요한 사항, 즉 새로운 인간이 될 수 없고, 새롭게 다시 태어날 수 없다. 따라서 선행은 인간의 마음을 완전히 만족시키지 못하기 때문에, 실제로 신앙을 가지고 있는 대부분의 사람들도 마음의 안식을 얻지 못하고 끊임없이 간구하며 탄식을 그치지 않는다. 오히려 단순하게 선에 대한 강렬한 성향을 타고난 사람들이 그들보다 더 행복한 경우가 적지 않다. 이 사실이 오늘날 참으로 많은 사람들에게 불안한 마음을 주고 있지만, 왜 그런 것인지 진정 이해하지는 못하고 있다. 목적과 수단을 혼동해서는 안 된다.

우리는 그리스도에게 귀의하는 것은 의로운 존재에 다다를 수 있는 이 세상에서 가장 좋은 수단이라고 믿고 있다. 그러나 당신 삶의 목적은 가장 깊은 본성에서 그리스도와 닮은 인간, 즉 선량하고 이 세상에서나 저 세상에서나 똑같이 유용한 인간이 되는 것이다.

이것을 결코 혼동해서는 안 된다. 이 목표를 향해 있는 힘껏 똑바로 전진하라.

3월 7일

중도에 포기하지 않고 힘닿는 데까지 유익한 일을 하는 것은 하느님 가까이 있는 것과 더불어 인생에서 얻을 수 있는 가장 좋고 마음을 채워주는 일이다. 한번 이 원칙이 생활 속에 튼튼히 뿌리내리면, 지나친 일과 불필요한 일, 그리고 너무 성급하고 신경질적인 태도를 일찍부터 피할 수 있다.

사도 바울이 '시간을 아끼라'*7고 한 말이 지금까지 가끔 종교적인 일에서 성급함과 초조함을 불러오는 원인이 되고 있다. 그러나 이런 태도는 그리스도

---

*7 에베소서 5장 16절.

의 인생 해석과는 전혀 일치하지 않는다. 오히려 그리스도는 무슨 일이든 오랜 시간을 들이며 서두르는 법이 없었다. 요한복음 7장 3~9절, 11장 6·7·9·10절을 보라.

이러한 차분하지 못한 상태에서 의욕적으로 움직이는 것은 특히 유대교적인 요소로, 바울을 통해 그리스도교에 도입된 것이다. 그러므로 이 사도의 편지도 만년에 이르면 훨씬 위안의 힘이 풍부하고, 영적인 내용과 깊이에 있어서도 그 이전의 편지보다 월등히 뛰어나다. 이것은 그 자신도 마침내 하느님의 인도에 의해 본디 그의 기질에는 없었던 안정감이 주어졌기 때문일 것이다. 지금 우리는 교회 사업과 전도 활동보다 그리스도의 진정한 정신을 더 많이 배워야 한다.

❧

인간의 본성과 선의 왕국에 들어가기 위한 목적과 수단에 대해 전날 쓴 생각은 완전히 '정통적'인 것은 아니며, 교리 문답의 가르침에 일치하는 것도 아니다. 그러나 그것은 분명히 그리스도의 견해이고 가르침이며, 아마 당신도 쉽게 찾아볼 수 있는 그리스도의 말씀으로 이미 증명되어 있다. 거기에는 사람이 오직 신앙만으로 아버지의 하늘나라에 들어갈 수 있다는 말은 아무 데도 없다. 또 사도 바울조차 '오직'이라고는 말하지 않았다. 이 말은 루터가 덧붙인 것이다. 마찬가지로 그리스도는 주의 역사적인 희생의 죽음으로 모든 것이 해결되었다거나, 이 교리를 가르치는 교회에 속하는 한 저절로 영원한 생명에 들어갈 수 있다는 말은 하지 않았다.

개신교 교회는 그리스도의 희생이라는 이 하나의 의미심장한 사실에 지나치게 큰 가치를 두고 있다. 분명 인간은 이 희생을 바로 자신의 일처럼 받아들이고, 그것에 자신의 몫을 부여하여 그 토대 위에 있는 선을 힘껏 쌓아올리지 않으면 안 된다. 단, 자신의 몫 가운데 부족한 부분에 대해서는 신의 자비로운 보완과 용서가 주어진다는 위안을 늘 가지고 있어야 한다. 반대로 가톨릭은 오직 그 교회에 속하는 것만이 모든 행복의 근거이며, 그렇지 않으면 모든 저주의 근원이 된다는 말을 지나치게 믿고 있다.

그리스도의 진정한 가르침이 모든 부분에서 바울, 아우구스티누스, 토마스 아 켐피스, 루터, 칼뱅 등이 주장한 것보다 더욱 중시되도록 하는 것, 또 각 개인의 현세와 영원한 운명에 대한 엄격한 자기책임감—지금은 교회로 인해 사라지고 없지만—을 되찾을 수 있도록 하는 것이 바로 지금 다가오고 있는 새로운 종교개혁의 목적이 되어야 한다고 생각한다. 과연 스스로 주장하듯 교회가 앞으로도 계속 존속할 것이 분명하고, 또 로마 산피에트르 대성당의 둥근 천장에 금문자로 커다랗게 적혀 있는 것처럼 '지옥의 문도 그것을 이기지는 못할' 것이다. 그러나 교회는 스스로를 개혁하여 유일한 주이자 스승인 그리스도의 본질과 의지에 대한 새로운 존재 근거를 확보하지 않으면 안 될 것이다.

3월 8일

그리스도교회의 역사를 면밀하고 공정하게 관찰해 보면, 우리는 이따금 이 교단이 창시자의 사상에 완벽하게 일치하는 완성에 다다른 적이 아직 한 번도 없었으며, 또 진정한 그리스도교는 현대에 이르기까지 오직 개개의 사람들, 그것도 대개 세상에 알려지지 않은 사람들한테서만 만족할 만한 열매를 맺었다는 것을 믿고 싶은 강한 유혹에 사로잡힌다.

사실 현대의 교회조직과 사회적, 국가적 상황은 예수 그리스도의 그리스도교로부터 아득히 멀어져 있다. 그러나 그런 진정한 그리스도교의 더 나은 실현을 시도하는 쪽으로 우리 시대가 나아가고 있는 것만은 확실하다.

현재의 그리스도교회는 예외 없이 그들이 내세우고 있는 강령과 요구에 비하면 가치가 떨어지지만, 세상의 평판보다는 낫다고 할 수 있다. 적어도 예언자 이사야의 말(65장 8절*8)은 현대의 모든 교회에도 적용할 수 있다. 교회는 다른 것으로는 대체할 수 없으며, 만약 어느 나라에선가 교회를 폐지한다면 무엇으로도 메울 수 없는 무서운 빈틈이 생길 것이다.

결국 국가와 교회의 싸움은 교회가 이념적으로는 옳지만 실제로는 그 이념에 합당한 모습을 보여주지 못하고, 그 이념을 실현하는 데 부당한 요구를 하는 데서 일어나는 것이다. 만약 이상적인 교회가 실현되면, 아마 완전히 같은 정신을 소유한 인간이 이끌어가게 될 국가도 곧 그 가르침의 정신을 채움으로써 양자는 서로 융화될 것이다.

----

*8 여호와께서 이같이 말씀하시되, 포도송이에는 즙이 있으므로 혹이 말하기를 그것을 상하지 말라. 거기 복이 있느니라 하나니.

✤

신명기 제28장에 기록된 하느님의 축복은 오직 이스라엘 민족에게만 내려진 것은 아니다. 사실 이 축복은 이 민족의 고난에 찬 길에서 그들이 올바른 길을 걷는 한, 오늘날에도 적용될 것이 틀림없다. 그렇지만 이 축복은 누구든지 이 세계에서 '하느님의 백성'에 들고 싶어하는 한 사람 한 사람에게도 적용될 수 있다. 바로 당신이 자신의 행운을 담금질하는 대장장이이다. 그것을 제대로 하지 않고 불평해서는 안 된다.

3월 9일

진리와 영원한 생명에 다다르는 길은 오늘날에는 유물론(唯物論)과 미신이라는 두 가지 죽음의 심연 사이를 빠져나가야 하는, 이를 데 없이 좁고 힘든 길이다. 이 길에 발을 들여놓고 계속 걸어가려면, 처음에는 물론이고 대부분의 노정(路程)에서 신앙에 의지하지 않으면 안 된다. 그 길은 진실하고 능력 있는 하느님의 인도가 없으면 끝까지 걸을 수 없다. 또한 그런 하느님의 인도에 대한 신앙이 필요하다. 그리고 물론 괴테 식의 불가지론만으로는 걸을 수 없다. 또 칼라일의 위대하기는 하지만 충분한 만족을 주지 않는 말과 칸트의 강력한 도덕철학도 단지 처음에만, 즉 그들의 사상이 일반적으로 현대의 현실주의에 맞서 이상주의로 이끌어주는 한에서만 도움이 될 뿐이다.

이러한 온갖 어려움에도 많은 사람들은 가까운 장래에 올바른 길을 찾고, 또 그것을 발견할 것이다. 요한복음 5장 25절, 보헤미아 형제단 찬송가 719번 참고.

✤

어디든 지나치게 의욕이 넘치는 사람이 있기 마련인데, 그런 사람들은 단순한 그리스도교에는 만족하지 못한다. 하지만 대개 그들은 그리스도교를 바르게 평가하고, 완전히 이해하기 위해 노력하는 수고는 하려 들지 않는다. 그래서 그들은 가톨릭의 수도회나 수도원, 또 개신교 분리파와 소모임 등 그들 마음에 쏙 드는 곳을 원하게 된다. 하지만 그런 것은 우리가 완전히 '선해지는' 데는 전혀 필요하지 않은 것이다. '성직자 계급', 즉 그런 의미의 인간 가운데 엘리트라는 것은 애초에 현실적으로 존재하지 않으며, 또 지금까지도 존재하지 않았다.

3월 10일

이 세상에는 적어도 겉으로 보기에 수많은 부정이 일어나고 있고, 또 그 사람들이 처벌되지 않기 때문에, 깊이 생각하지 않는 대부분의 사람들은 정의의 신이 실제로 살아 존재한다는 것을 믿기 어렵다. 모든 부정에 반드시 내적인 벌이 뒤따르는가 하는 의문은 간단하게 증명할 수 있는 일이 아니므로 여기서는 제쳐두지만, 적어도 이렇게 말하고 싶다. 즉, 지상에서 대가를 지불하지 않는 일이 있다는 것은 그리스도인의 견해에서 보면, 이 세상에서 모든 셈이 끝나는 것이 아니라 필연적으로 그 뒤의 삶이 있는 게 틀림없다는 추론을 정당화한다는 것이다. 왜냐하면 그렇지 않고 하느님도 실재하지 않는다면, 모든 부정과 부정에 대한 의식도 이 세상의 것이며, 또 인간도 숲속의 맹수처럼 타고난—습관이 아니라—자연적 필연으로 아무렇지 않게 서로 빼앗고 죽일 것이기 때문이다.

그러나 이것은 확실히 사실이 아니므로, 정의에 대한 보상을 바라는 것은 이성의 당연한 요청이며, 이런 신성한 정의를 믿지 않는 사람은 이성에 대해, 인류에 대해, 하느님에 대해 무거운 죄를 범하는 것이다. 예레미야 12장 1·5절 참고.

⚜

자신을 위해서도 사람들에게 너무 많은 것을 기대해서는 안 된다.

경험적으로 보아도 우리가 다른 사람에게 아무것도 원하지 않으면, 그들은 훨씬 바람직한 사람이 된다. 그리고 그들은 그런 이기심이 없는 사랑을 본능적으로 느끼게 된다. 자신을 위해서는 오로지 신의 축복에 의지하는 것이 좋다. 신의 축복은 어떤 사람도 채워줄 수 없는, 특별히 요구가 많은 마음도 완전히 채울 수 있다.

3월 11일

건강하고 활기찬 삶을 위해서는 삶의 기쁨이 있어야 한다. 그러므로 무엇이든 올바른 기쁨을 가지도록 하라. 현명한 사람이라면, 영속적이고 언제든지 얻을 수 있는 기쁨, 결코 부정하지 않고 자책과 후회가 뒤따르지 않는 기쁨을 찾아야 한다. 세상의 일반적인 기쁨은 대부분 이런 감정을 줄 수 없다.

✤

'근대적 세계관', 즉 무신론을 버리고 진정한 그리스도교에 귀의했을 때 얼마나 많은 것을 얻을 수 있는지 안다면, 사람들은 하나같이 그 길을 걸어가게 될 것이다. 그것에 걸림돌이 되는 것은 인간의 유전적 소질과 습관뿐만 아니라 그 길에 들어서는 데는 먼저 '보지 않고' 결심하는 것이 필요하며,*⁹ 또 그리스도교가 불완전한 해석과 부분적으로 결함이 있는 외적인 조직으로 인해 오래전부터 고뇌해 왔다는 점이다. 그리스도가 원했던 교회는 일시적인 작은 집단의 이해 안에서만 성립한 것에 지나지 않는다.

그러나 지금 우리는 300여 년 만에 처음으로, 폭넓은 국민층에서 이런 그리스도교의 진정한 이해에 다시 접근하고 있고, 날마다 그 경향을 강화하기 위해 애쓰고 있다. 우리는 이미 그것이 완성되는 데 한 세기가 고스란히 걸릴 개혁운동의 한복판에 서 있다.

3월 12일

아침부터 밤까지 언제나 신의 뜻대로 행하라. 그러면 일찌감치 이 지상에서, 복잡한 세상살이의 미로에서 천국으로 인도해 주는 아리아드네의 실을 손에 넣을 수 있다. 신의 뜻이 아직 명백하지 않아 먼저 그것부터 찾아야 할 경우에도, 그 찾는 행위 속에 이미 축복이 들어 있다.

✤

그리스도가 니고데모와의 대화(요한복음 3장 8절*¹⁰)에서 말한 것처럼, 하느님의 영혼은 자신이 생각한 시간에, 생각한 곳으로, 바람이 불어가듯 다가간다. 당신이 그 영혼을 불러올 수는 없으며 영혼이 당신을 부르는 것이다. 언제든 그 부름이 있으면, 당신은 모든 것을 버리고 당장 그것에 따를 준비가 되

---

*9 요한복음 20장 29절.
*10 바람이 임의로 불매, 네가 그 소리를 들어도 어디서 오며 어디로 가는지 알지 못하나니, 성령으로 난 사람은 다 이러하니라.

어 있어야 한다. 그것은 밤의 조용한 시간뿐만 아니라 때로는 한낮의 가장 바쁜 순간에도 찾아오는 일이 있기 때문이다. 그때가 바로 '말씀하옵소서, 주의 종이 듣겠나이다'[11]라고 말해야 할 때이며, 그때가 바로 당신이 진실과 선에 있어서 큰 진보를 이룰 때이다. 이에 반해 자기 마음대로 드리는 '예배'는 바알 신의 예언자들과 같은 헛된 결과를 얻게 된다.[12] 설령 예배와 함께 거창한 의식이 벌어질지라도, 또 예배를 위해 아무리 많은 교회와 신전과 회당이 건설될지라도 소용없다.

3월 13일

아무리 행복한 삶이라도 수없이 부딪히는 시련과 마음의 고통을 견딜 수 없는 무거운 짐으로 생각하는지, 아니면 자신의 삶의 원칙을 실천하고 수련하도록 하느님이 주신 기회로 보는지에 따라 사물이나 현상을 생각하는 방법에 커다란 차이를 낳는다. 마침내 그 차이에 따라 모든 것이 결정된다.

기회로 보는 방법은 물론 신앙이 있어야만 가능한 일이고, 또 그것이 신앙의 가장 뚜렷한 이점이기도 하다.

희망

십자가는 무거우나, 신기하게도
네가 그것을 지는 순간부터 그것이 너를 짊어지고 간다.
처음에는 깜깜한 밤이지만, 앞길은 대낮같이 밝으니
그 길을 나아가는 자는 '용감한 자'라고 불린다.

너의 힘은 미약하지만
네가 귀의한 주님의 힘은 위대하다.
너의 별은 어두운 밤하늘을 밝히며
오늘은 죽음, 내일은 생명으로 소생한다.

---

*11 사무엘상 3장 10절.
*12 열왕기상 18장 26·27절.

❋

‘너는 마음을 다하고 성품을 다하고 힘을 다하여 네 하느님 여호와를 사랑하라.’[13] 이에 대해 ‘예, 주님, 저는 오직 당신의 은총에 따라 그리 하겠나이다. 당신과 저 사이에 이제 아무것도 가로막는 것이 없으니, 저에게 이보다 더한 기쁨은 없나이다’라고 말할 수 있다면, 당신은 이미 인생의 목적을 이룬 셈이다.

또 그 뒤에도 하느님이 이제 더 이상 목적이 남아 있지 않은 이 인생에서 당신을 불러가지 않는다면, 그것은 당신이 하느님을 따르는 삶의 가능성과 그 성과를 다른 사람들에게 모범으로 보여주면서 살게 하기 위해서이다. 그저 입으로만 가르치는 것이 아니다. 그런 거라면 다른 사람도 얼마든지 할 수 있다.

‘네 이웃을 네 몸과 같이 사랑하라.’[14]

여호와를 사랑하는 계율에 그리스도는 이 계율을 덧붙였다. 하느님보다 더 많이 사랑하라는 것이 아니며, 또 하느님을 사랑하는 것과 같이 하라는 것도 아니다. 이상주의적이고 지나치게 감상적인 많은 전기문에서 표현하고 있는 것처럼, 이웃을 하느님과 같은 위치, 더욱이 하느님 위에 두어서는 안 된다. 그와 같은 방식은 흔히 있듯이 단순한 언어의 유희가 아니라면 병적이라고 해야 할 것으로, 결코 사람을 진실한 삶으로 이끌지 못하며, 오히려 자신과 다른 사람 양쪽 다 해치는 결과가 된다.

사람들이 당신을 사랑하고 안 하고는 당신의 내적 진보와는 아무 상관이 없다. 따라서 당신은 그 사랑을 두리번거리며 찾아다녀서는 안 된다. 그러나 만약 사람들의 사랑이 당신에게 유익하다면, 또는 인간적인 나약함 때문에 당신에게 그것이 필요하다면, 그만큼 인간의 사랑이 당신에게 가도록 하느님이 이끌어 주실 것이다.

그러나 그런 인간의 사랑과 명예를 혼동해서는 안 된다. 거기에는 요한복음 5장 44절에서 한 주님의 말씀이 더할 나위 없이 엄격하게 적용된다. 당신이 이 명예를 단념하고 그것을 하느님 손에 맡길 수 있다면, 그것이 당신과 세상을 가르는 가장 큰 구별이 될 것이다.

과연 하느님은 당신의 삶에 어떤 가치와 성과를 주실 것인가?

───────────
[13] 신명기 6장 5절.
[14] 마태복음 22장 39절.

'내 은혜가 네게 족하도다.'*15 이 은혜가 바로 그런 것들을 뛰어넘는 것이며, 하느님의 모든 선물 가운데 최상의 것이다.

이 은혜는 우리가 가지는 사랑이 아니라 그 삶의 승리에 대한 상으로 하느님이 내리신 것이지만, 또한 우리가 달성하고 쟁취한 것이다. 요한복음 11장 42절, 보헤미아 형제단 찬송가 282번, 732번 참고.

3월 14일

단테 《신곡》의 연옥편 제21곡 58~69행을 보라. 당신이 선으로 길을 가려 할 때, 맨 먼저 제시되는 과제는 자신의 자유로운 의지로 그 길을 가겠다고 마음먹는 일이다. 당신은 한동안 옆도 돌아보지 않고 진지하게 나아가는 것에 어떤 혐오를 느낄지도 모른다. 또 대부분의 사람들처럼 종교적 사업과 외면적 의식(儀式), 그리고 사람들과의 종교적인 교류에 만족하고 싶을 것이다. 그러나 적어도 그런 것만은 지금 당장 단호하게 거부하라. 실제로 오늘날 그런 일들이 무엇보다 선을 향해 나아가려는 사람들을 방해하고 있다.

그 점에서 충분히 훈련되어 있다면, 최후에는 당신의 의지가 자유롭고, 자신이 진정으로 선을 원하며, 이에 반하는 것은 기꺼이 버릴 수 있다는 것을 똑똑히 깨닫게 될 것이다. 그렇게 되었을 때, 당신은 그때까지의 생일을 달력에서 지워야 한다. 이날이 당신의 영원한 생명이 태어나는 새로운 생일이다.

마음속 대화
(히브리서 제6장)

주여, 이제 당신은 저의 마음을 사로잡아
가장 큰 싸움으로 나아가게 하십니다.
그것은 당신의 뜻을 완전히 이루기 위함이며
완성에 도달하기 위함입니다.

그러나 나의 마음이여, 너는 알고 있느냐

---

*15 고린도후서 12장 9절.

오직 하느님의 영광만을 구하는 것이 어떤 것인지를.
너는 아느냐, 이 모든 고난 가운데
과연 가장 힘든 일이란, 얼마나 힘든지를.

✤

인간은 때때로 그 타고난 성격이나 신분과 상관없이, 또한 자신의 본디 의도와도 상관없이 행동할 때가 있다. 지금까지 살아오면서 나에게 참으로 많은 선한 일들이 나와 전혀 가깝지 않은 사람들에 의해 이루어진 데 비해, 나쁜 일은 오히려 나와 가까운 사람들로 인해 일어났다.

우리는 그것을 누군가의 책임으로 돌려서는 안 된다. 그들에게는 그렇게 하는 것 말고는 다른 방법이 없었고, 그들은 더 높은 힘의 도구에 지나지 않기 때문이다. 무슨 일이 있든, 그들에 의해 우리 운명이 좌우될 수는 없다.

3월 15일

이사야 30장 15·18절*[16]을 보라. 주는 당신에게 은총을 베풀 날을 기다리고 있다. 그러므로 쓸데없이 걱정하거나 미래에 대한 온갖 계획을 세우느라 한창 일하기 좋은 시간을 헛되이 낭비할 필요가 전혀 없다. 하느님을 믿고, 하느님의 길을 성실하게 나아가려고 노력하면, 모든 것은 저절로 당신이 예상한 것보다 훨씬 더 잘 풀릴 것이다. 그럼으로써 삶이 행복해진다. 왜냐하면 앞으로 일어날지 모르는 불행에 대한 걱정은 반드시 견뎌내야 하는 현실의 불행보다 사람의 기운을 훨씬 더 많이 소모시키기 때문이다. 실제 불행은 이따금 외적인 수단과 노력으로 극복할 수 있지만, 걱정은 하느님에 대한 강한 신뢰로만 극복할 수 있다. 그것은 누구나 경험할 수 있는 일이다.

그러나 신앙심이 깊은 사람들 중에도 이런저런 끊임없는 걱정 속에 살고, 또 거의 모든 면에서 세속적인 길을 걸으며, 특히 이 세상의 재물에 높은 가치를 두는 등 세상 사람들과 똑같이 생각하는 사람들이 있다. 이 점을 제외한다면, 참으로 경건한 생각을 가진 부유하고 신분이 높은 그리스도인이 오늘날에는 많이 있다. 이런 사람들에게 하느님은 은총을 보여주는 것을 잠시 보류할

---

*16 너희가 돌이켜 안연히 처하여야 구원을 얻을 것이요, 잠잠하고 신뢰하여야 힘을 얻을 것이어늘. 그러나 여호와께서 기다리시나니, 이는 너희에게 은혜를 베풀려 하심이요……

때가 있다. 왜냐하면 하느님과 재물을 동시에 의지할 수는 없기 때문이다. 언젠가 그중 하나가 마음속에서 사라져야 한다. 거기에 '타협'이라는 것은 있을 수 없다.

네 모든 걱정을 주님께 맡겨라. 주께서 너를 붙들어 주시리니

네 가족을 위한 걱정을
우리의 믿음이신 주님께 맡겨라
너는 헛된 궁리만 할 뿐이나
주님께는 가야할 길과 미래가 열려 있다.

주님은 염려를 싫어하나, 네가 바치는
하늘을 우러르는 기도는 기꺼이 들어주시나니
네가 겨우 한 가지 방책을 세우는 동안
주님은 천 가지의 방책을 가지고 계신다.

어느 누구도 멋대로
너를 해치지 못하도록
주님께서는 너에 대한 은총을 위해
모두의 마음을 시냇물처럼 이끄신다.

주님의 손에서 고통도 기쁨도
안심하고 받고 두려워해서는 안 되나니
주님은 네 운명을 언제라도 바꿀 수 있다.
그러나 그것을 나쁘게 하는 것은 너의 탄식이다.

너를 공연히 괴롭히기 위해
고난이 주어진 것이 아니니
믿으라, 참된 생명은
슬픔의 날에 깃든다는 것을.

지금 내가 하는 말을 잘 들어주기 바란다. 당신의 마음에서 진실로 선한 것이 비교적 선한 것의 적이 될 때가 찾아올 것이다. 이것이야말로 인생에서 가장 난처한 모순이자 갈등으로, 하느님의 특별한 인도와 그럴 때 기준이 될 수 있는 우리 주 그리스도의 모범이 없으면, 도저히 헤쳐 나가지 못할 것이다. 우리는 모든 것을 그 자리에서 당장 인식하려 해서는 안 된다. 잠시 떨어져 있어 보면 오히려 모든 것이 명백해진다.

3월 16일

신앙은 그 자체가 이미 행복이다. 언젠가 무언가를 손에 넣을 수 있다는 확신은 즐겨 감상하고 있는 나무의 꽃과 같은 것으로, 나중에 손으로 따먹는 열매보다 훨씬 더 우리 마음에 이상적인 욕구를 충족시켜 준다.

이러한 신앙의 행복은 우리가 예상할 수 있는 미래의 행복에 못지않은 '지상의 아름다움'이다. 저세상에서는 이러한 행복은 사라질 것이다. 후회에 찬 탄식은 천국에 어울리지 않는 것이므로, 그것을 후일로 미루지 않기 위해서라도 언젠가 한 번은 이 행복을 느껴두는 것이 좋다.

'네가 지금 이 순간 쫓아낸 것은 영원히 되돌아오지 않는다.'(실러의 시 〈체념〉에서)

모든 행복 중에서 가장 아름다운 순간은 소유의 순간이 아니라 그것에 앞선 순간, 즉 소망의 실현이 가까이 다가와 확실하게 보이기 시작할 때이다. 이 것을 가장 절묘하게 표현한 것이 이피게니의 아름다운 독백이다.

'가장 위대한 아버지*[17]의 특별히 아름다운 딸인 '성취(成就)'여! 이리하여 너는 마침내 나에게 내려오는구나(괴테 《타우리스 섬의 이피게니》 제3막 1장).'

도덕적 세계질서에는 우리가 이해할 수 없는 것이 있는데, 그 두세 가지 법칙을 들자면 다음과 같다.

---

*17 주신 제우스.

1. 악은 처음에는 승리를 얻어 개가를 올리는 것처럼 보이지만, 언젠가 반드시 파멸하고 만다. 그러나 처음부터 패배하는 일은 절대로 없다.

2. 이 세상의 진정한 선은 충분히 강해질 때까지는 세상과 여러 기관의 호의와 인정을 받지 못한다. 그럼에도 선은 활동을 계속하며 조용한 고립 속에서 성장해 간다. 그러므로 앞으로 옳은 일을 해야 할 자는 누구나 생애에 한 번, 아니, 때로는 몇 번이라도, 세속적인 성공이 뒤따르는 생활과 진정한 신앙 가운데 어느 한쪽을 선택해야 할 때가 있다. 요한복음 5장 44절 참고.

3. 하느님은 하느님의 척도에서 보아 비교적 작은 일은 하느님의 종이 아닌 자들을 사용하여 처리할 때가 있다. 그들은 하느님의 종과 마찬가지로, 아니 때로는 그 이상으로 잘한다.

4. 진정으로 선한 사람이 지는 가장 큰 십자가는 오히려 그리스도의 제자와 신봉자인 경우가 있다. 왜냐하면 그들은 때때로 그리스도를 전혀 이해하지 못하기 때문이다. 오히려 적들이 훨씬 일찍부터 그리스도를 더 잘 판단하고 있다. 그래서 적들은 먼저 그리스도를 유혹하려고 한다.[18] 그것이 성공하지 못했을 때 비로소 그를 공격하는 것이다. 이 경우 유혹받을 때가 훨씬 더 위험한 단계이다.

3월 17일

세상은 스스로 생각하고 자기 의견을 가진 사람이 많으면 많을수록 좋아진다. 이런 사람은 설령 반대자가 된다 해도, 그들의 생각이 잘못되었다는 것을 이해시킬 수 있기 때문이다. 남의 흉내만 내고 있는 사람은 아예 스스로 생각하려 하지 않기 때문에 그를 설득할 수가 없다.

로크는 이것을 조금 다른 말로 이렇게 말했다.

"사람들이 흔히 생각하듯이 이 세상에 잘못된 의견 같은 것은 그리 많지 않다. 왜냐하면 대부분의 사람들은 자신의 의견 같은 건 전혀 가지지 않은 채, 남의 의견이나 세상의 소문과 평판을 그대로 옮기는 데 만족하고 있기 때문이다."

당신은 그런 부류에 끼어서는 안 된다.

---

[18] 누가복음 6장.

예언 능력은 견고한 신앙심이 있는 경우에만 바람직하다. 그렇지 않은 경우 이 능력은 사람을 악 앞에서 너무 겁쟁이로 만들거나 나약하게 만든다. 왜냐하면 이 능력은 오직 중간의 원인과 결과를 예견하는 것 이상으로는 발휘되지 않기 때문이다. 그래서 그 옛날 하느님은 이사야 42장 19절*[19]에서, '하느님의 종들은 다른 사람들 이상으로 눈이 멀고, 귀가 멀지 않으면 안 된다'는 얼핏 듣기에 이상한 말을 했다.

어떠한 경우에도 하느님의 종은 그 무엇이나 그 누구도 두려워해서는 안 된다. 만약 두려워한다면, 그것이 그들의 가장 큰 결점이 되어 아무 쓸모없는 자로 만들어버릴 것이다.

3월 18일

그리스도교가 인간의 영혼 깊은 곳에서 나오는 요구에 부응하지 않았다면, 1400년이 넘는 오랜 세월 동안 충분하지는 않지만 그래도 그 가치를 인정받고 실천되는 일은 불가능했을 것이다. 그리스도교가 그 실천에서 수많은 약점을 보여줬음에도 여전히 유지하고 있는 가치를 그 밖의 가르침, 이를테면 이슬람교와 불교, 또 일종의 세계적인 윤리설과 철학 등에서 얻을 수 있을 거라고 믿는 사람은 아무도 없다.

그러므로 이 종교의 미래를 걱정하거나 현재의 적을 두려워할 이유가 전혀 없다. 이 종교는 지금까지도 그들의 맹렬한 공격을 극복해 왔고, 앞으로도 아마 어떤 철학 체계보다 긴 생명을 유지해 나갈 것이다.

마태복음 8장 25~26절, 21장 44절, 24장 35절 참고.

✣

어떤 종류의 일이든 거기서 두려움을 느낀다면, 그 일에서 당신이 내면에 아직 부족한 뭔가를 느끼는 것이므로, 반드시 그것을 제거해야 한다. 두려워하는 것은 악인이나 어중간한 사람의 약점이다. 그들은 평생 그 두려움에서

---

*19 소경이 누구냐? 내 종이 아니냐? 누가 나의 보내는 나의 사자같이 귀머거리겠느냐? 누가 나와 친한 자같이 소경이겠느냐? 누가 여호와의 종같이 소경이겠느냐?

벗어나지 못한다. 그렇지 않다면 그들은 '빛의 아들들보다 더 지혜로울 것'*20 이고, 수많은 점에서 빛의 아들들을 능가할 것이다. 그러나 두려워하는 것이 악인들의 약점이며, 우리가 그것을 계산에 넣는 것은 결코 잘못이 아니다. 그 래서 날카로운 지성의 소유자인 친첸도르프*21는 그의 찬송가에서 이렇게 노 래했다.

하느님을 따르는 삶을 살지 않는 자는
오로지 두려움의 지배를 받는다.

사람들을 잘 관찰해보면 이 말이 참으로 옳음을 알 수 있다. 이것은 거꾸로 말해도 마찬가지이다. 마음이 소심하고 인간에 대한 공포로 가득한 신앙인은 신앙이라는 이름에 어울리지 않는 사람이다. 그런 사람은 여전히 세속과 관계 를 끊지 못하기 때문에 공포를 품는 것도 당연하다.

3월 19일
아침에 눈을 뜨면 오늘도 선을 베풀 새로운 기회가 주어진 것에 대해 하느 님에게 감사하라. 그리고 하루 종일 그 기회를 놓치지 않도록 눈을 크게 뜨고 있어야 한다.
잠언 15장 15절, 17장 22절, 4장 18~19절, 전도서 2장 22절, 보헤미아 형제단 찬송가 635~638번 참조.

✤

인생에서 일반적인 목적보다 훨씬 높은 것을 추구하고, 또 그것을 훌륭하게 이룬 사람이 적은 것은 참으로 놀라운 일이다. 일반 사람들이 추구하는 목적 은 가정을 꾸려가는 일, 적당한 삶의 즐거움, 그보다 낫다고 해야 고작 직업상 이나 정치상의 성공, 남들보다 나은 사회적 지위 정도일 것이다. 하지만 그것은 거의 영속적인 이익을 남기지 않는 것들이다.

---

*20 누가복음 16장 8절.
*21 친첸도르프(1700~1760). 루터파의 경건주의자로 보헤미아 형제단의 지도자. '마음의 종교' 를 주창했다.

우리는 그렇게 교육받으며 자랐고, 교회에서도 학교에서도 그 이상 고상하고 강렬한 동기부여를 받지 않았다고 할 수 있다. 그러나 인간은 그것만으로 만족할 수 있도록 창조되지 않았다. 만약 이 세상의 모든 전기(傳記)가 특히 그 사람의 만년에 대해 진실하게 쓰인다면, 이 사실은 공개적으로 인정받을 수 있다. 그런데 대부분의 전기는 그저 왜곡된 흥미만 부추길 뿐이기에 추천하고 싶지 않다. 처음부터 무작정 찬양하려는 생각에서 출발하지 않은, 진정으로 뛰어난 전기가 언젠가 이 세상에 나오기를 간절히 바란다.

노년이 되면, 지금까지 목표로 삼았던 것 가운데 컸던 것은 차츰 작게 생각되고, 전에는 소홀하기 쉬웠던 것이 갈수록 크게 생각된다. 하느님이 사물을 바라보는 견해도 그러할 것이다. 우리가 올바르게 진보하면서 나이를 먹어간다면, 차츰 하느님의 견해에 가까워질 수 있지 않을까.

3월 20일

지금까지 살아오면서 느꼈던 분노와 증오는 언제나 내게는 오래 가지 않았다. 끊임없이 다가오는 여러 가지 과제를 처리하려면, 늘 그런 감정을 버리지 않으면 안 되었다. 어떤 때는 그 감정이 갑자기 내 머릿속에서 사라지기도 했다. 그 결과, 나는 그런 감정을 느끼지 않게 되었고, 또 타인의 공격에 대해 거의 마음에 두지 않고 대개 수동적으로 저항하는 데 머무르는 습관을 기를 수 있었다. 시편 62장, 마태복음 5장 39~42절, 이사야 54장 17절 참고.

❧

아름다운 자연과 예술과 학문이 아무리 많이 존재할지라도, 사랑이 없다면 이 세상은 참으로 불행하고 비참할 것이다. 이것은 현명한 사람일수록 더 강하게, 그리고 더 빨리 느끼게 된다. 다만 어리석은 자만이 삶의 향락이 펼쳐진 푸른 목장에서 주인 행세를 하는 동안, 즐거운 듯이 잠시 뛰어다닐 뿐이다.

또 다른 종류의 어리석은 사람은 하느님에 대한 사랑이 없어도, 적어도 두세 명의 인간을 '영원히' 사랑하며, 거기서 삶의 행복을 찾을 수 있다고 믿는다. 이런 태도는 비교적 고상한 생각을 가진 사람들이 빠지기 쉬운 함정이지만, 어느 정도 비속한 형태를 취하는 경우에도, 목장에서 주인 행세를 하는 이보다는 이쪽이 훨씬 더 쉽게 하느님의 구원을 받을 수 있다. 누가복음 7장 47

절*22 참고.

3월 21일

우리가 인생에서 남의 미움을 받는 것은 대부분 상대방의 질투나 보답받지 못한 사랑 때문이다.

우리가 주 옆에 섰을 때, 이러한 미움은 벌을 면할 수 없다고 멋대로 상상해 서는 안 된다. 흔히 어떤 보이지 않는 강인한 손이 사방에서 온갖 재앙을 불러 들이고 적을 부추기며, 지금까지 친구였던 사람들까지 냉담해지게 하거나 등 을 돌리게 하지 않을까 하는 생각이 들 때도 있다.

그래도 주 옆에 서는 이점은 그것으로 인한 손실보다 훨씬 크다. 그리고 영 혼이 충분히 성장하여, '하늘에서는 주 외에 누가 내게 있으리요, 땅에서는 주 밖에 나의 사모할 자 없나이다'*23라고 노래할 정도가 되면, 영혼은 이미 '헤치 고 나간 것'이며, 인생의 목표에 다다른 것이다.

⚜

조금만 더 참고 견디면 된다. '의인을 위하여 빛을 뿌리고 마음이 정직한 자 를 위하여 기쁨을 뿌렸도다.'*24

인내심이 강하면, 대개는 3일쯤이면 끝나고, 인내심이 부족하다면 좀 더 오 래 갈 것이다. 훌륭하게 극복한 시련은 두 번 다시 되풀이할 필요가 없다. 하지 만 끝까지 극복하지 못한 시련은 언젠가 다시 찾아온다. 그래서 현명한 사람 은 틀림없이 이렇게 말한다. "한 번은 거쳐야 할 일이니, 지금 충분히, 철저하게 해내자. 그렇게 하면 거기서 영원히 자유로워질 수 있다."

가장 나쁜 것은 하느님이 결국 더 이상 개선의 여지가 없는 의지가 약한 자 들에게 시련을 주는 것을 포기하고, 그들이 원하는 대로 '삶의 향락을 만끽 하는' 대로 내버려두는 것이다. 그러면 그들은 그것을 '행운을 잡았다'고 표현 한다.

---

*22 이러므로 내가 네게 말하노니 저의 많은 죄가 사하여졌도다. 이는 저의 사랑함이 많음이 라. 사함을 받은 일이 적은 자는 적게 사랑하느니라.
*23 시편 73장 25절.
*24 시편 97장 11절.

3월 22일

주위에서 사회적인 수준보다 조금 뛰어난 자들은 일반적으로 많은 인기와 호감을 얻는다. 그런 사람은 살아가는 동안 큰 영향력과 개인적 행복을 손에 넣을 수 있다. 그러나 죽은 뒤에는 사정이 달라진다. 그때는 그들이 받아야 할 보상을 이미 다 써버린 뒤이다.

대부분의 사람들은 남들이 대개 그렇게 생각하거나 또 스스로 인정하는 것보다 위대하고 선한 사상을 쉽게 받아들일 수 있다. 다만 그 사상이 몸에 맞지 않는 옷처럼 거북해서 그 위대하고 선한 것을 자신들의 수준으로 끌어내리려 한다. 그러나 그 선한 사상이 끝까지 자신의 본분을 지키며 굽히지 않으면, 사람들도 마침내 그것을 인정하게 된다. 이렇게 선하고 옳은 일에 절도와 상식을 적당하게 가미하여, 남들이 쉽게 받아들일 수 있고 세상 사람들 귀에 솔깃하게 들리도록 주장하는 것은 매우 어려운 일이다. 그것은 하느님의 은총으로 이루어지는 것이 아니며, 오로지 자기 생각대로 행동하는 인간도 할 수 없는 일이다.

⚜

하느님에게 인도되는 사람들의 한 가지 특색은 그들이 배워야 하는 수많은 것을 꿈속에서 체험하고 알 수 있다는 것이다. 이에 의해 그들은 현실 생활과 같은 감명을 받고, 대부분의 경우 경고로 작용하는 그 인생경험을 거의 현실 체험과 다름없이 잘 기억할 수 있다.

하느님의 인도는 희미하고 미묘한 수많은 암시로 이루어져 있으며, 사람이 당장 그것을 따른다면 평탄한 길이 될 것이다. 하지만 당장 따르지 않으면 하느님의 경고는 갈수록 엄격해진다.

3월 23일

더 이상 어떠한 고집과 향락도 머릿속에 들어 있지 않은 것은 더할 나위 없이 훌륭한 경지이다. 그렇게 되면 매일매일 뭔가 새롭게 좋은 일이 일어난다. 분노가 사라지고 내 쪽에서 요구하지 않아도, 모든 사람들이 내가 원하는 대로 해준다. 지금까지 오랫동안 극복하려고 헛되이 노력해온 수많은 결점까지, 마치 수액이 다하여 매달려 있을 힘이 없어진 마른 잎이 바람에 실려 흩어지듯 저절로 사라져버린다. 보헤미아 형제단 찬송가 685, 686번 참조.

✳

이사야 49장 15절*25은 누구든지 자신의 것으로 할 수 있는 거룩한 약속이다. 하느님에 대해 성실한 마음과 약간의 인내심만 있으면, 그 약속에 기만당하는 사람은 아무도 없을 것이다. 참으로 많은 사람들이 이 약속으로 위로받고, 또 그것의 도움을 받아 삶의 고난을 헤쳐 나왔다. 당신이라고 그렇게 하지 못할 리가 있겠는가? 그러나 당신이 원하지 않는다면, 당신 마음에 드는 철학자나 시인, 아니면 음악가에게 인생의 모든 고난의 순간에 도움을 청해보라. 더욱 믿음직스럽지 못한 것은 그때그때 기분에 따라 하느님과 스피노자와 다윈을 번갈아 믿는 것이다. 그런데 이것은 현대의 교양 있는 사람들에게서 흔히 볼 수 있는 현상이다.

3월 24일
탄식

오, 주여! 내 마음의 평화여
당신의 축복을 내려주소서.
길을 서둘러 나를 인도하여
높은 목표로 이끌어주소서.

이 세상은 나에게서 사라졌습니다.
그 기쁨은 너무나 보잘 것 없습니다.
그러나 사념은 포로가 되고
활동은 고통을 줍니다.

이 세상에 머무는 것은 참으로 괴롭고
마음의 근심은 끝이 없습니다.
주여, 모습을 보여주소서.
언젠가 끊어야 할 인연을 놓아주소서.

---

*25 여인이 어찌 그 젖 먹는 자식을 잊겠으며, 자기 태에서 난 아들을 긍휼히 여기지 않겠느냐? 그들은 혹시 잊을지라도 나는 너를 잊지 아니할 것이라.

당신의 사랑은 너무나 뜨거워
친구로서는 너무 강한 분이십니다.
그러나 두 사람의 주를 섬길 수는 없나이다.
이 세상은 이제부터 나의 적입니다.

이 길을 저는 버릴 수가 없습니다.
또 하나의 길은 이미 잃어버렸습니다.
그러나 새로운 세계의 힘을
아직 나는 붙잡을 수가 없나이다.

나아갈 길은 걱정이지만
여기서 돌아가고 싶지는 않습니다.
간절히 바라는 것은
새벽과 당신의 은총의 빛.

아직 얼마나 더, 즐거움이 없는
이 암흑 속을 가야 할까요?
오, 주여! 저의 탄식을 들어주옵소서.
그리고 밝은 낮이 오게 하소서.

⚜

'높은 데 마음을 두지 말고, 도리어 낮은 데 처하며, 스스로 지혜 있는 체 말라.'[26]

이 진실한 말에도 약간의 설명과 보충이 필요하다. 올바른 사람에게 숭고하고 위대한 것은 오직 하느님뿐, 그밖에는 아무것도 없다. 비교적 위대하다고 할 수 있는 것이 있다면, 자애로운 마음으로 진정으로 정화된 사람인데, 그런 사람은 아주 드물다. 그러므로 그리스도도 누가복음 16장 15절에서, '사람 중에 높임을 받는 그것은 하느님 앞에 미움을 받는 것이니라'고 했다. 이 말은 처

─────────

[26] 로마서 12장 16절.

음에는 아마 가혹하게 들릴 것이다. 그래서 현대의 설교가들도 이 말을 섣불리 인용하지 않는다.

그리스도는 그 시대의 귀인과 부자의 집에서나 총독과 왕 앞에서도, 가는 곳마다 놀라울 정도의 임기응변을 발휘했다—임기응변이라는 말을 그리스도에게 써도 된다면—실제로 현대의 뛰어난 목사들도 부호와 신분이 높은 사람을 상대로 할 때, 이런 임기응변을 갖추고 있는 것은 아니다. 가짜 고귀함과는 대립하고 작은 것을 사랑하며, 필요하면 언제라도 거만한 자에게 침착하게 예를 잃지 않고 대항하는 이러한 진정한 '고귀함'을 몸에 익히는 것은 인생에서 가장 어려운 과제이다. 진정한 인간의 위대성에 도달하기 위해서는 수많은 겸손과 아울러 자신의 임무와 사명에 대한 견고하고 흔들림 없는 신념이 필요하다. 시편 18편 35절*27 참고.

3월 25일
거짓 평화와 참된 평화
(타울러 설교집 제126)

주여, 당신의 아들들이
마음속 깊이 지닌 평화는
황금의 잔처럼 보이지만
그 속에는 고통이 가득 차 있나이다.

우리는 이 세상의 여로 위에서
그저 쉬기 위해 태어난 것이 아닙니다.
이 세상에서 평안을 구해도 얻지 못하고
여기서 쉬는 자는 멸망하고 맙니다.

삶은 처음부터 엄격한 것
유희를 허락할 여유는 없습니다.

---

*27 주께서 또 주의 구원하는 방패를 내게 주시며, 주의 오른손이 나를 붙들고 주의 온유함이 나를 크게 하셨나이다.

이 세상에 있는 평안은 오직 하나
위대한 목표를 향한 확신뿐.

주여, 앞으로도 제 기도에 귀 기울여 주신다면
이제 당신께 평화를 구하지 않겠나이다.
평온함 속에 안주해서는 안 됩니다.
원하는 건 오직 용감한 자의 힘이 주어지는 것뿐.

지상에서는 적진 한가운데에서
힘든 싸움을 하게 해주옵소서.
천상의 구원받은 사람들의 집에 가서야
저는 평화의 야자수 가지를 꽂고 싶나이다.

⚜

　이상한 것을 보고 듣는 것에 대해 꽤나 궁금하겠지만, 나도 그것을 자세히 설명할 수는 없다. 어쨌든 듣는 것은 마음으로 듣는다. 그것은 언제나 이를 데 없이 명료한 말이며, 대개 성서 속에 나오는 말이다.

　나는 14살 때 처음으로 마음으로 듣는 것을 경험했는데, 그 뒤 오래 중단되었던 적도 있었다. 이상한 것을 보는 것은 듣는 것에 비해 늦게 찾아온다. 이것은 명료함에서 약간 차이가 있지만, 이를테면 내적 영상의 구체화이다. 그 듣고 보는 것은 이유가 없는 것은 아니나, 늘 전혀 생각지도 않게 찾아온다. 그러므로 그런 일을 인위적으로 일으키려 하는 것은 모독 행위이다. 그것에 대해서는 말하는 것조차 나에게 어울리지 않는 일이고, 결코 잘 설명할 수도 없다. 더구나 그런 일은 전혀 쓸데없는 일이기도 하다. 이상한 것을 보고 듣는 것은 하느님이 주신 선물이며, 그것을 경험한 사람에게는 경탄할 일이지만, 오직 그 당사자에게만 의미가 있는 것이다.

　그러므로 당신은 그것에 대해 더 이상 깊이 생각하지 않는 것이 좋다. 그런 현상은 인생에서 설명할 수 없는 것에 속하므로, 이른바 아디아포라*28의 하나

＊28 어느 쪽이든 상관없는 일.

이기도 하다. 깊은 신앙을 토대로 올바르게 행동하는 것이 훨씬 더 훌륭하다. 그런 사람은 이러한 이상한 현상을 필요로 하지 않는다. 그것은 아주 특별한 상황에서 하느님이 주시는 예외적인 도움일 뿐이다.

진심으로 하느님을 믿고, 그 믿음이 단순히 입에 발린 소리가 아니라면, 유물론적 세계질서에서는 불가능한 것으로밖에 볼 수 없는 많은 일들이 당연한 것이 되기 시작한다.

3월 26일
내 생애에는 마치 몽유병자와 같았던 적이 수없이 있었다. 눈을 뜨고 있었다면 결코 걸으려 하지 않았을 위험하기 짝이 없는 좁은 길을, 마치 보이지 않는 손에 이끌리듯 나도 모르게 걸어갔다.

다만 이따금 마치 누가 부르는 소리에 정신이 든 것처럼, 갑자기 나의 생각이 대부분의 다른 사람들 생각과 크게 다르다는 것을 깨달을 때가 있었다. 사실 마음의 평정을 잃고 싶지 않다면, 그것을 스스로 인정해서는 안 된다.

어떤 짓궂은 비평가가 나에게 했던 참으로 지당한 말처럼, 나는 살아 있는 사람보다 오히려 죽은 사람들과 정신적으로 교감할 때가 많았고, 또 동시대인보다 수백 년 전의 사람을 더 잘 이해해 왔다. 내가 가장 잘 이해한 사람들은 그리스도, 요한, 단테, 토마스 아 켐피스, 타울러, 크롬웰, 그리고 최근의 사람들 가운데에는 칼라일, 블룸하르트, 부스 부인, 톨스토이 등이다. 다만, 톨스토이에게는 상당히 보류해야 할 점이 있지만.

⚜

이 세상, 또는 한 나라와 민족 안에서 때때로 악이 선을 대표하는 사람들을 공격하며, 그들의 진로에 커다란 장애물이 되는 것이 허락되는 시대가 있다. 만약 당신에게 그런 일이 일어난다면, 그것은 하느님이 허락한 일임을 잊지 말고, 담담하게 맞이하는 것이 좋다. 다만 당신은 어떤 잘못에도 가담하지 않도록 주의해야 한다. 시련이 그 목적을 이루고 나면, 적은 저절로 침묵하기 마련이다.

3월 27일
내적 진보를 보여주는 가장 좋은 징후는 선량하고 영혼의 기품이 높은 사람들 속에 있으면 마음이 편안하지만, 범속한 사람들 속에서는 언제나 불쾌감을 느끼는 것이다.

이것은 우리 내세의 삶도 결정한다. 정말 그런 삶이 있다면, 사람은 저마다 자신의 정신적 본성과 그 진보 단계에 따라 거기에 어울리는 데까지 갈 수 있고, 또 그렇게 될 것이다. 그렇지만 자신의 능력에 없는 그 이상의 것을 구하여 분발하는 사람도, 그런 간절한 동경 때문에 그보다 높은 세계에 속할 수 있는 은총을 입을 수 있다. 아가 6장 11절 참고.

⚜

레싱이 말했던 것처럼 진리를 영원히 의심하고 묻는 사람은 분명 올바른 진리의 길에 있다고 할 수 없다. 결국 두세 가지 중요한 사항이 그 사람의 마음에 굳은 확신으로 자리잡지 않으면 안 된다. 즉 하느님은 존재한다는 것, 또 '성품을 다해 하느님을 사랑하고, 내 이웃을 내 몸처럼 사랑할 것', 또는 구원으로 가는 길의 안내자는 그리스도이지, 부처도 플라톤도 칸트도 아니라는 것, 이런 것들을 더 이상 의심해서는 안 된다.

그런데 이와 반대되는 사상을 가진 신문 논설과 헤겔 류의 소논문을 읽는 순간, 또다시 위의 진리를 문제삼고 싶다면, 더 이상 나를 번거롭게 하지 말고 내버려 두기 바란다. 인내심이 강했던 사도 바울도 새로운 설교에만 귀를 기울이며 좀처럼 단단한 믿음을 가질 수 없었던 그 갈라디아인에게 더 이상 참지 못하고 분통을 터뜨렸다. 단호하게 의심을 버려야 할 때가 언제인지, 그 한계를 자신에게 부과하는 것이 오늘날에는 더욱 필요하다. 젊은 사람이라면 그런 진리에 대한 모색을 아직은 너그러이 봐줄 수 있지만, 연륜이 있는 사람은 그래서는 안 된다. 왜냐하면 하느님을 찾거나 잃어버리고, 또 버리는 끊임없는 변덕은 노인에게는 정신적으로 건강하지 못하다는 표시이기 때문이다. 당신은 회의주의자가 되어서는 안 된다. 오히려 신뢰할 수 있는 '진리를 위해 함께 수고하는 자'가 되어야 한다.*29

때로는 마치 악을 위해 그 영광의 날이 허락되어 있는 것처럼 보이는 일이 있다. 나도 크고 작은 일들에서 이것을 경험했다. 그러나 이것은 그리스도의

---

*29 요한삼서 1장 8절.

제자들에게는 늘 겸손하고 조심성이 있어야 하는 이유가 되고, 또 개혁자와 전도자에게는 인간에게 의지해서는 안 된다는 이유는 될지언정, 결코 회의주의를 인정하는 것은 아니다.

3월 28일

'세상에는 너무 완고하고 외곬으로 오직 미래에 소망을 걸고 있는 사람이 있다. 결코 찾아오지 않을 미래에(레키).'

이것은 참으로 맞는 말이다. 우리는 미래에 대해 염려하고 계획하며 고심하는 것을 그만둬야 한다. 하지만 그 전제로서 우리가 옳고 곧은 길에 있으며, 더 이상 다른 길을 찾을 필요 없이 오직 그대로 나아가기만 하면 되는 상태가 되어야 한다. 창세기 17장 1절*30의 말도 바로 이것이다.

🌷

당신은 최후의 순간까지 시련에 봉착할 것이다. 그 시련은 어떤 때는 외부에서 당신에게 반대하거나 적의를 가진 사람들을 통해 일어나지만, 또 어떤 때는 내부에서 일어나기도 한다. 왜냐하면 당신 내부에는 여전히 삶을 유지하려는 지난날의 잔재가 남아 있기 때문이다. 이러한 장애가 전혀 없는 영원한 지상 낙원 같은 것은 있을 리가 없다.

그러나 그래도 모든 적을 이길 수 있는 마음의 평화와 암울한 시기에도 광명이 다시 빛날 때까지 의연하게 자신을 지켜가는 힘, 그리고 적어도 이 어둠 속에서 염세적인 기분에 몸을 맡기거나 그 어떤 방법으로 타협하여 어둠의 편에 가담하는 것을 막을 수 있는 힘은 분명히 있다. 이 마음의 평화와 힘은 피할 수 없는 고난을 만났을 때 우리에게 위안이 된다. 당신도 원하기만 하면 반드시 얻을 것이다. 이러한 것을 지상에서는 발견하기 어렵기 때문에, 그런 의미에서 세상을 '눈물의 골짜기'라고 하지만, 그것은 진실이 아니다. 수많은 사람들이 이것을 깨닫도록 하는 것이 지금 우리에게 부여된 중요한 과제이다. 왜냐하면 '교양 있는 사회'는 대부분 '삶의 즐거움을 만끽하는 것'이나 염세주의밖에 모를 뿐만 아니라 때로는 그 양쪽을 함께, 또는 교대로 경험하고 있는 실정

---

*30 나는 전능한 하느님이라. 너는 내 앞에서 행하여 완전하라.

이기 때문이다.

3월 29일

게으른 경향이 있는 젊은 사람들 대부분은 종교적 진리와 최상의 처세법을 간단한 말, 즉 격언풍으로 표현한 것을 좋아한다. 그러나 처세법을 간단한 말로 표현할 수 있을지 상당히 의심스럽다. 인생에는 여러 단계가 있고, 그것을 올바르게 거치면서 차츰 높은 목표와 식견으로 나아가야 하기 때문이다. 그러나 인생 초보자를 위해 그런 짧은 말이 필요하다면, 마태복음 6장 33절*[31]을 펼쳐보라. 이것이야말로 세상에서 가장 확실한 것으로, 이 말을 진지하게 시험하여 성취하지 못한 사람은 아마 지금까지 아무도 없을 것이다. 또 종교적인 진리를 짧은 문장으로 표현하는 것은 신앙 조항에서도 시도되고 있는데, 그중에서도 이른바 '사도신경'은 오늘날 모든 그리스도교회에서 공통되는 것이다.

한편 요한복음 17장 3절*[32]은 그리스도가 하신 말씀으로 그것만으로도 의미가 충분하여 아마 논쟁거리가 되는 일도 적었을 것이다.

✤

전체적으로는 조금 위험한 내용을 가진 W.T. 스테드*[33]의 주목할 만한 저서 가운데 다음과 같은 말이 있다. '보편적이고 완전한 사랑이라는 것은 하느님의 이상이다. 설사 불륜의 사랑이라도 그 사랑이 당신을 자아에서 끌어내어 높여준다면, 사랑이 없는 이기적인 결혼생활보다 당신을 천국으로 다가갈 수 있게 한다.' 이것은 매우 위험한 진리라 교회에서 설교할 수 있는 것이 아니지만, 그럼에도 이 같은 진리를 그리스도가 이해한 것처럼 이해할 수 있는 사람들에게는 역시 진리임에 틀림없다. 누가복음 5장 32절, 7장 47절*[34] 참고.

---

*[31] 너희는 먼저 그의 나라와 그의 의를 구하라. 그리하면 이 모든 것을 너희에게 더하시리라.
*[32] 영생은 곧 유일하신 참 하느님과 그의 보내신 자 예수 그리스도를 아는 것이니이다.
*[33] 20세기 초 영국의 저명한 저널리스트.
*[34] 내가 의인을 부르러 온 것이 아니요, 죄인을 불러 회개시키러 왔노라.

3월 30일

우리도 거인 크리스토포루스*35처럼 이 지상의 가장 위대한 주인만 섬기겠다고 결심하지 않으면 안 된다. 하지만 현대에서 그 주인이란 물질적 진보와 향락일까 혹 과학이나 예술일까. 또는 조국과 그 대표자—국민 또는 군주—나 인도주의일까. 그도 아니면 교회나 하느님과 그리스도일까?

이에 대해서는 당신이 결정하고, 그런 다음 마음을 다하고 성품을 다하여 바르게 섬기도록 하라.

⚜

그리스도교의 합리적인 부분, 즉 지성을 갖춘 보통사람이면 누구라도 이해할 수 있는 부분은 선한 의지를 가진 사람에게는 친숙한 것이다. 왜냐하면 이종교는 적어도 지금까지 알려져 있는 어떤 종교보다 뛰어나고, 또 인간적인 면에서 친절하다는 것을 쉽게 알 수 있기 때문이다.

이에 반해 신비한 영역에 속하는 부분, 즉 하느님과 개인의 내적이고 직접적인 관계는 설명할 수 없는 것으로, 오직 자신의 경험을 통해 이해하는 수밖에 없다. 그런데 그 경험은 그것을 오로지 연구하고 저술하는 데만 몰두하거나, 심지어 비판하려는 사람들에게는 결코 주어지지 않는다. 그들 가운데 그런 경험을 한 자는 아직 아무도 없다. 그렇기 때문에 그들은 하느님과의 신비로운 관계를 오히려 쉽게 부정할 수 있다. 그래도 그들은 하느님과 그 직접적인 행위를 잘 알고 있으면서도 부정하고 비난하는 사람보다는 쉽게 용서받을 수 있다.

생각건대, 하느님을 알면서도 거부하는 것은 아주 무거운 죄이며, 그것은 이미 수많은 불안한 영혼들에게 슬픔의 원인이 되고 있다. 그에 비해 단지 내적인 경험이 부족하여 하느님을 부정하는 사람들에게는 아직 은혜를 받을 수 있는 기회가 남아 있다. 비록 그것이 현세의 삶 뒤에 이어지는 내세의 삶에서

---

*35 가톨릭의 14성인(聖人) 가운데 한 사람. 전설에 의하면 그는 나루터지기였는데, 이 세상에서 가장 위대한 주인을 찾다가 젖먹이의 모습을 한 그리스도를 그리스도인 줄 모르고 업어서 강을 건너게 해주다가 도중에 강물에서 세례를 받고 그를 따랐다고 한다.
이러므로 내가 네게 말하노니, 저의 많은 죄가 사하여졌도다. 이는 저의 사랑함이 많음이라. 사함을 받은 일이 적은 자는 적게 사랑하느니라.

허락된다 하더라도.

3월 31일

사람은 성실할 뿐만 아니라 사랑스러운 면을 지니지 않으면 안 되는데, 이런 성질은 올바른 사람에게는 가끔 뒤늦게 나타나거나 전혀 나타나지 않고 끝나는 경우도 있다. 그래서 이 세상에는 성실하지는 않아도 사랑스러운 사람이 위대한 덕의 표본 같은 인물보다 오히려 사람들의 사랑을 받는 일이 많다.

⚜

'그러므로 땅이 변하든지 산이 흔들려 바다 가운데 빠지든지 우리는 두려워 아니하리로다. 한 시내가 있어 나뉘어 흘러 하느님의 성, 곧 지극히 높으신 자의 장막의 성소를 기쁘게 하도다.'*36

이것은 하느님을 믿는 자가 다가오는 고난의 시대에 대하여 안심하는 마음이다. 그리스도교가 이러한 용기를 주지 못한다면, 아직 그 생명력을 충분히 드러내지 못하고 있는 것이다.

이것은 또 하느님 성(城)의 모습이기도 하다. (시편 87편 3절, 이사야 1장 26절, 요한복음 14장 23절, 히브리 11장 16절,*37 12장 22절) 성 아우구스티누스는 이것과는 다른 하느님의 성을 마음에 그렸는데, 그것은 세계를 지배하는 교회의 모습이었다. 신앙으로 개인적인 인도에 아직 적응하지 못한 사람들을 위해 이러한 하느님의 성(교회)이 지금까지 존재해 왔고, 앞으로도 영원히 존재할 것이다. 그 점에서 그런 사람들을 혼란에 빠뜨려서는 안 된다. 그러나 당신은 당신에게 '부탁한 일'을 기뻐하라. 디모데전서 6장 20절*38 참조.

───────────

*36 시편 46편 2·4절.
*37 저희가 이제는 더 나은 본향을 사모하니 곧 하늘에 있는 것이라. 그러므로 하느님이 저희 하느님이라 일컬음 받으심을 부끄러워 아니하시고 저희를 위하여 한 성을 예비하셨느니라.
*38 디모데야! 네게 부탁한 것을 지키고 거짓되이 일컫는 지식의 망령되고 허한 말과 변론을 피하라.

4월

4월 1일

위대한 사상은 오직 크나큰 고통으로 깊이 정화된 마음의 토양에서만 성장한다. 그런 고통을 모르는 마음에는 천박함과 범용함이 사라지지 않고 남아 있다. 아무리 의자 위에 올라서서 발돋움을 해도, 설사 그 의자가 종교적이고 과학적인, 아니면 철학적인 것이거나, 인간적인 특성의 것일지라도 소용없다. 그러나 어쩔 수 없는 경우가 아니면, 어느 누가 열매는 풍부하나 동시에 무서운 그 길에 스스로 걸어 들어갈 용기를 낼 수 있을까? 또 하느님께서 이끄는 손길이 없으면, 과연 누가 심연의 칼날처럼 좁은 가장자리를 걸어갈 수 있을까?

깊은 바닥에서

바야흐로 다가오고 있다, 거대한 파도와 처참한 죽음이
진정 너는 지옥문 앞에 왔구나.
옛사람은 단말마의 고통 속에 있고
방금 태어난 새 사람 또한 괴로운 듯 한숨 쉰다.

나의 길은 신비로운 나라로 나아간다.
아득한 저 끝자락의 무서운 곳으로
어둠에 싸인 채 형언할 수 없는 생각에 잠겨
우리는 심연의 가장자리를 나아갔다.

심판이 내려졌다. 내가 아는 것은 오직 그뿐
이 길이 눈앞이 아찔한 심연의 가장자리를 지나가기 때문이다.

세상은 이미 멀리 내 등 뒤에
나는 지금 월계관이 아니라 아픈 화살을 받았다.

가슴속 신음만이 나의 구원입니다.
구세주여, 당신에게 나를 맡기나이다.
싸움은 당신의 것, 영광 또한 당신의 것입니다.
나를 죽게 하여 당신의 생명으로 소생하게 하소서.

❉

　악과의 끊임없는 싸움은 사람들을 몹시 지치게 하여 인생을 풀 수 없는 수수께끼로 생각하게 한다. 우리가 잠시나마 휴식과 향락을 취한다면, 악은 곧바로 뭔가의 형태로 힘을 되찾아 오랜—악의 편에서는 아직 시효가 끝나지 않았으므로—그의 권리를 다시 주장하기 시작한다. 누가 뭐라 해도 악은 바로 '이 세상의 왕'으로서, 그 자리에서 쫓겨나도 여전히 지배권을 포기하려 하지 않는다. 다만 악이 지배권을 쥐려면, 인간이 자유의지로 동의해야 한다. 그리스도교 신앙의 기초인 이 자유의지의 필요성에 대한 문제가 오히려 많은 사람들에게 고통과 두려움을 준 것이다.

　그래서 사람들은 이를 막기 위한 보조수단을 생각해냈다. 이를테면 모든 악과 그 결과에서 보호받기 위해 그저 가입하기만 하면 된다는 교회나, 세상과의 접촉을 끊는 신앙생활—그러나 이것은 마음속의 독을 아직 다 토해내지 않은 하나의 도피책이다—그리고 그리스도의 속죄로 이미 의로움을 인정받았다는 교리—자신의 책임을 내팽개치고 타인에게 책임을 떠넘기려는 생각—가 그것이다. 과연 잠시나마 이런 수단으로 자유의지에 의한 끊임없는 선택과 고뇌를 피하려고 시도해 본 적이 없는 사람이 있을까?

　그러나 그런 방법에서 단호하게 눈을 돌려야 한다. 그것들은 당신을 더 높은 단계로 이끌어주지 못할 뿐 아니라 마지막에는 그것으로 인해 심판을 면할 수 없다. 실제로 당신은 그 심판에 따라 이 인생의 마지막에 당신에게 합당한 새로운 상태에 들어가는 것이며, 또 그럴 수밖에 없다.

　이와는 다른 심판이라는 개념은 옳다고 할 수 없다. 그 심판이 당신에 의해 내려지는 것이 아니라 제삼자에 의해 내려지는 것이라 해도, 고작 '이 여자는 힘을 다하여 하였느니라*¹라는 말을 들을 뿐이다. 그러나 당신이 힘을 다하고자 결심하는 정도의 일은 반드시 하지 않으면 안 된다.

그 이상은 은총의 힘에 달려 있다. 은총은 그저 결여된 것을 기계적으로 보충하는 것이 아니라, 인간 내부에서 그 결여된 것을 가능한 것, 존재하는 것으로 바꾸는 것이다. 이런 생각은 양 교파인 가톨릭과 개신교의 교리문답서와 완전히 일치한다고는 할 수 없지만, 인생의 경험과는 잘 일치한다.

4월 2일

언제나 가능한 한 어둠으로 몸을 가리고 미덕의 가면까지 쓰려는 것이 악의 술책이다. 악은 향락욕은 인색하지 않은 것이라 하고, 증오와 질투는 진리를 사랑하기 때문이라고 한다. 야심을 활동욕이라고 꾸며대고, 태만을 출세욕에 대한 혐오, 아니, 하느님의 의지에 자신을 송두리째 맡기고 있는 거라고 변호한다. 다만 이따금 대담하기 짝이 없는 철학자와 현실주의 정치가가 나타나, 진정한 악의 모습을 보여주며 '모든 가치의 전환(니체)'을 시도한다.

그러나 그와 동시에 벌써 건전한 회귀가 시작된다. 한때는 모든 선에 대한 이러한 대담한 도전에 망연자실했던 일반대중도 결국 그러한 시도를 원치 않게 된다. 그렇게 되면 악의 편에서도 한동안은 다시 가면을 쓸 수 없다. 그래서 가면은 일시적으로 벗겨지고, 사람들은 악의 추악한 모습을 있는 그대로 고스란히 목격할 수 있다. 우리는 지금 바로 그런 시대에 살고 있다. 무슨 철학이니 윤리니 하는 것으로 그리스도교를 대신하려는 모든 시도가 어차피 실패로 돌아갈 것임을 알게 되면, 그리스도교는 다시금 진정한 각성을 향해 나아가게 될 것이다.

✤

당신은 사회정책이니 평화운동, 또는 이와 비슷한 일에 너무 깊숙이 발을 들여놓아서는 안 된다. 그것은 분명 흥미롭고 칭찬할 만한 노력이기는 하지만, 그것으로 사회문제와 그 밖의 어떤 문제가 해결되는 것은 아니다. 그것으로 이 세상에 존재하는 모든 종류의 비참한 일은 조금도 줄지 않는다.

---

*1 마가복음 14장 8절.

결국 인류는 공짜보다는 많은 사랑에 의해서만, 또 누구나 그 '이웃'에서부터 시작해야만 하는 개인적이고 진정으로 강한 사랑에 의해서만 구원받을 수 있다. 이 사랑의 정신이 바로 진정한 그리스도교의 정신이며, 이것이 세상을 구원하는 것이다. 그 밖의 것은 이와 반대로 무턱대고 목소리만 높이는 헛된 노력에 지나지 않는 경우가 많다. 세상 사람들은 더 이상 잘못된 이상을 좇지 않아도 되도록 이 사실을 좀 더 분명하게 깨달아야 된다.

누가 먼저랄 것 없이 우리 한 사람 한 사람이 자신과의 관계에서 지금까지와는 완전히 다른 사고방식으로 바꾸고, 권리와 현실정책을 통해서가 아니라, 또 '크게 전체를 위해' 일하려는 생각이 아니라 진심으로 사랑을 확인하는 것에서 시작해야 한다. 사실 크게 전체를 위해 일하는 것이 세상 사람들 앞에 훨씬 큰 명예가 될 수 있겠지만, 하느님 앞이나 자신의 양심 앞에서는 그렇지 않으며, 그런다고 '세상의 왕'인 사탄의 지배가 달라지는 것도 아니다. 그래서 세상의 왕은 자신을 두려워해야 할 이유가 있어 보이는 사람들을 한 사람도 남김없이 단체와 협회와 파벌 속으로 끌어들이려고 끊임없이 안간힘을 쓰게 된다. 그렇게 하면 사람들은 그 사탄에게 더 이상 위험한 존재가 아니기 때문이다. 누가복음 10장 25~28절[*2] 참고.

4월 3일

잠언 16장 32절[*3]을 보라. 우리는 그저 자신의 감정과 기분에 따라 행동해서는 안 된다. 감정과 기분은 우리가 특별히 도와주지 않아도 저절로 존재하는 것으로, 우리의 삶 전체에 영향을 미친다. 그러나 날씨처럼 우리 힘으로 바꿀 수는 없어도 거기에 맞설 수는 있다. 그럼으로써 성격이 차츰 견고해져서 마침내 감정은 부차적인 것이 되고, 생활의 단조로움을 깨는 변화로서 도움이 될 뿐이다. 그것은 이를테면 계절과 날씨의 변화, 또는 낮과 밤의 변화 같은 것

[*2] 어떤 율법사가 일어나 예수를 시험하여 가로되 '선생님 내가 무엇을 하여야 영생을 얻으리이까?' 예수께서 이르시되 '율법에 무엇이라 기록되었으며 네가 어떻게 읽느냐?' 대답하여 가로되 '네 마음을 다하며 목숨을 다하며 힘을 다하며 뜻을 다하여 주 너의 하느님을 사랑하고, 또한 네 이웃을 네 몸과 같이 사랑하라 하였나이다.' 예수께서 이르시되 '네 대답이 옳도다. 이를 행하라. 그러면 살리라!'

[*3] 노하기를 더디 하는 자는 용사보다 낫고, 자기의 마음을 다스리는 자는 성을 빼앗는 자보다 나으니라.

이 된다.

특히 어린이는 어릴 때부터 감정에 흔들리지 않고, 감정을 조절할 수 있도록 엄격한 교육을 받아야 한다. 어린이의 기분에 맞춰 조금도 양보해서는 안 되며, 그것을 심각하게 받아들여도 안 된다. 그렇지 않으면, 오늘날 흔히 볼 수 있는 쓸모없는 불행한 인간이 되고 만다.

그러나 이렇게 하면, 이사야 제25장, 제61장 및 보헤미아 형제단 찬송가 732번에 있는 일정하고 지속적인 기분이 일어난다.

마음속의 악과 세속적인 것은 우리가 강하게 선을 원하면 잠시 뒤로 물러선다. 그러나 이는 훗날을 위해 공격의 손길을 숨겼을 뿐, 우리가 지치거나 내적인 성공을 확신하고 기뻐서 마음을 늦추기라도 하면, 곧 다시 공격해 들어온다. 그런 때 악은 늘 실패를 만회하기 위해 안간힘을 쓰는데, 그것이 자주 성공을 거둔다.

⚜

인생에서 무엇이 가장 어려운지 알고 싶은가? 본디 이 물음에 대해서는 개인적인 대답밖에 얻을 수 없다. 그러나 일반적인 대답을 한다면 이렇게 말할 수 있으리라. 즉, '하느님으로부터 멀어지는 것이 바로 가장 어려운 것'이다. 그러나 이것도 모든 사람이 똑같이 느끼는 것은 아니다.

나에게 가장 어려웠던 것은 욕심을 극복하는 것도, 넓은 의미에서 자신의 감각과 감정에 대한 집착을 극복하는 것도, 또 신앙 문제도, 인간에 대한 체념이나 그들의 좋은 평판을 단념하는 것도 아니었다. 그런 일들은 나에게는 오히려 너무 쉬웠으며—그것이 오히려 내 결점이기도 했지만—가장 어려운 것은 인내였다. 인간의 가장 좋은 성질은 인내심을 가지고 천천히 성장하는 것인데, 이는 악과 이기심은 좀처럼 쉽게 물러가지 않기 때문이다. 그래서 우리는 인간을 상대로 그들의 진보를 도와주고자 할 때, 거의 초인적인 인내심을 가지지 않으면 안 되는 것이다.

4월 4일

누구든지 일시적으로 신앙의 동요에서 완전히 벗어날 수는 없다. 그렇지 않다면 '믿는다'고 말할 수 없을 것이다. 그러나 신앙상의 경험을 거듭하는 사이 신앙은 차츰 지식이 되어간다. 그러므로 사도 베드로는 다음과 같은 참으로 옳은 말을 했다. '우리는 우리가 알고, 본 것에 대해서만 말한다. 다만 공교히 만든 이야기를 좇은 것은 아니었다.'*4

현대에도 복음 설교자는 자신에 대해 이와 같이 말할 수 있어야 한다. 그것이 불가능하면 그의 설교는 쓸모없는 것이 된다.

바그너의 아름다운 오페라를 통해 우리에게 더욱 친숙해진 로엔그린의 전설은 이 점을 사람에게 잘 이해하게 해준다.

인류의 진정한 구세주는 그 독자적인 정신적 본질을 갖추고 미지의 나라에서 찾아온다. 따라서 많든 적든 어딘가 이상한 데가 있다. 동시에 그는 '어둠과 고통'에서 오는 것이 아니라 '빛과 기쁨'에서 찾아온다. 사람들은 그를 접하면, 먼저 그 구세주가 새로운 생명 속에 잠겨 있음을 틀림없이 느낄 것이다. 오늘날의 예언자에게서 볼 수 있듯, 그저 인간의 고통을 탄식하는 노래와 그 묘사, 또는 자연과학과 사회주의의 단순한 대결, 그것도 극히 힘없는 대결로는 사람들에게 조금도 감명을 줄 수 없고, 애초에 예언자라는 이름에 걸맞은 것도 아니다.

⚜

하느님을 외면하는 자가 이 세상에서 벌을 받지 않는다고 너무 개탄할 필요는 없다. 사랑이 없는 영혼이 하느님에게 버림받고 어둠 속에서 살아야 하는 것은 숙명이며, 그것은 외적인 형벌과 비할 수 없을 만큼 엄격하다.

"그렇다. 그러나 벌을 받은 자는 그렇게 느끼지 않는다."

내 경험에 의하면, 그것을 느끼지 못하는 것은 일부 사람들의 경우뿐이다. 그렇지 않다면, 그들이 그토록 무모하게 오락과 자극과 기분전환을 추구하다가 끝내 술과 모르핀에까지 손을 대며 고통을 잊으려 하지는 않을 것이기 때문이다.

뭐든지 고귀하고 호화로운 것만 찬미할 만큼 무지하지 않다면, 하느님을 외면하는 사람은 자신의 비참함을 더욱 확실하게 느낄 것이다. 따라서 하느님을

---

*4 베드로후서 1장 16절 참조.

외면하는 이들은, 언제나 비교적 어수룩한 사람들이 자신들에게 경탄하는 것에 힘입어 기운을 조금 회복할 뿐이다. 악인이 떨어지는 지옥은 언젠가 그들이 그곳에 가보면, 그저 그들과 같은 나쁜 무리밖에 없을 것이다. 이 사실은 그 악인들에게도 고통이 아닐 수 없다. 이 세상에서 악의 힘이 강한 것은 바로 무슨 일에나 우유부단한 사람들의 공포심과 불신을 토대로 하고 있기 때문이다.

4월 5일

아무리 올곧은 사람이라도 평생에 한번은 '죄인의 한 사람'에 들기 마련이다.*5 그렇지 않다면 좋은 징조라고 할 수 없다. 이런 경우 하느님을 위안으로 삼는다면, 다시 말해 모든 인간의 비판을 훨씬 넘어 힘을 주는 하느님의 위안과 그 위안을 확신하는 데서 생기는 깨끗한 양심—진정으로 깨끗한 양심은 오직 이것뿐이다—이 주어진다면, 세상 사람들의 비판도 쉽게 극복할 수 있어서 그것도 생각했던 것처럼 나쁘거나 위험한 것이 아님을 깨닫게 될 것이다.

사람은 이러한 경험을 거침으로써 비로소 용기 있는 인간이 되고, 하느님께서 자신의 싸움에 이용할 수 있게 된다. 그때까지는 모든 사람이 다 겁쟁이여서 막상 필요할 때 하느님의 편에 서는 것을 두려워한다.

⚜

진정한 우리 구세주 예수 그리스도는
우리의 고난을 짐 지셨나니
병든 자의 마음을 헤아리시므로
누구도 절망해서는 안 된다.

이것은 진실이며, 모든 고난에 좋은 위안이 되어준다. 고난에 처했을 때, 그리스도는 실제로 그분이 스스로에 대해 말했던 그대로임이 드러났다. 그는 특별한 분이며, 그 '본성'은 결코 '설명할 수 없는' 것이다. 누가복음 10장 22절*6

---

*5 마가복음 15장 28절.
*6 내 아버지께서 모든 것을 내게 주셨으니, 아버지 외에는 아들이 누군지 아는 자가 없고, 아들과 또 아들의 소원대로 계시를 받는 자 외에는 아버지가 누군지 아는 자가 없나이다.

을 보라.

만약 그리스도가 단지 2000년 전에 살다 죽은 한 고귀한 인간에 지나지 않았다면, 분명히 몇 가지 훌륭한 삶의 원리를 남기기는 했겠지만, 당시와 다른 환경 아래에서 그 원리를 지켜나가는 힘을 주거나 그의 가르침으로 인해 이 세상과의 싸움에 빠졌을 때 우리에게 위안을 줄 수는 없었을 것이다. 이 점에서 보아도 순수하게 이론적인 유니테어리언주의에는 인간이 필요를 느끼고 종교에서 구하지 않을 수 없는 것, 즉 초자연적인 힘과 구원이 결여되어 있다. 마태복음 11장 28~30절*7 참고.

4월 6일

오늘날 인간사회에서 가장 필요한 것은 아마 진실을 볼 줄 아는 본능일 것이다. 이 본능은 무수한 조직과 단체, 당파, 선동, 문학적·정치적 조류, 또는 종교 단체와 종파에 휩쓸리지 않기 위해서도 필요하다. 이들의 움직임은 날마다 교양인들을 덮치지만, 진정한 생명을 가진 것은 그중 극히 일부에 지나지 않는다. 대부분은 참으로 덧없는 존재이고, 취지서와 연보를 몇 가지 내는 듯하다가 이듬해에는 벌써 사라지고 없거나, 믿을 수 없는 수많은 작은 분파로 갈라진다. 이런 것들로부터는 가능한 한 멀리 떨어져 있는 것이 좋다.

현대의 가장 큰 문제는 아니더라도 적어도 가장 현실적인 문제라고 할 수 있는 사회주의는 내적으로 진정한 그리스도교에 의해서만 극복할 수 있다. 그 밖의 대책은 선량한 사람들의 자기 기만에 지나지 않는다. 오늘날 일부 사람들이 몽상하고 있는 사회주의 국가가 아무리 넓은 범위에 걸쳐 실현된다 해도, 사람들을 만족시키지는 못할 것이다.

무언가 인도적인 사업에 종사하며 당신의 삶을 헛되이 하고 싶지 않다면, 진정한 그리스도교로 나아가 이에 반대하는 다양한 편견을 극복하는 데 힘이 되는 것이 낫다.

"먼저 인간을 개조하라. 그러면 인간의 환경은 저절로 변화한다."

그러나 지금은 사회주의의 성실하고 선량한 지도자들까지 그리스도교에 반

---

*7 수고하고 무거운 짐 진 자들아! 다 내게로 오라. 내가 너희를 쉬게 하리라. 나는 마음이 온유하고 겸손하니 나의 멍에를 메고 내게 배우라. 그러면 너희 마음이 쉼을 얻으리니, 이는 내 멍에는 쉽고 내 짐은 가벼움이라 하시니라.

감을 품는데, 이는 그들이 대부분 진정한 그리스도교를 모르고 있기 때문이다. 또 '그리스도교적' 사회주의의 시도도 지금까지 충분한 성과를 올리지 못하고 있다. 다만 구세군만이 예외로 어느 정도 좋은 면을 가지고 있다.

✤

그리스도교에 마음을 주는 교양인은 누구나 처음에는 특히 파커와 에머슨으로 대표되는 유니테어리언주의에 기울어지기 쉽다. 나는 매우 젊은 시절에 이 신앙의 사도로 등장했던 한 젊은 미국인 부부의 모습을 보고, 단호하게 이 신앙에서 멀어지고 말았다. 뿐만 아니라 교양 있는 가톨릭 신자 가운데에도 근본적으로 우리 그리스도교보다 유니테어리언주의에 가까운 사람들이 있다. 마찬가지로 여러 종류의 철학적인 사람들과 범신론자들도 이 교의에 친밀감을 느낄지 모른다.

그러나 유니테어리언주의는 결코 그리스도교가 아니다. 이 가르침에 반대하여 전통적인 교회가 삼위일체설을 주창하는 것은 아주 정당하다. 다만 교회는 설명할 수 없는 것을 억지로 설명하려는 딱딱한 교리적 형식 때문에 신자들 대부분을 두려움에 빠지게 하고, 그로 인해 교회에서 멀어지게 하고 말았다. 그러나 세상 사람들이 유물론에서 그리스도교로 복귀하려고 노력할 때가 오면, 바로 이 문제가 새롭게 대두할 것이다.

어떤 문제에 대해 실제적이거나 표면적으로 완전해 보이는 설명을 발견했다고 여겨질 때, 그것으로 문제가 '해결되었다'고 말하는데, 이 그리스도교의 근본 문제는 그런 의미에서는 결코 '해결될' 수 없다. 그뿐 아니라 유니테어리언파와 그 밖의 다른 개혁자들이 원하는 그리스도로는 가련한 인류 전체에도, 개인의 영혼의 요구에도 아무런 도움이 되지 않으며, 또 그런 그리스도에 의해서는 애초에 그리스도교라는 것이 창시될 수 없다는 생각이 강한 확신이 되어 영원토록 마음에 남아 있다. 따라서 우리가 끝까지 구세주 곁에 머물러 교리론을 문제로 다루는 한, 삼위일체설을 굳게 지킬 것이다. 누가복음 9장 60절, 10장 21절*8 참조.

---

*8 가라사대 '죽은 자들로 자기의 죽은 자들을 장사하게 하고, 너는 가서 하느님의 나라를 전파하라.'하시고 이때에 예수께서 성령으로 기뻐하사 가라사대 '천지의 주재이신 아버지여! 이것을 지혜롭고 슬기 있는 자들에게는 숨기시고, 어린아이들에게는 나타내심을 감사하나

4월 7일

사후에도 그 인품에 대한 인상을 오래도록 남기는 사람은 매우 드물다. 대부분의 사람들은 아무리 중요한 지위에 있었더라도 몇 년이 안 되어 잊혀지고 만다. 마음에 가장 오래 남는 것은 그 사람의 성실함에 대한 추억이며, 여성의 경우는 더할 나위 없이 부드러운 사랑에 대한 추억이다.

⚜

그리스도교에 대한 확신이 일단 어느 단계에 다다르면, 교리론 연구 같은 것은 그다지 도움이 되지 않는다. 이때 하느님이 그것을 원하신다면, 초감각적인 생명에 대한 여러 가지 어려운 문제에 대해 한순간에 또렷한 해답을 주실 것이다. 그것은 수많은 서적에서 얻을 수 있는 해답을 능가한다. 그런 책의 저자는 대부분 스스로 확고한 신념을 가져야 하는 데도 아마 가지지 못했을 것이다.

4월 7일(그리스도 수난일을 위하여)

'지금 내 마음이 민망하니 무슨 말을 하리요. 아버지여, 나를 구원하여 이때를 면하게 하여 주옵소서.'[9]

이 또한 '주기도'이고, 특별히 '주기도'라 불리는 마태복음 6장 9~13절보다 깊은 슬픔에 빠졌을 때는 훨씬 더 우리에게 도움이 될 때가 많다. 이 기도는 또 그 상황에서 사람이 어떻게 행동해야 하는지 가르쳐준다. 즉 슬픔을 혼자 마음속에 품고 있어서는 안 되고, 그 슬픔에 대해 사람의 힘이 아니라 하느님의 도움을 구해야 한다는 것, 마지막으로 이 괴로운 상태는 '일시적인' 것이지 영원히 계속되는 것이 아니며, 그것은 하느님에 의해 한순간에 바뀔 수 있을 뿐만 아니라 그 목적을 이루고 나면 틀림없이 그 자리에서 바뀌는 것임을 가르치고 있다. 이 마지막 일은 바로 그 뒤에 이어지는 그리스도의 말, '그러나 내가 이를 위하여 이때에 왔나이다'[10]가 의미하는 것 같다. 하기는 이 말은 아마 그리스도의 말을 정확하게 전한 것이 아닐지도 모른다는 생각이 든다. 그렇

이다. 옳소이다. 이렇게 된 것이 아버지의 뜻이니이다.'

[9] 요한복음 12장 27절.

[10] 요한복음 12장 27절.

기 때문에 요한복음의 마지막 절*¹¹에서 다음과 같이 부언한 것이 아닐까?

4월 8일

'너를 위하여 새긴 우상을 만들지 말고 아무 형상이든지 만들지 말라.'*¹²
이 말은 하느님과 닮은 모습을 한 지상의 인간에게도 적용되지 않을까? 따라서 모든 조상, 사진, 자서전 같은 것도 이에 포함되는 것이 아닐까? 어쨌든 이런 것들은 먼저 인간의 허영심을 부추긴다. 가장 중요한 인물, 이를테면 아브라함, 모세, 사도들—그리스도는 말할 것도 없고—에 대해 우리는 그들의 인품을 나타내는 어떠한 상도 가지고 있지 않다. 이것은 아마 그들에게는 이점으로 작용했을지도 모른다. 왜냐하면 오늘날에도 인간에 대한 우리의 관념은 그 사람의 초상과 전기로 높아지기는커녕 낮아지는 것이 보통이기 때문이다.

❋

"오직 하느님만이 위대하나니, 내 형제들이여!"
이것은 생전에 즐겨 '대왕'이라 불리고 싶어했던 프랑스의 루이 14세에 대한 조의를 나타내는 말의 서두이다. 이 말이 실제로 다른 사람에게 확신을 줄 수 있다면, 하느님 이외의 큰 힘, 바로 그릇되게 계산에 넣어 생각하는 현대의 정치적 사회적 견해를 모조리 바꿔놓을 것이다. 당신은 가능한 한 그런 잘못된 견해에서 자유로워야 한다. 이른바 일반적인 교양과는 반대로 진정한 교양의 기초는 바로 그 점에 있다.

4월 9일

당신의 신상에 갑자기 해로운 일이 닥친다면, 이를 막기 위해 먼저 상식적으로 할 수 있는 일부터 하는 것이 좋다. 다음에는 정신적으로, 또는 그것으로 마음이 편해진다면 육체적으로도 주 앞에 몸을 던지고 요한복음 15장 7절*¹³

＊11 21장 25절. 각주시작^예수의 행하신 일이 이외에도 많으니 만일 낱낱이 기록된다면 이 세상이라도 이 기록된 책을 두기에 부족할 줄 아노라.

＊12 출애굽기 20장 4절.

＊13 너희가 내 안에 거하고 내 말이 너희 안에 거하면 무엇이든지 원하는 대로 구하라. 그리하면 이루리라.

이나 16장 24절*14을 외우면서 바르게 통찰할 수 있는 힘을 주시기를 기도하고, 또 진정 어느 것이 필요한지를 기도하며 인내력이나 하느님의 도움을 청하는 것이 좋다.

그런 뒤에는 다시 평온한 마음으로 일상으로 돌아가, 헛되고 무익한 마음의 고통에서 벗어나야 한다.

✤

이따금 갑자기 모든 종교가 단순한 환상에 지나지 않는다는 생각이 들 때가 있더라도, 그 때문에 신앙의 길에 두려움을 품고 걸음을 멈춰서는 안 된다. 내가 아는 바로는 그런 생각은 인류의 정신적 투쟁과 경험에 대해 상세한 지식을 가지고 있는 교양이 높은 사람이라면 누구나 겪는 일이다.

교회가 유지되고 있는 것도 역사와 철학, 윤리학, 교육학 등이 아직 논의의 여지가 많은 데다, 이미 어느 만큼 진보한 인간에게는 초감각적인 것에 대한 요구가 깊이 들어 있어 그것을 근절할 수도, 다른 것으로 채울 수도 없다는 사실을 사람들이 끊임없이 새롭게 간파하고 있기 때문이다.

이것을 부정하는 사람들은 그들이 아무리 교양이 풍부하더라도 동물적인 성질이 그들을 차츰 지배하게 될 것이다. 때로는 세련된 형태로, 때로는 거친 형태로 말이다. 그러나 우리는 이것만은 원하지 않는다. 그것은 우리가 이 동물적인 성질을 극복하고 더 높은 존재로 나아가고자 하는 삶의 목적을 소홀히 하지 않기 때문이다.

4월 10일

선에 대한 태만은 큰 결점이다. 아마 모든 결점 가운데 가장 큰 것일지도 모른다. 그럼에도 자신이나 남이 지닌 이 결점을 그리 중시하지 않는 사람이 많다. 이 결점은 소극적인 것이며, 남이 쉽게 눈치 챌 수 없는 것이기 때문이다.

일반적으로 우리는 선한 행위를 할 수 있는 기회를 피하려 하는데, 정말 현명한 사람이라면 오히려 가능한 한 그 기회를 원할 것이다. 그래서 우리는 천국을 끝없이 선을 실천할 수 있는 기회와 그것을 이룰 수 있는 한없는 힘과 의

---

*14 지금까지는 너희가 내 이름으로 아무것도 구하지 아니하였으나 구하라. 그리하면 받으리니 너희 기쁨이 충만하리라.

욕을 주는 곳이라고 생각한다. 그렇지 않은 천국이란 적어도 생각할 줄 아는 인간에게 어울리는 곳이라고는 할 수 없다. 우리가 이따금 느끼는 안식에 대한 욕망은 우리 삶 전체, 더욱이 영원한 삶은 더더욱 채워주지 못한다. 그것은 오로지 한순간의 감정일 뿐이다.

이와 반대로 눈앞에 선을 실천할 수 있는 기회가 없고, 또 그럴 의욕도 능력도 없는 상태는 이미 이 세상에서의 지옥이다. 대부분의 사람들은 더 나은 삶을 살 수 있는데도 하는 일 없이 시간을 보내고 있다. 학개 1장 6~8절, 2장 4~9절 참조.

금전적으로 늘 안락한 생활을 하고 싶다면, 아무리 적은 액수라도 수입의 일정한 비율을 선행을 위해 쓰는 것부터 시작해야 한다. 이것은 누구에게나 가능한 일이고, 그것 때문에 그만큼 가난해질 거라고 생각한다면 큰 착각이다. 실제로는 오히려 그 반대이다. 그런데 한편으로는 그만한 수고조차 싫어할 만큼 게으른 부자들이 많이 있다. 그들은 자신에게 남아도는 돈의 일부를 깊이 생각하지도 않고 무성의하게 무슨 단체니 시설 같은 곳에 기부하고, 그것으로 큰 선행을 했다고 생각한다. 이것은 완전한 속임수로, 그야말로 고린도전서 13장 3절*15에서 사도 바울이 한 말에 해당하는 것이다.

사실 오늘날에는 누구에게도 고대와 중세의 유명한 이야기에서 때때로 보았던 나눔, 즉 전 재산을 가난한 사람들에게 베푸는 것을 권할 수 없는 실정이다. 그보다는 재산을 잘 보존하고 관리하여, 그 수입을 하느님의 뜻에 따라 써야 한다. 만약 직접 그런 일을 하는 것이 서툴다면, 믿을 만한 사람을 찾아 그 일을 대신하게 하면 된다. 모든 부자가 많든 적든 이런 자세로 살아간다면, 세상은 지금보다 훨씬 좋아질 것이고, 그 부자도 현재보다 더 행복해질 것이다.

✤

보편적인 인간애는 거의 중립적인 성격을 띠고 있는 것으로 '평화의 시대에는 매우 훌륭하고 명백한 것'(나폴레옹 3세의 말)이다. 우리는 영혼의 폭풍 속에서도 이러한 사랑을 보존할 수 있어야 한다.

---

*15 내가 내게 있는 모든 것으로 구제하고, 또 내 몸을 불사르게 내어 줄지라도, 사랑이 없으면 내게 아무 유익이 없느니라.

4월 11일

허영심을 물리칠 수 있는 가장 좋은 방법은 허영심을 경멸하는 오만이다. 그러나 오만은 허영심보다 훨씬 더 위험해서 오직 하느님 곁에 있음으로써만 막을 수 있다. 하느님의 얼굴 앞에서는 모든 인간적인 의의가 소멸되고, 인간적인 차별도 차츰 사라져 하찮은 것이 되어버린다.

세상 사람들이 상대를 가장 칭찬하고 싶은 기분이 드는 것은 남들의 칭찬을 원하지 않고, 그렇다고 그것을 경멸하지도 않으며, 허영심이 없고, 침착하고 확고한 자각을 지닌 사람을 만났을 때이다. 칭찬을 재촉하거나 경멸하는 행동 모두 사람들의 반감을 사거나 칭찬하고 싶은 마음을 멀어지게 한다.

수양을 통해 겸손의 덕을 어느 만큼 갖춘 사람은 명예로운 표창을 사양하지만, 속으로는 또한 기쁘게 생각하고, 그 표창이 주어지지 않을 때는 서운하게 여긴다. 더 겸손한 사람은 자신의 진정한 행복을 지키려는 조심스러운 마음에서 그것을 피한다. 더욱 겸손한 사람은 그런 것에는 이미 마음이 흔들리지 않기 때문에 정말로 무관심하다.

자신의 명예로운 행위가 세상에 알려지기를 기대하면서 그것을 사양하는 사람은 겸손하다고 할 수 없다. 그들은 대부분 그런 저의를 세상 사람들이 눈치채지 못할 거라는 안이한 생각을 하고 있다.

⚜

만약 이 책 속에 요한복음 14장 17절에 나온 '진리의 영'으로 채워지고 계시된 것이 아니라고 생각되는 부분이 있다면, 그것을 사정없이 삭제해도 무방하다. '그러나 그 밖의 것은 그대로 남겨두되, 그것에 대해 감사해서는 안 된다(루터의 찬송가).' 당신은 한동안 시간을 둔 뒤, 다시 한 번 그것을 읽고 깊이 생각해보기 바란다.

4월 12일

타인으로부터 당한 부정과 박해와 굴욕은 때로는 스스로가 성장하는 데 필요하다. 그러나 하느님과 평화로운 관계를 맺고 있는 사람은 마지막에는 이사야 60장 14·15절, 32장 17·18절 및 33장 22·23절에 기록된 것을 경험하게 될 것이다. 원칙적으로 말하면, 타인의 행동에 대해서 침묵을 지키는 것이 가장 좋은 대책이다. 그렇게 하면 모욕을 주는 사람들 가운데 그나마 나은 자들은 이쪽에서 하고 싶은 말을 스스로에게 더욱 엄하게 얘기하겠지만, 이쪽이 대응하면, 그들은 자신의 행위에 대한 구실을 찾아낼 것이기 때문이다.

세상에서 흔히 볼 수 있듯 속으로 질투심을 품은 자에게는 자꾸자꾸 선의를 보여주는 것이 그들의 공격을 막을 수 있는 가장 좋은 방법이다. 그러면 그들은 결국 자신의 칼 위에 쓰러지거나, 적어도 얌전하게 물러갈 것이다. 마치 욥기의 악마가 온갖 음모가 수포로 돌아간 것을 보고 완전히 자취를 감춘 것처럼.

그러나 그들의 비판에 전혀 아랑곳하지 않으면, 단 한 가지 피할 수 없는 일이 있다. 그것은 오만하게 보이는 일이다. 때로는 거기에서 진리를 찾을 수 있다.

❦

선한 충동에 무조건 따르는 습관은 낙원에 이르는 가장 빠른 지름길이다.

4월 13일

인간의 삶에는 때로 안개처럼 한없이 층을 이루며 하느님을 에워싸고 있는 장애물을 뚫고, 영혼이 하느님에게 다가가는 순간이 있다. 그런 때는 종교가 그저 어설픈 상징에 지나지 않는 것 같은 기분이 들고, 모든 신념과 의식(儀式)이 참으로 인간적인 것으로 보인다. 그런 것들이 하느님의 마음에는 물론 인간의 가능성과 본질적인 사명과도 전혀 어울리지 않는 것이라는 생각이 드는 건 어쩔 수 없다.

하지만 그렇다 해도, 현실 속의 그리스도교가 진정한 하느님을 외적으로 실감할 수 있게 교리화한 최선인 것 또한 사실이다. 실제로 지금까지 있어 왔고 또 앞으로도 있을 하느님에 대한 어떠한 다른 표현도 아마 이것을 능가하지는 못할 것이다.

❦

초대 그리스도교 시대—일반적으로 말해, 그 시대는 지금보다 좋지는 않았다—에 나타난 영적 능력이 지금도 존재할 수 있다는 것은 부정할 수 없는 사실이다. 만약 현재 그 영적 능력이 존재하지 않는다면, 그 책임은 무조건 우리에게 있다. 그러나 육감이나 '투시력'이라는 것도 있어서, 일반적으로는 눈에 보이지 않고 귀에 들리지 않는 것을 그런 능력 있는 사람들이 때때로 지각하는 일이 있다. 그러나 그런 일이 자주 일어나는 것은 신경성 질병이며, 또 누군가가 그런 사실을 함부로 퍼뜨린다면 아마 뭔가 좋지 않은 의도가 있어서일 것이다. 어쨌든 이 능력은 매우 신중하게 다루어야 하는 것으로, 영적 능력이 인간의 자유로운 의지를 오랫동안 억압하는 힘이 되어서는 안 된다.

타보르 산 위에서 사도들이 본 것*16도 그런 식으로 설명해야 하지만, 그리스도의 부활에 대해서는 그렇게 설명할 수 없다. 그것에 대해서는 너무 깊이 파고들지 않는 것이 좋다.

인간이 경험할 수 있는 최선의 일은 투시 같은 것이 아니라 하느님 곁에 있다는 느낌이며, 이것은 그러한 초자연적인 능력과는 아무 상관이 없다.

'그러나 이 초감각적인 것에 어느 정도까지 관계해도 되는지, 아니면 완전히 피해야 하는지 알려면 어떻게 해야 하는가'

이 문제는 상식만으로는 해결할 수 없다. 왜냐하면 그렇게 되면 결국 부정할 수 없는 것, 또 성서에 기록되어 있는 수많은 것도 부정하게 되기 때문이다. 그러나 내 경험에 의하면, 인간에게는 본능적인 감각이 있는데, 이 감각은 혐오의 형태로—이를테면 너무 많은 음식이나 해로운 음식을 거부하는 것처럼—쓸데없는 사유의 영역에 더 이상 들어가지 않도록 경고한다. 우리는 이 희미한 경고에 주의 깊게 마음의 문을 열어두지 않으면 안 된다. 왜냐하면 사람은 정신적으로 건전하지 않은 것에도 익숙해지기 쉬워, 자칫하면 그 건전하지 않은 것을 없어서는 안 되는 것으로 잘못 생각할 수도 있기 때문이다. 아주 가까운 장래에 그런 일이 많은 사람들에게 일어날 것이다.

4월 14일

'위대한 일을 이룩하는 것은 오직 그것 말고는 할 일이 없는 사람이다.' 이 말 또한 진실이다. 그러므로 우리는 가끔 이렇게 '그것 말고 할 일이 없는' 상태에 몸을 두지 않으면 안 된다. 다시 말해 미리 잘 생각한 뒤에 어떤 일을 이루

---

*16 마태복음 17장 1절 이하. 그리스도가 높은 산 위에서 갑자기 변형한 일을 가리킨다.

어야 하고, 또 이루어져야 한다는 것이 명백해지면, 단호하게 실행으로 옮겨야 한다. 왜냐하면 인생에서 가장 위대한 순간이 지나면 자칫하면 후회와 본디의 일상으로 돌아가고 싶은 기분이 생기기 쉽기 때문이다. 이 기분은 하나의 반작용으로 움직일 수 없는 사실과 부딪히면 마치 댐에 부딪치듯 부서지지 않을 수 없다. 그리하여 마침내 승리를 쟁취하게 되는데, 실제로 그런 우여곡절을 거치면서 이루어야 할 일이 오히려 매우 쉬운 것이 될 수 있다.

❧

현실적으로 당신이 그렇듯, 지금 존재하는 것이 머지않아 영원히 소멸한다는 것을 믿을 수 있는가? 나는 믿을 수 없다. 어느 누구도 그렇게 믿지 않을 것이다. 다만 그렇게 죽음의 암흑 속에 들어서는 것을 무력하고도 소극적으로 감수할 뿐이다. 그리고 가능한 한 그런 생각을 멀리하고, 가능하면 그것에 대해 말하지 않으려고 노력한다.

4월 15일

오늘날에는 아무도 남을 위해 봉사하는 것을 원하지 않고 먼저는 하느님에게서, 다음에는 도덕적인 세계질서로부터, 그리고 차례차례로 국가질서로부터, 교회와 가족이라는 유대로부터 자유롭기를 원한다. 그러나 그 자유를 어느 정도 이루면, 다음에는 공허감이나 천박한 향락욕, 또는 어두운 염세주의에 빠져 결국 파괴욕으로까지 발전할 때가 있다.

사실은 이와 반대로 먼저 자신에게서, 자신의 기분과 습관에서 자유로워지는 것부터 시작하여 다음에는 스스로 나아가 하느님과 지상에서의 하느님 사업에 봉사해야 할 것이다. 이것이 곧 행복으로 가는 길이다.

더 이상 자신을 개선하는 데 사로잡히지 말고, 타인의 행복을 위해 자신을 바치라는 명령을 받게 되면, 그 사람은 이미 인생학교의 최상급생이 된 것이다. 우리가 상상하는 미래의 삶이 바로 이런 것이 아닐까?

성취
(로마서 6장 22절, 요한복음 7장 38절, 단테 《신곡》 연옥편 제28, 29곡)

힘겹고 험준한 오솔길, 수많은 성상의 불안한 여행이여
마침내 너를 다 올랐구나.
그리스도의 피의 은총을 내 몸에 경험하지 않았더라면
나는 벌써 발길을 돌렸을 것이다.

그래, 피에는 피다. 지옥은 나를 놓아주지 않고
이 세상도 제 먹잇감을 쉽사리 내놓지 않는다.
몸값은 감당할 수 없을 만큼 높다.
이런데 누가 자유를 얻을 수 있으리.

진정한 자유의 대가는 자유로운 죽음이다.
너는 몸을 바쳐 하느님의 종이 되어야 한다.
그 보상은 여기서는 나날의 빵이며
그곳에서는 영원한 영혼과 생명이다.

그리하여 너는 멍에를 지고 있으면서도 자유
강한 사랑의 끈에 묶여 있다.
생각도 할 수 없는 길이지만 그래도
인생의 행복과 목적을 발견했다.

이제 길은 완만하게 뻗은 환한 언덕길
어떠한 의심도 지나간 순간도 네 걸음을 막지는 못하리.
험준한 길도 깊은 못도 두렵지 않고
너의 목표를 가로막는 안개도 없다.

태양은 넘칠 듯 화려하게 떠올라
기쁨의 빛으로 너를 비춘다.
오, 주여, 구세주여! 당신께 감사하나이다
그 옛날 저를 위해 피 흘리신 것을.

당신의 사명은 마침내 이루어졌나이다.
제 마음은 송두리째 당신 것입니다.
스스로 택하여 제 마음을 바쳤사오니
은총의 행위를 쉬지 마시고, 오직 뜻하시는 대로
저에게 이 세상에서의 시간을 끝내게 해주소서.

진리와 힘이라는 불의 성령이
지금 이 빈 그릇에 채워지기를
이 불의 성령의 일터에서 만들어진 것이
전 인류 위에 넘치기를.

✤

그리스도의 수난사는 그리스도의 부활에 대한 믿음이 없다면 견딜 수 없는 것이다. 적어도 나 같으면, 그것 때문에 염세주의나 인간혐오에 빠졌을 것이다. 그런데 참으로 많은 그리스도인들이 이에 대해 무관심한 태도를 태연하게 고수하고 있다.

4월 16일

회의가 고개를 쳐들어 유혹하면 언제나 논리가 아니라 신앙으로 극복되어야 한다. 지성 같은 것은 아무 소용없다. 그렇게 하여 의혹이 사라지고 나면, 마태복음 3장 17절*[17]에 나오는 천상의 소리가 여운처럼 영혼에 울려 퍼진다. 만약 우리에게 더 많은 용기가 있다면, 그런 것을 경험할 수 있는 기회를 오히려 기뻐할 것이다. 그러나 회의가 너무 자주 일어나면 그 기회는 찾아오지 않게 된다. 더 이상 목적이 없기 때문이다. 하느님은 그저 쾌락을 위해 이러한 기쁨을 주시지는 않는다.

✤

모든 사람을 사랑하기란 그리스도에 대한 사랑이 없으면 불가능하다. 이제

---

*17 하늘로서 소리가 있어 말씀하시되, '이는 내 사랑하는 아들이요 내 기뻐하는 자라.'

와서 새삼스레 시도해볼 것도 없다. 그런 시도로는 헛된 푸념 말고는 아무것도 나오지 않는다. 그리고 만약 진실을 사랑하는 사람이라면, 결국 인간 혐오나 오만한 엘리트 의식에 빠질 뿐이다.

4월 17일

참됨과 선함을 건강에 좋은 것으로 느끼고, 반대로 거짓과 악, 그리고 불순이 아무리 아름다운 모습을 하고 있다 해도 부자연스럽고 건강하지 못한 것으로 느끼게 된다면 비로소 인간으로서 마땅한 모습, 나아가 최고의 경지에 오른 것이다. 그 전까지는 아무리 훌륭한 원칙을 세우고 살아도 악의 영향 아래 있다고 할 수 있다. 유대인들에게는 이치에 맞지 않는다고 해석되는 그리스도의 말 요한복음 6장 53~56절*18은 바로 이것을 의미하고 있다. '육체가 모든 것의 마지막이다'라는 독일의 한 신비주의자의 난해한 말도 이와 같은 의미로 받아들이면 이해할 수 있을 것이다.

독(毒)

밝은 봄이 골짜기로 올라왔다.
겨울은 가버렸다.
산 위의 목장은 곳곳마다
선명한 초록빛.

하늘은 푸른색으로 부드럽게 빛나고
태양은 다정하게 비춰주고
조금 전까지 잿빛이었던 세상이
오늘은 이렇게 기쁨으로 넘친다.

---

*18 예수께서 이르시되 '내가 진실로 진실로 너희에게 이르노니, 인자의 살을 먹지 아니하고, 인자의 피를 마시지 아니하면, 너희 속에 생명이 없느니라. 내 살을 먹고 내 피를 마시는 자는 영생을 가졌고, 마지막 날에 내가 그를 다시 살리리니, 내 살은 참된 양식이요, 내 피는 참된 음료로다. 내 살을 먹고 내 피를 마시는 자는 내 안에 거하고 나도 그 안에 거하나니.'

늙은 병꽃나무 어린 가지에서
새싹이 움튼다.
아, 늙은 마음이여, 놀랍게도
너도 아직 생기발랄함을 잃지 않았구나.

⚜

　육체적 원인 때문에 기력이 떨어졌다고 느끼거나 우울할 때—내적으로 진보한 사람들이라도 정신이 육체에 속박되어 있는 한 일어날 수 있는 일이다—그런 상태를 실제 이상으로 심각하게 여겨서는 안 된다. 육체는 그 자신을 위해 있는 것이 아니며, 정신을 위해 유지되어야 하는 기계이다. 따라서 육체 때문에 필요 이상으로 마음을 소모하거나 단순히 '건강만을 위해 사는 것', 또는 모든 것을 제쳐두고 건강만 염려하는 것은 정신적인 인간에게 어울리지 않는 일이다. 건강만 염려하는 것은 중병에 걸렸을 때만 허락된다. 그러나 그런 경우에도 정신은 가능한 한 빨리, 또 확실하게 그 주권을 되찾아야 한다.
　우리가 더 이상 육체에 얽매이지 않게 되었을 때, 비로소 완전하고 영속적인 건강과 힘을 실감할 수 있게 된다. 육체에 지나치게 좌우되지 않는 사람들만 그런 건강을 가질 수 있다. 육체를 위해 살고 또 거기에만 봉사해온 사람들이 어느 날 갑자기 죽어버리면, 어떻게 순수하고 자유로운 영혼이 될 수 있겠는가? 그것은 불가능하다. 그러므로 이 세상에서는 적당한 건강으로 만족하기로 하자.
　'여호와 하느님이여, 원컨대 주의 제사장으로 구원을 입게 하시고, 또 주의 성도로 은혜를 기뻐하게 하옵소서.'[19] 우리는 지향하고 있는 미래의 건강을 낙으로 삼아야 할 것이다.

4월 18일

　예부터 철학이나 신학으로 불려왔던 것들이 그저 그럴듯한 말만 늘어놓을 뿐, 정말 하잘것없는 것이라는 생각이 들 때가 있다. 그도 그럴 것이 철학이나 신학은 자신들이 표현하고자 하는 사상의 진정한 뿌리에 다다를 수 없다.

＊19 역대하 6장 41절 하반절.

그런데 이 인간적인 지식의 어두운 하늘, 다시 말해 인간적인 해석의 모든 시도(試圖) 저편에, 위대하고 진실한 신에 대해 우리가 삶을 통해 깨닫게 되는 사실이 영원히 흔들리지 않는 숭고한 진리의 별처럼 찬연하게 빛나고 있다.

이런 경험에서 흔들리지 않는 신앙도 태어나지만, 또한 깊은 신비주의도 태어난다. 이것은 그 경험을 하지 않은 사람은 제대로 이해할 수 없는 것이고, 다른 사람들에게는 '어리석은 일'이지만 그리스도인에게는 바로 '하느님의 힘'이다.

✤

자기희생과 극기의 위대한 행위는 악의 사슬을 끊고 선의 장애물을 제거하며, 과거의 기억을 지우고, 또 뭔가에 사로잡혀 속박당하고 있는 타인의 영혼도 구원할 수 있는 힘을 가지고 있다. 이렇게 광대한 의미뿐만 아니라 세상을 구원한다는 의미에서도 우리는 주 그리스도의 추종자가 되어야 한다. 만약 그렇게 하도록 하느님의 은총으로 부름을 받는다면.

4월 19일

그리스도교적 세계관의 진정하고도 확고한 기초는 이 세상의 악과 개인의 내부에 있는 악을 교리로 보았을 때 이미 정복되었다. 따라서 중요한 것은 이 승리를 '사실상' 유효하도록 강력하게 추진하는 데 있다. 이것이 곧 그리스도를 통해 단 한 번 이루어진 '구원'의 의의이며, 이것을 신봉하는 모든 사람에게 의심할 수도 없고 부정할 수도 없는 진리이다.

만약 그렇지 않다면, 선의 승리에 대해 절망하는 일도 분명 있을 수 있다. 그러나 그러한 절망은 언제나 개인적인 용기의 결핍이며, 만약 절망이 사실이 되어 나타난다면 인류의 위대한 사업에 대한 중대한 반역을 의미한다.

✤

오늘날의 요양지 가운데 어디든 한 곳만 관찰해 보면, 죽어가고 있는 육체를 위해 얼마나 많은 일들이 이루어지고 있으며, 또 얼마나 많은 사람들이 진실되고 영속적인 성과를 얻을 수 없는 일에 매달려 있는지 잘 알 수 있을 것이다. 목숨을 조금 늘이는 것만이 그들이 할 수 있는 것이다. 게다가 그들은 이미 대부분 폐인—때로 소름끼치는 폐인—이다. 사실 이것이 더욱 진정한 가치가 있는 일인데도, 그들은 영원한 내적 인간과 그 내적 인간의 건강과 생명에 대해 거의 마음을 기울이지 않는다.

4월 20일

연극인들은 흔히 '멋진 퇴장'이라는 말을 쓰는데, 이것은 인생의 지나간 시간에 대해 생각할 때, 또 우리의 삶에서 깊은 교류를 맺고 있는 사람들을 생각할 때도 의미 있는 말이다. 우리는 좋든 나쁘든 모든 일에서 정당하고 품위 있는 태도로 작별을 고하고, 마지막에는 삶 그 자체로부터도 멋진 작별을 하도록 노력해야 된다.

그런데 스스로 그런 퇴장을 선택하지 못하면, 우리의 적이 그것을 가져다주는 일도 가끔 일어난다.

슬픔은 기쁨과 마찬가지로

당당하고 흔들림 없고
끝이 있어야 한다.
마음을 견고하게 하고, 깨끗하게 정화하고, 강하고 자유롭게 하는 것이
아니면 안 된다.
슬픔은 작은 마음의 고통을 불태워버릴 수 있는 힘을 가지고, 최후까지
위대하고 진실한 사상, 영원한 사상을 끊임없이 찬미할 수 있어야 한다.
—오블레 드 비아

✤

이 세상에 선한 일만 보도하고 악이나 가치 없는 것에는 눈길도 주지 않는 신문과 평론지가 있는 것도 좋을 것이다. 그것을 읽으면 이 세상에 선한 일들이 얼마나 많이 일어나고 있으며, 특히 처음에는 사악했지만 선하게 바뀌어 선을 위해 봉사하는 사람이 얼마나 많은지 알 수 있게 될 것이다.

'우리가 알거니와 하느님을 사랑하는 자, 곧 그 뜻대로 부르심을 입은 자들

에게는 모든 것이 합력하여 선을 이루느니라.*20 이것이 정당하고 오래 이어지는 낙관주의이다. 우리는 일생 이런 일을 단순한 '우연'으로 생각할 수 없을 만큼 자주 겪는다.

4월 21일

다른 사람에게 아무것도 얻으려 하지 않으면, 완전히 다른 눈으로 그들을 바라볼 수 있고, 대개 그럴 때만 인간을 올바르게 판단할 수 있다.

친구를 오래 사귀고 싶으면, 그들에게 많은 것을 원하지 않도록 주의를 기울여야 한다.

❧

스스로 쇠사슬을 끌고 다니는 사람들이 얼마나 많은지 아는가? 그 사실을 아는 사람은 참으로 동정심을 느끼지 않을 수 없을 것이다. 그런데 놀라울 만큼 많이 볼 수 있는 인간끼리의 혐오 또한 거기서 비롯된다. 그것은 남을 도와야 한다는 부담감이나 서로를 잘 알면 알수록 상대방에게서 선을 발견할 수 없을 거라는 확신에 가까운 예감이 있기 때문이다.

4월 22일

인간의 사고는 최상의 것도 기계화하려는 경향, 즉 내용을 공식적인 언어로 표현하고자 하는 성향을 가지고 있다. 이러한 공식적인 표현은 끊임없는 시간과 노력이 필요한 사고활동을 대신해주고, 적어도 후대 사람에게 문제를 쉽게 다룰 수 있게 하는 효과를 준다. 그 효과는 종교와 철학에서 특히 두드러진다. 그러므로 이러한 공식적인 표현은 시대마다 이에 대한 반대의견으로 생성되어, 그것을 손질해서 각 세대가 이해하기 쉽도록 하려는 움직임으로 인해 자꾸 변화하지 않을 수 없다.

이것이 이른바 그리스도교 개혁의 목적이며 그 공적이기도 하다. 그렇지 않다면 인간의 사고는 단순히 일시적인 현상에 지나지 않을 것이다.

---

*20 로마서 8장 28절.

나는 어떤 그리스도교회에도 반대하지 않는다. 다시 말해 가톨릭교회와 그리스정교회, 영국국교회에도 반대하지 않는다. 하지만 그중 어느 교회도 그리스도가 마음에 그렸던 진정한 모습이라고는 생각하지 않는다. 나는 진정한 그리스도인은 이 세상의 종말이 올 때까지 모든 민족, 모든 교회에서 언제나 소수파를 형성할 뿐이라고 믿고 있다. 이것은 또 '여자가 가루 서 말 속에 갖다 넣어 전부 부풀게 한 누룩'*²¹에 대해 얘기한 그리스도의 말과도 정확하게 일치한다. 밀가루는 누룩으로 유용한 것이 되지만, 그것 자체는 누룩이 아니다. 우리는 그것으로 만족하지 않으면 안 된다. 누룩은 양보다 질을 중시해야 하지만, 밀가루로 빵을 굽고 음식을 만들어, 수많은 사람의 영양이 되면 그것으로 충분하다.

이렇게 생각하지 않으면, 그저 교회에 수동적으로 소속되어 교회의식에 참여하면 된다는 정도로 요구를 크게 끌어내리지 않으면 안 된다. 그게 아니면 그리스도는 단지 일부 사람들을 구제할 뿐, 나머지 사람들은 구원받지 못한 채 이 세상의 왕인 사탄의 손에 내던져진다고 하는 소수파의 견해에 다다르는 수밖에 없다. 이 두 가지 견해는 그리스도가 삶을 통해 이룬 성과에 대해 했던 생각이 아니며, 따라서 우리 삶의 성과여서도 안 된다.

따라서 나는 마지막 심판이 주로 대중적 천벌의 인상이 강한 끔찍하고 전체적인 심판이라고는 상상할 수가 없다. 오히려 한 사람 한 사람의 영혼이 레테의 강을 건넌 뒤, 그 사람의 지상생활이 자연스럽게 지속되는 심판일 것이라 상상한다. 심판은 본디 그 사람의 정신적 상태에 존재하는 것이며, 내세에서 심판은 물질적인 것은 더 이상 의미가 없는 새로운 삶의 조건에 그의 정신 상태가 얼마나 합치하는지에 따라 결정된다.

4월 23일

그리스도교 성직자와 신학자에 대해서는 사도들이 남겨준 기준으로 판단하는 것이 좋다. 다른 장점이 아무리 많다고 해도 그리스도의 부활을 믿지 못하는 성직자와 신학자에게는 신의 영혼이 살지 않고 인간적인 영혼밖에 없기 때

---

*21 마태복음 13장 33절.

문에, 그들은 그리스도의 부활이라는 사실을 인정하지 않는다. 마찬가지로 이 인간적인 영혼은 본디 진실한 하느님에 대한 믿음에도 반대하지 않을 수 없으니, 하느님에 대한 믿음은 부활에 대한 믿음보다 오히려 더 어렵다. 왜냐하면 부활한 그리스도는 많은 사람들이 동시에 직접 목격했지만, 일찍이 하느님을 본 자는 아무도 없기 때문이다.

고린도전서 15장 6절, 사도행전 1장 8·22절, 2장 32절, 4장 2·10·20절, 10장 41·42절, 17장 31·32절 참조.

✤

시편 89편 38절에서 마지막 절까지는 하느님의 종들이 그 생애에 적어도 한 번 또는 여러 번 겪어야 하는 경험이며, 예언자가 고향에서는 존경받지 못한다는 구세주의 말과도 일치한다.*22

그것이 세상에서 존경받는 자는 예언자가 아니라는 역설적인 결론에 이르게 되면, 특히 무서운 말이 된다. 이로써 신문의 자자한 칭찬과 모든 종류의 명예, 표창의 가치가 단숨에 하락할 것이고, 그저 그런 가치밖에 없는 필생의 사업과 공적도 그와 같을 것이다.

그러나 아무리 성서의 말에서 논리적으로 가능한 결론이라 해도 아무것이나 인용해도 되는 것은 아니다. 또 모든 사항, 특히 어떤 인물에 대해 판단을 내릴 경우—우리는 늘 쉽게 판단을 내렸다가 나중에 다시 뒤집는 일이 많은데—에는 역시 진리의 영(성령)에 의지하는 것이 가장 좋다. 실제로 진리의 영 외에는 인간에 대한 진실을 정확하게 알고 있는 이는 없기 때문이다. 요한복음 14장 17절 참고.

모든 사물에 대해 즉흥적으로 온갖 판단을 내리고 당장 열광하다가 금세 내동댕이칠 뿐만 아니라, 전에는 맹목적으로 높이 평가한 것에 시간이 지나면서 완전히 등을 돌려버리는 것이 현대의 학교 교육이 낳은 이기적이고 신뢰할 수 없는 세대의 전형적인 특징이다.

당신은 그 세대 사람들을 신뢰해서는 안 된다. 특히 그들이 집단적으로 '청년'이라느니 '새로운 유파'라느니, '진보'라느니, '미래'라느니 하면서 등장하여,

---

*22 마태복음 13장 57절.

낡은 것을 모조리 조롱할 경우에는 더 말할 것도 없다. 그들은 대개 비판과 조롱 이상의 능력이 없는 인간들이다.

4월 24일

시련과 축복은 서로 밀접한 관계에 있다. 시련이 찾아오는 것은 그렇게 하지 않으면 축복이 주어지지 않을 때이다. 특히 자신의 힘에 의지하는 자신감과 오만함이 축복이 찾아오는 것을 거부한다. 그래서 다시 문을 열어 마음을 부드럽게 하고 순수하게 하는 것이 시련의 역할이다. 시련의 목적이 이루어지면 곧 축복이 찾아온다.

⚜

어떻게 하면 성령이 주는 능력을, 또 원시 그리스도교 시대에 볼 수 있었던 영적 능력을 얻을 수—또는 '바랄 수'라고 하는 편이 더 적절할지도 모른다—있을까? 그 능력을 당신에게 줄 수 있는 사람은 아무도 없다. 그런 능력은 그야말로 은총이다. 만약 당신이 그 능력으로 남에게 자랑하거나 세상의 평판을 얻고 싶고, 또 새로운 종교 시대를 불러오거나 그저 '작은 모임'속에서 남들의 존경과 경탄의 시선을 받고 싶어한다면, 그 능력을 손에 넣어 오래 유지하는 것은 절대로 불가능하다. 하지만 당신이 그 능력을 위해 이 세상의 어떤 것에 의해서도 더럽혀지지 않는 집을 준비한다면, 성령의 능력은 가장 확실하게 그 집 안에 들어올 것이다.

그렇지만 당신은 또한 옛날부터 선량하고 성실한 그리스도교인 가운데 많은 사람들이 분명히 그런 능력을 가지고 있지 않았고, 그 존재와 가능성도 믿지 않았다는 것을 잊어서는 안 된다. 뿐만 아니라 성령이 내려주는 능력을 가지고 있다고 우쭐해하는 자와 그것에 대해 침묵하며 행동을 삼가지 않는 자, 심지어 그것으로 돈벌이를 시도하는 자에게는 불행한 결과가 기다리고 있음을 알아야 한다.

4월 25일

우리는 하느님을 기쁘게 해야 한다. 하느님이 기뻐할 수 있는 우리가 되어야 한다. 미천한 벌레 같은 우리가 그것을 할 수 있다는 것은 신기한 일이다. 우리는 이 일을 완전하게는 할 수 없지만, 그 방법이 욥기에 여실히 그려져 있으니 참고하기 바란다. 그리고 한번 그것을 시험해 보라. 하느님을 기쁘게 한다는 마음을 늘 잊지 말고 지니기 바란다.

시편 132편 14절, 역대하 7장 16절, 이사야 62장 5절, 스바냐 3장 17절, 보헤미아 형제단 찬송가 573번 참고.

⚜

사람들은 끊임없이 타인과 교제하며 살아가므로 올바른 교제 방법 또한 하나의 재능이며 참으로 유용한 재능이다. 그런데 다른 점에서는 뛰어난 사람도 이 재능은 가지지 못한 경우가 많다.

가장 좋은 교제 방법은 자연스럽고 친밀감이 있으며 온화하여, 상대방의 마음에 평화로운 인상을 주는 것이다. 그렇기 때문에 그리스도 또한 제자들에게 이 교제법을 권장했다. 하지만 이 방법은 열정적인 성향이 있는 사람들에게는 어울리지 않고, 또 뭔가 부족하다는 느낌이 들 것이다. 가장 나쁜 것은 상대방을 감탄시키려 하는 태도이다. 이것은 선량함보다 위대함을 지향하는 현대인에게 어울리기는 하지만, 그런 태도 속에 이미 벌이 포함되어 있다. 이런 방법은 오직 어리석은 자나 무기력한 사람들 앞에서만 성공하는 것으로, 하느님의 영으로 채워진 사람들에게는 전혀 효과가 없기 때문이다. 그러므로 '숭배자'로 일컬어지는 이들은 언제나 수상쩍은 자들이며, 그들 가운데 최고 인물이라도 거짓말쟁이이거나 거의 무능한 자들이다.

4월 26일

하느님의 뜻에 맞는 길만 따라 가려고 결심했다면, 먼저 쉬지 않고 일하며 그것을 위해 인간에게 허락된 모든 수단을 충실하게 이용하고 쓸데없이 걱정을 해서는 안 된다. 진정한 지혜란 아무것도 하지 않아도 보존되어지는 것이 아니기 때문이다. 또 일반적으로 그 전에는 지혜를 바르게 이해할 수 있는 마음의 준비가 되어 있지 않았기 때문이기도 하다.

그러나 이 지혜는 우리가 진지하게 구하고 또 붙잡을 준비가 되어 있으면, 어김없이 때를 놓치지 않고 주어지므로, 우리는 늘 주의를 기울이지 않으면 안 된다. 한순간의 덧없는 향락에 몸을 맡기거나 아무것도 하지 않고 무위도

식하거나, 또는 안달해가며 찾아 헤매고 다녀서도 안 된다. 왜냐하면 하느님의 길을 나아가려면 건강하고 생기 있게 일하되, 악착같이 일할 필요는 없기 때문이다. 그런 다음 올바른 것을 실천하기 위한 모든 기회를 놓치지 않도록 주의를 기울이고, 또 갑작스러운 일을 당해도 놀라거나 마음이 흔들리지 않도록 조심해야 한다. 무엇보다 말을 삼가야 한다. 이러니저러니 쓸데없는 말을 하는 것은 복잡한 상황에 휩쓸리는 원인이 된다.

앞날의 일을 메모하거나 임시로 적어두고 미리 생각해 두는 것은 매우 좋은 일이다. 그러나 그것을 확고하게 결심하는 것은 그 메모를 실제로 이용하기 직전에 해야 한다.

어떤 일이든 오랜 시간을 들여 번거로운 '사전준비'같은 것 없이 그 자리에서 저돌적으로 뛰어들지 않으면 안 된다. 즉시 목표로 하는 중심 사상을 향해 돌진해야 한다. 그런 경우, 대개 중요한 사상은 몇 가지 되지 않는다. 그렇게 하면 부수적인 사상은 일을 추진하는 동안 자연스럽게 떠오를 것이다.

⚜

육체가 건강할 때 발열, 신경과민, 피로, 저기압 따위가 존재하지 않는 것처럼, 어떤 사람 또는 어떤 시대의 정신적인 건강도 지나치게 에로틱한 것과 자극적인 것, 그리고 이상한 것을 혐오할 때가 온다. 단눈치오와 플로베르, 마테를링크, 톨스토이들만 아니라 《친화력》과 《빌헬름 마이스터》를 쓴 괴테조차 아주 오랫동안 접하는 건 결코 건강한 정신에는 유익하다고 할 수 없다.

4월 27일

더 이상 어떠한 향락도 구하지 않는 것이 인생에서 얼마나 큰 즐거움인지, 사람들이 몸소 겪지 않고도 믿을 수 있다면, 누구나 이와 같은 생활방식으로 바꾸어 이 세상을 단숨에 개조할 수 있을 것이다.

인생의 중대한 갈림길에서는 언제나 먼저 감행하는 것이 중요하다. 그러면 저절로 힘이 생기고, 마지막에는 그 행위가 옳았음을 알 수 있다.

새로운 나라

여행은 끝나고, 이 결행으로
어두운 물길에 다리가 놓였다.
나는 영혼의 배를 타고 무사히
새로운 나라에 도착했다.

그것은 이상한 나라, 다른 별
지상 낙원으로 불릴 것이다.
더할 나위없이 가까우면서도 멀어
이 나라를 아는 사람은 많지 않다.

지나간 지상생활의 무거운 짐은
아득한 저편에 두고 왔다.
나를 버리는 것이 여기서는 '행복'으로 불리고
생명은 '하느님의 영광을 위한 존재'로 불린다.

내 마음이여, 이제 이곳이 너의 조국이란 말인가!
너는 감히 이곳이 내 나라라고 말할 수 있는가?
지금까지 너를 바깥에 묶어두고 있었던 것을 버릴 수 있는가?
정말 이 자유로운 공기를 견딜 수 있겠는가?

아! 이제 이 땅을 떠나서는 안 된다.
여기서 너는 완전히 치유될 것이다.
지금까지 빛이 되어 이끈 성스러운 자가
걸어간 발자취가 눈 앞에 똑똑히 보인다.

아침마다 새로운 체념으로
새로운 승리를 기뻐하라.
이제 괴로운 시간은 지나갔다.

어둠은 사라지고 새벽이 다가온다.

✤

인간의 성격은 신경과 관련된 요소가 많다. 만약 신경을 꾸준히 안정시킬 수 있다면, 인간의 수많은 단점, 이를테면 독선과 분노, 공포심, 걱정, 낯가림, 인간 혐오, 게으름 같은 성격도 차츰 저절로 사라질 것이다. 그러나 반대로 신경을 안정시킬 수 없을 때는 그 성격의 결점들이 병적으로 맹위를 떨치게 된다.

그런데 의사와 교사, 사회사업가에게는 또 다른 문제가 있다. 즉 신경을 그저 외적인 수단(약)만으로 안정시킬 수 있는가, 또 진행된 병증도 그런 수단만으로 영속적으로 치료할 수 있는가 하는 문제이다. 이 점에 대한 우리의 의견은 현대 의학의 견해와 일치하지는 않는다. 그러나 오늘날의 의학이 갈수록 유물론적 색채가 적은 쪽으로 다가가고 있는 것은 틀림없는 사실이다.

4월 28일

사실 인생에서 중요한 것은 언제나 자신의 의무를 다하고, 그것에 반하는 마음의 성향과 이론을 마음에 두지 않겠다고 단호하게 결의하는 일이다. 그리고 이것을 실천하는 것은 하느님을 믿고, 하느님과 늘 이어져 있어야 한다는 신념만 더해지면, 이미 다 이룬 것이니, 마음은 견고해지고 똑바로 뻗은 길이 열리게 된다. 이 두 가지 조건이 갖춰지지 않으면, 종교와 도덕에 대해 아무리 큰 소리로 떠들어대도 그것은 수다에 지나지 않는다.

✤

근본적으로 그리스도교에서 멀어져버린 사람이 신종교니 신철학이니 하는 것들을 아무리 주장하더라도, 그런 것들에서 영속적인 선이 태어나리라고 믿어서는 안 된다. 그리스도도 모든 인류의 스승 가운데에서 누구보다 먼저 자신의 가르침이 완전히 새로운 것이고 역사적 발전과 관련이 없는 것이라고 선언할 수 있었지만, 그분은 그렇게 하지 않았다. 마태복음 5장 17~19절[23] 참조.

---

[23] 내가 율법이나 선지자나 폐하러 온 줄로 생각지 말라. 폐하러 온 것이 아니요, 완전케 하려 함이로다. 진실로 너희에게 이르노니, 천지가 없어지기 전에는 율법의 일 점 일 획이라도 반드시 없어지지 아니하고 다 이루리라.

이러한 새롭고 다양한 시도는 처음부터 이미 하느님의 축복에서 밀려난 것으로, 이슬람교와 불교가 그 사실을 가장 잘 보여주고 있다. 그리스도는 모세의 전통과 형식을 내면화했지만, 우리 또한 그리스도교회의 단순한 형식적인 것에서 그와 같이 내면화를 계획할 수 있고, 또 계획해도 된다. 그러면 아마 16세기의 종교개혁이 이룩한, 아니 종교개혁이 그 뒤 다시 교회의 형식을 중요하게 다루지 않았더라면 더 많은 것을 이룰 수 있었을 그런 큰 성과를 거둘 수 있을 것이다.

이처럼 더 새로운 것을 추구하다가 오히려 잘못된 곳으로 나아가는 것을, 우리의 다음 세대나 또 그 다음 세대도 언젠가 다시 겪게 될 것이다. 다시 말해 '시작은 종교적이었으나, 그것에 이어지는 시기는 세속적이 되며, 마지막에는 육체로 끝나리라는 것'을. 이 경우에도 마찬가지이지만, 시작에만 주목하는 것은 다행이다. 그리하여 끊임없이 더 선한 것을 향해 나아가는 것이다.

4월 29일

역설적인 사람들은 천재적인 소질은 일종의 정신병이라는 설을 이미 여러 번 주장해 왔다. 그러나 천재는 인류 최대의 명예이므로 우리는 인류의 명예를 위해서라도 이 설을 인정해서는 안 될 것이다. 그러나 천재적인 소질이 소유자에게 미치는 영향 중에 때로는 병적인 것이 있다는 건 확실하다. 천재적인 인간이 자기 위에 지배자를 인정하지 않고, 어떤 의무에도 속박당하지 않는 절대 권리를 주장하는 순간부터, 그 병적 경향은 더욱 악화되기 쉽다. 이런 경우는 이미 광기에 가까운 것이고, 또 실제로 광기에 빠진 예도 적지 않다.

하느님의 명령에 대한 의식적인 반항이나 도전적인 무신론은 언제나 정신적 질병상태의 시작이라 보아야 한다. 사실 그렇게 생각해도 결코 틀린 것은 아니다. 칼라일의 전기를 보면 나중에 황제가 되는 나폴레옹 3세가 그를 미치광이로 생각했다는 얘기가 적혀 있다. 칼라일이 평소 하느님에 대한 강한 관념을 지니고 있지 않았다면, 그는 미쳐 있었을 게 틀림없다. 그가 추상적인 이상주의자가 아니라 현실적인 그리스도교인이었더라면, 그의 생애는 자신은 물론이고 가족과 국민에게 얼마나 좋은 영향력을 미쳤을까.

로마서 1장 22절, 예레미야 10장 6·14·15절 참조.

현대의 천재들 대부분은 그나마 행복한 처지이기는 하지만, 역시 같은 상태에 서 있다. 오직 그리스도교만이 천재와 그 후손을 정신적, 육체적으로 퇴폐적인 위험한 상태에서 지켜줄 수 있다. 그러한 퇴폐의 실례는 세계사 속에서 강대한 나라들이 이미 수없이 보여 주었다.

> 심술궂은 '시간'의 퇴화력을 누가 면할 수 있을까?
> 조상보다 못한 부모 뒤에
> 더욱 못한 우리가 이어지고
> 우리 자손들은 더욱 못하게 이어질 것이다.
>
> —호라티우스 《송가》

❧

당신은 마태복음 5장 32절[*24]을 앞에 두고, 이혼한 사람들에게 재혼을 허용하는 것은 근대 인도주의의 요구이며, 근대의 법률로 이혼이 승인되어 있는 것은 당연한 일이라고 감히 주장할 수 있는가! 그것은 그리스도의 말에 어긋나는 것이며, 그래서 그런 결혼에는 축복이 주어질 수 없다. 나는 아직 한 번도 그런 결혼으로 진정한 행복을 찾은 예를 본 적이 없고, 따라서 그럴 필요도 인정하지 않는다. 이혼은 때로는 필요하며, 그 점에서는 처음부터 아무 문제가 없다. 그리스도가 금한 것도 재혼이지, 이혼을 금한 것은 아니다. 우리 개신교와 달리 가톨릭교회는 이 점에서는 잘못된 점이 없지만, 그래도 그리스도의 명령을 문자 그대로 엄수했으면 더 좋았을 것이다.

내 생각으로는 다른 사람과 다시 결혼하려는 의도에서 이혼하는 사람들에게는 그리스도교단에 정신적으로 소속하는 자격을 빼앗아야 한다. 이미 말한 것처럼 사정에 따라서 이혼이 필요한 경우는 있지만, 그 뒤에 재혼하는 것은 도덕적 교양을 갖춘 사람에게는 전혀 필요하지 않다. 특히 이 남자에서 저 남자로, 때로는 수없이 옮겨가는 여자는 금전 때문에 어쩔 수 없이 그렇게 사는 가난한 거리의 여자보다 훨씬 더 심각하게 하느님의 뜻을 어기는 자이다. 하지만 아마 그 여자의 경우도 대부분은 역시 금전 때문에 그런 삶을 살고 있을 것이다. 뿐만 아니라 목사이면서 이혼한 여자와 결혼하는 사람이 있다는 것은

[*24] 누구든지 음행한 연고 없이 아내를 버리면, 이는 저로 간음하게 함이요, 또 누구든지 버린 여자에게 장가드는 자도 간음함이니라.

참으로 흉측한 일이 아닐 수 없다.

우리는 간통이든 도덕적 순결이든, 남녀 어느 쪽에서나 완전히 평등해야 하며, 그래서 결혼하는 두 사람의 도덕적 순결이 행복한 결혼을 영위하기 위해 꼭 필요하고, 근본조건이라는 생각으로 다시 한 번 돌아가지 않으면 안 된다. 특히 독일에서는 이를 일반 사람들이 새롭게 확신할 필요가 있다.

4월 30일

고대의 지혜를 가장 아름답게 표현한 말은 로마황제 마르쿠스 아우렐리우스의 유명한 일기의 한 구절에 있다. 이 일기는 황제가 급사했을 때, 겉옷의 주름 사이에서 발견되었다고 한다.

"늘 사람들에게 뭔가 도움을 주는 자가 되라. 그리고 이 한결같은 너그러움을 너의 유일한 낙으로 삼아라. 또 이따금 신성(神性)을 우러러볼 의무가 있다는 것을 잊어서는 안 된다."

최고의 지위에 있는 사람이 오로지 철학적 견지에서 이보다 뛰어난 말을 하고 실천했던 예는 지금까지 없을 것이다. 프리드리히 대왕쯤이면 혹 그와 비견할 수 있을까?

그러나 이러한 '신성'과 전혀 관계가 없는 삶은 얼마나 가난한 것인가!

❦

가톨릭교회는 우리 개신교보다 결혼을 엄숙하게 다루고 있지만, 그래도 그들을 비난하지 않을 수 없는 것은 가톨릭교회가 빈번하게 혼인무효를 선언함으로써 자신의 규칙을 스스로 무시하고 있기 때문이다. 실제로 이 선언은 이혼을 대신하는 역할을 할 뿐 아니라 재혼까지 허용함으로써 그야말로 최악의 사태를 부르고 있다. 결혼문제는 어느 시대에나 인간의 삶에서 중요한 문제이며, 한 민족의 전반적인 도덕적 수준에 가장 큰 영향을 주는 것이다. 결혼이 잘못되어 있으면 교육도 아무런 효과를 거둘 수 없다. 어쨌든 지금쯤 결혼에 대한 두세 가지의 목표점을 확실하게 짚어 보는 것이 필요하다.

1. 사랑 없이 단순히 외적인 이유에서 맺어지는 결혼은 부도덕한 관계이며, 따라서 배척해야 마땅하다.

2. 부부의 책무는 평등하며, 남편보다 아내에게 더욱 엄숙해야 된다. 육체적 책무가 반드시 가장 중요한 것은 아니다.

3. 좋은 결혼은 가장 아름다운 인간관계이지만 결코 필요불가결한 문제는 아니다. 삶의 향락보다 더 높은 관심을 자각할 때, 사람은 결혼하지 않고도 충분히 의미 있는 삶을 영위할 수 있다.

여기에 대해 그리스도가 더할 나위 없이 뚜렷하고 훌륭하게 말한 것이 있다. 삶의 향락을 지나치게 중시하는 생각을 버리지 않는 한, 우리는 국민의 도덕수준을 유지할 수 없다. 그렇지 않으면 모든 사람이 결혼하는 것은 불가능하기 때문이다. 혼외정사는 어떤 동물적 상태로의 역행이므로, 교양 있는 사람은 물론이고 그리스도교인에게는 더더욱 어울리지 않는 것이다.

마태복음 19장 4~12절 참조.

결혼은 하느님이 원하시는 삶의 상태이며, 어떤 방법으로든 결혼에 반대하는 자는 재앙을 면치 못할 것이다. 이를테면 우리가 늘 목격하듯 간통한 이의 자식은 결코 번성할 수 없고, 결혼하지 않고 결혼한 것처럼 살려는 사람들은 얼마 못 가 이상(理想)에 대한 관념을 완전히 잃어버리고 무감각해지기 쉽다. 그런 부정적인 의미에서 뿐만 아니라 결혼 그 자체에 하느님의 뜻에 합치되는 올바른 본질이 있고, 또 남녀 사이의 올바르고 자연적인 힘의 배분도 존재한다는 의미에서 보더라도 정당한 결혼에 반대하는 것은 재앙의 근원이 된다.

5월

5월 1일

하느님은 자신의 아들들에게 내릴 시련의 화덕을 너무 뜨겁게 달구지는 않는다. 오히려 언제나 정해진 것보다 조금 낮추어 준다. 그러므로 다른 사람들도 하느님의 아들들에게 그들이 해야 할 것보다 털끝 하나라도 더 많은 해를 입히는 것은 허용되지 않는다.

내 생애에서 괴로웠던 시기가 끝난 뒤에는 번번이 그 고통이 좀 더 오래 이어지고 엄격해야 했다는 느낌을 얼마나 확실히 받았는지 나는 증명할 수 있다. 그러니 '자, 힘차게 뛰어들지어다! 너무 깊지는 않을 테니까.'

사무엘하 24장 16절, 역대상 16장 21·22절, 사무엘하 16장 11·12절 참조.

5월 초하루

5월 초순, 아직은 음울한 날이 이어진다.
나의 영혼이여, 불쾌해하지 마라.
영혼의 연약한 껍질은 두려워 떨지만
영혼은 오로지 하늘을 향해 성숙해간다.

끝이 좋으면 모든 게 좋다고
언젠가는 죽어야 할 이 몸.
게으름에는 피의 대가를 치러야 한다.
내 마음이여, 결단을 내려 이 세상과 작별하라.

언젠가는, 언젠가는, 인생의 황혼에
너는 하느님의 빛을 우러러볼 것이다.

길은 아직 너무 멀지만
하느님에 대한 믿음이 끝까지 이끌어 주리라.

네가 걸어온 순례의 길도
벌써 반이 지났구나.
그러나 너는 그 수고의
대가를 아직 받지 않았다.

고개를 들면
네가 올라야 할 꼭대기가 보이고
또 너를 맞이하는 성도들의
합창소리도 들릴 것이다.

탄식일랑 그만두고 길을 계속 가라.
이미 네게 주어져 있는 것을 확고하게 지켜야 하느니.
이 오후를 쉬지 않고 걸어가면
저녁때는 평화가 손짓을 하리니.

⚜

거듭남에 대해서는 그리스도가 요한복음 3장[*1]에서 비할 데 없이 훌륭하게 말했지만, 종교개혁자들은 그 밖의 교의에 비해 거듭남을 이상하리만치 가볍게 다루고 있다. 그런데 이 거듭남은 보통 30대에 일어나는 경우가 많다. 그 전에는 거듭남이 일어나더라도, 단명한 사람들의 경우를 제외하면 짚불처럼 금방 사그라지고 만다. 그래서 견진성사도 그리 큰 효과를 보지 못한다.

50세 이후에는 산상수훈에 기록되어 있는 그리스도교의 생활원리에 따르는 생활이 때때로 나태해지기 쉬운 일반사람의 세속적인 생활보다 훨씬 쉽고

[*1] 요한복음 3장 5절 이하, '사람이 물과 성령으로 나지 아니하면 하느님 나라에 들어갈 수 없느니라. 육으로 난 것은 육이요 성령으로 난 것은 영이니, 내가 네게 거듭나야 하겠다 하는 말을 기이히 여기지 말라. 바람이 임의로 불매, 네가 그 소리를 들어도 어디서 오며 어디로 가는지 알지 못하나니, 성령으로 난 사람은 다 이러하니라.'

자연스러워야 한다. 그렇게 되면 당신은 초보 교리 문답서를 저만치 치워버리고, 교회를 그전만큼 중시하지 않아도 이른바 '완성으로 가는 길을 나아갈'*² 수 있다. 그 길은 10년마다 조금씩 쉬워지지만, 그렇다고 아무리 가도 완성에 이르렀다는 생각은 들지 않을 것이다. 아마 우리는 이런 단계적인 진보를 영원토록 계속하도록 되어 있는 것 같다.

우리가 원하는 것은, 그 꿈결 같은 하프소리와 노랫소리의 '영원한 안식'이 아니라 활동력과 일 속에서의 완전한 평화이다. 그것은 이미 이 지상에서도 삶의 최고의 순간에 느낄 수 있는 것이며, 또 우리가 추구해야 할 진정한 삶의 요소가 되어 있다.

마태복음 5장 48절, 11장 28~30*³절 참조.

5월 2일

종교적인 기질을 가진 사람들이 흔히 빠지기 쉬운 어리석음 가운데 하나는 하느님에게 뭔가를 주려고 생각하거나, 자신들의 '덕'으로 하느님의 마음에 들려고 하는 일이다. 우리는 있는 그대로의 하느님을 결코 알 수 없다. 다만, 진정한 하느님에게서 멀리 떨어진 더할 나위 없이 인간적인 하느님에 대한 관념을 가지고 있을 뿐이다. 더욱이 이 관념조차 언어로 표현할 수 없거나 가까스로 불완전한 비유로 표현하려고 노력하는 수밖에 없다.

그러나 우리는 하느님이 인간의 사고와 직관에 비해 헤아릴 길 없이 '위대한 주'이고, 우리가 하느님에게 주는 명칭과 비유적 표현은 오직 하느님의 위대함을 끌어내리는 데 지나지 않는다는 것, 또 하느님의 눈으로 보면 인간의 '덕'이라는 것은 그야말로 있는 둥 마는 둥 하는 정도로 하찮은 것이 틀림없다는 것은 확실히 알 수 있다. 하느님이 기뻐하는 것은 아마 하느님에 대한 한결같은 동경과 하느님을 향해 손을 내미는 일뿐일 것이다.

하느님의 마음에 가장 좋지 않은 것은 부족함이 없고 부유하며 독선적인

---

*2 히브리서 6장 1절.
*3 그러므로 하늘에 계신 너희 아버지의 온전하심과 같이 너희도 온전하라.
　　수고하고 무거운 짐진 자들아! 다 내게로 오라. 내가 너희를 쉬게 하리라. 나는 마음이 온유하고 겸손하니, 나의 멍에를 메고 내게 배우라. 그러면 너희 마음이 쉼을 얻으리니, 이는 내 멍에는 쉽고 내 짐은 가벼움이라.

인간이다. 이것은 어린아이들 가운데에도 천성적으로 사람을 잘 따르는 귀여운 아이가 있는가 하면, 아무리 '예절이 깍듯해도' 호감이 가지 않는 아이가 있는 것과 비슷하다.

마태복음 21장 31절, 23장 13~15절, 이사야 55장 8·9절 참조.

✤

마태복음 24장 6·7, 11~14*4절은 현재 우리가 살고 있는 이 시대에 거의 그대로 적용되고 있다. 즉 모든 민족에게서 지진과 전쟁이 일어나고, 거짓 예언자가 나타나며, 이 사랑의 복음에 대한 피상적인 설교와 함께 사랑이 차갑게 식는 현상이 나타난다. 여기에서 우리가 해야 할 일은 단순한 유물론을 대신하여 바야흐로 다시 나타나기 시작한 거짓 선지자를 멀리하는 것과 이 세상에 사랑을 가능한 한 되살리는 일이다.

사랑을 되살리는 일은 훨씬 더 어려운 일인데, 그것은 오늘날 인생 경험을 토대로 결론에 다다른 사람이 아직 얼마 없기 때문이다. 오히려 그 반대의 결론에 이르는 것이 현대의 교양 있는 계급에서는 더 일반적이다. 그럼에도 현재와 같은 모습을 한 세상은 그 어떤 과학적 계몽이나 교양으로도 구원받지 못하며, 오직 진정한 사랑이 더 많이 늘어나야만 구원받을 수 있을 것이다.

5월 3일

어떤 것이 의무라면 그것을 해야 하는지 어떤지 더 이상 물어서는 안 된다. 그것을 묻는 것은 이미 믿음을 저버리는 것이다. 그리고 가장 명백한 의무조차 이행하지 않는 데 대한 변명은 '나무딸기처럼 싸구려'로 보인다.

가장 좋지 않은 변명은 이미 그리스도가 엄격하게 물리친 '신앙심을 빙자한' 것이다.

누가복음 11장 52절, 마태복음 15장 3~8절 참조.

---

*4 난리와 난리 소문을 듣겠으나 너희는 삼가 두려워 말라. 이런 일이 있어야 하되 끝은 아직 아니니라. 민족이 민족을, 나라가 나라를 대적하여 일어나겠고 처처에 기근과 지진이 있으리라.

거짓 선지자가 많이 일어나 많은 사람을 미혹하게 하겠으며, 불법이 성하므로 많은 사람의 사랑이 식어지리라. 그러나 끝까지 견디는 자는 구원을 얻으리라. 이 천국 복음이 모든 민족에게 증거되기 위하여 온 세상에 전파되리니 그제야 끝이 오리라.

하느님이 우리에게 커다란 의무를 확실히 인식시키지 않은 것은 나름의 뜻이 있다. 그 의무를 실천할 힘을 가지고 있지 않은 사람들에게는 의무 자체를 제대로 인식하지 못하는 은혜가 주어진다.

❀

세상을 구원으로 이끌 사랑은 오히려 우애라고 부르고 싶다. 당신은 이 사랑의 능력을 실증할 수 있는 사람이 얼마나 적은지 살아 있는 동안 겪게 될 것이다. 그렇더라도 그 사실에 놀라 사랑을 저버려서는 안 된다. 누가 뭐래도 사랑은 하느님 곁에 있는 것 다음으로 지상에서 가장 좋은 것이다.

5월 4일

하느님의 도움을 얕보는 자는 결국 인간의 도움을 구하지 않을 수 없게 된다. 그러나 실은 이쪽이 훨씬 더 불쾌한 것이다.

나는 그러한 예를 적지 않게 보아왔다.

예레미야 17장 5~8절 참조.

❀

형제 N씨와 자매 X양이 진정한 그리스도인인지 궁금할 것이다.

나는 마태복음 7장 1·2절*5의 말로 이에 대한 대답을 대신하려 한다. 전체적으로 진정한 그리스도교에 대한 하나의 기준을 같은 복음서의 5장부터 7장 속에서 찾을 수 있다. 그리스도는 그 기준을 7장 20·21절*6에서 뚜렷이 보여주었다. 이에 비하면 교회나 무슨 신조 같은 것에 대한 '신앙'은 아무 가치도 없다. 그저 획일적인 감정을 맹목적으로 따른 것에 지나지 않는다. 한 이교도*7의 신앙도 그리스도에 의해 이스라엘 제일의 신앙으로 선언되었다.*8 이것은 오늘날에도 변함없는 사실이다.

---

*5 비판을 받지 아니하려거든 비판하지 말라. 너희의 비판하는 그 비판으로 너희가 비판을 받을 것이요, 너희의 헤아리는 그 헤아림으로 너희가 헤아림을 받을 것이니라.

*6 이러므로 그의 열매로 그들을 알리라. 나더러 주여! 주여! 하는 자마다 천국에 다 들어갈 것이 아니요, 다만 하늘에 계신 내 아버지의 뜻대로 행하는 자라야 들어가리라.

*7 가버나움의 백부장.

*8 마태복음 8장 5~10절.

그러므로 마태복음 5장에서 7장까지 읽고, 진심으로 "그래, 이것이 가장 훌륭하고 진실하며 영원한 가치가 있는 종교의 진수이다. 나는 지금까지는 이것을 진심으로 실천해오지 않았지만, 앞으로는 진지하게 실천하고 싶다"고 말할 수 있는 사람은 진정한 그리스도교인이다. 설령 그 사람이 현재 어떤 교회에도 속해 있지 않다 할지라도. 한편 그런 것은 불가능하다고 생각하거나 이미 구태의연해져서 오늘날의 생활조건에는 전혀 적용되지 않는다고 생각하는 사람은 '사람은 자신의 영혼을 증권거래소에서 잃어버리는 것과 마찬가지로 교회에서도 잃어버릴 우려가 있다'는 말을 음미해 보는 것도 좋을 것이다. 당신도 교회에서 자신의 영혼을 잃어버리지 않도록 조심하기 바란다.

5월 5일

'좋은 계획에도 파멸로 가는 길이 깔려 있다'는 격언은 대체로 맞는 말이다. 어째서일까? 그것은 단순히 사람의 마음이 변하기 쉬운 데다 우리를 사방에서 에워싸고 있는 반대세력이 있기 때문만이 아니다. 계획 자체가 아무리 좋아도 때로는 실제로 수행할 수 없는 것이며, 우리의 힘과 시간과 외부적 상황에 적합하지 않기 때문이다.

그러나 하느님의 '인도'가 있을 때는 사정은 완전히 다르다. 이 경우에는 절대 그 사람이 이룰 수 없는 일이나 시기적으로 맞지 않는 일, 또는 그것을 이룰 능력이 아직 갖춰져 있지 않은 일은 요구되지 않는다.

당신이 하느님의 인도에 몸을 맡긴다면, 여러 가지 '계획'을 세우는 것은 삼가는 것이 좋다. 당신을 나아가게 하는 것은 더할 수 없이 명백한 필요와 기회라는 형태로 차례차례, 그것도 올바른 순서로 당신을 찾아올 것이다. 이스라엘의 한 예언자는 이것을 '사랑의 줄로 이끈다'[9]는 말로 표현했다. 즉 아기가 끈을 잡고 걸음마를 하는 것처럼 인도되는 것이다. 이것이 인간의 계획보다 훨씬 뛰어나다.

호세아 11장 4절, 누가복음 1장 6·78·79절, 요한복음 1장 51절, 3장 27절 참조.

---

*9 호세아서 11장 4절.

�֍

빌립보서 3장 13~21, 4장 6·7~12·13·18절을 읽어 보라.

거기서 특별히 눈길을 끄는 것은 그리스도뿐만 아니라 그 해설자이며 첫째 가는 전도자였던 바울도 내세의 삶의 모습에 대해서는 극히 말을 아끼며, 이미 이 지상의 삶을 미래의 삶에 대한 준비로 여겨온 사람들에게 내세에서는 의심할 여지없는 행복이 주어진다는 확실한 기대를 품게 하는 것에서 만족하고 있었다는 사실이다. 우리 또한 그것으로 만족해야 한다. 내세에서는 확실히 육체에서 기인하는 모든 허약함, 불쾌함, 걱정, 고민에서 벗어나 육체가 없는 삶이 펼쳐질 것이다. 그 사실만으로도 틀림없이 우리의 마음을 내세에 대한 간절한 동경으로 가득 채울 것이다.

그러나 또 내세에서는 하느님께 더욱 가까이 가서 새로운 정신적 진보를 이룰 것을 기대해도 좋다. 마찬가지로 거기에 어울리는 기쁨에 찬 활동, 그리고 지상의 노동에 뒤따르는 무거운 부담과 성급함과 불안 없는 활동이 우리의 운명이 될 것이다. 하지만 그 밖의 것은 모두 확실하지 않다. 지상에서 교류했던 사람들과 재회할 수 있는지, 또 이 세상에서 우리가 지녔던 개성을 그대로 유지하는지 어떤지도 알 수 없다. 분명히 이런 것은 우리의 희망 가운데 하나임이 틀림없다. 하지만 지상에 대한 기억은 내세에서 개성을 유지하는 데 필요한 것이 아닌 한, 나는 단념할 것이다. 그러므로 가장 좋은 길은 최종목적인 선에 다다르기 위해 이 세상에서 최선을 다하는 것이다.

이사야 42장 12·13절 참고.

5월 6일

자칫하면 마음에 의심을 불러일으키기 쉬운 큰 유혹 가운데 하나는 세상에서나 우리 내부에서나 선은 악만큼 눈에 잘 드러나지 않는다는 점이다. 뭐니 뭐니 해도 악이 훨씬 더 세력을 떨치고 있다. 그래서 사람들은 완전히 올바른 길을 가고 있으면서도 자신의 내적 진보를 반쯤 의심하거나, 하느님의 정의로운 걸음이 역사상으로도 자신의 인생경험으로도 명백하거늘 여전히 의심하는 마음을 버리지 못한다.

우리는 때때로 상당히 오랫동안 자신이 내적으로 전혀 진보하지 않은 것처럼 생각되는 일이 있다. 그러다가 어느 날 갑자기 자신이 전과는 완전히 다른 사람이 되어 있는 것을 깨닫는다. 에스겔 11장 19절, 36장 25~27절, 예레미야 24장 6·7절 참조.

지나친 비판은 삼가는 것이 좋다. 비판하는 데 열심인 사람은 세상에 얼마든지 있다. 그런데 선을 보고 그것을 격려하는 사람이나 진리를 온화하고도 완전하게 말할 수 있는 사람은 드물다. 진리가 효과적으로 작용할 수 있으려면, 반드시 그렇게 말할 줄 알아야 한다.

　　이렇게 말해서는 안 된다.
　　싸움은 아무런 보람도 없고, 상처의 공적도 헛될 뿐
　　적세는 수그러들 줄 모르고, 물러가지도 않으며
　　모든 것이 그대로라고.

　　힘 잃은 파도는 덧없이 절벽에 부서지고
　　한 뼘 땅도 얻은 것 같지 않은데
　　아득한 저편에서 해변과 후미를 향해
　　물결이 조용히 차오르고 있으니.

—A.H. 크래프

✤

현대 문명권에서 하층 계급인 대중이 그리스도교에서, 또 모든 종교적인 것에서 완전히 멀어져 오로지 사회주의 미래국가를 통해 그들 삶이 나아지기를 기대하는 것은 너무나도 나쁜 현상이다. 이 점에서 그들이 머지않아 실망하게 되는 것은 그들에게는 또 하나의 불행이다. 하지만 이 불행은 무언가 개선이 시작되기 전에 각 나라에서 먼저 일어날 것이 틀림없다.

지금의 교회와 학교의 임무는 바로 그리스도교야말로 가난한 자, 학대받는 자를 위하여 이 세상 최고의 세계관을 가지고 있다는 것을 이해시키는 데 있다. 그런데 지금까지 양쪽 모두 그 임무를 제대로 다하지 못했다. 다만 구세군만이 실질적으로 이 일에 노력해 왔는데, 교회가 다시 대중을 얻고자 한다면 이 실례에서 배우지 않으면 안 된다. 단순히 일요일의 설교와 종교수업, 세례의 지도만으로는 할 일을 다 했다고 할 수 없다. 그러므로 교회에 개혁을 실시하여 더욱 활기찬 사회적 시설로 바꾸는 노력을 게을리 해서는 안 된다. 또한 성직자들이 보통사람들의 사회주의에 마음을 기울이는 것은 큰 잘못이다. 왜냐하면 사회주의는 철저하게 무신론이며, 복지와 번영을 가져다줄 수 없기 때문이다. 그러나 그리스도교는 외부에서 다른 것을 가져오지 않아도 이미 충분하고도 남을 만큼 사회적인 것을 갖추고 있다.

따라서 당신은 절대 '그리스도교적이면서 사회적'이라고 자칭하는 것, 또는 그리스도교와 오늘날의 사회주의의 결합을 지향하는 것을 믿어서는 안 된다. 그런 것에서는 아무것도 좋은 것을 얻을 수 없다. 다만 진정한 그리스도교에 활기를 불어넣어야만 의미 있는 일이 달성될 수 있다.

5월 7일

인간의 내적 진보는 단계적으로 이루어지며, 천재적인 소질을 가진 몇몇을 제외하고는 급속한 진보가 이루어지는 일은 없다. 오히려 우리는 자신에 대해 참을성 있게 무언가를 배우지 않으면 안 된다. 아주 자연스럽게 자신에 대해서만 생각하거나 자기도 모르는 사이에 모든 일을 쾌락과 만족의 척도로 재는 것을 특별한 노력 없이 단념할 수 있고, 오히려 자신을 위대한 이념의 심부름꾼으로 생각할 때, 그 사람은 확실한 정점에 다다랐다고 할 수 있다. 성서는 이런 사람을 '하느님의 종'이라고 부른다.

이사야 49장 1~6절, 50장 4~9절 참조.

이것과는 전혀 다른 생활원리에 따라 살고 있는 사람들이라도 앞에서 말한 특별한 사람이 이 세상에 있음을 느끼고, 또 그런 신념에 대하여 진짜와 가짜를 구별할 줄 아는 본능을 가지고 있는 경우가 흔히 있다. 그런데 때때로 오히려 종교적 경향이 강한 사람들 중에서 아직도 이기주의에 깊이 빠져 있는 사람이 '지고한 분의 종'으로 여겨지는 예를 볼 수 있다. 그러나 일반 사람들이 그런 가짜에게 속았다는 얘기는 한 번도 들은 적이 없다.

따라서 평범하지 않은 특이한 현상에 대해서도 세상 사람들의 판단을 존중하는 것은 크게 도움이 된다.

이사야 54장 17절,*10 60장 14절은 수천 년 전의 말이지만 오늘날에도 신문의 공격을 받을 때 또 하나의 좋은 위안으로 삼을 수 있다. 실제로 어느 당파에도 속하지 않은 사람은 그런 공격을 피할 수 없는 것이 현실이다. 오직 당파에 속한 자만이 그들의 신문에서 존중받고, 반대파 신문에서도 진지하게 공격하기보다는 너그럽게 봐주거나 칭찬해준다. 중립에 선 사람들은 자신들이 예언자가 한 말 그대로 더할 나위 없이 확실한 보호를 받고 있음을 분명하게 알아야 된다.

예레미야 15장 19~21절 참고.

5월 8일

하느님의 은총으로 마음 깊이 스며드는 기쁨을 경험하면, 우리는 곧 우리의 적과 우리에게 부정한 짓을 한 사람을—이런 사람은 반드시 있게 마련이다—용서해주어야 한다. 그리하여 비로소 그 기쁨을 누리는 것이 하느님의 눈에도 진정 정당하고 흔들림 없는 것이 된다.

마태복음 18장 21~25절 참조.

✤

그리스도교로 일상생활의 수많은 사소한 일을 어떻게 처리하고 극복해 나갈 것인가? 성실한 사람들 대부분이 이렇게 자문하는 것도 전혀 이해 안 되는 바는 아니다. 하지만 그 점에 바로 그리스도교 신앙의 정도와 내용이 잘 나타나 있다.

만약 신앙이 어쩌다가 배워서 얻은 것이거나 인생의 큰일에 써먹으려고 받아들인 것에 지나지 않는다면, 작은 일에서도 인간의 자연 그대로의 '본성'이 '권리'를 주장하는 것은 당연하다. 그런데 작은 일은 훨씬 자주 일어난다. 만약 그리스도교가 그리스도의 가르침과 완전히 일치한다면, 이러한 대소의 구별은 더 이상 있을 수 없고, 작은 일에나 큰일에나 같은 정신이 나타날 것이

---

*10 무릇 너를 치려고 제조된 기계가 날카롭지 못할 것이라. 무릇 일어나 너를 대적하여 송사하는 혀는 네게 정죄를 당하리니, 이는 여호와의 종들의 기업이요, 이는 그들이 내게서 얻은 의니라.

다.*¹¹ 그러나 진정으로 그렇게 되기까지는 꽤 오랜 시간이 필요하다.

어쨌든 화를 잘 내고 성격이 까다로우며, 마음이 좁고 탐욕적이거나 부와 신분에 집착하는 그리스도인은 결코 보기에 좋은 모습이 아니다. 물론 그들도 '이 세상의 왕'에게는 그렇지 않지만 말이다. 사탄은 그런 인간의 '탐욕스러운 성질'을 이용하여 그들을 사로잡을 수 있기 때문이다.

마태복음 12장 35절*¹² 참조.

5월 9일

인생의 길 위에서 때때로 만나는 가장 불쾌한 것 가운데 하나는 질투심이다. 이것은 그저 참고 견디는 수밖에 없다. 시기하는 사람들의 마음은 좀처럼 열리지 않기 때문이다. 그러나 우리는 끊임없는 성실한 활동으로 시기심에 조용히 맞설 수는 있다. 아마 괴테에게서 나온 것으로 생각되는 조금 엄격한 격언이 이 사실을 다음과 같이 표현하고 있다.

남의 질투심을 없애고 싶다면
어리석은 허세를 버려라.

—괴테 《온화한 풍자시》

우리는 자신의 장점이나 소유물을 보란 듯이 자랑함으로써 남의 질투심을 자극하지 않도록 해야 한다. 그런 행동을 하면 이웃의 마음에 큰 상처를 주는 계기가 되고, 나아가서는 '분노'의 저주를 받게 된다. 특히 여성은 이 점에서 자주 실수를 범한다. 여성은 약혼자, 남편, 아이들, 장신구, 사교, 즐거운 가정생활 따위를 가지고, 그런 것을 가지지 않은 사람들 앞에서 자랑하고 싶어하기 때문이다. 이는 여성의 성격 가운데 가장 좋지 않은 면이다.

---

*11 마태복음 25장 40절. 내가 진실로 너희에게 이르노니, 너희가 여기 내 형제 중에 지극히 작은 자 하나에게 한 것이 곧 내게 한 것이니라.
*12 선한 사람은 그 쌓은 선에서 선한 것을 내고, 악한 사람은 그 쌓은 악에서 악한 것을 내느니라.

❦

'하느님의 탐구'에 대해서는 열왕기상 19장(특히 11·12절 참조)에 참으로 훌륭하게 묘사되어 있다. 하느님을 탐구하는 데는 인생의 목적에 대한 절망과 불길함과 폭풍이 뒤따르기 쉽다. 그러나 올바른 것은 부드러운 설득과 권유의 목소리로 찾아온다. 아직 초보 단계에 있으면서 너무 성급하게 타인에게 보여주고 싶어하는 사람들, 또 니체에 이를 때까지 진정한 목소리를 기다리지 못한 사람들이 얼마나 많았던가! 그들은 끝내 잘못된 철학과 종교학설을 내세우게 되었고, 이 학설들은 같은 단계에 있는 수많은 사람들을 만났을 때, 그 사상가들 속에 담긴 뜨거운 정열로 인해 그 영향력을 미치게 된다.

세상에는 바울처럼 희미한 하느님의 목소리를 향해 열려 있는 귀를 얻을 때까지 참을성 있게 기다리는 사람은 드물다. 질풍노도 같은 고뇌의 시기를 거치지 않으면, 마음이 충분히 열리기란 쉽지 않다. 그런 경우 확고부동한 신념을 얻지 못하고, 그저 교의를 습득하여 앵무새처럼 되풀이할 뿐이다. 이렇게 되면 그야말로 '성과가 오르지 않는 것'을 탄식하는 '능력 없는' 설교가나 저술가가 되는 게 고작이다.

5월 10일

종교의 비밀은 이론상으로는 간단하다. 바로 하느님을 진심으로 믿고 그 믿음으로 생활하는 것이다. 그러나 그것을 실천하는 것은 매우 힘든 일이다. 그리스도교 사회는 이미 1900년 동안이나 그렇게 하기 위해 훈련해 왔지만, 아직도 제대로 이루지 못하고 있다. 이미 수많은 학자들이 그것을 가르치려고 시도했으나 좀처럼 성취할 수는 없었다. 누가복음 10장 27절 참조.

시편 1편과 2편을 보면, 하느님에 대한 신앙을 거부하는 것은 이 신앙을 간절하게 느낀 적이 없는 자에게는 더할 나위 없이 쉬운 일이다. 인류의 역사가 시작할 때부터 일반인에게 널리 알려져 있는 쇼펜하우어와 니체에 이르기까지, 수많은 사람들이 하느님을 부정함으로써 일시적인 인기를 얻어왔다. 왜냐하면 하느님의 존재를 부정하는 생각을 받아들이는 대중은 어느 시대에나 존재하기 때문이다.

그러나 그들의 부정적인 단순한 증명으로—애초에 증명이라고 할 수도 없지만—경험을 통해 하느님을 알게 된 사람들을 설득하는 것은 도저히 불가능했다. 마찬가지로 그들이 유대교와 그리스도교를 파괴한 뒤, 그것 못지않게 영속성을 가지고 현명한 사람에게나 단순한 사람에게나 한결같이 유익하며, 또 어떤 경우에도 충분히 사람들을 위로해줄 수 있는 세계관을 내세우는 것 또한 어려운 일이다. 그들 대다수는 그런 새로운 건설을 시도조차 하지 않고 그저 파괴하는 것으로 만족했다. 실제로 이러한 파괴가 다가올 시대에 영속적인 성과를 거두는 일은 있을 수 없다. 세계는 지금 건설적인 그리스도교를 간절히 원하고 있다.

마태복음 24장 35절, 22장 44절 참고.

❧

오직 당신의 언어만이 힘이 있어
정신과 영혼에 스며듭니다.
당신의 멍에는 가볍고, 영혼의 인도는 확실하여
벌써 천국의 문이 열리고 있나이다.

—보헤미아 형제단 찬송가 973번

진정한 선으로 이끄는 올바른 지도자가 되고자 한다면, 바로 이 노래처럼 사람들을 이끌어야 한다. 그리고 상대방의 마음속 폭풍과 타오르는 불길을 빨리 꺼뜨리려 하지 말고, 상대방에게 마음의 단단한 껍질을 녹이는 데 충분한 시간을 주어야 한다. 그런 다음 적당한 시간에 적당한 말을 온화한 목소리로 얘기하는 것, 이것이 바로 교육의 비결이다.

그러나 이것을 터득한 교육자와 목사는 어느 세상에나 조금밖에 없을 뿐만 아니라 이 비결은 '학문의 체계' 속에 편입될 수가 없다. 그것을 터득하려면 풍부한 인생경험과 심리학이 필요하다. 물론 대학에서 가르치는 일반적인 심리학은 아니다.

5월 11일

이미 로마의 철학자 보에티우스는 그의 유명한 철학서 《철학의 위안(562년)》 속에서 '인간은 하느님의 생명을 얻어야만 진정으로 행복해질 수 있다'고 했다. 그 뒤 거의 1500년이 지났지만, 어느 시대, 어떤 사람에게도 이 말은 여전히 유효하다.

그 점에서 특히 다행인 것은 하느님은 인간처럼 속지 않는다는 사실이다. 그러므로 그저 형식적으로 하느님에게 다가가기만 한다고 어두운 마음에 밝은 햇살을 불러들일 수는 없다. 또한 종교적 열광과 흥분으로도 이 목적을 이룰 수는 없다. 하느님 곁에 있는 것은 그런 것과는 전혀 다른 일이며, 참으로 독특하고 조용하며 평화로운 감정이다.

출애굽기 34장 6절, 열왕기상 19장 12절 참조.

그리고 이 감정, 그러니까 하느님 곁에 있는 기쁨은 인간이 느끼는 모든 감정 가운데서도 특히 강렬하다. 이 감정은 사람의 마음을 완전히 만족시킬 뿐 아니라 모든 제한에서 정신을 해방하고 고양시키는 효과가 있다. 그런 점에서 우정과 연애, 또 그 밖의 감정과는 도저히 비교할 수 없이 강력하다. 때때로 인용되는 성 아우구스티누스의 말도 진실한 것이기 위해서는 이 점에서 보완이 필요할 듯하다.

이런 강력한 힘을 가진 감정은 반드시 실제로 존재하는 대상에게서 나온다는 것은 이 감정을 직접 겪어본 사람들에게는 아무런 증명도 필요하지 않은 사실이다. 그들은 다만 이 감정을 알지 못했던 지난날을 애석하게 생각할 뿐이다.

⚜

당신은 어쩌면 자신이 다루는 일이 아직 충분히 무르익기도 전에 너무 많은 것을 써버렸을지 모른다. 세상에서는 그런 것을 '모든 것을 썼다' 또는 '최선을 다해 살았다'고 말한다. 그리고 그 예로서 괴테와 그 밖의 시인들, 특히 바이런을 들기도 한다. 이러한 삶의 방식으로 잘 알려진 것처럼 재기 넘치는 정열적 장면의 묘사가 태어나지만, 도움이 되는 인생철학은 탄생하지 않는다. 그래서 이런 사람들은 보통 노년에 이르도록 자신의 철학을 가지지 못한다. 그들은 때때로 훨씬 만년이 된 뒤에도 청년시절에 어울리는 정열과 흥분에 빠지는 경우가 있다. 그러나 그것조차도 그들의 추종자들에 의해 멋진 일이 되고 감탄의 대상이 된다.

당신은 세상 사람들에게 자신을 널리 알리기 전에 먼저 자신의 성숙을 위해 내적 성장에 시간을 할애하지 않으면 안 된다. 그러나 오늘날 학교를 갓 나온 젊은이들은 너나없이 세상을 향해 제 목소리를 내고 싶어한다.

5월 12일

인간은 신에 대해서도 자유의지를 갖고 있어서, 하느님을 거부하거나 하느님과의 관계를 의식적으로 또는 고의적으로 끊을 수가 있다.*13

그러므로 '은총의 선택'이라는 것도, 하느님을 거부하는 것도 가능하다. 이것은 가장 선한 사람들에게도 가능한 일이다. 구약의 다윗만 해도 만약 그가 왕으로서의 권력의식으로 선지자 나단의 질책을 물리쳤으면, 하느님을 거부할 수 있었을 것이다. 또 그리스도도 누가복음 4장이 현실적 의의를 가졌더라면, 역시 하느님을 거부할 가능성을 가정하지 않을 수 없다. 그러나 이렇게 한번 받아들였던 하느님을 다시 잃는 것은 인생의 가장 어둡고 불가해한 일 가운데 하나로, 인간의 삶에 있어서 수많은 수수께끼 같은 현상, 특히 신경병과 광기의 근원이 바로 여기에 있다.

그러나 이것에 대해서는 너무 깊이 생각하지 않는 것이 좋다. 오히려 하느님과 맺어진 끈을 무슨 일이 있어도 놓지 않겠다고 결심하는 것이 훨씬 낫다.

❦

건강하고 기분 좋은 수면을 충분히 취하도록 노력하라. 이것은 사실 누구나 할 수 있는 것은 아니다. 그러나 누가 뭐라 해도 이것이 가장 좋은 신경안정제이며, 마음의 흥분에도 뛰어난 효능이 있다.

건강하게 잠을 잔 뒤에는 모든 것이 전혀 다르게 보이고, 전날 밤에는 마치 앞길을 가로막는 거인처럼 생각되었던 골치 아픈 일도 웃음으로 넘길 수 있게 된다. 뿐만 아니라 우리가 노력한다면, 끊임없이 건강상태를 염려하지 않아도 되고, 선한 사람들과 교류하면서 남은 생애를 보낼 수도 있다. 그 밖에 지나친 것을 원하는 것은 어리석은 일이라고 자신을 꾸짖으며, 세상 사람들이 열심히 노력하고 추구하는 것을 완전히 헛된 일로 여기고 돌아보지 않게 된다면, 진정한 삶에 이르는 바른 길을 나아가고 있는 것이다.

---

*13 욥기 2장 9절.

5월 13일

킹슬리의 아름다운 말 가운데, '사람의 마음을 보고 자비심을 가져라. 행위만을 보고 비난하지 말라'는 것이 있다. 이것은 하느님의 가르침과 마찬가지로, 올바른 인간지식을 보여주는 가르침이다. 이 말을 모든 법정에도 걸어두어야할 것이다.

그러나 이와는 반대로 '올바른 마음에서 나온 것이 아닌 행위를 높이 평가하지 말라'는 말 또한 진실이다. 이것은 역사 교실에 써 붙여둘 만하다.

인간의 육체가 맑아지면, 다시 말해 순수한 동물적인 것이 완전히 사라지면, 정신도 밝고 강해진다는 말은 일찍이 육체에 대한 말 가운데 가장 의미심장한 것으로, 미래 의학에 있어 그 기본적인 신념이 될 만하다. 누가복음 11장 36절*14 참조.

이에 반해 이 성구 앞의 35절*15은 철학에 의한 주도적 사상이다.

⚜

당신은 아마 수많은 책 가운데 복음서를 능가하는 것을 찾지 못할 것이다. 그러므로 뭔가 좋은 책을 구하는 수고를 할 필요가 없다. 그러나 그리스도의 말씀을 어떻게 읽을지, 그 인생관과 세계관에 대한 호감으로 읽을지, 역사적 또는 철학적 비판으로 읽을지, 또는 기계적이고 규칙적인 방법이나 깊은 반성 없이 그저 말의 표피만을 좇을 것인지 등등 그 읽는 방법에 따라 그리스도의 말은 완전히 다른 것으로 전해질 것이다. 그 말들은 바로 그리스도가 말한 것처럼 완전히 "영이요 생명이다."*16 이렇게 말했다고 해서 그 밖의 것을 읽어서는 안 된다는 뜻은 아니다. 교양 있는 사람이 되고 싶으면 오히려 읽어야 한다. 그러나 그리스도의 말에서 다른 쪽으로 눈길을 돌리게 하는 것은 좋은 책이라고 할 수 없다. 당신은 그 책들을 오직 교양을 위한 재료로 쓰는 것이 좋다.

종교적 내용을 가진 수많은 책들—성직자들과 스콜라 학자의 것도 포함하

---

*14 네 온 몸이 밝아 조금도 어두운 데가 없으면, 등불의 광선이 너를 비출 때와 같이 온전히 밝으리라.

*15 그러므로 네 속에 있는 빛이 어둡지 아니한가 보라.

*16 요한복음 6장 63절.

여—에 대해서는 그 책들이 진정한 의미에서 '신앙을 높여주는' 작용을 하는 게 아니라 오히려 정신에 무거운 짐을 지우고 혼미하게 만드는 작용을 한다고 할 수 있다. 당신이 신학을 연구하는 게 아니라면 그것들을 죄다 읽을 필요는 없다. 각각의 종류에서 그 견본이 될 만한 것을 한 권쯤 읽는 것으로 충분하다.

나의 경우 그 대부분의 책들로 인해 적지 않게 고생을 겪었다. 내가 남의 말에 쉽게 감복하지 않는 양식을 갖추고 있지 않았더라면, 정신적 위험으로 가득한 그 정글에서 무사히 빠져나오지 못했을 것이다.

5월 14일

종교적인 일에서는 오직 한없는 성의와 진실만이 중요하다. 따라서 아무런 정신이 담기지 않은 형식주의, 이를테면 건성으로 올리는 식사기도, 억지로 다니는 교회, 마지못해 하는 가정예배는 신앙에 유익하기는커녕 해롭다고 할 수 있다. 이른바 신앙심 깊은 부모 밑에서 자란 사람들의 경험이 이 사실을 잘 보여주고 있다.

❧

마태복음 6장 33~34절[17]을 보라.

지나간 것은 더 이상 생각하지 않고 미래를 위해 쓸데없는 걱정을 하지 않는 습관을 키운 사람은 시간적으로나 마음의 평화면으로나 얻는 것이 참으로 많다.

그러나 그렇게 되기 위해서는 우리를 늘 지켜보고 있는 성실한 하느님을 따르는 것이 중요하다. 그렇지 않으면 아무 걱정 없는 생활은 불가능하며, 그것은 오히려 경솔한 것이다. 하느님에 대한 생생한 사랑이 있어야 비로소 불안 없는 생활을 할 수 있으며, 이는 이미 수많은 사람들이 삶을 통해 겪고 있다. 나도 전에 걱정거리였던 수많은 고난이 하느님에 대한 사랑을 통해 완전히 사라지거나 훨씬 견디기 쉬워진 것을 경험했다. 또 내 생애에서 모든 선은 늘 예

---

[17] 너희는 먼저 그의 나라와 그의 의를 구하라! 그리하면 이 모든 것을 너희에게 더하시리라. 그러므로 내일 일을 위하여 염려하지 말라. 내일 일은 내일 염려할 것이요, 한 날 괴로움은 그 날에 족하니라.

기치 않은 순간에 느닷없이 찾아왔다. 대부분의 경우 나는 그것을 맞이할 충분한 준비가 되어 있지 않았다. 그것은 내가 하느님이 나를 위해 준비하고 있는 길을 따르지 않고, 스스로 세운 계획에 수많은 시간을 낭비하고 있었기 때문이다.

인간에게 의지하는 것은 언제나 위험하다. 게다가 그 사람들이 고귀한 신분, 높은 지위에 있으면 있을수록 더더욱 그렇다. 예레미야 17장 5~9절*18 참조.

5월 15일

사람과 교류하는 데 가장 해로운 것은 허영심이다. 누구든지 아무리 단순한 사람이라도 상대방의 허영심을 간파하는 예리한 본능을 가지고 있다. 그들은 상대방에게 허영심이 보이지 않을 때만 진심으로 승복한다.

허영심은 누구에게나 훤히 들여다보인다. 게다가 다른 악덕은 그래도 찬미자가 있을 수 있지만, 허영심만은 좋아하는 사람이 아무도 없다. 따라서 허영심은 결코 그 목적을 이룰 수 없기 때문에 악덕 가운데에서도 가장 어리석은 악덕인 것이다.

⚜

스토아주의의 '견디고 참아라'는 말은 모든 경우에 반드시 옳다고 할 수는 없다.

건전하고 씩씩한 기상을 가진 사람이라면 누구나 그런 삶에 반대할 것이다. 특히 인간에 대한 반항이나 맹목적이고 '불합리한' 운명에 대한 저항과 관련된 문제에서는 더더욱 그렇다. 하지만 인간을 사랑하는 신의 의지와 인도에 따르는 것은 그것과는 완전히 다르며, 더욱 적극적이다.

당신이 스토아주의자를 본받고자 한다면, 적어도 불평불만 없이 조용한 체념 가운데 그렇게 해야 할 것이다. 쇼펜하우어의 철학처럼 온통 불평불만으로 가득한 철학은 전체적으로 생활규범으로서 실질적인 가치가 거의 없고, 또 세계 원리로서도 전혀 쓸모가 없다. 따라서 우리에게는 에피쿠로스와 그의 제자

---

*18 무릇 사람을 믿으며 혈육으로 그 권력을 삼고 마음이 여호와에게서 떠난 그 사람은 저주를 받을 것이라. ……무릇 여호와를 의지하며 여호와를 의뢰하는 그 사람은 복을 받을 것이라…….

인 루크레티우스가 그래도 더 낫다고 할 수 있고, 칸트도 이성적인 요청에 대한 실증적 기초가 아무리 빈약하다 해도 낫다고 할 수 있다.

일반적으로 현대철학은 사람들에게 영향을 미치는 일이 거의 없다. 교양 있는 사람들도 절충주의자이지, 한 지도자만 따르는 일은 하지 않는다. 옛날의 뛰어난 지도자 가운데 헤겔, 셸링, 피히테, 헤르바르트 같은 몇몇 사람들은 거의 잊혀져 버린 채, 그저 대학 강의와 교과서 속에서 명맥을 유지하고 있을 뿐이다. 그 밖의 사람들, 예를 들어 쿠노 피셔는 그저 재기 넘치는 강의를 했을 뿐 결코 인생의 지도자는 아니었다.

현대에서 인생을 지도하는 결정적인 방향은 괴테적인 것, 즉 자기 자신과 세계를 미적(美的)으로 향유하는 경향으로, 이 방식은 하층 계급에서는 무신론적 유물주의로 전락하고 말았다. 그리고 또 하나 그것과 대립하는 방향은 종교적인 것인데, 이것은 아마 과거의 교회적 형식을 많든 적든 변혁하게 될 것이다.

5월 16일
사람들의 교제에서 가장 기분 좋고 유효한 것은 언제나 변함없는 우애이다. 어린아이나 동물도 그런 우애에는 민감하여, 특히 상대방의 감정이 우연한 변덕인지, 단지 일시적인 동기에서 나온 것인지, 아니면 영속적인 성질의 것인지까지 구별할 수 있다.

✣

많은 사람들이 순례하는 성지는 누군가 신앙적으로 강한 감명을 받거나 하느님의 부름을 받은 장소이다. 물론 그런 장소는 꼭 교회가 아닐 수도 있다. 때로는 평범한 집의 방이나 들과 숲, 산꼭대기가 되기도 한다. 그런 장소에서 누군가 하느님을 접한다는 것은 본디 개인적인 일인데도, 많은 사람들이 자기들도 하느님을 영접할 수 있다고 여기고는 그곳에 교회당을 짓는다. 그러나 그 장소에 하느님의 영혼을 머물게 하는 힘 따위가 애초에 있을 리 없다. 또는 이렇게 하느님을 접한 사람의 껍데기*[19] 위에 교회당을 짓기도 하지만, 그것은 마

─────────────

*19 그 사람의 유해.

치 벗어버린 생전의 옷과 마찬가지로 하느님과는 아무 관련이 없다.

무언가를 숭배하고 싶은 욕구는 분명 인간의 본성이다. 그리고 우상을 숭배하는 것은 진정으로 하느님을 경배하는 것보다 훨씬 쉽다. 왜냐하면 진정한 경배는 어떤 정신적인 내용을 이해하고 그것을 본받고자 적극 노력하는 것이기 때문이다. 그래서 숭배자들은 그밖에 더욱 자신에게 편리한 숭배 대상을 찾는데, 숭배의 대상이 그들에게 충분한 감화력을 갖지 않은 경우, 그들은 쉽게 배교자와 반역자가 된다. 모든 종교의 창시자는 적당히 때를 맞춰 일찌감치 세상을 떠나지 못했을 경우, 늘 그런 꼴을 당해 왔다.

5월 17일

어떤 사람의 영혼을 올바른 길에서 벗어나게 하기란 몹시 어려운 일이기에, 악마도 고상한 동기의 도움을 빌리지 않으면 성공할 수 없다. 그러나 악마의 모든 짓을 수포로 돌아가게 하는 건 단 한 번 하느님을 우러러보거나 하느님을 부르는 것으로 충분하다. 참으로 통쾌한 일이 아닌가! 괴테의 《파우스트》 제1부에 이 사실이 감동적으로 잘 표현되어 있다. 그러나 악마의 올가미에 걸려들어도 거기서 벗어나는 것은 쉬운 일이므로—일반적으로 올가미를 피하는 것보다 쉽다—이 약간의 노력조차 하려 들지 않는 무기력한 사람이나 염세주의자가 혹독한 비판을 받는 것은 당연한 일이다.

요한계시록 21장 8절, 22장 17절 참조.

당신이 무언가에 사로잡혀 있다고 느낀다면, 단호하게 그 사슬을 끊어라. 사슬이라는 것은 자신의 힘만으로 끊으려 하면 단단하지만, 하느님의 힘 앞에서는 그렇지 않으며, 하느님의 도움은 당신이 원하면 언제라도 얻을 수 있다. 만약 하느님의 도움이 주어지지 않는다면, 그것은 당신 내부에 스스로 바꿀 수 있는 어떤 힘이 아직 남아 있기 때문이다. 당신이 그것을 모르고 있다면 하느님이 가르쳐 주실 것이다. 그러나 대부분의 경우, 당신은 그것을 잘 알고 있다.

❊

하느님의 방문을 한 번 체험한다면, 당신은 그 감명을 평생 잊을 수 없을 것이다. 그것은 기도와 의식, 또는 금식이나 그와 비슷한 방법에 의해서 경험할 수 있는 것이 아니다. 오히려 원하지도 않았는데 어느 날 갑자기 마치 구약성서의 천사처럼 찾아온다. 이와 비슷한 환상도 있는데, 이것은 원하면 경험할 수 있다. 그러나 그런 것은 황홀 상태에 있는 성자들의 신경을 착란시키는 데 비해, 진정한 하느님의 방문은 더할 나위 없는 건강한 실감과 내세의 존재를 예감하는 경험을 남긴다. 나아가서 그것은 하느님의 어떤 계시이거나 위탁, 또는 명령이며, 환상의 경우처럼 단순한 즐거움 같은 것이 아니다. 하지만 현대인들은 이에 대해 무엇을 알 수 있을까!

5월 18일

내적 진보가 크게 이루어지기 전에는 늘 절망에 대한 유혹이 앞서고, 큰 고난이 찾아오기 전에는 예사롭지 않은 내적 기쁨과 힘이 느껴지는 법이다. 그것을 통해 하느님은 우리를 그 고난에 견딜 수 있도록 강화한다. 나는 멋진 성공을 거두기 직전만큼 불행했던 적이 없었고, 가장 괴로운 일을 당하기 전만큼 기쁨과 자신감으로 가득 찼던 적이 없었다.

당신이 우울하고 불안하거나 불쾌할 때는 바로 진지한 일을 시작하라. 그것이 어렵다면, 누군가에게[20] 작은 기쁨을 선물하라. 그 정도는 언제라도 가능할 것이다. 보통 사람들이 하는 것처럼 향락과 기분전환으로 음울한 영혼을 쫓아내려고 하는 것보다 훨씬 효과적이다. 그런 속임수를 써봤자 이 어두운 영혼은 곧바로 되돌아올 테니까.

타인의 경우에도 엄숙한 훈계와 설득보다는 조그마한 선물을 하는 편이 오히려 어두운 영혼을 쉽게 쫓아낼 수 있다.

✤

엘렌 케이(1849~1926. 스웨덴의 사상가) 등의 '계몽' 운동으로, 또는 사회주의자와 폴란드인, 로마 교황당원에 대한 국가적 정책으로 뭔가 좋은 성과를 올릴 수 있다고 믿어서는 안 된다. 상류계급 사람들은 다시 단순한 미적 생활의 향락을 멀리해야 할 것이다.

자주 인용되는 괴테의 '학문과 예술을 가진 자는 종교도 가진 것이다'라는 생각에 따르면, 미적 생활의 향락이 그들의 종교가 되고 만 셈이다. 어쨌든 하

---

[20] 복음서에 말하는 '이웃'에게.

류계급 사람들에게는 다시 신앙이 주어져야 한다. 그것은 오직 수많은 사람들의 개인적 노력으로, 또 진정하고 올바른 종교로만 실현될 수 있다. 하지만 실제로는 아마 불행을 통해 실현될 것이다. 경험적으로 볼 때, 전반적이고 가장 이해하기 좋은 실제 체험이라는 교육 없이 그저 설교와 강연만으로 사회가 개선된 예가 없기 때문이다. 위로부터의 모범과 불행한 사건이 민중에게는 가장 효과적인 교육수단이다.

그러므로 내 생각에는 개신교 교회를 개혁해 전보다 훨씬 좋아지게 하는데 모든 노력을 기울여야 한다. 이는 가능한 일이며 그것이 혁신의 중심을 이룰 것이다. 왜냐하면 세상 사람들은 지금 분명히 종교로 돌아가고 싶어하고 있기 때문이다. 그런데 종교로 돌아가기 위해서는 국가의 힘과 사회정책만으로는 충분하지 않으며, 또 그것들도 종교 없이는 올바른 기초를 쌓을 수 없다. 학문과 예술은 진실하면 틀림없이 좋은 것이지만, 어떤 경우에도 종교를 대신할 수는 없다.

5월 19일

'존경'을 받는 것은 때때로 자기개선에 장애가 될 때가 있다. 부스 부인은 자신의 편지에서 존경을 '오늘날 그리스도교계의 저주'라고까지 불렀다. 세상의 화제가 되거나 논란거리가 되는 이상한 일, 유별난 일은 아예 하지 않는 것이 좋다. 실제로 세상의 혀는 날카로운 수술용 칼과 같아서, 이 칼에 찔리면 우리가 맨 처음 들은 좋은 평판은 거의 흔적도 없이 사라지는 일이 많다. 그러나 그런 경우 더 큰 명예를 다시금 쌓아올릴 필요가 있다. 우리 삶에서 이 두 번째 명예를 쌓아올릴 때 중요한 것은 새롭게 하느님의 도움이 주어져야 된다는 사실이다.

이에 비해 그저 높은 존경을 받는 것은 결국 평범하고 오히려 다른 사람보다 뒤처지는 상태로 떨어지는 대가를 치러야 한다. 이것만은 조금도 과장 없이 주장할 수 있다.

보헤미아 형제단 찬송가 282번, 343번, 1167번 참고.

빌립보서 3장 15절, 로마서 6장 14절, 에베소서 5장 8절*²¹을 보라. 이 구절들은 하느님이 원하는 인간의 상태이며, 우리가 이 지상에서 도달해야 하고 또 도달할 수 있는 상태이다. 이에 따라 내일에 대한 걱정 없이 나날을 보내며, 어떤 경우에도 하느님의 인도와 분명한 가르침을 받아 최대한 편안한 생활을 영위할 수 있다. 또한 요한1서 4장 6절, 5장 3절*²²도 이에 적절한 말이다.

그 두 사람의 사도인 바울과 요한은 분명 자신의 생애에 이미 이런 상태에 도달해 있었다. 그리고 우리도 원한다면 거기에 도달할 수 있다.

5월 20일

우리 내부에서 일어나는 일은 모두 사실이며, 단순한 관념이 아니다. 지금까지 존재하지 않았던 것이 말 그대로 일어나는 것이다. 이러한 것을 이끌어내는 길은 그것이 일어나리라는 확신이다. '너희 믿음대로 되라!'*²³ 많이 믿는 사람에게는 많은 것이 주어진다.

모든 고난은 나중에 현실로 나타날 때보다 그 전에 예상될 때가 훨씬 더 고통스럽다. 그리스도도 제사장이나 로마의 법관 앞에 나갔을 때보다, 아니 어쩌면 십자가에 매달렸을 때보다, 사로잡히기 전에 겟세마네에서 기도를 올렸을 때 더 큰 고통을 느꼈을 것이다. 그리스도가 뒷걸음질치고 굴복할 기회가 있었다면, 그것은 아마 겟세마네에서였을 것이다.

---

*21 빌립보서 3장 15절, 그러므로 누구든지 우리 온전히 이룬 자들은 이렇게 생각할지니, 만일 무슨 일에 너희가 달리 생각하면, 하느님이 이것도 너희에게 나타내시리라.
로마서 6장 14절, 죄가 너희를 주관치 못하리니 이는 너희가 법 아래 있지 아니하고 은혜 아래 있음이니라.
에베소서 5장 8절, 너희가 전에는 어두움이더니 이제는 주 안에서 빛이라, 빛의 자녀들처럼 행하라.
*22 우리는 하느님께 속하였으니, 하느님을 아는 자는 우리의 말을 듣고, 하느님께 속하지 아니한 자는 우리의 말을 듣지 아니하나니, 진리의 영과 미혹의 영을 이로써 아느니라.
하느님을 사랑하는 것은 이것이니, 우리가 그의 계명들을 지키는 것이라. 그의 계명들은 무거운 것이 아니로다.
*23 마태복음 9장 29절.

일반적으로 '그리스도교의 사랑'이라고 불리는 것이 오늘날에는 수많은 사람들에게서 사라지고 있다. 근본적으로 말하면, 사실은 이제 전과 같은 대규모로는 존재하지 않게 되었다고 할 수 있다. 이것을 알고 싶다면, 잠시 교회에 나가 같은 교파에 속하는 사람들이 같은 의자에 서로 얼마나 냉담하게 앉아 있는지, 또 오랫동안 한 고장에 살면서도 서로를 전혀 모르고 있는 것만 봐도 충분하다. 그리고 교회에서 설립하고 원조해 온 여러 시설들이 거의 모두 재정난에 허덕이고 있다는 사실이 이것을 여실히 증명하고 있다. 그런데 구세군은 곳곳에서 조직적인 협회 같은 것도 없이 그 엄청난 경비를 모금하고 있다. 이것은 보통 사람들에게 구세군을 지원하고자 하는 경향이 있기 때문이다. 이 사실은 교회 전반의 개혁을 필요로 하는 상황과 관련이 있다. 실제로 교회가 이제는 구세군만큼 민중의 사랑을 얻지 못하고 있으며, 따라서 교회가 지금 이상으로 민중의 사랑을 요구할 수도 조직할 수도 없기 때문이다. 다음 시대의 주요 과제는 낡은 토대 위에, 그러나 새로운 정신으로 더욱 활기찬 교단을 재건하는 것이다.

오, 생명의 강물이여, 풍요롭게 흘러가라,
장애물이 있으면, 부수어 버려라.

5월 21일

거룩한 마음이란 하느님의 뜻을 늘 기뻐하며, 가벼운 마음으로 마치 당연한 일인 것처럼 그 뜻을 실천하고 견디는 것을 말한다. 그 밖의 거룩한 마음은 모두 진실되지 못하다.

신앙에서 난처한 일은—어쩌면 좋은 일일지도 모르지만—가장 강렬한 신앙체험을 있는 그대로 남에게 얘기할 수 없다는 것, 또 말한다 하더라도 남들이 하찮게 생각하거나 거의 믿어 주지 않는다는 것이다.

✤

우리는 언제나 일반적으로 '개인주의'라 일컫는 에머슨 식의 세련된 이기주의에 빠지지 않도록 주의해야 한다. 거기에 교양 있는 사람들이 빠지기 쉬운 함정이 도사리고 있다. 덧붙이고 싶은 것은 우리는 하느님의 능력 있는 은혜와 도움이 없으면 이 함정을 도저히 피할 수 없다는 사실이다. 하지만 이 하느님은 결코 유니테어리언주의의 하느님은 아니다.

5월 22일

프리드리히 니체는 《방랑자와 그의 그림자》 속에서 부자와 무산자라는 두 가지 인간 계급은 지상에서 사라져야 한다고 말했다. 이것은 그의 독특한 기교적인 표현이자 지나치게 과격한 말이기는 하지만, 진정으로 그 목적에 완전히 합당한 국가—지금은 아직 '이상국'에 지나지 않지만—에서는 잘못된 생각이 아니다.

오늘날에는 이 두 가지 계급으로 태어나는 것은 불행이라고 당당하게 주장할 수 있다. 이들 계급은 양쪽 다 개인의 도덕적, 정신적 발달을 가로막고, 그 결과 사회적으로도 마땅히 그러해야 하는 이로운 인간이 되지 못하고 있다. 그럼에도 부자에게 부(富)는 속박과도 같은 것인 만큼 당연히 그것에서 벗어나야겠다고 결심하거나—이것은 대부분의 경우 쉬운 일이며 진정한 인생의 기쁨을 조금도 잃지 않고 실행할 수 있다—그 부를 관리하고자 생각하면, 적어도 자신이 살아 있는 동안 가능한 한 올바르게 쓰려고 마음먹을 수 있을 텐데, 그런 부자는 거의 찾아볼 수 없다. 그야말로 부에는 그들을 포로로 만들어버리는 힘이 있다.

보헤미아 형제단 찬송가 372번, 374번 참고.

부와 축복은 완전히 다르며, 축복 없는 부는 아무 가치가 없다. 축복은 그것을 얻고자 노력한다고 손에 넣을 수 있는 것이 아니다. 그것은 이를테면 신비로운 힘이요, 선물이다. 또 축복은 특별히 한 개인에게 어떠한 특질처럼 따라다니는 것으로, 그 사람에게 호의를 보이거나 친절을 베푸는 사람들에게까지 영향을 준다. 그러므로 현명한 사람이라면, 늘 그런 축복을 가진 사람과 교제하려고 노력하고, 반대로 축복이 없는 사람은 가능한 한 피하려 한다.

창세기 27장 27~29절, 민수기 23장 19~22절, 욥기 42장 7~9절, 열왕기하 4장 8~10절, 마태복음 10장 13~15절 참조.

우리가 교회 찬송가로 노래하고 있는 '성스러운 단순함'에 대해서도 사정은 마찬가지이다. 그것은 겸손한 영혼을 노래하며, 미국 철학의 이상으로 자리잡은 '자아의 주장'에서 완전히 자유롭다. 이 점에서는 일반민중이 정말 선량하다면, 높은 교양을 갖춘 사람들보다 확실히 뛰어나다. 그들은 반드시 '훌륭한 인격'을 갖추어야만 한다고 생각하지 않으며, '봉사하는 것'은 무엇보다 자연스러운 일이다. 교양을 쌓은 여성들에게도 봉사는 쉬운 일처럼 보이는데, 일반적으로 이점에서는 여성들이 남성보다 진보된 것으로 생각된다.

5월 23일

사랑은 그 무엇보다 사람을 현명하게 해준다. 오직 사랑만이 사람들의 본질과 사물의 실상, 또 사람들을 도울 수 있는 가장 올바른 길과 방법에 대한 진정한 통찰을 준다.

그러므로 우리는 모든 일에 무엇이 가장 현명한지 묻는 대신, 무엇이 가장 깊이 사랑하는 방법인지 묻는 것이 대개 틀림없는 최선책이다. 사랑하는 방법을 찾는 것이 훨씬 이해하기 쉽기 때문이다. 무엇이 깊이 사랑하는 방법인지에 대해서는 재능이 부족한 자라도 스스로를 기만하려 하지 않는 한, 그렇게 잘못 생각하는 일이 없다. 그런데 아무리 재능이 풍부한 사람이라도 오직 현명함만으로 미래의 모든 일을 정확하게 예견하고 판단할 수는 없다.

❦

인생의 한 시기가 끝나갈 때, 그 기간 중에 하느님을 통해 조금이나마 진리를 배운 것에 대해 감사하라. 전에는 아마 그 진리를 배울 때가 아직 되지 않았고, 그것을 인식할 수 있을 때까지 성숙하기 위해 이 시기를 기다리지 않으면 안 되었던 것이다.

진리는 조금씩 주어져야 소화할 수 있으며, 그것이 우리의 살이 되지 않는 한 아무런 도움도 되지 않는다.

5월 24일

겉으로 보기에 일시적인 성공보다 사물의 결말에 주목하는 것이 인생에서

보다 지혜로운 것이다. 이에 대해 영국 종교개혁의 한 선구자가 말했다. "나는 최후에 진리가 승리할 것임을 확신한다."

이와 같이 이상주의가 눈에 보이는 성공을 뛰어넘어 사물을 본다는 의미라면, 또 종교에 뿌리를 내리고 있고 나아가 적절한 양식과 결부되어 있다면, 이상주의는 반드시 최후에 승리를 거둘 수 있는 유일하고 효과적인 인생관이다.

⚜

이사야 45장 22절, 61장 1∼3절*24을 보라. 분명히 세상에는 단지 피상적인 지식으로 생각하기 쉬운 것보다 훨씬 많은 말로도 표현할 수 없는 괴로운 운명이 있으며, 그 원인은 거의 이해하기 어렵다. 왜냐하면 그 옛날 욥에게 친구들이 주장했던 것, 그러니까 불행은 오직 그 사람이 과거에 저지른 부정에 대한 결과에 지나지 않는다는 이론으로는, 모든 경우의 불행을 설명하는 데 충분하지 않기 때문이다. 그러나 하느님의 은총에 의지하며 매달려온 자가 끝내 내부에서의 구원도, 밖에서의 도움도 받지 못한 채 절망 속에 죽지 않으면 안되었다는 것은, 수십억 인간의 운명 가운데 확실한 실례가 단 한 번이라도 발견되어야만 입증될 사항일 것이다.

하지만 역사에서도, 또 내가 걸어온 인생행로에서도 그런 예는 한 번도 없었다. 다만 그리스도가 이에 반하는 가장 큰 실례이며, 그의 뒤로는 바울, 근세에 들어서는 골든 장군을 들 수 있다.

이와 반대로 하느님에 대한 개인적인 신앙 없이, 헤겔 식의 일원론이나 그밖의 어설픈, 또는 완전한 무신론적 철학, 단순한 인도주의와 사회주의, 예술 숭배와 지식욕, 그리고 개개인에 대한 애정만으로 이 고통과 어려움으로 가득한 지상 생활에서 마음의 상처를 받지 않고 즐겁게 보내는 것은 불가능하다고 생각한다. 도저히 해결의 전망이 없는 현세 뒤에 이어지는 존재에 대한 문제는 별개로 치더라도. 하지만 더 나은 존재에 대한 기대가 없다면, 지상에서 살아가는 것은 아무리 좋은 경우라 해도 너무 가련하지 않은가.

주 여호와의 신이 내게 임하였으니, 이는 여호와께서 내게 기름을 부으사, 가난한 자에게 아름다운 소식을 전하게 하려 하심이라. 나를 보내사 마음이

---

*24 땅 끝의 모든 백성아, 나를 앙망하라. 그리하면 구원을 얻으리라. 나는 하느님이라 다른 이가 없음이니라.

상한 자를 고치며 포로된 자에게 자유를, 갇힌 자에게 놓임을 전파하며, ……
모든 슬픈 자를 위로하되, 무릇 시온에서 슬퍼하는 자에게 화관을 주어 그 재
를 대신하며, 희락의 기름으로 그 슬픔을 대신하며, 찬송의 옷으로 그 근심을
대신하시고…….

5월 25일

'나의 기름 부은 자를 만지지 말며, 나의 선지자를 상하지 말라 하셨도
다.'*25 이 말은 보통 글자 그대로 해석되고 있다. 그러나 이 말에는 또한 하느
님에게 헌신한 사람들을 오직 세속적인 것만 생각하는 사람들의 '우정'과 악영
향에서 보호하는 경우도 포함되어 있다. 그런 우정이 하느님에게 봉사하는 사
람에게는 다른 적의와 박해보다 더 해가 되는 일이 있기 때문이다. 창세기 12
장 10~20절을 보라.

외적인 위험에 대해서는 시편 91편, 욥기, 이사야 마지막 부분이 도움이 되
는 가장 강력한 위안이다.

⚜

내가 알고 있는 그리스도교 교리—사도, 성직자, 중세의 하느님 탐구자, 종
교개혁자, 그 뒤의 설교자와 철학적 저술가 등의—가운데 나는 그리스도의 가
르침을 특히 잘 이해할 수 있었다. 그리고 그리스도의 가르침, 오직 그것만이
진실하며 신뢰할 수 있는 그리스도교라고 믿고 있다. 우리에게는 어떤 교회 중
심의 사상보다 그리스도의 가르침을 굳게 지키는 것이 최선의 길이다.

나는 전 생애를 돌아보며 오직 이 한 점에 모든 가치를 두고 있다.

5월 26일

우리가 슬픔을 느낄 때는 언제나 '자아'가 그 고통을 함께 나누고 있다.

자아를 버리면 정신의 힘은 늘 그만큼 높아진다.

사람은 기본적으로 도움을 줄 수 있는 자에게 손을 내밀어야 한다. 그러므
로 인간을 향해 손을 내밀어서는 안 된다. 인간은 때때로 남을 도울 수 없고,

---

*25 역대상 16장 22절.

또 그것을 거부할 때가 있다. 뿐만 아니라 거의 언제나 남을 돕는 것에 얼마쯤 공포와 혐오를 느끼게 마련이다.

✤

이 진정한 그리스도교가 실제로 놀라울 만큼 단순해서 어린아이에게도 가능할 만큼 쉽게 느껴지는 행복한 시간과 나날이 있다.

사실 일반적으로 어린아이처럼 신뢰하며 하느님의 인도에 몸을 맡기고, 또 기원하는 동안 주어지는 삶은 결코 힘들지 않다. 하지만 그리스도교에 대한 세상의 저항과 그 평가가 마음에 걸리는 순간들도 있다. 그리스도교의 여러 종파 대변자조차도 자기 종파와 다른 그리스도교를 결코 인정하려 하지 않는다. 게다가 세속적인 의미에서의 위대함에 대한 반발은 그 위대한 것이 성공하면서 사라지는 것이 보통이지만, 그리스도교에 대한 반발은 약해지는 법이 없다. 뿐만 아니라 죽음에 의해서도 그들의 반대는 제거되지 않는다.

우리는 이 사실을 각오하지 않으면 안 된다. 나아가서 공격을 받는 사람도 때때로 의기소침한 순간에 '인생의 다른 길을 나아갔더라면 더 성공했을 텐데'라거나, 인생의 '진실'과 그 허망한 환영을 혼동하고 말았다는 기분이 들 때가 있다. 그리스도조차 모든 사람에게서 버림받고, 두 명의 강도 사이에서 십자가에 매달려 최후를 맞이했을 때, 역시 그런 순간을 겪었다. 그렇지만 그는 가장 힘든 최후의 시련을 극복하고, 하느님에 대한 그의 신뢰가 의로운 것임을 인정받았다.

만약 이 사실*26이 우리에게 전해지지 않았더라면, 그리스도는 결코 우리와 같은 종류의 인간이 아니며, 또 인간의 가장 큰 고통을 겪지 않았다고도 말할 수 있을 것이다. 같은 복음서 27장 50절*27은 요한이 나중에 말했던 그 평온하고 숭고한 '다 이루었다'는 말.*28과 모순된다고 할 수 있다. 그러나 가장 확실한 것은 부활이다. 오직 이것만이 모든 것을 구원한다. 그렇지 않다면 그리스

---

*26 마태복음 27장 46절. 제 구시 즈음에 예수께서 크게 소리질러 가라사대, 엘리 엘리 라마 사박다니! 하시니 이는 곧 '나의 하느님, 나의 하느님, 어찌하여 나를 버리셨나이까?' 하는 뜻이라.

*27 예수께서 다시 크게 소리 지르시고 영혼이 떠나시다.

*28 요한복음 19장 30절, 예수께서 신 포도주를 받으신 후 가라사대 '다 이루었다!' 하시고 머리를 숙이시고 영혼이 돌아가시니라.

도의 최후는 사람들을 실망시키는 참담한 비극이 되었을 것이다.

5월 27일

이 세상에 하느님이 있다면, 필연적으로 선인에게는 정의가, 악인에게는 형벌이 있을 것이다. 이를 의심하는 것은 하느님을 모독하는 일이다. 하지만 하느님이 없다 하더라도, 그래도 단순히 이성적인 근거에서 사람은 역시 나쁜 행위보다 선한 행위를 하는 것이 안전하다. 한편 그렇다면 가능한 한 빨리 이 세상을 떠나는 것도 좋을 것이다. 오래 살아도 그럴 만한 가치가 없게 될 테니까 말이다.

⚜

그리스도교의 인생관에 관련된 모든 행복을 미리 알 수 있다면, 세상 사람들은 하나같이 이 가르침에 모여들 것이다. 그들이 걷는 길에서는 그 행복과 비슷한 것은 아무것도 찾을 수 없기 때문이다. 그리고 이 세속의 길에서 만나게 될 모든 어려움을 처음부터 다 예견할 수 있다면, 그 길을 걸어갈 자는 아무도 없을 것이다.

5월 28일

'영혼의 밑바닥을 울리는 일 없이 오직 양심을 위로하기 위해 존재하는 외면적이고 가식적인 종교를 가질 바에는 차라리 종교 같은 건 가지지 않는 것이 낫다.' 이것은 프랑스 혁명 시대의 말인데, 이것과 같은 의미의 말을 이미 그리스도가 통렬하게 한 적이 있다. 마태복음 21장 31절 참조.

그저 외면적인 신앙만 가지고 완전히 자기만족에 빠져 있는 사람들은 오늘날 그리스도교에도 불신자보다 더 큰 장애가 되고 있다. 실제로 불신자 가운데에는 진리를 갈망하는 사람들이 매우 많다. 그들은 다만 역사적으로 이 그리스도교의 진리가 번성하고 있었던 시절의 그릇*29과 그 담당자들을 두려워하여 이에 가까이 다가가지 못하고 있을 뿐이다.

그럼에도 더 깊이 생각하면, 위의 말은 모두 오직 개인에게만 적용된다고

---

*29 교회적 형식.

할 수 있다. 일반대중에게는 비록 표면적인 그리스도교의 존재와 실천이라 하더라도—실제로 현재 그리스도교는 대체로 그렇고, 또 과거 1900년 동안에도 그랬다—그리스도교가 없었다면 대신해서 나타났을 다른 것에 비하면, 그래도 낫다. 이 점에 대해서도 프랑스 혁명은 확실한 실례를 남기고 있다.

개개인에게는 강력한 내적 혁명이 최상의 방법인 경우가 많다. 헌 옷에 새 천을 대어 기운들 무슨 소용이 있겠는가. 이에 비해 사회전체로서 생각하면, 과거와의 완전한 단절보다는 점진적인 개혁에 의한 것이 무리가 적을 것이다. 그리스도도 그 무렵 이런 단절을 피할 수 없음을 한탄하고 있었다. 그러나 그는 이 단절이 언젠가는 치유될 것이라는 희망을 버리지 않았다. 마태복음 23장 37~39절 참조.

이 개인적 혁명이나 사회적 개혁이라는, 얼핏 들으면 명백하게 이율배반적으로 생각되는 것도 다음과 같은 사실로 해소될 수 있다. 즉 실제로는 사회 전체가 한꺼번에 바로 개혁되는 것이 아니라, 개개인이 그 시대에 일반적으로 인정받고 있는 진리보다 뛰어난 진리를 먼저 자신의 내부에서 강하게 느끼고, 그런 다음 그것을 가르침과 실천을 통해 개인적으로 표명함으로써 전체의 개혁이 추진되는 것이다.

이사야 46장 11절·49장 1~3절, 예레미야 1장 5~10·17~19절, 15장 19~21절, 마태복음 12장 18~21절 참조.

이 개인들은 그리스도의 말에 의하면 '가루 서 말 속에 갖다 넣어 전부 부풀게 한 누룩'*30이며, 루터의 표현을 빌리면, '하느님이 그들을 통해 세계를 지배하는 영웅이요, 위인'이다. 현대에는 확실한 과장으로 보이는 칼라일의 '영웅숭배'나 니체의 '초인주의', 독일에서의 비스마르크 숭배와 괴테 숭배 등의 밑바탕에도 역시 이 세상에서 가장 큰 힘은 국민의 수와 병력과 부가 아니라 하느님의 영혼으로 완전히 채워진 개개의 인격이며, 이것은 한 나라에 있어 무엇과도 견줄 수 없는 가치를 지닌 것이라는 올바르고 희망 있는 사상이 숨어 있다.

---

*30 마태복음 13장 33절.

하느님은 때때로 자연의 사건과 사물을 통해 우리에게 말을 걸기도 한다. 이것이 현대인들에게는 그나마 가장 빨리 이해할 수 있는 말이다. 때로는 꽃을 통해 특별히 사랑스러운 목소리로 얘기한다. 그러나 생기를 잃은 꺾은 꽃가지와 온실에서 인위적으로 길러진 꽃을 통해서는 말하지 않는다. 반달족*31 같은 거친 여자들의 손에 의해 마구 꺾여, 그 자리에서 곧 시들어버리는 알프스의 꽃은 오직 슬픈 말밖에 하지 않는다.

5월 29일

기도와 사색은 대립하는 것이 아니다. 오히려 이 두 가지 다 진리를 제대로 파악하는 데 꼭 필요하다. 사색은 스스로 진리를 탐구하기 위해, 그리고 기도는 하느님의 계시를 얻기 위해 필요하다. 어느 한쪽만으로는 양쪽이 갖춰졌을 때만큼 완전한 작용을 할 수 없다.

오늘날에도 하느님은 하느님의 진정한 아들들에게, 생애의 결정적인 순간, 옛날 이스라엘의 아들들을 향해 레위기 18장 2~5절에서 계시했던 말을 일러주고 있다.

우리는 만나는 한 사람 한 사람을 위해 뭔가 해 주고, 말하고, 생각할 책임이 있다.

세상 사람들은 그런 모습이 품위가 있는 거라고 생각해서인지, 만나는 사람에게 친밀한 눈길 한 번 보내지 않고 냉담하게, 심지어는 경멸을 띠며 지나치는 경우도 있다. 그러나 당신은 그렇게 하지 말고, 무슨 말을 하거나 행동하기 어려울 때는 적어도 뭔가 선하고 친절한 생각을 해주는 것이 좋다. 이런 기회는 대단히 많은 법이며, 또 내적 진보를 위한 좋은 기회도 될 수 있다. 사람들은 때때로 하느님이 우리에게 보낸 사자이며, 하느님이 자주 사용하는 우편배달부이기 때문이다. 그러나 한편으로는 하느님을 반대하는 영혼의 사자일 수도 있다.

---

*31 서기 5세기에 로마에 침입하여 문화를 파괴했던 게르만의 한 종족.

당신은 사람들에게 어느 쪽 영혼의 사자이며, 우편배달부인가? 이것이 중요한 문제이다.

5월 30일

전체적으로는 선한 삶을 살아온 경우에도 때로 위험에 빠지는 시기가 있게 마련인데, 그중 가장 위험한 것은 삶이 지루하게 느껴지기 시작할 무렵이다. 그런 때, 더 큰 목표가 없는 사람은 지나칠 정도는 아니더라도 역시 정신을 마비시키는 관능주의에 빠지고, 어떤 사람은 야심과 당파심과 소유욕 속에서 평소의 일에서 느낄 수 없는 자극을 구하려 한다. 또 어떤 사람은 신앙심을 팔아 장사를 하거나 신앙을 오락거리로 삼기도 한다.

인간의 삶은 모든 일에서 오직 진실에만 의미를 둔다면 참으로 단순하다. 그래서 사람은 더욱 바쁘게 하고 흥분시키는 뭔가 다른 것을 구하게 된다.

마침내 하느님은 그 사랑하는 아들들에게 삶의 위험한 단계를 극복할 수 있을 때까지 생활의 향신료로서 고뇌와 어려운 과제를 주는 것이다.

⚜

현대인들은 표정과 태도로 "나는 나를 제외하고 주위의 모든 것을 경멸한다. 나는 그것들과는 아무 관계가 없으니까"라고 말하고 있다. 표정과 태도에 그런 것이 나타나 있지 않을 때도 극심한 마음의 불안과 함께 남에게 강한 인상을 주고 싶다는 바람이 은밀하게 숨어 있는 법이다. 하기는 그런 마음은 대개 겉멋으로 나타나게 마련이지만.

우리는 아이들을 그러한 방식에 가까이 다가가지 못하게 하고, 더욱 인간다워지도록 교육하는 데 전력을 다해야 한다. 그러나 얼마 동안은 부자들이 기세등등하게 이 좋지 않은 경향에 앞장설 것이 틀림없다. 그들은 거의 모두 조금은 야비하고 위에서 사람을 내려다보는 듯한 눈길을 가지고 있다. 안타깝게도 학자들까지 그들을 흉내 내어 끊임없이 그런 태도를 취하면서 '고상한 품위'라는 말이 입버릇처럼 되어버렸다. 이러한 기풍을 만들어내는 곳은 주로 훌륭한 관저와 현대적인 휴양지로, 그곳에서는 다양한 사람들이 속으로는 냉담하고 불친절한 마음을 품은 채 교제하면서, 그 고장 사람들에게는 눈길조차 주지 않는 것이 보통이다. 이런 휴양지는 특히 어린이들에게 좋지 않다.

5월 31일

우리는 기쁨보다 오히려 고통을 사랑하면서, 결국 기쁨을 두려워하는 것을 배우는 경지까지 다다를 수 있다. 여기까지 오면, 인생의 가장 큰 고난은 이미 끝난 것이나 다름없다.

고통을 무조건 빨리 없애려고 하거나 완전히 수동적으로 스토아주의처럼 무감각한 태도로 견디려 하는 것은 올바른 자세가 아니다. 오히려 그 고뇌를 씨 뿌리는 시기로 이용해야 한다. 그렇게 하면 축복의 열매를 맺을 수 있다. 더욱이 이 씨 뿌리는 시기는 한 번 지나가버리면 쉽사리 같은 형태로 되돌아오지 않는 법이다.

하느님이 주신 가장 큰 은혜는 선한 일이 거의 승리를 쟁취하려 할 때, 비로소 그 일의 가장 큰 난관을 보여주신다는 것이다. 그렇지 않다면 싸움을 시작할 용기를 가질 수 있는 사람은 아무도 없을 것이다.

❧

현대의 성직자들이 어떤 표정을 하고 있고, 그 때문에 어떤 인상을 주고 있는지 간단하게 말하기는 쉽지 않다. 때로는 그 표정이 '너무 지나치게 나타나' 있고, 때로는 '너무 적게 나타나 있는' 것으로 당대의 성직자임을 알아챌 수 있다.

6월

6월 1일

하느님의 신중하고 느린 인도는 직접 체험해보지 않으면 누구도 믿을 수 없는 가장 불가사의한 경험이다. 그것은 늘 고통과 불안을 통해 이루어진다. 인간은 끊임없이 가진 모든 것을 신께 바치는데, 특히 하느님의 인도를 경험하기 위해서는 정말 자신의 것이라고 할 만한 자기의지까지 완전히 신께 맡길 각오를 해야 한다. 그러면 갑자기 새로운 단계가 열리기 시작한다. 이 단계에 서면, 자신이 걸어온 길이 확실하게 보이고, 자신이 행복한 길을 선택했고, 또 지금 새로운 자유가 영원히 주어졌다는 것이 분명해진다.

그것은 하느님께서 인도하는 길에서는 한 번 지나간 것은 다시는 되돌아오지 않기 때문이다. 이것이 인간 스스로 선택한 자기 개선의 길과 다른 점이다. 스스로 선택한 길에서는 대개 무작정 뛰어오르려고 발버둥치다가 지칠 대로 지쳐 다시 세상 사람들과 같은 생각으로 되돌아가게 될 뿐이다.

라에타레(사순절 네 번째 일요일)

내 마음이여, 네가 사로잡혀 있는
고민에서 벗어나 일어서라.
네 위를 짓누르고 있던
고통의 시간은 이제 끝났다.

이날, 온 세상이 새롭게 태어난 것처럼 아름답다.
너는 이 푸른 언덕 위에
지금까지 수많은 무거운 짐을 내려놓았다.

새벽이슬은 밝은 아침햇살을 받아
풀잎마다 빛나고,
융프라우의 은백색 정상은
맑게 갠 푸른 하늘에 빛을 발한다.

가지마다 앉아 쉬는 작은 새는,
즐거운 듯 고운 날개를 가다듬는다.
마지막으로 남아 있던 검은 까마귀도
오지로 날아가 돌아오지 않는다.

조금만 더 견디는 거다,
이젠 마음을 괴롭히지 마라.
봄의 폭풍이 지나간 뒤에는
더없이 아름다운 여름의 기쁨이 찾아오리니.

⚜

당신이 남에게 가르치는 것을 스스로 실천하도록 노력하라.

젊은 시절에는 배우는 것, 가르치는 것이 본분이지만, 나이가 들면 그 실천이 확실히 눈에 보이지 않으면 안 된다. 그리하여 한 사람 한 사람이 무언가 선하고 진실한 사상의 살아 있는 표현이어야 한다. 그렇지 않으면 무의미하게 살아온 것이 된다.

6월 2일

삶에서 의미 있는 사건들이 언제나 내 의지와 상관없이, 아니 오히려 때때로 내 의지에 반하여 일어났던 경험은 나에게 우리 삶에 영향을 미치는 초감각적인 힘이 존재한다는 확신을 주었다.

⚜

국가, 또는 한 가정의 풍속과 습관은 일반적으로 선한 의미를 가지고 있다. 그렇지 않다면 그것은 아마 풍속이 될 수 없을 것이다.

우리는 그 의미를 찾도록 노력해야 한다. 그리고 아직 의미가 남아 있는 한 그 습관을 계속 지켜나가는 것이 좋다. 습관은 일을 수월하게 해주기 때문이다. 그러나 습관은 그 의미와 정신을 잃어버리면, 그것이 아무리 신성한 표정을 짓고 있더라도 자리를 양보하지 않으면 안 된다.

우리는 삶의 단계를 밟아오면서 그러한 낡은 것들을 하나씩 벗어던져 버렸다. 그것은 대개 이로운 일이지만, 때로는 너무 빨라서 오히려 생활에 정체를 가져오는 경우도 있다. 또 때로는 개선된 형태지만 다시 옛날 습관으로 돌아가기도 한다. 그러면 그 습관은 조금 냉소적인 웃음과 함께 우리를 다시 맞이해 준다. 마치 우리가 현대적인 호텔에 정신이 팔려 잠시 멀리했던 그 선량하고 고풍스러운 여관의 주인처럼 말이다.

개신교도들이 실천하고 있는 규칙적인 성서 낭독과 정해진 시간의 기도가 그런 습관 가운데 하나이다. 지금은 이 습관들을 사람들이 몹시 싫어하기 때문에 이해심 없는 부모와 교사들로 인해 아마 일시적으로는 쇠퇴할 것이 분명하다. 하지만 언젠가는 다시 되살아날 때가 올 것이다.

역사 속에는 으레 그런 일들이 일어나기 마련이지만, 성서에 기록된 과거의 추억 속에도 아름답지 않은 것들이 무척 많이 포함되어 있다. 그래서 사려 깊은 어머니들은 아이들에게 성서를 함부로 쥐어주며 읽으라고 권하지 않고, 그 중에서 여러 가지 이야기를 골라 먼저 들려준다.

아이들이 자라 성인이 되면, 그때부터 스스로 성서를 손에 드는 것이 좋다. 그리고 그렇게 성장한 사람이 자신은 성서에서 처음으로 악을 배웠다고 말한다면, 그 사람이야말로 거짓말쟁이이다.

6월 3일

진정으로 하느님을 믿는 사람들은 본디 보통사람과는 다른 종류의 인간으로, 때로는 세상에 섞여 있는 자신이 스스로 이상하게 느껴질 때가 있다. 그것은 이미 그리스도도 말했듯, 진정한 신앙은 세상의 일반적인 신앙과는 다른 것이며, '산을 움직일'*1뿐만 아니라 인간의 마음과 사상마저 움직일 수 있기 때문이다. 물론 이런 신앙은 하느님을 사랑하는 영혼에 하느님이 적극적으로

---

*1 고린도전서 13장 2절.

접근하지 않고는 일어나지 않는다. 이 하느님의 접근은 비할 데 없는 기적이며, 이것에 비하면 거기서 시작되는 모든 신비한 작용과 정신력은 그저 당연하고 자연스러운 일처럼 생각되기도 한다. 그러나 이 모든 것들이 옛날에 가능했다면, 오늘날에도 마찬가지로 틀림없이 가능하다. 그리고 지금 우리가 원하고 기다리는 것도 바로 이러한 구원이다.

창세기 49장 18절, 마태복음 21장 21~22절 참조.

⚜

금전 문제는 언제 어느 때나 깔끔하게 정리하여 늘 처지에 맞게 쓰도록 유의해야 한다. 하지만 그 때문에 필요 이상으로 마음을 혹사시켜서는 안 된다. 정도가 지나치면 자연히 인색해지거나 탐욕스러워져서 득보다 오히려 해가 될 때가 많다. 이 문제에 대해 사회주의가 부르주아 계급에 대해 하는 말들 대부분은 진실이다. 하지만 그들이 사용하려는 수단은 옳다고 할 수 없다.

당신은 아이들에게 일찍부터 금전을 소유하게 하여, 그것을 합리적으로 잘 다룰 수 있도록 가르쳐야 한다. 프랑스인은 이 점에서 비교적 교육을 잘 받고 있어서, 좀처럼 그들의 처지를 넘어서는 생활을 하는 일이 없다. 이것은 독일인을 능가하는 가장 큰 장점이다. 실제로 국민의 부는 그 풍요로운 국토에서보다 이 습관에서 훨씬 더 잘 형성된다.

6월 4일

요한계시록 3장 20절에는 하느님의 영혼이 우리 마음의 문 밖에 서서 두드릴 때, 우리가 그 문을 열 거라고 적혀 있다. 우리의 소망에 응하여 하느님의 영혼이 더 좋은 삶의 문을 열어주는 것이 아니라는 의미인데, 이것은 인간의 자유 의지에 대한 중요한 견해이다. 그러나 우리가 문을 여는 일조차 하지 않는다면, 그만큼 우리의 책임도 크다고 하지 않을 수 없다. 왜냐하면 이 경우는 할 수 없는 것이 아니라 그저 원하지 않을 뿐이기 때문이다. 즉 지금 바로 눈앞에 있어서 당장이라도 손에 넣을 수 있는 구원을 거절하는 것과 다름없기 때문이다.

✤

언제나 자신의 신분에 맞게 간소하면서도 단정한 차림새를 갖추는 데 유의하라. '아무렇게나 걸쳐 입은' 복장은, 특히 외국에서는 사람들의 눈길을 너무 끄는 멋스러운 복장과 마찬가지로 피하는 것이 좋다. 왜냐하면 유감스럽게도 우리는 나라를 대표하는 국민의 한 사람으로서 우리의 겉모습으로 평가받기 때문이다.

6월 5일

그리스도교계는 완벽한 사람들의 사회가 아니며, 약한 사람들의 사회, 자기가 약하다는 것을 알고 이 길을 통해 전진하여 바른 생활을 영위하려는 선한 의지를 가진 사람들의 사회이다.

보헤미아 형제단 찬송가 395번, 400번 참조.

✤

인도주의와 영원한 평화에 대하여 함부로 얘기하는 것은 좋지 않다.

당신은 만나서 인사하는 사람마다 진심으로 그에게 좋은 일이 있기를 기원하고 있는가? 만약 그렇다면 당신은 인간적이고 친절한 마음의 소유자이지만, 그렇지 않다면 당신의 말은 그저 입발림일 뿐이며 의사당에서는 어울려도 우리에게는 어울리지 않는다.

6월 6일

현대의 완전히 거꾸로 가는 종교 교육은 하느님을 사랑하는 것은 전혀 가르치지 않고, 오히려 하느님을 두려워하는 것만 가르치고 있다. 물론 그 이면에는 실은 하느님에 대한 두려움에서 해방될 수 있기를 바라는 생각이 숨어 있다. '두려움은 고통'이기 때문이다. 유감스럽게도 우리는 유일한 하느님을 가진 행복을 대개 인생의 만년에 가서야 비로소 알게 된다. 이미 구약성서에서 어느 정도 비통한 투로 표현되어 있는 탄식, 다시 말해 이 유일한 하느님은 이전에 하느님 이외의 신들(때로는 참으로 불순한 신들)이 지니고 있었던 성향을 일단 받아들이지 않을 수 없었다는 탄식은 오늘날에도 해당되는 살아 있는 진실이다. 예레미야 30장, 호세아 2장 참조.

나아가서 복음서, 특히 그리스도가 말한 것으로 전해지는 말들은 모두 영이며 생명이다. 따라서 그 말들은 영이며 생명으로서 설교되고 이해되지 않으면 안 된다. 영혼이 담기지 않은 설교와 형식적으로 교회에 소속되어 있는 것은 다른 어떤 것보다 더 사람들을 진리에 무감각하게 만든다. 그런 것들이 그리스도교에서 사람들을 멀어지게 하는 것이다.

요한복음 6장 63·68절 참조.

✤

어떤 종류의 고용인이든 군대와 마찬가지로 그의 의무를 확실하게 부여해야 된다. 이 점에서는 조금도 사정을 봐줄 필요가 없다. 그러나 그들이 의무를 다하면, 이번에는 당신 쪽에서 그들에게 급료를 지불하는 것 이상의 의무를 지게 된다. 그렇지 않으면 당신은 결코 좋은 고용인을 둘 수 없을 것이다.

6월 7일

인간에 대해 동정심을 가지고 바라볼 수 없다면, 세상과의 접촉은 우리의 내적 인간을 반드시 해칠 것이다. 이것이 수도원 생활을 정당화하는 이유이다. 물론 그것은 단지 상대적인 시인을 의미할 뿐이다. 그 밖에도 피할 수 있는 길이 있기 때문이다. 우리는 실제적인 교훈에 대해 솔직하게 마음을 열고, 누구에게서나 감사하는 마음으로 받아들여야 한다.

이에 반해 일반적인 인생관에 대해서는 역시 끊임없는 사색과 경험을 통해 내부에서 성숙시키고 또한 순화하도록 노력해야 하지만, 이 점에 있어서는 다른 사람의 영향에 늘 마음을 열어야 하는 것은 아니다. 뿐만 아니라 우리가 시대정신과 양립하지 못하고 대립한다면, 우리의 인격을 희생하면서까지 따라야 할 가치가 있는 것은 여간해서 찾기 힘들다. 오히려 개인이 시대정신에 다른 방향을 부여한 적도 지금까지 적지 않았다.

민중과 노예와 정복자는
어느 시대에나 이렇게 고백한다
지상의 아들들에게 가장 큰 행복은
오직 인격을 가지는 것이라고.

사람은 자기를 잃지 않는 한
어떤 삶을 영위하든 상관없다.
자신의 본분을 지킨다면
모든 것을 잃어도 상관없다.

—괴테 《서동시집》

세세한 관찰에 지나치게 마음을 쓰는 사람이 어떻게 위대한 것을 이해할 수 있으랴.

—베이컨

✤

고린도후서 4장 16절, 고린도전서 15장 57절, 1장 6~9·18절,*2 로마서 6장 12~14절, 4장 3절을 보라.

이제 당신은 사도 바울이 그의 교회에 보낸 편지를 읽고 그것에서 도움을 얻을 수 있을 만큼 진보를 이룩했다. 그 전에 초보 단계에 있었을 때는 반드시 그렇지는 않았다. 이와 같이 모든 말이 어떤 시기에나 똑같이 적용되는 것은 아니다.

그것이 단적으로 말해 그리스도 말의 특징이다.*3

6월 8일

마태복음 18장 6·7·10절, 12장 36절, 25장 40절, 17장 27절, 누가복음 6장 45

---

*2 고린도후서 4장 16절, 그러므로 우리가 낙심하지 아니하노니, 겉 사람은 후패하나 우리의 속은 날로 새롭도다.
　고린도전서 15장 57절, 우리 주 예수 그리스도로 말미암아 우리에게 이김을 주시는 하느님께 감사하노니.
　고린도전서 1장 6~9절, 그리스도의 증거가 너희 중에 견고케 되어, 너희가 모든 은사에 부족함이 없이 우리 주 예수 그리스도의 나타나심을 기다림이라. 주께서 너희를 우리 주 예수 그리스도의 날에 책망할 것이 없는 자로 끝까지 견고케 하시리라. 너희를 불러 그의 아들 예수 그리스도 우리 주로 더불어 교제케 하시는 하느님은 미쁘시도다.
　고린도전서 1장 18절, 십자가의 도가 멸망하는 자들에게는 미련한 것이요, 구원을 얻는 우리에게는 하느님의 능력이라.
*3 마태복음 7장 29절.

절, 9장 54~56절, 10장 5절, 12장 15·29절, 14장 13절, 16장 9~10절, 17장 3절을 보라. 이것은 일상생활에 대해 그리스도가 한 말이다.

우리는 날마다 그것에 따르기도 하고 따르지 않기도 하면서 살고 있는데, 그것은 우리 자신과 가족, 우리가 교제하는 모든 사람들의 행복과 깊은 관련을 가지고 있는 말들이다. 하느님 나라에 속한 사람을 우연히 만남으로써 우연하게 하느님 나라로 인도되기도 하고, 그렇지 않으면 인도되지 않는 사람도 있다. 현대 영국의 한 여류문필가는 이에 대해 다음과 같이 말했다.

"모든 만남, 이별, 인사의 기회, 약속과 모임, 이것들은 우리를 향해 열려 있는 기회이며, 그것을 어떻게 이용하는가는 당신에게 달려 있다. 우리의 자식, 하인, 친구, 지인들에게 우리는 날마다 그리고 하루 종일 감화, 즉 이 세상에서 가장 좋은 것 또는 나쁜 것을 분배하고 있다."

⚜

세상을 그대로 내버려 두어라. 세상은 지금 바울의 편지에 적혀 있는 시대와 같은 단계에 있다. 데살로니가후서 2장 11~13절, 데살로니가전서 5장 5~9*4·16~17절, 빌립보서 4장 4~7절을 보라. 우리가 해야 할 일은 지금 한창 가열된 적과 아군의 잘못된 싸움 한복판에 휩쓸리지 않고 그 가운데 올바른 태도를 보여주는 것이다. 이 싸움에서는 당분간 그리 좋은 결과를 얻지 못할 것이다. 하지만 이 싸움에서 구원받으려고 구조선의 뱃전에 매달리는 조난자들을 받아들이기 위해 그리스도교는 늘 자리를 지키고 있어야 된다.

그런데 생활과 노력의 새로운 출발을 수없이 되풀이해야 하는 우리 그리스도인에게 마침내 마지막 새로운 출발이 찾아온다. 이제 신학서와 철학서를 완전히 치워버려도 된다. 당신은 이제 충분히 실천할 수 있는 힘을 길렀다. 실천은 언젠가 미래의 나라에서 우리의 유일한 의무가 될 것이다. 그곳에는 더 이상 교회와 책과 설교 같은 것은 없고 오직 생활과 실천이 있을 뿐이며, 이 지

---

*4 너희는 다 빛의 아들이요, 낮의 아들이라. 우리가 밤이나 어두움에 속하지 아니하나니, 그러므로 우리는 다른 이들과 같이 자지 말고 오직 깨어 근신할지라. 자는 자들은 밤에 자고, 취하는 자들은 밤에 취하되, 우리는 낮에 속하였으니 근신하여 믿음과 사랑의 흉배를 붙이고, 구원의 소망의 투구를 쓰자. 하느님이 우리를 세우심은 노하심에 이르게 하심이 아니요, 오직 우리 주 예수 그리스도로 말미암아 구원을 얻게 하신 것이라.

상에서는 힘든 노력의 결과물이었던 것이 그곳에서는 우리의 자연스런 본성이 되어 있을 것이다. '여호와여, 나는 주의 구원을 기다리나이다.'[*5]

6월 9일

오바댜 12장, 미가 7장 7~11절, 나훔 1장 7~12절을 보라. 이 고대 예언자의 말들은 직업상 이 책을 읽는 일이 없는 일반인에게는 친밀감이 덜할지도 모른다. 그러나 거기에는 위대한 진리와 고난의 시기를 위한 진실한 위로가 들어 있다.

'그들의 하느님이 어디 있느뇨'[*6]라는 물음은 현재 수많은 나라들의 '실리주의 정치'를 향해 끊임없이 제기되고 있다. 그것에 대한 대답은 마치 고대 세계의 여러 거대국가에서도 그 대답을 주어야 했던 것처럼, 반드시 주어져야 될 것이다. 그 나라들은 지금 어디에 있는가? 오직 유대의 소민족이 남아 있을 뿐이다. 이 민족은 그 모든 결점과 불신에도, 또 그 무렵 그들이 지었던 그 무거운 죄—그리스도를 십자가에 매단 죄—에도 불구하고, 앞으로도 계속 살아갈 것이다. 마태복음 27장 25절, 사도행전 3장 14·15절, 7장 52절 참조.

왜냐하면 '하느님의 은사와 부르심에는 후회하심이 없기'[*7] 때문이다. 우리가 사실상 하느님을 버렸을 때도 하느님이 하신 약속은 변함이 없다. 우리가 하느님을 버릴 때는 틀림없이 벌이 내리지만, 비록 불완전하기는 해도 어쨌든 하느님을 믿는 자는 영겁의 벌—하느님으로부터의 거부—을 받는 일이 없다.

예레미야 1장 19절, 15장 11~13절, 29장 11·12·13절, 30장 16절, 31장 31절, 이사야 55장 6·7절, 57장 17~21절, 41장 8~13절, 40장 27~31절, 30장 18~22절, 28장 24~29절 참고.

❦

사무엘상 3장 4·19~21절,[*8] 신명기 13장 3·5·9·11절을 보라.

[*5] 창세기 49장 18절, 시편 109편 26절.
[*6] 요엘 2장 17절.
[*7] 로마서 11장 29절.
[*8] 여호와께서 사무엘을 부르시는지라. 그가 대답하되 내가 여기 있나이다.
　　사무엘이 자라매 여호와께서 그와 함께 계셔서, 그 말로 하나도 땅에 떨어지지 않게 하시니, 단에서부터 브엘세바까지의 온 이스라엘이 사무엘은 여호와의 선지자로 세우심을 입

만약 평생에 한 번이라도 이러한 하느님의 말을 들을 수 있다면, 당신은 이 지상의 삶에서 더 이상 아무것도 원하지 않게 되고, 삶의 결산을 엄청난 흑자로 영원히 끝내버리고, 그 밖의 다른 인생의 보물을 찾지 않게 될 것이다. 실제로 그 뒤에도 여전히 인생의 보물을 찾고자 한다면, 그것이야말로 정말 이해하기 힘든 나약한 마음이며, 자신에게 주어진 최상의 것을 경시하는 것이라고 할 수 있다. 그렇기 때문에 하느님의 말은 모든 사람에게, 또 너무 일찍 들리는 일이 결코 없다.

6월 10일

블룸하르트*⁹와 그 밖에 역사적으로 검증된 기적을 행한 사람들의 '힘'의 원천은 오직 '사욕이 없는' 사랑이었다. '사욕이 없는'이라는 수식어를 덧붙이지 않으면 안 되는 것은 유감이지만, 이것은 꼭 필요한 표현이다. 그 표현은 또 이러한 신비한 사람들의 수많은 모방자들은 물론이고, 그들 자신에게도 마음의 동요가 일어나거나 때로 그 이상한 힘이 사라지는 데 대한 이유를 설명해준다. 이 사랑은 그것과 불가분의 관계에 있는 신앙과 마찬가지로 성서에서 말하는 커다란 진주*¹⁰이며, 그것을 손에 넣으려면 다른 모든 것을 버리지 않으면 안 되고, 또한 끊임없이 시험받고 이용되므로 언제 어느 때나 있어야 한다.

진정한 사랑은 불과 마찬가지로 때때로 강해졌다가 약해지기도 하는 것으로 늘 일정한 수준을 유지하는 것이 아니다. 더욱이 절대로 속이는 것은 불가능하다. 신앙은 스스로 신앙을 가지고 있는 것처럼 생각하고, 또 타인을 설득하여 그렇게 생각하게 할 수 있다. 그러나 사랑에 대해서만큼은 불가능하다. 사랑에는 오직 진실만이 문제가 된다. 거짓은 시련의 날을 만나게 되고, 그때 실로 무서운 대가를 치른다. 이 사랑이라는 인류의 성스러운 보물을 위조하면 반드시 벌을 받게 된다.

신앙의 열쇠는 본디 사랑이다. 하느님이나 그리스도에 대한 반감이 작은 흔적이라도 마음에 남는 한, 신앙을 이루기는 어려운 일이다. 그러나 나중에라도

은 줄을 알았더라. 여호와께서 실로에서 다시 나타나시되, 여호와께서 실로에서 여호와의 말씀으로 사무엘에게 자기를 나타내시니.

*9 1842~1919. 독일 개신교 목사, 사회주의자, 정치가.

*10 마태복음 13장 45~46절.

이 반감이 완전히 사라지면 그때부터는 쉬워진다. 이 장애를 극복하는 데 신학 같은 것은 전혀 도움이 되지 않는다. 진정한 신앙에 이르는 길은 오직 하나, 이 반감을 버리는 것뿐이다. 만약 누군가가 자신은 믿을 수 없다고 말한다면, 그 근본 원인은 바로 그리스도에 대한 반감에 있으며, 정면으로 그에게 그 점을 비난해도 된다.

성령강림제 전야
(사무엘하 5장 24절)

"너희는 깨끗하게 정화되었다." 이제 하루만 더 견디면 된다.
나의 오랜 신뢰여! 한 번만 더 견뎌다오.
이미 징후는 나타나기 시작했다. 이제 곧 하느님의 은총이
넘치는 강물이 되어 네 위에 쏟아지리니.

조금만 더, 오, 마음이여! 낙담해서는 안 된다.
뽕나무 속에서 벌써 술렁거리는 소리가 들려온다.
주여! 바로 지금, 말씀을 들려주소서. "자, 빛이 있으라!" 하고.
그러면, 동이 터 오고 악몽은 모두 사라지리니.

❀

선에 대한 인간의 내적 진보의 단계는 다른 단계와 같지는 않다. 따라서 그리스도교단과 교회를, 목자 한 사람을 선두로 한 똑같은 무리의 양 떼로 생각하는 것은 잘못이다. 이것은 복음서에 나오는 비슷한 비유를 지나치게 극단적으로 교회적 관념에 이식한 것이다.

한 사람 한 사람의 영혼은 완전히 독자적인 정신적 존재이며, 그 영혼이 충족되려면 실제적으로도 그런 존재로서 대우받아야 한다. 획일주의에서는 무기력과 위선이 태어나기 쉽다. 또 유감스러운 일이지만, 현대 문명국의 민중 속에 뿌리내리고 있는 교회에 대한 깊은 혐오 또한 획일주의에서 비롯된 것이다. 이것은 교회의 올바른 개혁 사상을 원하지만, 아직 그것을 찾지 못하고 있는 진리에 대한 이를테면 반발이다. 그러한 올바른 사상은 꽤 오랜 시간을 거쳐, '죽

은 자가 죽은 자들을 장사지낸*11 뒤에 비로소 나타날 것이다. 실제로 그것은 오늘날 이미 시작되고 있다.

6월 11일

히브리서 10장 30절, 신명기 32장 36절을 보라. '주께서 그의 백성을 심판하리라.' 이 말은 고난이 닥쳤을 때, 특히 민족 전체의 고난일 때, 우리가 얻을 수 있는 가장 큰 위안이다. 주의 심판을 받을 때, 우리는 주의 백성임을 확실하게 알기 때문이다. 주는 다른 백성이 잘못된 길을 가는 대로 내버려 두어, 결국 그들의 행위에서 비롯된 윤리적 귀결에 따라 가차없이 파멸하게 만든다. 또 주는 그 경우에도 그들의 나라를 조금은 너그럽게, 그러나 때에 맞춰 심판하든지, 아니면 조금 늦으나 가혹하게 심판하지만, 어느 쪽이든 하느님은 늘 그곳에 사는 주의 종들을 가엾게 여긴다는 것은 말할 필요도 없다. 히브리서 10장 35~39절 참고.

⚜

마태복음 8장 22절*12을 자세히 보라.

그 자체가 바로 선(善)인 것들이 수없이 우리 곁을 지나간다. 우리는 그것들이 지나가는 대로 보내주어야 하며, 끝없이 되풀이하고 싶어해서는 안 된다. 생활은 반드시 부단히 진보해야 하며, 이미 지나간 것의 단순한 되풀이여서는 안 된다. 최후의 날까지 그날그날이 하나의 창조가 되어야 한다.

6월 12일

인간의 경력이란 사실 커다란 환영에 지나지 않는다. 그 매끄러운 껍질 속에 숨겨진 것을 보려는 사람은 아무도 없다. 다만 이따금 이 껍질에 갑자기 균열이 생겨, 하느님이 꿰뚫어보시는 대로 내부의 실상이 드러날 뿐이다. 따라서 거의 모든 사람의 판단과 전기(傳記)에는 진실이 반밖에 들어 있지 않다. 거기에는 피상적인 것만 나열되어 있을 뿐이다.

그러나 인간적인 공정함에서 본다면, 19세기 문명의 '성과'를 일방적으로 찬

---

*11 마태복음 8장 22절.
*12 죽은 자들로 저희 죽은 자를 장사하게 하고 너는 나를 좇으라!

양한 데 대한 반동에서 나온 정치적 염세주의의 영향 아래 오늘날 일반적으로 인식되고 있는 것보다는 훨씬 뛰어나다. 그러므로 널리 세상에 알려진 인물이 죽은 지 얼마 안 되어 그에 대해 이를 세간의 평판은 대체로 옳은 의견이며, 비록 곧바로 목소리를 높여 선전되지 않아도 오래도록 이어진다.

적어도 내 기억에는 인간적으로 나쁜 사람이 명성을 오래 유지한 예는 역사상 단 한 사람도 없었다. 그런데 인간적으로 나쁜 데도 명성을 오래 유지하는 경우가 많다고 하면, 그것은 선한 인간도 때로는 약점을 지니고 있거나 중대한 잘못을 범하지 않을 수 없다는 것에 기인할 것이다. 그래도 근본적으로 그들이 선하다면 그런 잘못도 특별히 용서받을 수 있다. 성직자들부터 종교개혁자에 이르기까지 교회의 유명한 지도자들 대부분이 그 좋은 실례다. 비스마르크와 괴테, 프리드리히 대왕 또한 마찬가지다.

여기서 분명히 알 수 있는 것은 인간의 가슴속에는 정의에 대한 억제할 수 없는 욕구가 존재한다는 것이다. 이 욕구는 실제로 존재하고 있고, 그것은 우리가 생명을 걸고 신뢰하고 있는 하느님의 정의의 여운이며 그 작용이다. 잠언 10장 7절 참고.

⚜

마태복음 11장 27절*13을 보라. 우리는 하느님과 그리스도를 직관적인 계시를 통해서만 알 수 있다. 그런데도 엄청난 양의 신학과 그리스도론이 쏟아져 나오고 있고, 지금도 새롭게 쓰기 시작할 수 있다니 놀라울 뿐이다.

그것이 비록 예수를 호의적 시선으로 바라보며 쓴 것이라 할지라도 어떤 종류의 '예수전(傳)'도 신뢰해서는 안 된다.

어떠한 인간도 자신의 힘으로 그런 전기를 쓸 수 있는 사람은 없다. 더욱이 그것이 가능한 사람은 결코 쓰지 않는다. 누군가 그런 책을 썼다는 사실만으로도 그 사람에게는 불리한 증거가 될 수 있다. 이 말이 가혹하게 들릴지도 모르지만, 그 사람도 틀림없이 이 사실을 깨닫게 될 것이다. 그래서 우리도 감히 이것을 주장할 수 있고, 또 그런 책을 거부하는 것도 당연한 일이다.

---

*13 내 아버지께서 모든 것을 내게 주셨으니 아버지 외에는 아들을 아는 자가 없고, 아들과 또 아들의 소원대로 계시를 받는 자 외에는 아버지를 아는 자가 없느니라.

6월 13일

우리가 행복을 느끼기 위해서는 머릿속은 언제나 계획으로 가득하고 마음은 사랑으로 가득해야 한다는 말은 진실이다. 그러나 클레르보의 성 베르나르의 다음 말은 실천하기 쉽기 때문에 우선되는 진실이라고 할 수 있다. '진실하고도 가장 큰 기쁨은 피조물한테서 받는 것이 아니라 조물주한테서 받는 것이다. 당신이 일단 이 기쁨을 소유하면, 누구에게도 빼앗기는 일이 없다. 이에 비하면 어떤 쾌락도 고뇌이고, 어떤 환희도 고통이며, 어떤 감미로움도 쓰고, 어떤 영화도 하찮은 것이 되고, 어떤 오락도 경멸스러운 것이 된다.'

또 성 보나벤투라의 '하느님이 어떤 사람에게 자신을 사랑하는 은총을 주었다면, 그 사람은 충분한 행복을 얻은 것이다'는 이 말은 종교 또는 신학이라고 불리는 것을 가장 간결하게 요약한 말이다. 이 영역에서 가장 뛰어난 학식도 더 이상을 의미하지 않는다. 이 이외의 것은 모두 행복에 이르는 데 필요한 것이 아니다.

하느님에 대한 사랑만이 우리를 이기주의에서 완전하게 해방시킬 수 있는 진정한 자기 개선의 시작이다. 이 하느님에 대한 사랑이 특별히 강해지지 않으면, 인간애와 인도주의, 윤리 같은 것도 아무런 힘이 없는 공허한 말일 뿐이다. 고린도전서 13장 1~3절, 보헤미아 형제단 찬송가 238번·501번·534번·591번 참고.

⚜

마태복음 24장 11·12·35절,*14 25장 21절, 26장 41절을 보라.

이것이 바로 현대의 특징이다. 당신은 이것에 미리 각오하고 대처하지 않으면 안 된다. 이것은 결코 좋은 시대가 아니며, 정부 허가를 얻은 교회와 그리스도교에도 좋은 영향을 줄 수 없다. 왜냐하면 이제 많은 사람들이 이단의 그릇된 말을 전하는 자를 보호하는 국가를 의지할 수 없게 되어 가르침에 등을 돌리고 가버릴 것이기 때문이다. 그러나 이 가운데서도 여전히 그리스도와 닮

---

*14 마태복음 24장 11~12절, 거짓 선지자가 많이 일어나 많은 사람을 미혹하게 하겠으며, 불법이 성하므로 많은 사람의 사랑이 식어지리라.
　　마태복음 24장 35절, 천지는 없어지겠으나 내 말은 없어지지 아니하리라.

은 점을 갖추고 있는 자는 이 폭풍을 이겨내고 최후에 재림하는 주로부터 선한 종이라는 증거를 얻게 될 것이다.

6월 14일

책을 지나치게 많이 읽는 것은 그것이 흔히 말하는 양서와 종교적인 책이라 하더라도, 아직 자신의 생각이 확고하지 않은 사람에게는 좋지 않을 수가 있다. 왜냐하면 그런 사람은 남의 의견과 기분에 물들기 쉬운 데다, 그 남의 의견과 기분이라는 것도 대개 완전히 진실이라 할 수 없고, 또 그 사람의 사정에도 어울리지 않을 수가 있어서 자신의 진정한 필요를 잃어버리고, 자신의 신념이나 그 삶의 사명에 대해서도 방황하게 되기 때문이다.

반대로 좋은 책 몇 권을 읽고 그것에 대해 생각에 생각을 거듭하는 것은 그 사람을 진보시켜 준다.

⚜

당신은 이미 수천 년 전에 기록된 것처럼*15 금세 오만해졌다가 이내 기운을 잃는 일이 없는 견고한 마음을 얻기 위해 노력해야 한다.

세속적인 사람들이 그리스도교인에 대해 가장 비난하고 있는 점이 바로 이 견고한 마음이다. 즉 그리스도교인들이 이따금 아주 작은 일에서도 불행을 만나면 몹시 실망하여 눈물 짓고, 행복하면 크게 교만해지는 것을 보기 때문이다.

"그런 일이라면 우리도 할 수 있다"고 세상 사람들은 말한다. "게다가 우리에게는 더 많은 즐거움이 있단 말이야!" 하고.

6월 15일

신앙이 아예 없는 것보다는 미약하더라도 있는 것이 훨씬 낫다. 그러니 신앙의 마지막 작은 불씨까지 완전히 꺼뜨리는 일이 없도록 하라. 남아 있는 불씨를 다시 일으키는 것은 쉽지만, 처음부터 새롭게 불을 붙이는 것은 훨씬 어려운 일이다.

---

*15 아마 구약성서 사무엘에 있는 다윗을 가리키는 듯하다.

'용기를 잃지 말고, 용감한 사람이 되라. 그러면 필요할 때 당신에게 위안이 주어질 것이다.' 용기는 순수한 인간적인 성질 가운데에서 가장 쓸모 있는 것이다. 보통 용기는 아주 짧은 기간만 필요하며, 그때 용기를 발휘하면 모든 것이 전보다 훨씬 좋아진다. 그러나 금세 지나가버리는 중요한 순간에 용기를 내지 못한다면, 그것 때문에 평생의 노력이 물거품으로 돌아갈 수도 있다.

따라서 무슨 일이 있어도 용기를 잃어서는 안 된다. 만약 어떤 일을 그만두는 것이 틀림없는 하느님의 뜻이라면, 그 일에서 잠시 손을 떼고 하느님의 도움의 손길을 굳게 믿으며 기다려야 할 것이다. 진실로 하느님의 도움은 그 어떤 것에 의해서도 방해받는 일이 없고, 또 모든 손실을 보상해준다.

요엘 2장 13·21·25~27절, 누가복음 22장 61·62절, 잠언 10장 29절, 히브리서 10장 35절, 보헤미아 형제단 찬송가 686번·660번·661번 참조.

이런 의미로 이해하면 다음과 같은 부처의 말 또한 좋은 것이다.

'마음이 바른 생각으로 채워져 있으면 나쁜 일이 끼어들 틈이 없다.'

사실 우리는 늘 올바른 생각만 하고 있는 것은 아니다. 올바른 생각도 때때로 바람에 날려가듯이 사라질 때가 있다. 물론 그 자리에서 그 생각을 다시 불러올 수는 없다. 그러나 용기는 언제나 조금의 노력을 기울이면 한동안 유지할 수 있는 기분이며, 머지않아 도움을 받아 상황이 호전된다. 전쟁에서도 그렇다. 인생은 전쟁과 닮은 데가 있어서 같은 전술적 원리에 따라 영위되는 것이다.

❦

어떤 희생을 치르더라도 반드시 회복해야 하는 진정한 그리스도교는 단순히 어떤 사실에 대한 믿음이나 교회의 일정한 신앙조항에 대한 믿음이 아니다. 야곱이 그토록 격정적이고 당당하게 말했듯이, 그런 신앙이라면 '귀신들도 믿고 떠들 것*16이다. 진정한 그리스도교에는 반드시 하느님과 그리스도에 대한 사랑이 있어야 한다. 또한 교의적이고도 정통적인 형식에 따르면, 그리스도교에는 하느님에 대한 사랑이 필요하다―참고로 이에 대해서는 요한복음 14장 21~23절*17에서 하느님과 그리스도의 위격(位格)에 대해 구별을 짓고 있는 것

같다. 이러한 사랑만이 진정한 그리스도교에 이르는 근거가 된다. 이 감정을 흔히 생각하는 사랑이라고 부르는 것은 적합하지 않다. 사랑이라는 말은 너무나 자주 남용되는 경향이 있고, 그리스도에 대한 사랑이라는 말도 여기저기서, 특히 아름다운 보헤미아 형제단의 찬송가 속에서나 여성들의 입에 오르내릴 때는 광신적인 형태까지 띠기 때문이다.

또한 구약성서에서 자주 나오는 결혼과의 비교도 우리 같은 세속적인 민족에게는 적절하지 않다. 오늘날 우리는 결혼을 대등한 위치의 관계로 생각하기 때문이다. 마찬가지로 이스라엘 민족에 존재했던 가부장적 부자관계도 이제 우리 사회에는 존재하지 않기 때문에 그것을 인용할 수는 없다. 그러나 이런 종류의 최상의 인간관계와 닮은 사랑이라면, 하느님과의 사이에 맺을 수 있다. 이 사랑이 당신에게 요구하는 것은 오직 성실과 신뢰이며 그 이상의 것은 없다. 당신이 신앙을 계속 유지하고 싶다면, 반드시 성실과 신뢰를 가지고 있어야 한다. 마태복음 12장 43~45절 참고.

이 하느님과의 사랑이 알려지면 지금까지의 친구들은 당신을 떠날 것이다. 왜냐하면 그들은 하느님과의 사랑을 몽상이나 사고력의 나약함으로 해석하고, 또 초자연적인 하느님과의 결합에 대해 정치적, 교회적 또는 철학적인 의심을 품기 때문이다—실제로 하느님과의 사랑은 이런 문제에 대한 당신의 태도에 강한 영향을 미치게 될 것이다. 당신은 그런 입장을 견뎌내야 할 뿐만 아니라 세속적인 모든 명예도 단념해야 한다. 요한복음 5장 44절, 마태복음 16장 24~26절, 4장 8~10절 참조.

그러나 특별한 경우를 제외하면 대체로 이 일은 당신이 상상하는 것보다 훨씬 쉽다. 뿐만 아니라 몇 명의 진실로 선한 친구를 얻음으로써 보상받을 수 있다. 당신이 굳이 원하지 않고, 신앙으로 움직이는 작은 모임에 가입하지 않더라도 말이다.

당신 쪽에서는 친구들이 교제를 허락하고, 또 당신에게 좋지 않은 감화만 주지 않는다면, 옛 친구에 대한 우정을 끝까지 지켜가야 한다. 마태복음 12장 46~50절 참고.

사랑을 받을 것이요, 나도 그를 사랑하여 그에게 나를 나타내리라.

6월 16일

처음부터 인간에게 위안을 구하지 말고 하느님에게 위안을 구해야 한다. 그래서 일단 안정을 얻은 다음 인간에게 눈을 돌려야 한다. 그렇게 하면 인간은 우리에게 유익한 영향을 주고, 우리도 그들의 조언을 올바르게 받아들여 그것을 이용할 수 있다.

조이제*18의 사교에 대한 네 가지 요령은 현대에 더욱 유익하다. '어느 누구든 친절하게 맞이할 것, 말은 짧게 할 것, 위로하여 돌려보낼 것, 그리고 그 사람에 대해 언제까지나 걱정하지 말 것.'

❧

마태복음 9장 36~37절,*19 5장 43~45·25절을 보라.

이 세상의 어마어마한 빈곤과 각 나라의 넓은 서민층이 부유한 상류 계층에 대해 품는 증오의 깊이에 대해, 대부분의 상류층 사람들은 제대로 이해하지 못하거나 아예 보지 않기 위해 일부러 눈을 감는다. 이러한 상류층의 무지를 거의 허락하지 않은 것이 사회민주주의의 공적 가운데 하나이다. 상류층의 세력을 억제하려는 정책은 정부에게는 폭력적 탄압이요, 자유주의적 부르주아 계급에게는 양보와 타협이다. 그러나 양쪽 다 이 증오를 뿌리째 뽑아낼 수는 없다. 그것은 오직 사랑을 통해서만 이룩할 수 있는 일이다.

하지만 사랑이 어디까지나 순수한 사랑으로 남아 있고, 또다시 사회적 기구로 타락하지 않도록 조직하는 것, 이를테면 단순히 기부자 명단의 서명으로 기부금을 모아 일정 금액을 확보하고, 위원회를 선정하고 서기와 관리자를 임명하면, 그 일로 그들은 생활하며 해마다 보고서나 제출하는 결과가 되지 않도록 사랑을 사랑 그대로 조직하는 것이 앞으로 더욱 깊이 생각해야 할 문제이다.

일반적으로 사회시설로서 비교적 번창하는 것은 소규모로, 기획자 한 사람의 신앙으로 시작되어 하느님의 은혜에 힘입어 점점 성장해 가지만, 수입이 보장되지도 않고 또 협회 형식을 취하지도 않는 시설이다. 어쨌든 부채와 손실에

＊18 14세기 독일의 신비주의자.
＊19 무리를 보시고 민망히 여기시니, 이는 저희가 목자 없는 양과 같이 고생하며 유리함이라. 이에 제자들에게 이르시되 추수할 것은 많되 일꾼은 적도다.

대해서 복음서에서 보충할 근거를 찾아낼 수는 없다. 그리스도는 그 무렵 이미 비극적인 상태였던 민중의 빈궁을 구제하기 위한 기부금 모집을 명령한 적이 한 번도 없었다. 그럴 기회가 분명히 있었을 것으로 생각되는 때에도 명령하지 않았다(마태복음 14장 16~19절*20). 그리스도는 자신이 가진 것을 사람들에게 주고, 사람들이 이를 본받아 하느님의 축복을 받는 것을 기쁨으로 삼고 있었다. 그런데 오늘날에는, 곤궁한 자들을 진정으로 동정한다면 어렵지 않게 그들을 도와 고통을 완화시켜줄 수 있고, 그래서 누구보다 먼저 그렇게 해야 할 의무가 있는 사람들이, 대중을 향해 기부를 공공연히 호소하며, 오직 권유만 하는 경우가 많다.

아무런 일도 하지 않아 빈곤에 빠진 예루살렘 교회를 위해 바울이 행한 최초의 '기부금 모집'에도 아마 자신의 이름을 그 땅에 사는 사람들이 기억해주기를 바라는 소망이 얼마쯤은 있었겠지만, 우리는 그 헌금에 대해 실제로 어떤 축복이 내려졌는지는 아무것도 읽을 수 없다. 오히려 그 땅의 수혜자들은 이 사도에게 좋지 않은 조언을 했을 뿐만 아니라 그가 붙잡혔을 때도 그를 위해 아무것도 해주지 않았다. 이것은 사도의 헌금에 대한 심판이기도 했다.

고린도전서 16장 참조.

6월 17일

출애굽기 2~4장, 시편 110편 1·2절을 보라.

한 사람의 생애에서 아주 오랜 기간 동안, 시편 110편의 기다리라는 요구가 끊임없는 하느님의 인도로서 도움이 되는 경우가 있다. 그러나 그 뒤에 갑자기 그것과는 반대로 "자, 이제 나는 너를 이집트에 보내리라" 하고 명령이 내려진다. 이에 대해 "주여, 다른 사람을 보내주소서" 하고 대답하는 것은 허락되지 않는다. 이 두 가지 명령에 기꺼이 따르며 양쪽의 시간을 잘 활용할 수 있는 자가 내적 진보를 가장 빨리 이룩할 수 있다. 그러나 보통 사람들은 그 어느 쪽도 따르지 않는다.

---

*20 예수께서 가라사대 '갈 것 없다. 너희가 먹을 것을 주라.' 제자들이 가로되 '여기 우리에게 있는 것은 떡 다섯 개와 물고기 두 마리 뿐이니이다' 가라사대 '그것을 내게 가져오라' 하시고, 무리를 명하여 잔디 위에 앉히시고, 떡 다섯 개와 물고기 두 마리를 가지사 하늘을 우러러 축사하시고, 떡을 떼어 제자들에게 주시매 제자들이 무리에게 주니.

악인이 더 이상 후회를 느끼지 않게 된다는 것은 그에게 가장 무거운 형벌이 내려졌음을 의미한다. 자신의 악을 알면서 뉘우치지 않는 것은 이미 이 세상에 있으면서 지옥에 있는 것이나 다름없다. 그런 경우 결국에는 광기에 이르는 것이 당연한 일이다.

이에 반해 악인이 구원의 필요성을 절감한다면, 그것만으로도 흔해 빠진 의미의 선인보다 오히려 구원에 가까이 다가설 수 있다.

누가복음 5장 32절, 7장 47절, 18장 13절, 마태복음 21장 31절, 보헤미아 형제단 찬송가 564번 참고.

❦

내가 사회주의에 찬성할 수 없고 가장 혐오하는 점은 사회주의가 질투를 인간 행동의 주요 동인(動因)으로 보고 신봉자들에게 그것을 가르치고 있다는 점이다. 질투와 그 질투에 이어져 있는 악의적인 만족은 탐욕과 아울러 인간본성에서 아직 개선되지 않은 가장 나쁜 특성이다. 유감스럽게도 이 특성은 다른 영역에서도 많이 볼 수 있으며 심지어 모든 국가가 그 실례를 보여주고 있다.

왜냐하면 국가가 실질정치라고 부르고 있는 것, 또 서로를 감시하며 상대방의 세력 확대에 대해 끊임없이 시기하는 대결과 응전을 부추기는 것은, 국가적인 규모의 질투와 다름 없기 때문이다. 질투가 터키와 중국의 영토를 지키고, 새로운 전함의 건조를 촉진하고, 또 현재의 전쟁에 대해서도 책임이 있는 것이다. 자신이 속한 국가가 피할 수 없는 해악이라느니 허용되어야 하는 조치라느니 하며 매일 공언하고 있는 사항을 어째서 개인이 사악하다고 생각하여 피해야 한단 말인가!

이른바 대규모 정책은 바로 그리스도교와 명백하게 모순되는 것이다. 그 대표적인 정치가는 아마 두 개의 영혼을 가지고 있는 것이 틀림없다. 하나는 사적으로, 또 하나는 공적으로—비스마르크를 보라.

6월 18일
인간의 교제에서는 내적 확신이 큰 의미를 가진다. 왜냐하면 대부분의 사람들은 자신을 지도해 줄 사람을 원하는 나머지 그런 자신감에 찬 지도자들의 이기주의까지 감수할 각오가 되어 있기 때문이다. 오늘날 그런 예는 굳이 찾지 않아도 어디에서나 넘쳐나고 있다. 과거에는 나폴레옹 1세가 특히 그 확실한 실례였다.

가장 큰 내적 확신은 강렬하면서도 끈기 있는 기질에서 나오거나, 아니면 하느님에 대한 굳건한 신앙에서 생긴다. 이 하느님에 대한 신앙을 일시적으로 강한 운명관이 대신하는 경우도 있다. 그러나 하느님에 대한 신앙이 없을 때는 반드시 크게 흔들리게 될 것이다. 이에 반해 이런 기질과 신앙이 함께 만나면, 그것으로 큰일을 지도하는 데 가장 알맞은 성격의 기초가 이루어진다.

⚜

당신은 칼라일을 오래도록 정신생활의 지도자, 안내자로 우러러볼 수는 없을 것이다. 이 세상의 넓은 길에서 더 선한 길로 방향을 바꾸려 할 때는 그의 책이 더할 수 없이 사람을 분발시키는 읽을거리가 된다. 그런데 이 클레겐바토크*²¹의 은둔자는 크롬웰에 대한 훌륭한 책을 썼음에도, '그리스도의 영광과 성약(成約)을 위해서'라는 구호를 전혀 지키지 않았고, 하느님과의 교제에 투철하지도 않았으며, 결국 인간적인 '영웅숭배'에 머무르고 말았다. 괴테와 장 파울*²²을 알게 된 것이 영국 국민의 모세와 여호수아 같은 예언자가 되었어야 할 운명에서 그를 전향시키고 만 것이다. 그는 세례자—그리스도의 출현을 준비한 요한—였으나, 그것은 어느 한계까지였을 뿐이다.

오늘날에도 모든 사람에 대한 교육 자료에서 성서적 요소를 없애고, 괴테와 실러, 플라톤, 공자, 그 밖에 '위인'의 말로 그것을 대신할 수 있다고 믿는 사람들이 있다. 그런 사람들은 책 속에서 성서에서 인용한 말을 볼 때마다 당황한다. 그러나 마태복음 17장 27절 '저희로 오해케 하지 않기 위하여'라는 그리스도의 말은 분명히 금전상의 문제와 그 밖의 하찮은 일에는 적용되지만, 이런 경우에는 적용되지 않는다. 성서를 잘 알고 끊임없이 읽는 것은 아무래도 좋은 사항이 아니다. 오히려 성서를 근거로 자신을 재고 판단하고 격려하며, 또한 모든 '인간적인, 너무도 인간적인' 것에서 멀어지도록 하지 않으면 안 된다. 괴테도 처음 그대로 성서를 버리지 않았더라면, 아마 딴 사람이 되었을 것이

＊21 스코틀랜드 남부의 지명.
＊22 괴테 시대의 소설가.

다. 그가 아무리 '삶의 모든 즐거움을 누렸다' 해도 성서에 대한 동경은 그의 마음에서 떠나지 않았다.

이러한 문제가 다시 대두되는 시대가 곧 찾아올 것이다. 그때 당신을 성서에서 떼어놓으려는 사람들을 따르지 마라. 그곳에는 결코 축복이 깃들지 않기 때문이다. 우리는 그 내적 생명의 뿌리를 외적 성장과 함께 뻗어가게 할 수는 없으며, 그 대가를 치르지 않고 우량종의 나무줄기에 다른 종류의 가지를 접목할 수도 없다.

6월 19일

인간의 공동생활을 편하게 해주는 유쾌한 성질은 가능한 한 타인의 바람에 기꺼이 응하는 친절한 호의와 소탈함이다. 그런데 사람에 따라 눈이나 혀에 영원한 '아닐 부(否)'를 지니고, 정말 아무것도 아닌 일에서도 남의 의견을 쉽게 따르지 않고, 늘 오래도록 부탁하고 설득하고 꾸짖으며, 재촉하고 물리친 뒤가 아니면 동의하지 않는 사람이 많다. 그래서 더할 수 없이 선량하면서도 이따금 남에게 경원시되는 사람이 되기도 한다. 이러한 나쁜 습관은 단호하게 끊어야 한다. 모든 일을 하느님에 의해 강제되지 않으면 고치려 하지 않는 고집 센 종을 하느님이 기뻐할 리가 없다. 구약성서의 예언자들도 때때로 그런 말을 했다.

예레미야서 7장 22~27절, 31장 31~33절 참고.

✤

바로 지금 생애에서 가장 황량하고 어두운 시기를 지나가고 있다면, 미래의 여러 가지 계획에 손을 대거나 이젠 어떻게 할 수 없는 지나간 일을 돌이켜보며 마음을 괴롭혀서는 안 된다. 차라리 뭔가 실제적인 것을 시도하는 것이 좋다. 그 일은 당신을 바쁘게 만들어서 당신에게서 쓸데없는 기대의 고통을 제거해 준다. 그러다 보면 어느 날 갑자기, 아마 그 일을 다 끝내기도 전에 당신이 원하던 마음의 변화가 찾아올 것이다.

6월 20일

내적 생활은 쇠를 단련하는 경우와 과정이 비슷하다. 내적인 인간도 이따금 되풀이하여 불속에 넣은 뒤 망치로 격렬하게 때려서 단련하지 않으면 안 된다. 그런 과정을 거쳐 그는 차츰 하느님이 원하는 형태를 갖추고 하느님의 목적에 쓸모 있는 사람이 된다.

또한 다음과 같은 면도 쇠를 단련하는 것과 매우 비슷하면서 아울러 우리에게 큰 위안을 안겨준다. 즉 불에 달구어져 단련된 사람은 오래도록 단단하면서도 잘 휘어진다는 것이다. 이에 반해 오직 자신만의 계획과 노력에는 단단함이 없어지기 쉽다.

하느님은 성령을 능력 있게 쓰고 싶어하는 자들에게만 성령을 내려주시며, 단지 성령을 가지고 즐기려는 자에게는 주시지 않는다.

성령강림제의 노래

성스러운 영혼이여, 풍요로운 은총의 영혼이여
당신을 내려받아 영원히 가슴에 품는 자는 누구인가요?
아, 세속에 취해버린 무리에게는
당신의 조용함을 전혀 찾아볼 수 없나이다.

당신은 참으로 깊은 곳에 숨어
열정적인 참마음의 소유자에게만 모습을 보여줍니다.
당신은 영혼의 고향에서 찾아오는
화창한 봄날 아침과도 같습니다.

⚜

이 책에 그려져 있는 '지상 낙원'에는 분명히 인생의 흔하디 흔한 고민과 갈등은 이제 어느 만큼 정리되어 끝난 것처럼 보이지만, 아직 여러 가지 난관의 흔적이 꼬리를 끌고 있는 상태이다. 그러나 이것과 다른 '지상 낙원'은 존재하지 않는다. 그런데도 끊임없이 온갖 샛길을 기웃거리며 찾아다니는 사람은 오히려 지상 낙원을 가장 찾기 어려운 사람이다. 그러므로 이 책에 그려져 있는 길은 이미 어느 만큼 진보한 사람들을 위한 것이다.

6월 21일

고통은 사람을 강하게 만들고, 기쁨은 대체로 사람을 약하게 만든다. 용감하게 이겨내는 고난과 고난 사이의 휴식 시간은 아무 해가 없는 기쁨이다. 그러나 모든 고난은 그 가운데에서도 위안이 되는 기쁨을 숨기고 있는 것도 사실이다.

하느님에게서 멀어지게 하는 기쁨보다 하느님을 향해 달려가게 하는 고난을 더 좋아하게 된다면, 당신은 올바른 길에 들어선 것이다.

하느님의 아들이 완전히 절망에 빠진 채 죽은 예를 나는 지금까지 한 번도 보지 못했다. 그러나 아무리 선한 사람이라도 이러한 절망에 대한 유혹이 이따금 엄습해 오는 일이 있다.

✣

인생의 어느 단계에 이르면, 우리는 모든 방면에 대한 완전한 사랑이야말로 다음에 오는 진정한 존재를 맞이하기 위해 이루어야 하는 이 지상생활의 마지막 목표이며, 오직 그것만이 세상을 구원할 수 있는 '마법의 지팡이'임을 통찰할 수 있다. 그러나 한편으로는 이 훌륭한 목표에 다다르려는 소망을 품고 있으면서, 다른 한편으로는 이 같은 사랑의 목표가 우리의 정상적인 판단을 가로막을지도 모른다는 염려에서 벗어나기는 쉽지 않다.

하지만 양쪽 다 잘못된 생각이다. 모든 방면에 대한 사랑이 만약 우리 힘으로 실현되어야 한다면, 그것은 분명히 다다를 수 없는 일이다. 하지만 이 사랑은 하느님의 진리로부터 저절로 우리 마음속에 흘러들어오는 것이며, 우리는 다만 그 유입을 가로막지 말고, 마음에 떠오르는 갖가지 이론(異論)에 귀 기울이지 않으면 된다. 그 이론 가운데 가장 나쁜 것은 '사랑은 진리에 대해 눈을 멀게 한다'는 것이다. 이것은 진실이 아니다. 오히려 증오와 단순한 냉담함이 사람을 더욱 근시안으로 만드는 법이다.

사랑은 사람의 마음뿐만 아니라 정신도 넓고 밝게 할 수 있고, 또 이 사랑으로 모든 인간적인 생활의 지혜보다 훨씬 더 현명해질 수 있다. 이 경우에 역시 "해 보라"고 말하지 않을 수 없다. 아직 얼마 동안은 여러 가지로 의심스러운 것 가운데 사랑이 가득한 것—가장 감사받을 수 있는 것이 아니라—을 실천하라. 그리고 어떤 결과가 나오는지 지켜보면 된다. 아마 당신 주위의 모든 사람들이 곧 그것을 인정해 줄 것이다.

6월 22일

훌륭하게 인생을 살고, 특히 평범하게 그저 삶을 유지하는 것이 아니라 삶의 위대한 목표를 잃지 않기 위해서는 아무래도 어떤 감격이 필요하다. 실제로 삶을 헛되이 만들고 싶지 않다면, 반드시 그런 위대한 목표에 삶을 바치지 않으면 안 된다.

그렇지만 이러한 감격에는 또한 건전하고 냉정한 양식이 갖춰져 있어야 한다. 이 양자의 융화와 협력에서 세상에 유익한 인간의 성격이 태어나는 것이다.

⚜

마태복음 9장 16, 17절*²³을 보라. 낡은 인간 아담을 개선하는 건 여간해서 쉬운 일이 아니다. 실제로 해 보면 누구나 이 사실을 경험할 것이다. 한 사람의 다른 새로운 인간이 태어나 낡은 인간을 차츰 정복하여 쫓아내지 않으면 안 된다. 이것은 그리스도가 니고데모에게 한 말*²⁴로서, 그때부터 이미 신학상 가장 큰 수수께끼였다. 니고데모도 그것을 완벽하게 이해할 수는 없었던 것이다.

현대를 살아가는 우리에게 이 가르침은 특히 개신교 교리문답서의 중요한 교리 가운데 하나인 그리스도가 '인간의 죄를 대신한 속죄'와 모순된다. 실제로 이 속죄설은 오직 그리스도에 대한 사랑에 의해서만 앞에서 말한 가르침과 조화를 이룰 수 있을 것이다.

6월 23일

'우리 모두를 구속하는 비속함은,

---

*23 생베 조각을 낡은 옷에 붙이는 자가 없나니, 이는 기운 것이 그 옷을 당기어 해어짐이 더하게 됨이요, 새 포도주를 낡은 가죽 부대에 넣지 아니하나니, 그렇게 하면 부대가 터져 포도주도 쏟아지고 부대도 버리게 됨이라. 새 포도주는 새 부대에 넣어야 둘이 다 보전되느니라.

*24 요한복음 제3장.

그의 아득한 저편 실체가 없는 가상 속에 존재하고 있었다.'

괴테가 실러의 죽음에 바친 이 추도시는 사람이 교육의 이상과 '문화의 이상'을 수립하기를 원하는 한, 칼라일의 단순한 영웅숭배와 니체의 '초인주의'보다 훨씬 더 그 이상을 잘 표현하고 있다. 니체의 이른바 '금발의 야수'—어떠한 문화도 가지지 않고, 우리를 새로운 민족이동 시대로 되돌아가게 하려는 거칠고 힘에 넘치는 게르만주의—는 힘을 위해 다른 것은 모두 희생시키고자 하는 신경쇠약자의 망상 또는 순수 독일민족에게 한 번도 없었던 이상적인 가공의 나라에 지나지 않는다. 이와는 달리 독일 민족은 본디 더 위대한 이상을 품고, 그 문화가 시작된 이래 다음과 같은 민족성의 두 가지 특성을 늘 유지해왔다. 다른 어떤 민족도 가지지 않은 성실성을 사랑하는 타고난 정신, 다음은 이미 로마인 타키투스가 그 무렵 독일인을 보고 경탄해마지 않았던 남녀의 순결을 존중하는 마음이다. 세계 정치에 대한 독일인의 사명도 다름 아닌 이 두 가지 특성과 결부되어 있었고, 세계 정치에 독일인이 기여할지 어떨지도 이 특성의 유무에 달려 있다.

⚜

늙어서 몸을 움직일 수 없게 된 노인들은 자칫하면 자신을 쓸모 없는 사람으로 느끼기 쉽고, 이 괴로운 의식 때문에 화를 잘 내고 잔소리가 많아지거나, 유일하게 약간의 권력과 의미를 주는 재산에 집착하다가 그 때문에 갈수록 탐욕에 빠지게 된다.

이따금 '노년의 지혜'도 오직 귀찮기만 한 것으로 취급받는다. 젊은 사람에게 그런 지혜란 아직 받아들이기 어렵기 때문이다.

그래서 노년이 되면 조용한 가운데 아직 할 수 있는 일을 하면서 나날을 보내는 것이 가장 좋다.

6월 24일

원하지 않는 데도 당신의 그리스도교 신앙 때문에 공격을 받게 된다면 크게 기뻐하라. 왜냐하면 그때 당신은 이 세상의 노예에서 해방되어 충실한 그리스도교 전사의 군대에 확정적으로 편입되었기 때문이다. 이제 악의 영혼도 그것을 취소할 수 없음을 확실히 알았을 것이다. 지금까지 아마 악의 영혼은 당신을 완전히 분노케 할 마음은 없었을지라도 반쯤 자신의 종으로 생각하고 있었으나, 이제 완전히 당신을 포기한 것이다.

요한복음 14장 30절, 15장 19절, 12장 31절, 7장 7절, 누가복음 10장 20절, 4장 13절, 야고보서 4장 7절, 보헤미아 형제단 찬송가 698번, 670번 참조.

그렇지만 당신이 싸움에 임했을 때 악의 영혼을 두려워하는 마음이 있다면, 처음부터 싸움을 단념하는 것이 좋다. 왜냐하면, 두려움은 패배에 대한 예감이며, 적어도 전사로서는 도저히 용서할 수 없는 결점이기 때문이다.

보헤미아 형제단 찬송가 908번·909번·735번 참고.

⚜

우리의 이웃을 공정하게 대하는 것은 쉬운 일은 아니다. 왜냐하면 우리는 절대 그들을 있는 그대로, 또는 적어도 그들의 가능성을 보는 일이 없기 때문이다.

예의란 그런 공정함의 단순한 가설에 지나지 않다.

6월 25일

큰 위기가 지나간 뒤, 때때로 인간의 생각 속에 무언가 전혀 확실하지 않은 평범하고 인간적인 것을 넘어선 평가와 함께 자신의 생활을 과거와 미래에 걸쳐 내다보는 순간이 찾아올 때가 있다. 그럴 때 자신의 과거를 돌아보며, 하마터면 그릇된 길에 빠지려다가 거의 기적과도 같은 하느님의 보호로 아슬아슬하게 피할 수 있었던 일들이 얼마나 많았는지 깨달으면, 이미 주어진 그 은총에 대한 감사의 마음으로 가슴이 벅차오르면서 미래의 인생행로도 축복으로 가득할 것이라는 강한 확신이 서게 된다. 삶의 마지막 순간에도 틀림없이 이와 같은 감개를 느끼게 될 것이다.

베아트리체는 말했다.
"당신은
눈이 밝고 날카롭게 빛나야 할
마지막 구원의 순간 가까이 와 있어요.

거기서 구원의 나라에 들어서기 전에 하계(下界)를 내려다보며
내가 얼마나 많은 세계를 이끌어 왔는지 보세요.
그것은, 이 둥근 대기 속을
즐겁게 찾아오는 승리의 무리를 만났을 때
당신의 마음이 기쁨으로 넘치기 때문이에요."

—단테 《신곡》 천국편

❦

이제 '굳은 마음'[25] 사라졌다는 것은 하느님의 큰 선물이다. 인간이 하느님의 목소리에 대해 마음을 열기 시작하면, 그것을 사무치게 깨달을 수 있다.

6월 26일

신앙이라는 것은 본디 스스로 줄 수 있는 것이 아니다. 1527년의 《그리스도교 성시법(城市法)》에서 말한 것처럼, 신앙은 '우리의 분에 넘치는 하느님이 주시는 은총의 선물'이다. 따라서 제삼자가 신앙에 대해 어떤 권유를 하거나 나아가 명령까지 하는 것은 결국 무익한 것이다. 그런데 오늘날 가정과 교회와 학교에서 이루어지는 종교 교육은 거의 이런 종류의 것들이다. 우리는 평범한 실재론의 세계와는 다른 더 나은 세계를 동경하고 추구할 수 있는데, 바로 이 동경이 신앙이라는 커다란 선물을 받기 위해 하느님에게 내미는 손이다. 아이들이 이러한 동경을 품을 수 있도록 그들을 잘 이끌어야 한다.

요한복음 6장 37·44·65절, 보헤미아 형제단 찬송가 176번 참조.

우리는 그리스도를 우리의 주 구세주로 받아들여야만 하느님 앞에서 인정받을 수 있는 의(義)를 손에 넣을 수 있다. 그리고 우리는 그 의를 하느님의 선물로서 아무런 조건 없이 받는다.

❦

'여호와께서 기다리시나니 이는 너희에게 은혜를 베풀려 하심이요.'[26] 구약

---

[25] 에스겔 11장 19절, 내가 그들에게 일치한 마음을 주고, 그 속에 새 신을 주며, 그 몸에서 굳은 마음을 제하고 부드러운 마음을 주어.

[26] 이사야 30장 18절.

성서는 바로 이 점, '하느님에 대한 인간의 관계'라는 중요한 사항을 제대로 이해하는 데 없어서는 안 되는 것으로, 그 곳곳의 장과 절에서 하느님이 우리를 기다리고 있고, 언제나 우리를 위해 임할 것임을 계시하고 있다. 만약 정말 그렇다면, 어떻게 우리가 달아나거나 그 자리에서 기다리려 하지 않을 수 있단 말인가?

이사야 58장 9절[27] 참고.

6월 27일

우리는 플라톤, 아리스토텔레스, 사도 바울, 단테, 괴테의 사상을 완전히 내 것으로 하는 데까지 과연 다다를 수 있을지, 또 그렇게 하는 것이 바람직한 것인지, 그리고 이들 사상이 현대적인 사고방식과 생활경험보다 뛰어난 것인지 등등 당연히 의심을 품을 수 있다.

그러나 그리스도의 말에는 완전히 동의할 수 있고, 그 말의 진실성에 마음이 완전히 채워질 수 있음은 의심할 여지없는 사실이다. 바로 여기에 '그리스도교란 무엇인가'라는 물음에 대한 간단하고도 또렷한 해답이 들어 있다고 생각한다.

⚜

힘과 함께 진정한 지혜가 주어지고, 그 힘을 늘 적재적소에 잘 쓸 수 있는 것은 참으로 훌륭한 일이다.

이것은 '부름을 받아 깨어난' 사람이라도 처음부터 금방 할 수 있는 건 아니다. 그런 경우 너무 조급하게 굴면 오히려 일을 그르칠 뿐이다.

6월 28일

그리스도교를 그저 '신비주의'라고 부르는 사람들이 많다. 그러나 그 신앙을 추구하고 또 그것에 대한 감수성을 가지고 있는지와 상관없이, 모든 사람이 이해할 수 있는 완전하고 '합리적'인 그리스도교는 거의 존재하지 않는다. 또 그런 것을 만들어내고자 하는 모든 시도는 끝이 없으며, 마침내 그리스도교

---

[27] 네가 부를 때에는 나 여호와가 응답하겠고 네가 부르짖을 때에는 말하기를 내가 여기 있다 하리라.

의 진리에 대한 완전한 불신으로 끝날 뿐이다.

그리스도가 원했던 그리스도교의 독자성은 먼저 광신을 수반하지 않는 뚜렷하고 냉정한 양식, 다음에는 초감각적이고 표현할 수 없는 것에 대한 경험 —이것을 신비주의라고 부르고 싶다면 그래도 상관없지만, 이 호칭이 꼭 알맞은 것은 아니다—을 받아들이는 데 합당한 섬세한 마음, 이 두 가지의 결합에 있다. 그러나 이 결합 여부에 따라 수많은 그릇된 길이 저절로 생기기도 하고, 그 길들이 저마다 더욱 뻗어나가면, 그리스도가 원했던 그리스도교와는 완전히 반대되는 쪽으로 갈 수도 있다. 우리가 이미 많은 문제를 해결한 또렷한 실례를 눈으로 직접 보지 못했다면, 또 구약에서 유래되어 그 진실성을 수많은 독자들도 직접 겪었을 것으로 생각되는 하느님의 약속을 우리 것으로 할 수 없다면, 좁고 바른 길을 찾아내기란 어려운 일이 될 것이다.

출애굽기 23장 20~22절, 여호수아 21장 45절, 보헤미아 형제단 찬송가 396번·399번·400번 참고.

⚜

잠언 3장 25·26절[28]을 보라. 하느님의 심판은 '의로운 사람에게도 악한 사람에게도' 내려진다.[29] 하느님의 종들이 반드시 방주나 바위 위에서 보호를 받는 것은 아니다. 아니, 오히려 그렇지 않은 것이 보통이다. 하지만 불행의 한가운데에서도 하느님의 종들은 여전히 하느님의 비호 안에 있다. 그러므로 당신도 늘 용감하고 침착한 가운데 다른 사람들의 지주가 되지 않으면 안 된다.

이윽고 언젠가 이 일이 다시 중요해지는 시기가 올 것이다.

6월 29일

정신적인 싸움에서 우리는 중립에 머물러서는 안 된다. 적에게 호의를 보내고 이해를 갖는 것은 언제든지 할 수 있는 일이다.

하느님과 개인적으로 밀접한 관계에 있다는 확신이 있으면, 타인을 배려하면서도 그들의 판단에 대해서는 흔들리지 않을 수 있다.

---

[28] 너는 창졸 간의 두려움이나 악인의 멸망이 임할 때나 두려워하지 말라. 대저 여호와는 너의 의지할 자이시라. 네 발을 지켜 걸리지 않게 하시리라.

[29] 에스겔 21장 3절.

하느님과 완전히 친구가 된 사람의 삶에는 행복한 일밖에 일어나지 않는다.

❧

하느님으로부터 멀어짐으로써 일어나는 불행 속에서도 뭔가 선한 것을 찾아내라. 짜디짠 소금이 그 혼합물 전체의 부패를 막는 것처럼, 불행 속에서 개선이나 예방수단을 찾아내는 것이 바로 올바른 인생관이다.

그런데 세상의 견해, 특히 신문의 사고방식은 그 반대이다. 그들은 악을 매우 가볍게 취급하며, 모든 신적인 것에서 이반하는 것을 '근대적 세계관'으로 여기고, 한편으로는 그로 인한 하느님의 벌을 언제나 불가해한 것으로 생각하면서도 지나가고 나면 이내 잊어버린다.

모든 사람이 하고 싶은 대로 하며 삶을 즐기는 것이 아마 그들의 이상일 것이다. 그러나 그런 이상은 그 성질상 오직 낙원에만 있으며, 더욱이 그 조건에 딱 맞는 사람들에게만 허용되는 것으로, 이 세상에서는 원한다고 얻을 수 있는 것이 아니다.

모든 문명제국 정부는 한결같이 이 목표를 이루려 노력하고 있다. 그들은 정의와 진실을 구하는 것이 아니라, 오직 그들의 소유와 세력 유지를 가로막는 것이 없기를, 또 그것을 더욱 확대하기를 원하고 있다.

그래서 정부의 지도자들이 제아무리 현명하다 해도 마음먹은 대로 잘되지 않는 것이다. 본디 전쟁을 원하는 사람은 아무도 없지만 언제나 평화는 전쟁에서 겨우 머리카락 한 올을 사이에 두고 있는 것이다.

6월 30일

유물론이나 일원론, 범신론, 그 밖의 하느님에 대한 불신을 학문적으로 표현하기 위한 이론이 제기하는 문제를 너무 심각하게 받아들여서는 안 된다.

감각적으로 인식할 수 있는 것만이 존재한다는 주의는 독선적일 뿐만 아니라 진지하게 보이지 않는 사상이며, 게다가 일상적인 경험을 통해 끊임없이 부정되는 생각이다. 또 길가의 모든 돌멩이와 나무토막도 신이라는 사상도 마찬가지로 커다란 반발을 느끼게 하는 생각이다. 우리가 지각할 수 있는 세계 그 뒤에는 반드시 하나의 예지적 존재가 없어서는 안 된다. 모든 인간의 창조 그 뒤에 그러한 존재가 있었던 것과 마찬가지이다. 우리는 이 예지적 존재를 바로 하느님이라 부르고 있다. 그러나 그것은 인간의 사색으로는 증명할 수 없는 것이다. 만약 유물론이 오직 이 사실만을 주장하는 것이라면, 그 점에 있어서는 옳다고 할 수 있다.

그러므로 괴테도 다음과 같이 말했다.*30

'자연 속에는 우리가 접근할 수 있는 것과 접근할 수 없는 것이 있다. 이 둘을 구별하고 깊이 생각하며 존중하지 않으면 안 된다. 그 한쪽의 영역이 어디서 끝나고 다른 영역이 어디서 시작되는지 아는 것은 늘 어려운 일이지만, 모든 경우에 그것을 알고 있는 것만으로도 우리에게 큰 도움이 된다. 그 구별을 모르는 사람은 아마 평생 다다를 수 없는 것을 위해 아무리 노력해도 끝내 진리에 다가가지 못할 것이다. 그러나 이 구별을 알고 있는 현명한 사람은 늘 다다를 수 있는 것만 상대할 것이다. 그 영역 안에서 모든 방향을 향해 탐구하며 자신의 생각을 확립해 간다. 이것으로 그 길에서는 다다를 수 없는 것들도 이해할 수 있게 될 것이다. 하지만 그 경우에도 어느 정도 이상 접근할 수 없는 것이 이 세상에 적지 않다는 것, 또 자연의 배후에는 언제나 불가해한 것이 있으며, 그것을 규명하는 것은 사람의 힘이 미칠 수 없는 영역이라는 것을 고백하지 않을 수 없게 된다.'

현대에서도 이치에 맞는 자연과학은 적어도 그 선까지는 나아갈 수 있을 것이다. 그렇게 하면 진리를 구하려 하는 수많은 영혼을 괴롭히고 있는 자연과학과 신앙 사이의 풀 수 없는 갈등은 더 이상 문제가 되지 않게 된다.

분명히 실제로 그렇게 될 것이 틀림없다. 순전한 유물론과 범신론은 이제 어느 누구도 만족시키지 못하고, 게다가 단순한 무지와 무신앙으로 사람의 마음을 만족시킬 수는 없다. 그렇다고 아무 생각 없이 오직 찰나적인 향락에 빠지는 것만으로 고귀한 정신을 만족시킬 수는 없다.

모든 종교는 본디 표현할 수 없는 것을 얼마든지 표현하고, 그에 따라 일반적으로 표현할 수 없는 것을 서로 얘기할 수 있도록 하려는 시도에 지나지 않는다―그렇지 않다면, 그것에 대해 서로 얘기하는 것도 불가능할 테니까. 그리고 그리스도교는 의심할 여지없이 이 목적에 가장 알맞은 표현이다.

단, 복음서를 주의 깊게 읽는다면 곧 깨닫겠지만, 실로 그리스도는 하느님의

---

*30 에커만 《괴테와의 대화》 1827년 4월 11일.

'본성'과 '속성'에 대해 오늘날 어린이들이 종교시간에 배우는 것보다 더 적은 말밖에 하지 않았다.

✤

당신은 정치를 완전히 포기해야 할까? 결코 그렇지는 않다. 나라를 도와 정치를 유지하지 않으면 안 된다. 국가는 지금 그것을 간절히 필요로 하고 있다.

하지만 이른바 '시대정신'에 봉사해서는 안 된다. 또 그 표어에 경의를 나타내서도 안 된다. 그리고 철학도 당신에게는 필요하지 않은 것이므로 안심하고 거부해도 된다. 철학은 성장하고 번영하는 삶의 기초를 발견하려고 노력하고 있지만, 어디까지나 헛수고일 뿐이다. 진리의 영혼에 힘입은 뛰어난 사람들이 이 일에 종사하기 전에는 철학에는 어떤 축복도 깃들어 있지 않다.

요한복음 14장 17절 참조.

7월

7월 1일

'뚫고 나가라!'

이 짧은 한 마디는 내적 생활에서 수없이 위기에 처할 때마다 거의 마술적인 효과를 발휘한다.

이 말은 아직 완전히 무기력해지지 않은 이성을 향해 포기해서는 안 된다는 것을 깨우치고, 또 한낱 육체적인 것에 지나지 않는 기분에 굴복해서는 안 된다고 가르친다. 동시에 아직 남아 있는 선한 의지에 자극을 주어 정체를 알 수 없는 염세주의와 육체적 또는 감정적 인상에 나약하게 굴복하는 것에 반발하게 한다.

그리하여 급격한 움직임으로 다시 자유로워진 고귀한 영혼은 진실하고 올바른 것을 향해 나아간다.

때때로 이러한 시간은 전 생애를 결정하는 중대한 순간이 되기도 한다. 그러므로 당신이 무언가에 얽매어 있다고 느낀다면, 그것을 뚫고 나아가라!

보헤미아 형제단 찬송가 393번, 676번, 698번 참고.

⚜

당신은 무슨 일이 있어도 가톨릭 근대주의자들[1]과는 친밀한 관계를 맺지 않는 것이 좋다. 그 밖에는 교회 안에서 일어나는 논쟁에 대해 어떤 태도를 취하든 상관없다.

가톨릭 근대주의자들은 교회 속에 머물면서 공공연히 교회의 교리를 부정하려 든다. 겉으로는 교회의 권위에 굴복하면서 실은 그것을 뒤흔드는 데 열심이다. 그러다가 생애의 마지막에—바로 크라우스처럼—예수회 신부로부터 사

---

[1] 19세기 말에서 20세기 초, 유럽에서 일어난 가톨릭 근대화 운동의 추진자들을 가리킨다.

함을 받기도 한다. 끝내 그들은 원리적으로는 진리에 봉사하고자 하면서도 오히려 진리의 영역 밖에 발을 내딛음으로써, 이 세상에서도 저 세상에서도 큰 결실을 거두지 못한다.

디모데후서 3장 7절,*2 요한계시록 3장 15·16절 참고.

나는 그들의 지칠 줄 모르는 내적 싸움에 동정은 하지만, 그들의 행동을 좋아할 수는 없다.

7월 2일

현대의 교양인들에게서 볼 수 있는 한심한 현상 가운데 하나는 건강에 지나치게 큰 가치를 두고 있다는 것이다. 실제로 그들에게는 건강에 대한 관심이 다른 모든 관심을 능가할 정도이다. 세계 역사상에는 건강하지 못한 사람들이 신체적 약점에도, 아니, 그 약점 때문에 위대한 업적을 이룩하고 고난을 극복한 예가 있는 것을 완전히 잊어버리고 있는 듯하다.

고린도후서 4장 16절, 7장 10절, 10장 10절, 12장 10절, 골로새서 1장 24절, 이사야 53장 10·11절 참조.

건강과 체력에 대한 이 같은 선망의 진정한 배경은, 병약해서는 선한 일을 할 수 없다는 우려가 아니라 삶의 향락에 대한 억제할 길 없는 갈망을 푸는 데 지장이 있다는 생각이다. 게다가 이 생각이 때로는 실제로 병고에 시달리는 사람을 동정하는 것을 방해하고 있다는 생각조차 든다.

건강은 의심할 여지없이 크나큰 축복이지만, 그것을 너무 중시하는 것은 좋지 않다. 오히려 그것이 손상되거나 상실된 경우에도 훌륭하게 극복하는 것을 배우지 않으면 안 된다. 왜냐하면 오늘날에도 건강은 없어서는 안 되는 최고의 선은 아니기 때문이다.

✳

모든 시대, 모든 민족의 문헌 가운데 정신적으로 더할 나위 없이 풍요롭고 윤리적으로 가치가 높은 것은 수천 년에 걸친 문서의 집대성이며, '성서'라는 이름으로 널리 알려져 있는 바로 그 책이다. 실제로는 교양인으로서 성서의 내

---

*2 항상 배우나 마침내 진리의 지식에 이를 수 없느니라.

용을 잘 모르는 사람이 많이 있기는 하지만 말이다.

다른 민족의 수많은 종교서적은 이것과는 도저히 비교가 되지 않는다. 예를 들어 에픽테토스의 《어록(語錄)》과 고대 스토아철학의 진수가 들어 있는 마르쿠스 아우렐리우스의 《명상록》, 플라톤의 《대화편》, 인도의 《마하바라타》,[*3] 그 중에서 가장 뛰어난 《바가바드기타》,[*4] 그리고 공자의 《논어》와 이슬람교 전문 서적도 마찬가지이다. 특히 코란은 성서에 비해 몹시 뒤떨어지는, 거의 난잡해 보이기까지 하는 책이다.

그러므로 성서를 통해 정신을 형성하고 끊임없이 키워온 여러 민족이 정신 문화면에서 가장 큰 진보를 이룩한 것은 인간적으로 생각해 보아도 충분히 수긍이 가는 일이다. 그러나 그것과 교회의 모든 제도를 혼동해서는 안 된다. 교회의 제도는 반드시 성서의 정신에 부합되는 것이 아니며, 또 민족에 따라 크게 다른 발전을 겪어 왔다. 교회 제도는 마땅히 다양한 인간적인 폐해 속에서 끊임없이 정화되고 개선되어야 한다. 우리는 지금 바로 그런 시대를 다시 맞이하고 있는 듯하다.

현대의 대다수 사람들에게 문제가 되는 것은 교회의 조직이 아니며, 또 현존하는 모든 종교 가운데 어느 것을 선택할까 하는 것도 아니다. 바로 인간의 독자적인 영혼과 그 요구를 아직도 인정하는가, 아니면 단순히 동물적 욕망밖에 지니지 않은 단순한 짐승의 일종으로 타락해도 상관없는가 하는 문제이다. 자연과학적 유물론의 마지막 귀결은 아무래도 후자일 것이다. 넓은 범위에 걸쳐 이미 이러한 후퇴를 초래한 것은 바로 근대적 세계관의 진보이다. 이런 의미에서는 '근대주의'를 상대로 하는 가톨릭교회 당국의 싸움은 우리도 공감할 수 있다. 그러나 그 문제는 제쳐두고라도 예수회파와 다원주의자의 논쟁에 대해서는 마태복음 8장 22절[*5]의 그리스도의 권유에 따르는 것이 최선책일 것이다.

7월 3일

병적인 상태는 지나치게 걱정하지 않고 있으면 어느새 저절로 사라지는 일

---

*3 고대 인도의 종교적 서사시.
*4 힌두교 3대 경전의 하나.
*5 예수께서 가라사대 '죽은 자들로 저희 죽은 자를 장사하게 하고 너는 나를 좇으라!'

이 흔히 있다. 그런데 병약하면서도 치료를 마음껏 받을 수 없는 처지인데도 오히려 오랫동안 자신의 의무를 충실하게 수행하는 사람들이 있다. 이에 반해, 곳곳의 요양소를 전전하면서 몸에도 무익하고 마음에도 위안을 주지 않는 생활을 하는 사람들도 있다. 이런 사람들 대부분은 해야 할 의무를 깨우쳐주기만 하면 구원을 얻을 수 있다.

병에 잘 걸리는 사람들에게 실제로 결여되어 있는 것은 바로 진정한 의무와 인생의 사명에 대한 자각인 경우가 무척 많다. 그들의 체력에 충분한 의무와 사명을 부여해 주면, 어떤 치료나 안정, 간호보다 훨씬 더 도움이 될 것이다. 마부라면 누구나 자신의 말에게 어떻게 해줘야 하는지 잘 알고 있다. 그런데 병자를 보살펴야 하는 수많은 의사와 간호사들이 그것을 모른다.

건강에 특히 도움이 되는 것은 대부분의 경우 올바르고 진실한 사랑이다. 사랑은 당연히 천박한 이기주의를 부정하는 것이기 때문이다. 그러나 이 신기한 약은 어느 도시에서도 팔지 않고, 또 누구나 복용할 수 있는 것도 아니다. 그것을 싱겁게 흉내내는 데 만족하고 있는 자에게는 특히 다루기 어려운 약이다.

❧

'그는 흥하여야 하겠고 나는 쇠하여야 하리라.' 요한복음 3장 30절 세례자 요한의 이 말은 늙어가는 사람들에게, 또 다가올 위대한 시대의 선구자들에게 피할 수 없는 운명을 말해주고 있다.

우리 동시대 사람들 대부분에게는 이런 운명을 아무렇지도 않게 견딜 수 있는 힘이 없다. 오히려 복음서의 한 비판자는 이 말에 따르는 것은 인간의 힘으로는 도저히 불가능한 일이며, 그런 이유에서 이 말 자체가 진실하지 않다는 추론을 내리려 하기도 했다. 바로 거기에 세계관의 차이가 확실하게 드러나 있다. 첫째, 현세가 더 나은 존재로 이어질 거라는 확신과 둘째, 이 세상의 생명은 이것으로 완전히 끝날 거라는 슬픈 견해―유감이지만 이 슬픈 표정은 늙은 동물과 대부분의 노인에게서도 볼 수 있다―이것이 이 두 세계관의 차이이다. 그러나 세례 요한이 말한 것처럼 올바른 인생관을 품고 있다면, 개개인의 육체적인 능력이 감퇴해도, 전체적으로 볼 때는 정신의 힘과 기운이 쇠퇴하기는커녕, 오히려 때때로 뚜렷하게 높아져서 얼굴 표정에까지 나타날 정도이다. 그러므로 노년에 대한 이와 같은 보상은 분명, 충분한 것이다. 고린도후서 4장 16~18절[*6] 참조.

나아가서 더 고령이 되었을 때 눈에 띄게 늘어가는 것이 바로 육감이다. 육감은 자연과학자의 눈에는 완전히 가려져 있지만, 실은 우리를 에워싸고 있는 영혼의 세계를 보는 힘이다. 또 우리의 발밑에서 차츰 빠져나가 결국 시계(視界) 밖으로 사라지는 이 세계의 미래를 더욱 잘 꿰뚫어보는 힘이 바로 육감과 연결되어 있다.

이 두 가지 힘이 전혀 없다면, 고령은 아무리 지혜로운 성찰이 따른다 해도 쇠퇴의 상태와 다를 바 없다. 그것은 장수 잔치 같은 것으로 결코 속일 수 없으며, 내세에 대한 희망으로도 완전하게 극복할 수 없다.

이를테면 칸트, 스펜서, 에머슨, 괴테, 비스마르크 같은 사람들이 노년에 정말로 내세로 옮겨갈 때의 이러한 수반현상에 대해 한 말이 전해지지 않는 것이 오히려 이상하다. 진정한 위인의 전기는 모두 이런 현상에 대한 기술로 끝나야 하는 게 아닐까?

7월 4일

현대 철학은 거의 수학과 같은 사고의 훈련이며, 인생에서 정신을 사유 활동에 길들이는 것 이상의 목적이나 효과를 갖고 있지 않다. 그게 아니라면 철학은 어느 한 사상가의 사상 안에서 이루어진 일반적인 세계관의 수립에 지나지 않는다. 그런 경우 철학은 플라톤과 아우구스티누스, 헤겔, 쇼펜하우어 같은 사람들, 또는 그들 시대의 역사로 보면 매우 흥미로운 세계관인 셈이다. 그러나 과연 이 세계는 이들 사상가가 생각한 그대로의 것이었는가, 또 지금도 그러한가. 예를 들어 세계는 쇼펜하우어의 '의지와 표상'일 뿐 그 밖에 아무것도 아닌가? 이것은 전혀 별개의 문제이다.

개개인의 인생행로에 대해 뚜렷하게 밝혀주고, 그의 성격을 개선하여 선을 지향하는 힘을 높여주며, 행복을 증진한다는 목적에 이들 철학체계는 아무런

[*6] 그러므로 우리가 낙심하지 아니하노니, 겉 사람은 후패하나 우리의 속은 날로 새롭도다. 우리의 잠시 받는 환난의 가벼운 것이 지극히 크고 영원한 영광의 무거운 것을 우리에게 이루게 함이니, 우리의 돌아보는 것은 보이는 것이 아니요, 보이지 않는 것이니 보이는 것은 잠깐이요, 보이지 않는 것은 영원함이니라.

도움을 주지 못하며 주더라도 간접적일 수밖에 없다. 그렇지 않다면, 이들 철학의 창시자들은 인간 가운데 가장 뛰어난 인간, 가장 행복한 인간이었어야 하지만, 실제로는 그렇지 않았다. 따라서 철학은 주로 위에서 말한 문제와 씨름하지 않는 한, 인간형성에 있어서 전체적으로나 개개인에게나 미미한 영향밖에 줄 수 없다.

그러나 현대 세계는 칸트 이래 그랬던 것보다 좋은 철학을 위해 더욱더 성숙해진 것처럼 보인다. 이러한 요구로 보아 독일 국민이 현재의 '실재론(實在論)'에 염증을 느낀다면, 아마 그들에게서 칸트의 업적을 이어 진정한 결론으로 이끄는 철학이 다시 태어날 것이다.

❖

세상에서 가장 좋은 것은 무엇일까? 그것은 하느님 곁에 있는 것, 정신과 육체의 건강, 행복한 결혼, 훌륭한 국민성과 교회, 생계를 꾸려갈 수 있는 좋은 직업, 진정한 벗, 높은 교양, 생애의 중요부분에서 좋은 시대를 만나는 것, 그리고 가능하면 성령의 선물 가운데 하나—치유, 위안, 예언 등의 힘—를 얻는 것 등이다. 단, 이 선물은 더욱더 필요한 것을 위한 들러리에 지나지 않는다. 인생의 행복에 꼭 필요한 것은 오직 첫 번째로 든 것—하느님 곁에 있는 것—뿐이며, 그것이 없다면 차라리 태어나지 않는 편이 나을 것이다. 하느님 곁에 있는 것은 다른 모든 것을 합쳐도 누구의 인생에나 따라다니는 고뇌와 고난을 보상하는 데는 부족하며, 또 하느님의 벗이 될 수 있다는 확신이 없으면, 삶을 다시 한 번 되풀이하고 싶다고 생각할 사람은 아무도 없을 것이다.

7월 5일

하느님의 영이 존재한다는 것에 실증적인 증거가 전혀 없다 해도 다음의 사실은 역시 그 증거라고 할 수 있다. 즉 정신과 의지를 다하여 노력해도 하느님이 거부한다면, 우리는 하느님과의 관계를 회복할 수 없고, 또 '열렬한 신앙심'으로도 걱정과 슬픔을 면할 수 없다. 반대로 하느님의 영이 때때로 생각지 않은 방법으로 찾아와, 그 생명과 기쁨으로 우리의 전 존재를 채워주고, 한순간에 모든 짐을 우리의 마음에서 제거할 수 있다.

그런데도 인간으로부터 완전히 독립해 자주적으로 활동하는 이 힘이 존재하지 않는 것일까? 또는 전혀 실재하지 않는 것일까? 도대체, 힘 이상으로 실재하는 것이 달리 있을 수 있을까? 어쨌든 인간의 단순한 사상은 결코 힘이 아니다. 이는 스스로 위안을 얻고자 했지만 얻지 못했던 경험을 자주 되풀이한 경험이 있는 사람이라면, 누구나 알 수 있는 일이다. 그러면 이러한 힘은 도대체 무엇일까? '심리학'은 여기서 우리에게 아무런 도움도 주지 못한다. 대체로 심리학은 아무런 힘도 없으며, 불행에 빠진 사람을 격려해준 적도 없는 그저 하나의 학문 체계에 지나지 않는다.

✤

요한복음 8장 12~32절,*7 14장 17절*8을 보라. 생명의 빛 속에서 진리를 아는 것, 이것이 바로 국가와 교회의 모든 개혁자들이 원하는 것이고, '계몽'—진리의 해명—이 그들의 본디 인생목적이다. 첫 번째 성구에서 그 옛날 이 세상에 신의 말씀을 받은 사람 가운데 가장 위대한 사람—그리스도—이 우리가 어떻게 해야 진리를 얻을 수 있는지, 또 그러기 위해 결정적으로 필요한 것이 없었을 때는 그 일이 얼마나 불가능한지를 설명하고 있다. 진리를 전하는 것이 직업인 사람들에게는 이 '진리의 영'이 가장 중요하다. 그것이 없으면 아무리 눈부신 말재주를 지니고 있어도 결코 사라지지 않는 감명이나 효과를 남기지 못한다.

7월 6일
과연 당신의 욕망은 무엇인가? 마음이 고요할 때, 스스로에게 그것을 물어보고, 정직하게 답해보라. 당신은 일할 필요도 걱정할 필요도 없이, 아침부터 밤까지 향락에 푹 빠져 사치스러운 생활—물론 그것을 누릴 만한 욕망과 힘을 가지고 있을 때의 얘기지만—이를테면 이슬람교도가 꿈꾸는 낙원에 가까운 삶을 원하는가? 그러나 그런 생활은 더 이상 현대 문명사회 어느 곳에도

---

*7 예수께서 또 일러 가라사대, '나는 세상의 빛이니 나를 따르는 자는 어두움에 다니지 아니하고 생명의 빛을 얻으리라'. ……그러므로 예수께서 자기를 믿은 유대인들에게 이르시되, '너희가 내 말에 거하면 참 내 제자가 되고, 진리를 알지니 진리가 너희를 자유케 하리라!'

*8 저는 진리의 영이라 세상은 능히 저를 받지 못하나니, 이는 저를 보지도 못하고 알지도 못함이라. 그러나 너희는 저를 아나니, 저는 너희와 함께 거하심이요, 또 너희 속에 계시겠음이라.

존재하지 않는다. 어쨌든 당신의 경우에는 도저히 바랄 수 없는 일일지도 모른다. 그렇다면 차라리 일을 하는 가운데 하느님의 확실한 인도 안에서 큰 걱정 없이, 늘 변하지 않는 밝고 고요한 마음을 유지할 수 있는 삶을 원하는 게 낫지 않을까? 그런 삶이라면 누구에게나 가능하다. 오직 그것을 간절하게 원하고, 그 주어진 길을 가기만 하면 된다.

세상 사람들 대부분은 자신이 무엇을 원하는지 전혀 모르고 있다. 또 그것을 깊이 생각해보려 하지도 않는다. 반대면 몇몇 사람들은 할 수도 없는 일을 원하며, 헛되이 힘을 소모하고 있다. 또 그렇지 않은 자도 늘 마음이 흔들리고 있기 때문에 아무 일도 하지 못한다. 그러나 가능한 것, 즉 자신의 힘과 현실적인 세계질서에 합당한 것을 확고한 마음으로 끈기 있게 원하는 사람들은 언제나 그 목적을 이루어 왔다.

또한 주의를 기울여야 할 것은 우리의 의지는 단계적인 것으로, 인생의 전 단계를 마음대로 뛰어넘을 수 있는 것이 아니라는 점이다. 인생의 하위단계에 있으면서 상위단계에 속하기를 원해서는 안 된다. 그렇게 하면 본디 하위단계에서 이루어야 할 일을 충분히 해내지 못하기 때문이다.

그러므로 당신이 병에 걸렸을 때, 치유하는 것이 하느님의 뜻이라면 그것을 위한 올바른 길을 찾으려고 노력하라. 그러나 하느님의 뜻이 아니라면, 오히려 병을 이겨내는 길을 찾는 것이 낫다. 그렇게 하여 건강해지거나 질병의 상태에 순응하라. 그것을 위해 꽤 오랫동안 자신의 모든 의지력을 바치지 않으면 안 될 것이다. 그 어느 것인가가 이루어졌으면, 그 다음에는 눈 앞에 확실히 떠오르는 당신이 원하는 다른 과제에 몰입하라. 그렇게 하면 당신은 진보할 수 있지만, 그렇지 않으면 그것은 불가능하다.

✿

요한복음 10장 17·18절*9·34~36절을 보라. 이것은 부활을 설명하는 그리스도의 중요한 자기 증언이다. 그리고 이 말들은 만약 그리스도의 진정한 전기가 나온다면—아마 그런 일은 결코 없겠지만—진실한 증언 가운데 가장 큰 의의

---

*9 아버지께서 나를 사랑하시는 것은 내가 다시 목숨을 얻기 위하여 목숨을 버림이라. 이를 내게서 빼앗는 자가 있는 것이 아니라 내가 스스로 버리노라. 나는 버릴 권세도 있고 다시 얻을 권세도 있으니, 이 계명은 내 아버지에게서 받았노라.

를 가지게 될 것이다. 그러나 뭔가 이상한 현상이나 특수한 현상에 대해서는 세상 사람들이 받아들이는 방식을 존중하는 것이 무난하다.

7월 7일

세상에 거의 알려져 있지 않은 영국의 성녀 노르위치의 율리아나*¹⁰가 말했 듯이 올바른 기도는 본디 하느님에게 다다르는 기도이다. 올바른 기도란 하느 님이 은혜와 사랑으로 우리에게 내려주는 것이기 때문이다. '하느님은 그 뜻에 합당한 것을 기도하도록 직접 우리를 일깨운다. 그리고 이렇게 하느님이 내려 준 기도와 선한 의지에 대해 우리에게 또한 한없는 보상을 준다.' 이런 경지에 다다르면 우리의 종교 교육은 완성된 것이나 다름없다.

요한복음 15장 7절, 16장 24절, 이사야 65장 24절 참고.

❧

'모든 산봉우리에 안식이 있다*¹¹고 하는 괴테의 멋진 시는 그저 어떤 순간 의 정취를 표현한 단순히 시적인 묘사가 아니라, 그 시대와 현대의 교양인들 이 피할 수 없는 노년이 닥쳐왔을 때 어김없이 갖게 되는 사고방식과 합치되는 것이기도 하다. 그러나 이 시는 반드시 진실이라고는 할 수 없다. 마지막 구절 은 오히려 다음과 같이 되어야 하지 않을까? '기다려라, 곧 새 아침이 오고, 지 금 아득히 먼 곳을 바라보는 것보다 더욱 찬란한 새봄도 오리니'라고. 그렇지 않다면 우리는 차라리 태어나지 않았으면 좋았을 것이고, 더 나은 생명에 대 한 재생의 희망이 없는 '안식'은 덧없는 위안에 지나지 않는다. 왜냐하면 그 안 식은 어지럽게 흩어지는 생각으로 가득한 한순간의 삶 뒤에 오는 영원한 멸망 을 의미하기 때문이다. 그리고 대다수 사람들은 그 생각의 고뇌가 너무 괴로 워 죽음이라는 대가를 치르는 한이 있더라도, 오로지 안식을 구하여 고뇌로부 터의 해방을 꿈꾸게 된다. 이것이 바로 이 시의 슬픈 배경이다. 가련한 인류여, 이렇게 많은 것을 배우고 고생을 거듭한 끝에 다다를 수 있는 최고의 경지가 죽음 이상의 것이 아니라니!

---

*10 1342년 출생.
*11 '나그네의 밤의 노래' 1780년 작(作).

모든 산봉우리에
안식이 있고
모든 나뭇가지 끝에는
미풍의
기색조차 없이
새들도 숲에서 조용히 잠들어 있다.
기다려라
그대 또한 곧 편히 쉬게 되리니.

7월 8일

자신을 개선하려고 노력할 때는 모든 악을 피하는 것보다 모든 추악한 것과 비속한 것을 피하려고 결심하는 편이 빠르고 더 효과적인 경우가 많다. 왜냐하면 그 편이 우리의 능력에 맞기 때문이다.

진정으로 아름다운 것에 친숙해지는 것, 그것도 생활의 욕구나 성격상의 특징으로 그렇게 하는 것은 젊은 사람이 인생을 출발하면서 지닐 수 있는 더없이 강력한 호신용 무기이다.

✤

인생의 행복을 오로지 기쁨과 고통이 남기는 단순한 감정으로 판단한다면, 결국은 쇼펜하우어와 그와 같은 경향을 가진 철학자들의 염세주의가 옳은 셈이 된다. 왜냐하면 고통은 어떤 기쁨보다 지울 수 없는 강한 흔적을 기억 속에 남기기 때문이다.

그러나 그것과는 다른 훨씬 뛰어난 생각은, 인간을 최고의 진보에 가까이 다가갈 수 있게 해주는 것이 행복이라고 보는 견해이다. 이 견해에 의하면, 같은 이유에서 고난의 시기야말로 사람을 내적으로 진보시키는 데 가장 큰 작용을 하기 때문에, 그것이 바로 행복이라는 결론에 이른다. 사도 바울이 만년에 쓴 몇 통의 편지는—특별히 아름다운 히브리서를 여기에 포함하지 않더라도*¹²—이와 같은 의미에서 끝내 행불행을 완전히 극복한 한 인간의 모습을

---

*12 히브리서는 바울이 쓴 것이 아니라는 설이 일반적이기 때문이 아닌가 한다.

보여주고 있으며, 또 '하느님을 사랑하는 자들에게는 모든 것이 합력하여 선을 이루느니라'*13라는 그의 말은 자신에게 완전한 진리가 되었다. 우리 또한 그렇게 될 수 있다.

7월 9일

현대의 한 영국 저술가는 이렇게 말했다. "한평생 겉으로 한 번도 거짓말을 한 적이 없는 사람이 실은 머리 꼭대기에서 발끝까지 마음과 몸 전체가 거대한 거짓 덩어리인 경우가 있다."

이렇듯 근본적으로 거짓투성이인 사람을 조심하라. 안타깝지만, '신심이 깊은' 사람들 중에도 이런 사람이 있다.

⚜

'사람 중에 높임을 받는 그것은 하느님 앞에 미움을 받는 것이니라.'*14 이것은 복음서의 '역설적인' 표현 가운데 하나이다. 이와 비슷한 말은 그 밖에도 많은데, 그것들 역시 믿을 만한 것이다. 이런 말을 일단 생각 속에 받아들이면, 이 말은 우리의 인생에 커다란 영향을 주어 삶의 많은 시기를 서서히 그리고 완전히 바꿔버릴 것이다. 왜냐하면 우리는 그렇게 교육받지 않았고, 또 교회에서도 그것을 배우지 않았기 때문이다. 다만, 이것은 일시적인 감정에 사로잡혀 판단할 것이 아니라 그리스도의 정신으로 이루지 않으면 안 된다.

에베소 4장 31절*15 참고.

7월 10일

하느님 곁에 있는 것이야말로 인간의 진정한 행복의 핵심이지만, 그것을 정말 원한다면 약간의 슬픔도 감수하지 않으면 안 된다. 인생 경험을 쌓은 사람이라면 누구나 다 알고 있듯이, 다른 어떤 때보다, 또 어떤 방법에 의해서보다 우리는 깊은 슬픔에 잠겼을 때 하느님에게 더욱 가까이 다가가기 때문이다.

단테의 《신곡》 천국편 제7곡 58~60행 참고.

---

*13 로마서 8장 28절.
*14 누가복음 16장 15절.
*15 너희는 모든 악독과 노함과 분냄과 떠드는 것과 훼방하는 것을 모든 악의와 함께 버리고.

내면적으로 나약하고 불행한 사람의 여러 기행(奇行)은 그래도 참을 수 있고 또 참아주어야 한다. 가장 난처한 것은 오만한 태도로 찾아와 '하느님이 존재한다는 명백한 증거를 보여 달라. 나도 하느님에게 기도했지만 조금도 들어주지 않았다'는 식으로 말하는 자들이다. 그들은 설사 하느님이 기도를 들어주었다 하더라도 그것을 다른 원인으로 돌릴 것이다. 대부분 이런 젊은 사람들은 매우 다루기가 힘들다. 왜냐하면 '하느님은 겸손한 자에게 은혜를 주시기 때문'*16이고, 또 도전 받아도 시험에는 응하지 않으시기 때문이다. 이런 점에 대해 그들과 아무리 논쟁해 봤자 헛일일 뿐이다. 그들 대부분은 천박한 교양을 조금이라도 익히면, 마지막에는 헤겔이나 니체의 신봉자가 되어버린다. 니체도 아마 그러한 시험을 감행했겠지만, 그때 겸손이라는 중요한 자격이 결여되어 있었다.

복음은 누구에게도 강요할 수 없고, 또 입에 발린 소리로 설득하거나 권할 수도 없다. 그러나 복음은 기꺼이 그것을 받아들이는 자를 결코 외면하지 않는다. 이것은 수천 년 뒤인 지금도 증명할 수 있는 일이다. 하느님이 우리를 저버리는 것이 아니라 언제나 우리가 먼저 하느님을 저버리고 있다.

7월 11일

어쩔 수 없는 이유에서 오랜 친구나 친척들과 절교해야 한다면, 아무런 설명 없이 그렇게 해야 한다. 그 전에 미리 의논하면, 반드시 사태의 불쾌함과 추함만 더해지거나, 절교하는 것보다 더 나쁜 어정쩡한 거짓 화해를 불러오게 된다.

❧

요한복음 6장 63절*17을 보라. 종교를 직업으로 삼는 것은 매우 위험한 일이다. 이것은 이미 사가랴*18 이래 수많은 목사와 사제들, 그리고 성서학자, 신학자, 다양한 종류의 직업적 성직자들이 몸소 겪은 일이다. 종교는 생명의 소금

---

*16 베드로전서 5장 5절.
*17 살리는 것은 영이니 육은 무익하니라. 내가 너희에게 이른 말이 영이요, 생명이라.
*18 누가복음 1장 8~20절.

이며 힘이다. 이 경우에는 그저 찬송가를 부르고, 기도만 바친다고 되는 것이 아니다. 더욱 적극적으로 활동하며 의무를 다하지 않으면 안 된다. 기계적이고 단순히 형식적인 것은 그리스도교가 가장 멀리하는 것이다. 그래서 그리스도는 창녀와 세무 관리가 그 무렵의 가장 신앙심 깊은 사람들보다 먼저 하느님 나라에 들어갈 것이라고 강한 말투로 말했다.[19] 복음서에 이런 말이 기록되어 있다는 것, 또 그리스도를 대제사장으로 받들려 하는 시도가 일찍부터 있었지만, 그리스도는 제사장이나 오늘날 신교적 의미에서의 목사 체질이 전혀 아니었다는 것은 우리에게 큰 위안을 준다.

그러므로 신앙이 이미 습관적인 것이 되어 더 이상 마음에 생명력을 줄 수 없게 되었음을 깨달았을 때, 당신은 심연의 가장자리에 위태롭게 서 있는 것이다. 이 책이나 당신이 읽고 있는 다른 어떤 책 속에 직업적인 냄새나 인습적인 인상을 주는 부분이 있다면, 그것을 얼른 치워버려야 한다. 또 교회의 설교가 그런 것이라면 이제 교회에 나가지 않아도 된다. 나는 그런 태도를 계속 지켜 왔고, 지금 그것을 하느님께 감사하고 있다. 나만한 나이가 되면 특히 더 그렇다. 그리스도교는 주 스스로 말한 것처럼 '영과 생명'이다. 그리고 언제까지나 그래야 한다.

7월 12일

우리는 인생을 훌륭하게 가꿀 수 있다. 완전히 자유롭고 진정으로 고귀한 인간이란 인간의 상상력이 그릴 수 있는 가장 멋진 것이기 때문이다. 거기에 다다르는 것이 인생의 확고한 목표이다. 그 밖의 것은 오로지 초라한 대용품에 지나지 않는다. 진정으로 이 목표에 이르기를 원하는 사람에게는 어떠한 운명도 그 목표를 이루는 데 도움을 줄 것이다.

그러나 분명히 알아두어야 할 것은 단순히 동물적인 행복은 아무런 가치가 없을 뿐만 아니라 기만에 지나지 않으며, 반면에 하느님에게 봉사하는 것이 행복이라는 사실이다.

---

[19] 마태복음 21장 31절.

그리스도교의 문서에서 이따금 볼 수 있는 편협함을 두려워해서는 안 된다. 이것은 오로지 읽는 것도 제대로 배우기 전에 쓰기부터 하려고 한, 저자들의 성급함에 기인한 것이다. 언젠가 당신도 깨닫게 되겠지만, 진리의 영은 세상 일에도 크게 도움이 된다. 왜냐하면 이 영은 세상 일 가운데에서 진실하고 유익한 것을 골라, 흔히 그것과 혼동하기 쉬운 거짓된 것과 구별해 보여주기 때문이다. 뿐만 아니라 이 영은 어떠한 가면도 투시하여 사람들의 진정한 얼굴을 꿰뚫어보고야 만다. 그러므로 이 영을 가진 사람 앞에서는 거의 드러나지 않는 눈의 표정 속에서도 가끔 그들의 진정한 얼굴이 폭로되지 않을 수 없다.

7월 13일

아무리 큰일이라도 그것을 잘게 나누어 가까운 곳에 있는 것만 신경을 쓴다면, 작은 일을 하는 것과 마찬가지가 된다.

'하느님이 인간의 눈에 보이지 않는 것은 하느님의 본질 때문이 아니라 하느님은 신성하나 우리의 부정(不淨)이 하느님을 가리기 때문이다.'

현대의 한 저술가의 이 생각이 사실이라면, 우리의 인생관은 완전히 바뀌어버릴 수도 있다. 하지만 그렇다 해도 이 표현방식은 손질할 필요가 있다. 언어 본디의 의미에서 영(靈)은 누가 뭐라고 해도 눈에 보이는 것이 아니기 때문이다. 우리는 하느님을, 가까이 다다갈 수 없는 존재라고 생각하는 것에 익숙해져 있지만, 그것은 단념하는 것이 아니라 오히려 그것으로 만족하는 것이다. 하지만 그렇지 않고 우리가 하느님에게 가까이 갈 수 있는 거라면, 우리의 인생은 얼마나 달라질 것인가! 실제로 성서는 우리와는 다른 생각을 하고 있고, 그 어느 페이지에나 지금 우리에게는 전혀 이해할 수 없고 인연이 없는 것이 되어버린 초현실적인 세계와의 교류를 가능한 것으로 그리고 있다. 다만 그 교류는 오늘날의 심령술에서 말하는 '영매(靈媒)'를 통해 이루어지는 것은 아니다. 이 영매는 비정상적이고 병적인 사람에 지나지 않는다.

7월 14일

마태복음 6장 33·34절[20]을 보라. 우리가 하느님이 명령한 길을 가고 있을 때는 하루하루 해야 할 의무와 감당할 힘이 저절로 주어진다. 그러므로 그것을 구하려고 특별히 애쓰고 고심할 필요가 없다. 오직 그것을 받아들여 실천하기만 하면 된다.

그것은 세속적인 삶에 비해 어떤 투쟁과 고통이 따른다 하더라도 역시 평안한 삶의 방식이다. 또 누가복음 22장 35절[21]에서 그리스도가 제자들—그들도 우리 못지않게 많은 걱정을 가지고 있었다—에게 던진 대담한 질문은 오늘날에도 전심으로 그리스도를 따르는 사람들에게 적용될 수 있는 질문이다.

모든 길 가운데 이것이 가장 확고한 길이다. 나도 미미하게나마 그런 일을 겪었기 때문에 그것을 증명할 수 있다.

보헤미아 형제단 찬송가 949번 참조.

✤

역대 로마교황들이 요한복음 14장 17절에서 말한 '진리의 영'을 늘 지니고 있었다는 확증이 있다면, 설령 가톨릭교회에 속하지 않아도 우리는 기꺼이 그의 말을 듣고 믿을 것이다. 영적인 면에서 절대로 잘못을 범하지 않는 사람이 단 한 사람이라도 지상에 계속해서 있어 준다면, 그것은 틀림없이 멋진 일이다. 하지만 그것은 아마 하느님의 계획에도, 의지에도 없는 일 같다.

우리는 스스로 진리를, 아니, 이 진리의 영을 구하지 않으면 안 되며, 또 그렇게 해서 진리의 영을 가질 수 있다. 그것이 바로 하느님의 뜻이다. 역대 교황들이 종교상의 일에서나 그 밖의 일에서도 이 영을 반드시 가지고 있지는 않았다는 것은 역사가 충분히 증명하고 있다. 그렇다고 종교개혁자와 개신교의 교회회의 위원, 또는 이 파에 속한 각 교회의 최고위자들이 이 점에서 특별히 은혜를 받은 것도 아니다. 또, 인간에 의한 어떤 성별(聖別)도 이 영을 내려줄 수는 없다. 영은 바람처럼 마음대로 떠다니며, 수시로 그 그릇이 될 만한 사람

---

*20 너희는 먼저 그의 나라와 그의 의를 구하라! 그리하면 이 모든 것을 너희에게 더하시리라. 그러므로 내일 일을 위하여 염려하지 말라. 내일 일은 내일 염려할 것이요, 한 날 괴로움은 그날에 족하니라.

*21 내가 너희를 전대와 주머니와 신도 없이 보내었을 때에 부족한 것이 있더냐?

을 직접 찾아낸다.

7월 15일

신앙은 하느님을 향해 그저 노력하는 것이 아니라 하느님에게 자신을 맡기는 것이다. 다시 말해 우리가 하느님의 문을 두드리는 것이 아니라 하느님이 우리의 문을 두드리는 것이며, 우리는 하느님을 향해 문을 열지 않으면 안 된다.

그렇게 하면 모든 일이 차례차례, 그야말로 저절로 이루어질 것이다. 먼저 파릇파릇한 밭, 다음에는 결실을 약속하는 이삭, 이윽고 잘 여문 좋은 곡식, 그리고 인생을 낭비하지 않고 훌륭하게 보낸 뒤에 마지막으로 안식을 위한 수확. 이사야 45장 2~5절, 요한계시록 3장 20절, 누가복음 12장 36절을 보라.

'하느님을 사랑하는 자, 곧 그 뜻대로 부르심을 입은 자들에게는 모든 것이 합력하여 선을 이루느니라.'*²² 이것을 믿는 사람에게는 일반적인 의미에서의 '행복'과 '불행'에 대한 관념은 더 이상 존재하지 않는다. 그는 이제 '쾌락에 대한 갈망과 고뇌에 대한 두려움에 끌려다니는' 자와 한 족속이 아니다.

스바냐 3장 14~20절 참고.

⚜

이른바 현대 문명제국의 거리에 창백한 얼굴의 여인들과 사나운 눈매를 하고 넝마를 걸친 어린이들이, 여전히 짐승 같은 술주정꾼들이 저렇게 넘치고 있는 한, 국제회의 석상에서 인도주의에 대해, 또는 국제간의 영원한 평화에 대해 늘어놓는 것은 그만두고, 먼저 자기 나라와 가정에서 진정으로 좋은 질서를 이루어야 할 것이다.

7월 16일

세상에는 다른 사람들이 하는 대로 내버려둬도 좋은 일들이 얼마든지 있다. 어차피 그것은 아무래도 상관없는 일이기 때문이다. 그러면 모두 삶이 매우 편안해진다. 그런데 세상에는 다른 사람의 의견과 제안에는 반드시 뭔가 트집을

---

*22 로마서 8장 28절.

잡는 버릇을 좀처럼 버리지 못하는 사람들이 있다. 그 결과 사람들은 그런 자의 의견에 따르지 않게 되고, 나중에는 그들의 생각을 아예 물어보지도 않게 된다.

✤

당신은 작가들이 어떤 책을 써주기를 가장 바라는가? 여기서 성서는 대상에서 제외하자. 마찬가지로 단테도 경쟁에서 제외하고, 또 평소에 무엇을 가장 즐겨 읽는가 하는 좀 다른 문제도 생각하지 말기로 하자.

내 대답은 《톰 아저씨의 오두막》과 데 아미치스의 《쿠오레》, 테니슨의 《국왕목가》이다. 그 뒤에 괴테, 실러, 그릴파르처,*23 칼라일의 몇 권의 책이 이어지고, 마지막에는 몇 권의 학문적인 책, 예를 들면 칸트와 스펜서가 따를 것이다. 고대의 책 가운데에서는 엄밀하게 말하면 에픽테토스뿐이다.

이와 같이 오직 본질적인 물음만 가지고 검토하면, 묘하게도 아무리 방대한 양의 문헌이라도 차츰 걸러져서 마침내 소수의 몇 권만이 남는다. 그런 만큼 우리는 일단 전체를 훑어보고, 충분히 근거 있는 자신만의 판단을 내린 뒤—하지만 이것은 어쩌면 반생이 넘는 노력을 요할지도 모른다—진정으로 가치 있는 것을 알기 위하여 수많은 하찮은 책들을 읽는 데 시간과 노력을 낭비하지 않겠다고 결심해야 할 것이다.

7월 17일

오늘날 널리 만연하고 있는 신경쇠약에서 가장 큰 문제는 자칫하면 당사자의 의지력을 약화시킬 뿐만 아니라 도덕적 판단력까지 망친다는 점이다. 그래서 이 병에 걸린 사람들은 별다른 혐오감 없이 추악한 것을 생각하고 행동할 수 있다.

결국 그 신경쇠약을 영국인들이 '도덕적 광기'라고까지 부르게 되는데, 불행하게도 현대 '미문(美文)'의 적지 않은 부분이 바로 그런 지경에 와 있다. 지금도 이러한 생활을 영위하는 자의 삶은 때때로 흔히 말하는 광기로 끝나기도한다. 그래도 이 유물주의 문학의 대홍수는 앞으로도 한동안 전성기를 구가

---

*23 오스트리아의 극작가.

하다가, 그것이 쇠퇴해버린 뒤에야 사람들은 가까스로 구원의 하느님이 나타날 산을 다시 우러러볼 것이다.

그러나 그 동안에도 만약 이 병에 걸렸다고 느낀다면, 문학과 미술 그리고 사교계에 나타나는 신경증적인 것과의 접촉을 신중하게 피해야 한다. 신경증적인 질병은—건강과 마찬가지로—전염되기 때문이다. 이 병을 막는 외적인 수단으로는 정당하고도 충분한 양의 일을 가지는 것과 가정적으로 좋은 환경에 있는 것이 최상책이다. 내적인 방법으로는 건전한 생활의 원천인 하느님에 대한 진정한 귀의가 중요하다. 바로 그 점 때문에 하느님과의 관계에는 공상적인 요소가 아주 조금이라도 들어 있어서는 안 된다. 적어도 종교소설에서 흔히 볼 수 있는 경건함과 관능적 공상의 혼합물 같은 것이 섞여 있어서는 안 된다는 얘기다. 이것은 스스로 치료수단을 기만하는 것이므로 이 병의 경우에는 특히 해롭다고 할 수 있다.

단테 《신곡》 지옥편 제3곡 103~108행, 제5곡 34~39행 참고.

어쨌든 신경쇠약의 원인은 일부는 유전적이고 일부는 현대의 환경에 있다. 이 '시대병'을 치료하는 데에는 세 가지의 육체적 수단과 두 가지의 정신적 방법이 있는데, 그것은 다 함께 작용하지 않으면 안 된다. 우선 수면과 신선한 공기, 육식을 줄이고 알코올이 전혀 들어가지 않은 좋은 영양식, 다음으로는 견고한 신앙과 지상에서 하느님 나라를 건설하는 일이 바로 그것이다. 이것 말고는 유효한 치료법은 존재하지 않는다. 그리고 이 방법들은 필요하다면 가정에서도 이용할 수 있다.

⚜

누가복음 11장 13절, 10장 21·42절,[24] 요한복음 14장 17절[25]을 보라. 이와

---

[24] 누가복음 11장 13절, 너희가 악할지라도 좋은 것을 자식에게 줄 줄 알거든, 하물며 너희 천부께서 구하는 자에게 성령을 주시지 않겠느냐?
누가복음 10장 21절, 이때에 예수께서 성령으로 기뻐하사 가라사대, '천지의 주재이신 아버지여, 이것을 지혜롭고 슬기 있는 자들에게는 숨기시고, 어린 아이들에게는 나타내심을 감사하나이다. 옳소이다. 이렇게 된 것이 아버지의 뜻이니이다.
누가복음 10장 42절, 그러나 몇 가지만 하든지 혹 한 가지만이라도 족하니라. 마리아는 이 좋은 편을 택하였으니 빼앗기지 아니하리라.
[25] 7월 5일의 주(*7) 참조.

같은 직관적인 인식을 받아들이기 위해, 또 그것을 아무런 해 없이 내부에서 소화하기 위해 어떤 예비수업이 필요하다는 것에 유의하지 않으면 안 된다. 그렇지 않은 경우, 자기 판단만을 따르는 독단적인 독학자가 태어난다. 그들이 현세에서 많은 위대한 일을 이룩한 것은 사실이지만, 한편으로 그것은 그들에게나 타인에게 위험한 일이었다. 왜냐하면 그들은 영혼에 의한 계시와 공상을 구별하지 못하기 때문이다.

7월 18일

아름다운 현대시라도 병자와 고뇌하는 사람을 위해 해줄 수 있는 것은 너무나 미미하다. 이런 시는 그들에게 거의 아무런 위로가 되지 않는다. 특히 독일에서 그렇듯이 오늘날 세대는 사람에게 전혀 만족을 주지 않는 사실주의 문학에서 벗어나, 진정한 시의 세계인 밝은 숭고함과 수수께끼 같은 심원함을 가진 문학으로 되돌아갈 것을 소망하고 있다. 단순한 '상징주의' 시로 이러한 순수 시를 대신하게 하는 것은 불가능하다. 마찬가지로 국가생활 면에서도 문학에서의 사실주의 시에 대응하는 '실리정치'에서 벗어나 진리와 정의에 의한 참된 삶으로 돌아가기를 원하고 있다. 그러나 순수한 진리와 진정한 위대함에 대해 열정을 품는 순진무구함과 동심을 한번 잃었다가 되찾기란 결코 쉬운 일이 아니다. 어리석게도 이미 우리는 이러한 순진무구함과 동심을 탐욕스러운 이욕이나 삶의 향락과 맞바꾼 외국의 예를 흉내 내며 가볍게 내팽개치고 말았다. 그것을 되찾기 위해서는 우리 모두가 불행을 헤쳐 나가는 것이 필요하다. 거짓된 시와 철학, 나아가 잘못된 정치가 이끄는 결과, 그리고 그것에 의해 비뚤어진 인간의 모습을 손에 잡을 듯이 뚜렷하게 인식하기 위해서는 오직 불행을 겪는 것만이 최선이다.

시편 79편 10~12절 참고.

⚜

좋은 결과를 가져다주지 않으면서도 헛되이 많은 시간과 정신력을 요구하는 것에서는 멀어지는 것이 좋다. 클럽, 회의, 위원회, 강연—그것을 하는 것도 듣는 것도—등의 대부분이 이에 속한다. 그것이 생명력을 가지고 있고 유익한 것일 때는 지원해야 하지만, 정확한 직감력으로 정말 그런 것인지, 아니면 사회와 신문에 이름을 팔고 싶어 하는 자들의 단순한 게임에 지나지 않는지 알아보아야 한다.

7월 19일

동정심은 단순히 나약한 마음이 아니고, 또 몹시 절망하고 있는 사람에 대한 반쯤 악의적인 기쁨과 우월감이 아니라면, 하느님으로부터 주어진 것이며 매우 향상된 영혼의 표시이다. 하박국 2장 15절 참조.

남으로부터 동정받고 싶어하는 것은 연약함이며, 이는 훌륭한 사람에게는 결코 있어서는 안 되는 것이다.

욥기 4장 1~5절, 6장 21절, 16장 1~4·10절, 19장 21·22절, 마태복음 26장 37~46절 참조.

⚜

지금 우리에게 필요한 것은 정신의 거듭남이며 그에 따른 육체의 거듭남이다. 이를테면 원시 그리스도교와 종교개혁 초기, 프랑스 혁명 발발기, 또는 미국 독립전쟁과 남북전쟁 당시 독일의 자유전쟁과 이탈리아의 부흥운동시절에 나타난 역동적인 상태가 그것이다. 이런 시기에는 용기와 힘의 정신이 노쇠한 세계에 다시 침투해갔다. 그런데 지금은 이러한 정신이 완전히 결여되어 있고, 현대의 어떠한 기술진보와 예술, 과학도 그것을 보충해줄 수 없다. 이 시기에는 지금까지 전혀 인정받지 못하고 있던 뛰어난 인물이 갑자기 등장해 새로운 상황을 만들어간다. 새로운 시대는 오직 이런 방법으로만 시작되는 것이며, 두세 명의 경박한 사람들이 지도하는 단순한 대중운동에서 태어나는 것이 아니다.

대중의 영향력에 큰 가치를 두고 수많은 신문에 실려 있는 것만 중시하는 사람은, 대체로 진정으로 위대한 일에 도움이 되지 않는다.

7월 20일

이것은 가끔 겪는 일인데, 내적인 희생을 바칠 때마다 내게는 곧바로 그것에 대한 위로부터의 응답이 있었다. 때로는 훨씬 나중이 되어서야 비로소 응답이었음을 깨달은 적도 있지만.

내 안에 한 사람의 인격적인 하느님에 대한 신앙이 확립된 것은 주로 이런 경험에 의해서였다. 그 경험들이 너무 자주 되풀이되고, 때로는 너무 또렷해서 그것을 번번이 단순한 우연으로 돌릴 수 없었기 때문이다.

이사야 65장 24절 참조.

✾

일단 하느님과 가까워지고 또 하느님과 목표가 완전히 일치하는 사이가 되면, 특별히 적절한 일거리와 필요한 읽을거리를 더 이상 찾을 필요가 없다. 실제로 그런 것을 찾다보면, 자칫 거기에 지나치게 빠지거나 시기를 놓치기 쉽다. 하느님과 가까이 지내다 보면, 일과 읽을거리 양쪽 다 이상하게도 언제나 적절한 시기에 만나게 될 것이다.

애당초 계획을 세우는 것은 아무 도움이 되지 않는 경우가 많다. 기다리는 것, 그리고 하느님이 내려주시는 기회에 늘 주의를 기울이고 있다가, 그것이 주어지면 재빨리 적극적이고 충분한 마음의 준비로 기회를 붙잡는 것, 이것이 성공을 거두는 지름길이다.

7월 21일

남에게 주는 것을 배우는 것도 대부분의 위대한 일과 마찬가지로 오직 실천을 통해서만 가능하다. 그러나 일단 배우고 나면, 인생에서 가장 큰 기쁨이 된다.

시편 41편 1~3절 참조.

✾

고결한 헨리 드라몬드*26는 다음과 같은 참으로 훌륭한 말을 했다.

"되는 대로 아무렇게나 일하는 사람은 자신의 성격도 그렇게 기르고 있는 것이다. 그 사람은 끊임없는 기만에 익숙해지게 된다. 그리하여 이 눈에 보이지 않는 것이 그가 하는 일에서 마치 미묘한 향료처럼 피어올라 영혼 속에 스며들어 자신을 해치게 된다."

유감스럽지만 이 말은 그러한 기만을 끊임없이 되풀이하고 있는 우리 시대,

---

*26 드라몬드(1851~1897). 스코틀랜드의 종교사상가. (역자주)

또 우리 세대 전체의 참으로 아픈 곳을 찌르고 있다는 것을 덧붙이고 싶다.

7월 22일

이스라엘의 한 잠언 작가는 이렇게 말했다. '사람이 자기 일에 즐거워하는 것보다 나은 것이 없나니 이는 그의 분복이라.'[27] 이 말은 그 옛날과 마찬가지로 오늘날에도 진리이며, 인간의 창조에 대해 묘사한 창세기 3장 19절[28]에도 이미 있는 말이다.

다만 애석한 것은 현대 대다수 사람들에게 이 기쁨은 오직 일을 통해서만 주어질 뿐, 달리 기쁨이 솟아나는 어떠한 원천도 허락되어 있지 않다는 점이다.

그러나 다음 두 가지는 옳다고 할 수 없다. 우선 일하지도 않고 이 세상에서의 행복을 구하는 것이다. 이것은 더없이 어리석은 일이다. 다음은 노동을 통해서만 행복을 찾아야 한다는 점이다. 이것은 결국 일하도록 길들여져서 강제로 일해야 하는 가축의 삶이나 다름없다. 좋은 주인을 만나 아무리 사랑 받고 있다 해도, 그 가축들의 슬픈 눈빛을 보라. 그런 다음 그것이 과연 당신과 가족의 운명이 되어도 좋은지 결정하라.

보헤미아 형제단 찬송가 1035번·672번 참조.

✤

하느님의 인도를 받고 있는 사람들에게 흔히 있는 일이지만, 지금까지 부과되어 있었던 많은 임무와 일들이 그들에게 맞지 않게 된 경우, 적절한 시기에 그것이 그들에게서 없어지는 것을 보면 참으로 신기하다. 하느님은 가끔 이를 위해 적을 이용하는 일도 있다. 그러면 그 적은 하느님이 직접 하기에는 어울리지 않는 이 좋은 일—임무를 중단시키는—을 참으로 훌륭하게 해내거나, 매우 힘든 결심을 쉽게 할 수 있도록 도와준다. 이것은 나도 때때로 겪은 적이 있다. 즉 하느님과 올바른 관계에 있는 사람에게는 결국 적이라는 존재는 존재하지 않는다. 모든 것이 하느님의 종에 지나지 않으며, 적이 스스로 부정한 행위를 하는 경우에도 실은 하느님의 뜻을 수행하고 있는 건지도 모른다는 느낌

---

[27] 전도서 3장 22절.
[28] 네가 얼굴에 땀이 흘러야 식물을 먹고 필경은 흙으로 돌아가리니……

마저 들 때가 있다. 마치 가야바*²⁹처럼. 창세기 50장 20절*³⁰ 참조.

7월 23일

내적 생활은 여러 가지 면에서 등산과 흡사하다. 우리는 안내인 없이 산에 오르거나 길을 잘 모르는 안내인을 데리고 자일로 몸을 묶어서도, 무능한 동료와 함께 등산을 시도해서도 안 된다. 또한 아예 등산을 할 줄 모르는 사람에게 함께 높은 산에 오르자고 권해서도 안 된다. 그것은 서로 불편함을 불러오는 원인이 될 뿐이다. 그런 사람들과는 차라리 낮은 곳, 거리의 안락한 호텔 같은 곳에서 서로 친밀하고 유익한 교제를 하는 것이 좋다.

✤

한동안 진정한 기쁨을 느낄 수 없을 때가 있다 하더라도, 그때 하느님과 우리의 주에 대해 완전한 사랑과 올바른 신뢰 관계에 있다면, 불안해하거나 슬퍼해서는 안 된다. 그것은 정신적 진보의 새로운 단계에 올라서기 위한 고통이기 때문이다.

7월 24일

우리의 내적 생활이 어느 지점에 다다르고 나면, 자신이 아무리 전력을 다해도 끝내 소용없다는 것을 너무 강하게 믿은 나머지, 잘못된 정적주의(靜寂主義)와 숙명론에 빠지는 경우가 있다.

우리는 무엇을 해야 하는지, 또 그것을 어떻게 해야 하는지에 대해 무관심해서는 안 된다. 오히려 근면과 재능을 최대한으로 활용해야 한다. 다만, 야심과 소유욕에서가 아니라 의무감과 하느님에 대한 사랑에서 그렇게 해야 한다. 그리고 일의 성패는 하느님에게 맡기지 않으면 안 된다.

그렇게 하면 굳이 선전하지 않아도 모든 일이 잘 풀릴 것이다. 그래도 여전

---

*29 예루살렘의 대제사장. 예수를 심문한 뒤, 그를 죽일 죄인으로 몰아 총독 빌라도에게 넘겼다. 그러나 가야바는 예수의 죽음이 속죄의 죽음이라는 것을 예감하고 있었다. (요한복음 18장 14절 등 참조)

*30 요셉이 그들에게 이르되, '당신들은 나를 해하려 하였으나 하느님은 그것을 선으로 바꾸사, 오늘과 같이 만민의 생명을 구원하게 하시려 하셨나니.'

히 범하게 되는 외적인 실패조차 우리에게 유익한 것으로 작용한다. 만약 이 사실이 믿어지지 않는다면, 직접 한번 시험해 보라.

어떤 사람의 삶에도, 설령 예언자와 사도라 해도 때때로 깊은 의기소침에 빠질 때가 있다. '여호와여, 넉넉하오니 지금 내 생명을 취하옵소서. 나는 내 열조보다 낫지 못하니이다.'*³¹ 이것은 누구나 삶의 어두운 시기에 자주 뇌까렸던 말일 것이다. 우리는 이러한 무기력이 어디서 오는 것인지 대부분 모르고 있지만, 이에 굴복해서는 안 된다는 것만은 알고 있다. 이 세상에 하느님의 나라를 건설하기 위한 싸움에서 항복하는 자는 배신자이다. 가능하다면 기쁜 마음으로 당신의 의무를 실천하라. 불가능하면 그런 마음이 없어도 상관없다. 이쪽이 더욱더 찬양받을 일이고 더욱더 큰 결실을 맺을 수 있다. 단테 《신곡》 지옥편 제9곡 7~10행 참조.

✤

현재 스위스가 가져야 하는 것은 모범적인 교육시설—할덴슈타인, 마르슈린스, 부르크도르프, 이베르동, 호프빌*³² 등에 있는 학교의 상급학교—이다. 그곳은 과로에 빠져 있거나 본디부터 허약한 청년들을 위해 육체에 해로운 영향을 피할 수 있고, 한편으로 정신력을 소모하는 유물일원론과 니체주의를 막을 수 있는 피난처가 되어줄 것이다. 공립학교는 지금으로서는 그런 임무를 다할 수 없다. 이것은 확신과 지도력과 개인적 헌신을 필요로 하는 다른 일과 마찬가지로 거의 사적인 임무이다. 게다가 이런 일은 모든 위대한 사업과 마찬가지로 소규모에서 시작하지 않으면 안 된다.

7월 25일

삶의 향락을 근본적으로 끊는 것은 처음에는 매우 어려운 일이다. 그러므로 무기력에 빠지지 않고 이를 극복하기 위해서는 향락을 끊고 공허해진 마음에 하느님에 대한 사랑을 채워 넣어, 복음서에서 말하는 성령을 몸소 체험하는 수밖에 없다. 그렇지 않은 경우에는 심한 반작용이 일어나기 쉽다.

마태복음 12장 43~45절 참조.

---

*31 열왕기상 19장 4절.
*32 페스탈로치의 이베르동 학교 같은 유명한 사립학교가 있었던 곳.

✤

지금은 가족과 가까운 친구들을 위해서라도 얼마 동안 기도와 마음의 자각으로 인내해야 한다. 그러면 틀림없이 당신에게 가장 좋은 시간이 찾아올 것이다.

'여호와여, 나는 주의 구원을 기다리나이다'*33

시편 119편 166절, 97편 11절,*34 누가복음 18장 7·8절*35 참조.

7월 26일

하느님으로부터 멀어지는 것은 우리에게 가장 크고 유일한 불행이다. 그러나 이 일은 우리의 의지 없이는 결코 일어날 수 없다.

행복한 삶을 사느냐 근심에 찬 삶을 사느냐는 것은 위대하고 용감한 정신이 어떤 외적인 상황에서도 훌륭하게 유지될 수 있느냐 없느냐에 달려 있다. 이것은 이미 다른 말로 수없이 되풀이해 온 말이며, 또 반드시 틀린 말이라고 할 수도 없다.

✤

이사야 55장*36을 보라. 만약 이 말이 진리라면, 세상은 왜 이렇게 많은 사회적 비참함과 그것으로 인한 많은 탄식으로 넘치고 있는 것일까? 그러나 그런 의심을 품기 전에 이 성서의 말을 시험해볼 만한 가치는 분명히 있을 것이다.

7월 27일

이를테면 우리의 지상 생활에서 작용하는 초감각적 세계에 대한 신앙이 그

---

*33 창세기 49장 18절.

*34 시편 119편 166절, 여호와여 내가 주의 구원을 바라며 주의 계명을 행하였나이다.
　　시편 97편 11절, 의인을 위하여 빛을 뿌리고 마음이 정직한 자를 위하여 기쁨을 뿌렸도다.

*35 하물며 하느님께서 그 밤낮 부르짖는 택하신 자들의 원한을 풀어 주지 아니하시겠느냐? 저희에게 오래 참으시겠느냐? 내가 너희에게 이르노니 속히 그 원한을 풀어 주시리라. 그러나 인자가 올 때에 세상에서 믿음을 보겠느냐?

*36 이 장에서 하느님은 예언자 이사야를 통해 하느님을 따르는 자에게 틀림없는 은총과 동정과 너그러운 용서를 약속하고 있다. (역자주)

이상의 아무런 의미를 지니지 않는다 해도, 적어도 생활에서 지루함을 쫓아내주는 것만은 확실하다. 그런데 재능이 있으면서도 나쁜 사상보다 오히려 지루함 때문에 삶이 불행해지는 사람들이 많이 있다.

✤

이사야 제56장과 제57장의 10~21절은 거의 3000년이 지난 오늘날 읽어봐도, 마치 우리 시대를 위한 말인 것처럼 느껴진다. 오늘날 하느님으로부터 멀어져 제멋대로 살고 있는 사람들은 본디 가련한 인간의 마음이 동경하지 않을 수 없는 안식의 감정을, 당시와 똑같이 지금도 가지고 있지 않다. 어떠한 사회개혁과 지식의 진보, 물질적 생활조건에 대한 인식의 증대도 그들에게 안식을 주지 못한다. 이런 외적인 사물들은 인간의 내적 생활과는 완전히 동떨어진 영역이며, 대부분의 학자와 기술자들에게 하느님의 대용물이 될 수 있을지 몰라도 결코 완전하게 대신해 줄 수는 없다.

7월 28일

행복과 명예는 여성에 비유할 수 있다. 여성은 자기 꽁무니를 쫓아다니는 남자보다는 무관심하게 대하는 남자를 좋아한다.

우리는 사람들을 위해 자신이 정말 할 수 있는 일만 하며, 언제나 누구에게나 한결같이 친절하고 호의적인 태도로 대해야 한다. 하지만 자신을 위해 그들을 찾거나 그들에게 많은 것을 요구하고 기대해서는 안 된다. 그렇게 함으로써 인생에서 큰 고통을 쉽게 피할 수 있지만, 큰 기쁨 또한 피해 갈 수도 있다. 커다란 기쁨을 얻고 싶은 사람은 이대로 똑같이 행동해서는 안 된다. 그러나 물론 누구에게나 그런 기쁨을 얻을 자격이 있는 것은 아니다.

✤

한 가톨릭 성녀(엘리자벳 폰 바이욘)의 아름다운 말을 빌리면 이 지상에서 이미, 특히 인생의 만년에 '생명의 숨결처럼' 가볍고 자유로운 자신을 느끼는 순간이 있다. 이 같은 순간을 죽기 전에 오래도록 계속 느낄 수 있다면, 그것은 정말 멋진 일일 것이다. 하지만 이것은 우리가 예측할 수 없는 일이고, 또 뛰어난 사람들의 전기를 통해서도 충분하게 알 수 없는 일이다. 어쨌든 그런 순간에는 이 세상의 삶과는 다른, 또 이 세상의 삶과 닮은 또 하나의 삶이 있을 수 있다는 생각이 확고한 신념으로 바뀐다. 이런 경험을 한 번도 한 적 없는 사람은 아무리 재능이 풍부하다 해도 가엾은 사람이다. 그는 천국의 문이 열려 있는 것을 본 적이 없고, 또 진정한 '삶의 즐거움을 누리는' 일이 어떤 것인지 모른다.

이런 사람은 한없이 빈약한 생활 감정을 삶의 즐거움을 누리는 것이라 생각하여, 인간이 할 수 있는 최고 최선의 것으로 알고 있다.

이를테면, 우리가 한결같이 존경해마지 않는 괴테와 베토벤, 또 칼라일, 에머슨, 스펜서에 대해서도 이는 마찬가지이다.

7월 29일

사도들이나 근대에서 하느님의 종 누구와 비교해도 3000년이나 전에 완전히 다른 상황 아래 살았던 유대의 왕 다윗만큼 우리에게 인간적으로 가깝게 느껴지고, 또 우리가 이해할 수 있는 사람이 없다는 것은 주목할 만하다. 이것은 하느님과의 교류에는 어떠한 외적 상황도 영향을 주지 못하는 '영원한' 진리가 존재한다는 가장 좋은 증명이다. 이 진리는 앞으로도 영원히 변하지 않을 것이다.

다윗 왕이 지은 대부분의 노래, 예를 들어 시편 제18편 같은 것은 우리 마음이 올바른 상태에 있다면 오늘날 우리의 깊은 마음속 그대로라고 할 수 있다. 삶과 죽음을 주관하는 전능한 주와 이렇게 마음으로 교류하는 방법은 다윗 왕이 처음으로 실천한 것이다. 그래서 큰 결점을 가지고 있었는데도, 다윗—사랑받는 자—이라는 이름이 나타내듯이 그는 언제나 하느님의 '총아'였다. 이름뿐인 '종교'가 이런 하느님과의 관계를 우리에게서 다시 빼앗아가도록 내버려 둬서는 안 된다.

이 확실히 가능한 하느님과의 유대에서 인간이 멀어지는 순간, 우리는 하느님의 가장 큰 적인 동물적인 관능성과 무서운 미신의 지배에 빠지기 쉽다. 가까운 미래에 이 두 가지 징후가 똑똑히 모습을 드러낼 것이다. 왜냐하면 유물주의 시대에 사는 문명인들은 '현대 자연과학의 성과'에 대한 일종의 과대망상에 빠져, 하느님과의 생생한 관계를 거의 잃어버리고, 이미 '미혹시키는 힘'*37의 조짐 속에 살고 있기 때문이다.

예레미야 2장 19절, 3장 15·22~25절, 4장 3~6절 참조.

지금 우리는 얼핏 보면 뚜렷한 대책없이 이것저것 끝없이 시도하는 불쾌한 시기에 들어서 있다. 그러나 그 뒤에 새로운 발견의 시기가 이어질 것이다. 즉, 오늘날 이미 개개인이 내부에서 극복하지 않으면 안 되는 시련을 이제부터 모든 사람이 겪게 될 것이다.

⚜

독일의 영웅전설 가운데 나는 특히 《발타리우스와 힐트군트의 노래》*38를 좋아한다. 이 영웅적인 두 젊은이가 헝가리에서 지금의 프랑스까지 함께 손을 잡고 탈출하는 모습은 너무나도 성실한 독일풍의 사랑—기사적 사랑—과 약혼에 대한 한 폭의 그림으로, 장황한 미사여구와 감상은 일체 배제하고, 다른 민족의 어떤 시에서도 볼 수 없는 오직 게르만 문학의 솔직하고 순결한 심정이 그려져 있다.

7월 30일

지금 하느님의 마음에 서서 생각할 수 있다면, 우리는 아마 더 없이 슬픈 기분을 느끼게 될 것이다. 왜냐하면 하느님은 언제나 그 모든 행위를 오직 인간을 통해서만 이루지만, 하느님의 의지대로 그것을 이룰 수 있는 완전한 충실함과 감사의 마음으로 불타는 인간이 얼마나 드문지 알고 있기 때문이다. 모세와 바울조차 완전하게 신뢰할 수 있는 종은 아니었다. 또 오늘날에는 이 시대의 가장 훌륭한 종으로 평가받고 있는 블룸하르트*39조차 더 큰 사업을 시도하지 않고 처음의 목사직에 머물러 있었더라면, 오히려 하느님의 뜻을 이룰

---

*37 데살로니가후서 2장 11절.

*38 10세기 무렵의 영웅서사시. 가톨릭 수사 에케하르트의 작품으로 알려져 있지만 다른 설도 있다. 훈족의 아틸라 궁정에 볼모로 잡혀 있던 발타리우스가 사랑하는 약혼자 힐트군트와 함께 그곳을 탈출하여, 추격대와 수없이 싸운 끝에 승리를 거두고 사랑을 성취하는 이야기. (역자주)

*39 요한 블룸하르트(1805~1880). 처음에 뫼트링겐의 목사로 지내는 한편, 기도를 통해 병자를 치료했다. 나중에 밧볼로 옮겨 대규모 시료활동을 펼쳤다.(역자주)

수 있었을 것이다. 그의 더 큰 사업은 뫼트링겐 목회 직무에 비해 하찮을 것 없는 세속적인 것으로 끝났기 때문이다.

대개 지상에서 하느님의 나라를 건설하는 데 있어서는 대규모 시설보다 오히려 작은 시설에 훨씬 더 많은 축복과 번영이 깃드는 법이다. '(홀로) 높이 계셔도 낮은 자를 하감하시는'*40 하느님은 이 세상의 모든 오만한 것과 화려한 것에서 멀리 떨어져 있기 때문이다. 이것은 절대적으로 믿어도 되는 것이다.

✣

인생의 만년에 다다르면, 물론 아직 겪어 보지 못한 사람은 이해할 수 없는 것이 당연하지만, 두 가지의 완전히 다른 느낌이 들 때가 있다.

하나는 자신이 아직 비교적 정정한 편이고 생활력도 있으며, 때로는 삶의 향락에 대한 욕구까지 느끼는 경우이고, 또 하나는 현재의 육체와는 전혀 관계없는 완전히 새롭고 다른 생명력이 자신의 내부에 싹트고 있음을 느끼는 경우이다. 이것은 서로 혼동해서는 안 되는 두 가지의 다른 힘으로, 특히 후자는 단순한 공상이 아니다. 이것은 사람들이 때때로 그렇게 믿는 인간적인 고양감과는 아무런 공통점이 없고, 또 대부분의 경우 이 생명력은 결코 신경의 흥분일 수 없다. 오히려 그야말로 죽음마저 이길 수 있는 다른 세계의 힘이며, 그러한 힘 앞에서는 삶의 마지막인 죽음은 존재하지 않는다.

누가복음 23장 45·47절, 요한복음 10장 18절, 11장 25·26,*41 40절, 5장 24절,*42 6장 47절, 8장 51절 참조.

7월 31일

일반적으로 '하느님을 위해서'라는 말은 단순한 상투적인 문구에 지나지 않는다. 진정으로 하느님을 위해 하는 모든 행위에는 축복과 성취가 주어지지만, 개인적이고 이기적인 목적을 겸하거나, 뒤에 숨기고 하는 행위에는 하느님

---

*40 시편 138편 6절.
*41 예수께서 가라사대 '나는 부활이요 생명이니 나를 믿는 자는 죽어도 살겠고, 무릇 살아서 나를 믿는 자는 영원히 죽지 아니하리니……'
*42 내 말을 듣고 또 나 보내신 이를 믿는 자는 영생을 얻었고, 심판에 이르지 아니하나니 사망에서 생명으로 옮겼느니라.

의 저주가 내려진다. 하기는 '실리주의'밖에 믿지 않는 이 시대에 사는 우리는 수없이 고통스러운 경험을 한 뒤가 아니면, 그 진리를 마음속 깊이 깨닫고 그 것을 좇아 행동할 수 없다. 하지만 고통스러운 경험을 한 경우에는, 이 경험 속 에서 진리를 통찰하는 직접적인 소득 외에 하느님에 대한 더욱 견고한 신앙이 태어나게 된다. 왜냐하면 이런 일은 우연이나 인간의 자의에 좌우되지 않는 하 나의 세계질서가 있어야만 가능하기 때문이다.

안일과 향락을 무엇보다 중시하는 자는 '하느님 자녀들의 영광의 자유*43를 얻을 자격이 없다. 창세기 49장 15절 참조.

⚜

육체의 힘을 염려하며 가능한 한 유지하려고 노력하고, 육체를 위해 의사의 조언을 필요로 하는 것은 분명히 당연한 일이다. 왜냐하면 생명은 아무렇게나 내던져도 되는 것이 아니기 때문이다. 그러나 노년기의 중대사는 아마도 육체 적 생명의 유지가 아니라 다른 힘을 가능한 한 키우는 일일 것이다. 그것은 죽 음마저 이길 수 있는 힘, 즉 정신력을 충분히 유지하면서 용감하게 죽음에 임 할 수 있게 하는 힘이다. 그리스도에 대해 확실한 근거 아래서 얘기되고 있는 것도 바로 그것이다.*44 그런데 대부분의 의사들은 이에 대해 그다지 알고 싶 어하지 않는다. 그들의 강의 노트에는 아직 이런 것이 기록되어 있지 않기 때 문이다.

그러나 죽음마저 이길 수 있는 힘은 분명히 있을 수 있다. 다만 유감인 것은 그것을 볼 수 있는 일이 너무 드물다는 사실이다. 이러한 더 높은 생명과 내세 의 힘을 자신의 내부에 조금도 가지고 있지 않은 노인은 자신에게나 남에게나 바람직한 모습이 아니다. 결국 그로 인해 자타 모두에게 무거운 짐에 지나지 않는 일이 흔히 있다. 우리 모두 그러한 처지에 빠져서는 안 될 것이다.

---

*43 로마서 8장 21절.
*44 마가복음 15장 39절, 예수를 향하여 섰던 백부장이 그렇게 운명하심을 보고 가로되 '이 사 람은 진실로 하느님의 아들이었도다.'

8월

8월 1일

경건한 사람들은 기도와 교회 참여 등 이른바 '예배행사'를 하느님이 기뻐하는 일, 또는 그들의 인생에 주어진 의무의 일부, 이를테면 의무와 선행으로 여기고 있다. 그러나 예배는 영혼을 향상시키기 위한 수단이어야 하며, 오직 이목적을 만족시키는 한에서만 가치가 있다. 만약 교회에 들어갈 때보다 더 선한 사람이 되어 교회에서 나오지 못한다면, 또 식사 기도를 한 뒤에 음식의 쾌락에 푹 빠져버린다면, 이들 종교적인 행위의 의미를 확실하게 알게 될 때까지 그것을 멈추는 것이 낫다.

하느님은 자신을 위해서는 아무것도 원하지 않고, 모든 것을 오직 우리 인간을 위해 원한다. 그런데 종교 교사들은 하느님을 끊임없이 요구하는 아버지로 가르치고, 그러한 하느님을 가능한 한 달래주라고 말한다. 이것은 경건한 사람들에게도 때때로 참으로 괴로운 문제가 되고 있다. 하느님과 함께 있는 행복에 대해 많은 경험을 하고 확고한 신념을 지니고 있는 사람은 극히 일부에 지나지 않는다. 교리를 통해 이러한 관념을 심어주는 것은 도저히 불가능한 일이다.

이 점에 모든 종교 교육의 근본적인 잘못이 있다. 종교 교육은 언제나 입문적인 것에 지나지 않으며, 아직 신앙을 완전히 이해하지 못하는 어린이의 마음에 혐오감을 불러일으키지나 않으면 다행이다. 적어도 나는 지금까지 종교 교육을 통해 신앙에 대한 격려보다는 신앙으로부터 떠밀리고 방해당한 적이 훨씬 더 많았다.

�֍

창세기 28장 17절*¹을 보라. 당신은 이 말이 단지 교회에만 적용될 수 있다

---

*1 이에 두려워하여 가로되, '두렵도다 이곳이여, 다른 것이 아니라 이는 하느님의 전이요, 이는 하늘의 문이로다.'

고 생각하는가?

이것은 일요일에만 문을 여는 교회보다 다른 집에도 충분히 적용될 수 있다. 적어도 모든 목사관은 당연히 그런 집이 아니면 안 된다.

그러나 그렇게 되기 위해서는 역시 위로부터의—하느님의 힘에 의한—충격이 필요하다. 물론 이런 힘의 충격은 오직 그 창조가 시작되는 시기에만 인정된다.

8월 2일

사람의 생애에는 어느 날 갑자기 순수한 신앙의 경지가 찾아와서, 하느님에 대한 진정한 사랑이 없으면 어떤 신앙도, 또 하느님의 의지에 대한 역사적이고 교의적인 그 어떤 지식도 영혼의 향상에 도움이 되지 않으며, 반대로 마음속에 하느님에 대한 사랑이 있으면 모든 것이 분명해지고 쉽고 간단해진다는 것을 알게 되는 때가 있다. 우리는 이런 경지에 다다르지 않으면 안 된다. 그렇게 되면 모든 철학서와 신학서를 덮어버려도 되며, 또 저절로 그렇게 하고 싶어질 것이다.

신학은 초감각적인 것에 대한 인간의 학문이다. 이런 학문이 존재할 수 있다는 것은 좋은 일이며, 크게 존중해야 마땅하다. 한편 초감각적인 것에 대해서는 하느님만이 내려줄 수 있는 직접적인 확신이 존재한다. 다만 이 경우, 자기 기만에 빠지지 않기 위해 충분한 양식과 진정한 교양, 그리고 그 어느 쪽에 있어서도 성실한 겸손이 필요하다.

마태복음 11장 29절, 12장 18~36절, 로마서 8장 14절, 고린도전서 12장 3~11절, 요한1서 4장 20~27절 참조.

✤

시편 95편 7·8절*² 을 보라. 이 같은 목소리를 당신은 때때로 들을 수 있다. 그러나 당신이 그것을 흘려듣고 있다면—특별히 훌륭한 사람의 마음도 그런

---

*2 저는 우리 하느님이시요, 우리는 그의 기르시는 백성이며, 그 손의 양이라 너희가 오늘날 그 음성 듣기를 원하노라. 이르시기를 너희는 므리바에서와 같이, 또 광야 맛사의 날과 같이 너희 마음을 강팍하게 말지어다.

성향이 강하게 지배하고 있다—같은 시편 끝부분에 기술되어 있는 결과*³가 나타나는데, 이런 사람들은 신앙심이 아무리 깊어도 '그 안식'에 들어갈 수 없다. 이에 반해 하느님의 목소리를 듣고 곧바로 거기에 따른다면, 이것이 마음을 환희로 채우고 그 어떤 것보다 빛나는 광채를 준다. 또한 다른 것에서는 기대할 수 없을 만큼 신경을 강화시켜 주기도 한다.

8월 3일

예레미야 51장 17·18절*⁴을 보라. 예술은 인간을 본디의 자신보다 더욱 높여주고 더 순수하고 강하고 위대하게 만들어주는 한 그만한 가치를 지니는 것이다. 그렇지 않다면, 최고의 예술도 기껏해야 유희일 뿐이며, 대개 인간 내부의 관능성을 일깨우고 조장함으로써 영혼을 해치게 된다. 인간의 악을 근원까지 깊이 파고 들어가 보면, 많은 경우 그 밑바닥에 지나친 관능성—가장 넓은 의미에서의—이 깔려 있으며, 또 그것이 하느님에 대한 불신과 더 나은 자아와 인간성에 대한 배신이 되어 나타남을 알 수 있다.

관능성은 이러한 '자연주의', 보다 사실적으로 말하면 '동물적인 삶의 감정'으로 거의 모든 사람들의 삶에서 그때그때 크고 작은 역할을 수행한다. 이렇게 위험한 것을 오로지 우연에만 맡기고 싶지 않다면, 근본적으로 그것과 대결하지 않으면 안 된다. 일반적이고 온건한 유물주의적 견해에 의하면, 이 모든 것은 결국에는 아무래도 상관없는 것, 즉 생활을 환하게 해주기는 하지만 성격에 특별한 영향을 주지는 못한다. 이른바 '사소한 것'으로 여겨지는 것이다.

이런 견해는 고대와 르네상스 시대를 압도적으로 지배했던 사상으로, 오늘날에도 우리는 그 영향을 강하게 받고 있다. 그러나 이 사고방식은 진실이 아니다. 오히려 개인과 다른 사람을 근본적으로 타락시키고 하느님으로부터 철저하게 멀어지게 하는데, 그보다 더 큰 영향력을 가지고, 또 효과적인 방법이 없을 정도이다. 이미 태고의 말*⁵이 이 위험과 그것을 극복할 수 있는 올바른

---

*3 시편 95편 11절, 그러므로 내가 노하여 맹세하기를 저희는 내 안식에 들어오지 못하리라 하였도다.

*4 금장색마다 자기의 만든 신상으로 인하여 수치를 당하나니, 이는 그 부어 만든 우상은 거짓이요, 그 속에 생기가 없음이라. 그것들은 헛것이요, 망령되이 만든 것인즉, 징벌하시는 때에 멸망할 것이니라.

*5 창세기 4장 7절.

방법을 지혜롭게 가르치고 있다.*6 이러한 이기주의적 경향을 버리고, 확고한 결심과 이 경향에 강하게 반대하는 정신적 관심, 나아가서 진정으로 친절한 마음을 지니는 것이 이 위험에서 벗어날 수 있는 가장 좋은 방법이다.

그러나 대부분의 현대인은 그런 방법을 취하는 대신 문제를 진지하게 생각하지도 않고 그저 눈앞에 보이는 인상에 몸을 내맡기고 있다. 그래서 가끔 눈을 감고 내적, 외적으로 무서운 갈등 속에 빠지게 된다. 이렇게 갈등하는 모습은 괴테의 《파우스트》 제1부에, 또 테니슨의 《국왕목가》에 더욱 아름답고 웅대하게 그려져 있다. 단테는 베아트리체와 피카르다 같은 고귀한 모습을 창조해 냈지만, 이 문제를 진지하게 다루지는 않았다. 또 최근의 시인들은 대부분 예술의 영향에 대한 문제를 해결하기는커녕 오히려 악화시키고 말았다. 그러나 톨스토이는 문제의 근원을 지적하며 이렇게 말했다. "미와 기쁨, 그것이 선에서 멀어진 그저 단순한 미와 기쁨일 때는 경멸해야 마땅하다. 나는 그것을 똑똑히 깨달았기 때문에 그것을 모두 버리고 말았다."

✽

분명히 알아두어야 할 것은 당신은 오로지 하느님의 목소리에 기뻐하며 자발적으로 듣고 따라야 한다는 것이다. 하느님에 대한 외경심과 인간에 대한 공포에서 마지못해 따르거나, 뭔가 불순한 의도에서 따라서는 안 된다. 어떤 특정한 일에 있어서는 아직 불가능할 때도 있을 수 있는데, 그때는 하느님이 그것에 대한 기쁨을 내려줄 때까지 기다려야 한다. 그때 당신이 성실하다면 하느님을 따르는 것은 틀림없이 이루어질 것이다. 그러나 달아날 길을 찾는다면 그것은 이루어질 수 없다.

사무엘상 10장 9절*7 참조.

8월 4일
어느 쪽으로 눈을 돌려도 오직 허무뿐

---

*6 네가 선을 행하면 어찌 낯을 들지 못하겠느냐? 선을 행치 아니하면 죄가 문에 엎드리느니라. 죄의 소원이 네게 있으나 너는 죄를 다스릴지니라.
*7 그가 사무엘에게서 떠나려고 몸을 돌이킬 때에 하느님이 새 마음을 주셨고, 그 날 그 징조도 다 응하니라.

인생이 방랑이라는 건 예부터 내려오던 말.
닥치는 대로 끝없이 추구하다
끝내 중간에 힘이 다하는 것.

—레나우, 1844년 작(作)

'혼자 걸어갔을 때, 나는 몸이 떨리는 걸 느꼈다. 그리고 이내 병에 걸렸다. 아니, 병보다 더한 것이었다. 완전히 지쳐버린 것이다. 우리 현대인을 감격하게 했던 모든 것에 대한 끊임없는 환멸 때문에, 또 도처에서 낭비되고 있는 힘과 일, 그리고 희망과 청춘과 사랑에 대한 환멸 때문에 지쳐버렸다. 모든 이상주의의 허위와 위대한 것의 나약함에 대한 혐오 때문에 지쳐버렸다. ……그리고 특히 내가 전보다 더욱 깊은 불신과 고독에 빠져야 하는 게 아닌가 하는 잔인한 의혹 때문에 지쳐버렸다. 왜냐하면 나에게는 리하르트 바그너 외에는 아무도 없었기 때문이다.'(니체)

위의 두 글을 통해 지난 50년 동안의 교양은 높았지만 신앙에서 멀어진 인간의 모습이 눈앞에 선명하게 떠오른다. 이런데도 우리는 그 지도자들을 계속 따라가야 할 것인가? 그들이 생애 마지막에 다다른 곳—즉 광기—까지? 이것이 우리가 원하는 예술과 철학인가? 이것이 우리를 위해 길을 열고, 그 길을 가도록 격려해주는 '지도적 정신'이며, 위대한 성격적 인물—더 나아가서 초인—인가? 아니면 그들은 특별히 엄격한 운명을 타고나서가 아니라 오로지 허약한 몸에 취약한 인생관을 품고 있었기 때문에 인생항로에서 난파하고 만, 재능은 넘치지만 너무나 나약한 인간이 아니었을까? 이 물음에 스스로 대답하고, 그에 따라 행동하라.

✤

사무엘상 7장 3·4절*8을 보라. 인간을, 그리고 다가올 날을 너무 두려워해서

는 안 된다. 당신의 삶에서 우상신들을 몰아내고, 또 오늘날 지배력을 강화해온 아스다롯*9도 버리는 것이 좋다. 그러면 철학자들도 당신의 마음을 더 이상 움직일 수 없게 된다.

또한 마음을 더욱 온화하게 가져야 한다. 진정으로 마음이 온화한 사람을 만나는 것은 직업상 많은 사람들과 접하는 서민계급—이를테면 상인, 우편물 집배원, 우체국직원, 은행원, 안내원 등—에게는 고통스럽고 단조로운 그들의 생활 속에 비쳐드는 한 줄기 햇살과도 같다. 하지만 누가 서민계급에게 그와 같이 작은 기쁨을 선사하려고 할 것인가. 사람들은 그들의 봉사에 대해 대가를 지불하기는 하지만, 과연 그 대가의 지불로 더이상 아무런 빚이 없다고 할 수 있을까?

8월 5일

염세주의자들을 말로 전향시키려는 헛된 수고는 하지 않는 것이 좋다. 그들은 당신의 말에 반박하면서 그 논쟁에서 좀처럼 물러서지 않을 뿐만 아니라, 가능하면 상대방에게서 인생의 기쁨을 빼앗는 것에서 특별한 만족을 느낀다. 왜냐하면 인간은 만족하지 못하면서도 친구를 원하기 때문이다. 가능한 한 그들에게 더 나은 생활을 보여주어라. 그리고 그들과의 논쟁은 그만두는 것이 좋다. 인생에 대한 그들의 견해는 그들에게나 세상 전체에 이롭지 않지만, 그렇게 생각할 수도 있다는 것만은 깨끗하게 인정해 주자. 그들의 생각을 바꿀 수 있는 것은 오직 하느님뿐이며, 우리가 할 수 있는 일이 아니다.

시편 71·115·116·147편, 보헤미아 형제단 찬송가 1103번 참조.

✤

당신은 아침마다 늘 좋은 생각으로 하루를 시작하라. 걱정과 한숨으로 시작해서는 안 된다. 그러면 하루 종일 어느 정도의 햇빛을 계속 지니고, 그것으로 구름 그림자를 몰아낼 수 있을 것이다.

---

*9 셈족이 숭배한 여신. 생산과 성의 신이라고 한다. 남신 바알과 마찬가지로 우상신이며, 예언자에 의해 엄격하게 척결되었다.(역자주)

8월 6일

우리는 인간의 모든 행위에 대한 마지막 심판에 대해 인간적인 개념과 유추로 생각하려는 경향이 있다. 그래서 틀림없이 다음과 같이 그럴듯한 말을 하는 자가 많을 것이다. "주여, 당신은 우리의 힘이 얼마나 약하고, 이 세상의 유혹의 힘이 얼마나 큰지 누구보다 잘 알고 계십니다. 부디 이 점을 생각하시어 저희를 공평하게 심판해주십시오." 그러나 이에 대한 주의 대답은 아마 이렇지 않을까? "그러나 너는 내가 너 자신의 힘으로 덕을 쌓기를 원하지 않았던 것을 잘 알고 있고, 또 나는 선을 행하는 힘을 어디서 얻을 수 있는지도 가르쳐주었다. 그런데도 너는 무관심과 오만과 편견에서 나의 길을 가는 것을 게을리하지 않았느냐." 이것은 또 다른 문제, 게다가 결정적인 문제를 내포하고 있다.

⚜

한번 선한 일을 진심으로 이해하고 습관으로 만들어버리면, 그렇게 하는 것이 거짓말처럼 쉽고 당연한 일로 생각되기 시작한다. 왜 좀 더 빨리 그렇게 하지 않았는지 의아해질 정도이다. 그러나 거기에는 충분히 그럴 만한 이유가 있다. 하느님은 인간을 가르칠 때 단계적으로 인도할 뿐 아니라 무엇보다 위선을 가장 싫어하기 때문이다. 하느님은 위선자와 거짓 성자보다는 차라리 드러내놓고 나쁜 짓을 하는 인간을 더 좋아한다.

그러나 그 누구든 삶의 마지막에 앵겔스 딜레듀스[10]의 다음과 같은 아름다운 노래에 공감하지 않을 수 없을 것이다. '아, 내 당신을 사랑하는 것이 이토록 늦었다니!'(보헤미아 형제단 찬송가 481번). 당신은 빨리 시작하라.

8월 7일

예레미야 9장 22·23절[11]을 보라. 지금도 사람들, 특히 교양인들은 관심을 갖고 있는 것에 큰 차이가 있다. 이를테면 그 사람의 관심이 물질적인 사물, 오늘

---

*10 앵겔스 딜레듀스(1624~1677), 독일의 가톨릭 종교시인.(역자주)

*11 너는 이같이 이르라. 여호와의 말씀에 사람의 시체가 분토같이 들에 떨어질 것이며, 추수하는 자의 뒤에 떨어지고 거두지 못한 뭇같이 되리라 하셨느니라. 여호와께서 이같이 말씀하시되, 지혜로운 자는 그 지혜를 자랑치 말라. 용사는 그 용맹을 자랑치 말라. 부자는 그 부함을 자랑치 말라.

날에는 특히 상업과 교통, 국제간 거래의 확대와 간소화나 부의 증가에 대한 문제에 있는가, 아니면 도덕, 입법, 국민교육의 개선이나 교회의 정화, 국가의 이상화 같은 정신적인 면에 있는가 하는 것이다. 정신의 이 두 가지 방향에는 가까운 장래에 서로를 도저히 이해할 수 없는 먼 간격이 생길지도 모른다. 그 결과 물질적 방향이 국민을 위해서나 개인을 위해서나 영속적인 행복을 줄 수 없을 뿐만 아니라 그런 일에 몸을 바친 자도 만족시킬 수 없다는 것이 확실히 증명될 것이다. 이런 사람들이 요행히 성공하면, 특히 만년이 되었을 때 어김없이 냉혹한 폭군적 성격을 드러낸다. 성공하지 못하는 경우에는 이를 데 없이 평범하고 적은 것에 만족하지 않는 한, 염세적이고 신경질적인 성격이 된다. 이와 반대로 이상주의자들은 언제까지나 젊고 유쾌하게 사는 것이 훨씬 쉽다. 물론 그들에게 이상주의가 하나의 신념이 되어 있고, 흔히 그렇듯이 그 이면에 배금주의가 도사리고 있지 않은 경우에 한한다. 특히 위선적인 이상주의는 부자들을 현실과 전혀 다른 모습으로 그리는 작가들에게서 가끔 볼 수 있다.

⚜

지루함은 모든 부도덕의 원인이 될 때가 많다.

8월 8일

어떤 사람이 신분이 낮거나 살기가 힘든 것은 거기에 미래에 대한 불안이 끼어들거나, 상류층의 생활을 눈앞에서 보고 헛된 공상만 하기 때문이다. 그렇지 않다면 낮은 신분이나 살기 힘든 것이 오히려 그의 행복에 도움이 될 수 있다.

지나치게 부유하고 지나치게 고귀한 사람들에게는 삶을 즐겁게 해주는 수없이 많은 작은 기쁨들이 결여되어 있다. 이런 기쁨은 작고 사랑스러운 고산식물처럼 척박하고 돌이 많은 토지가 아니면 자라지 않는다. 오늘날에는 경제적으로만이 아니라 정신적으로도 도에 지나친 사치에 빠져 일생을 물거품으로 만드는 사람들이 참으로 많다.

잠언 30장 8절, 15장 15절, 12장 11절 참조.

✤

부자연스러운 배려는 그것을 받는 쪽에 좋은 느낌을 주는 것은 아니다. 그러나 친절한 말 한 마디, 아니, 따뜻한 눈길 한 번을 보내거나 적당하다고 생각될 때는 작은 선물을 할 수 있는 기회를 놓쳐서는 안 된다. 나는 평생에 단 한 번, 한 가난한 노인에게서 그러한 선물을 몹시 기분 좋은 미소와 함께 거절당한 기억을 가지고 있다. 그래도 소기의 목적은 이룬 것이다.

8월 9일

인간의 생활에서 특히 주목해야 할 것은 향락욕은 늘 고통스러운 결과를 불러오고, 자제심은 그것에 따라 행동하기 전에 언제나 최고 최선의 기쁨을 가져다준다는 점이다. 우리는 이미 일찍부터 경험을 통해 확실히 알고 있다.

건전하고 용감한 결심, 그와 아울러 직접적인 선한 행위, 이러한 것들은 가끔 최상의 치료약이 되기도 한다. 특히 세상에서 신경쇠약이니 신경병으로 부르는 경우는 더더욱 그렇다. 그런 상태는 대부분 육체적 결함과 정신적 결함의 복합작용에 의한 것이기 때문이다.

✤

잠언 16장 4·7절*12을 보라. 지금까지 원수 같은 관계에 있던 사람들이 하느님의 인도로 마침내 화해한 경우, 그것은 말하자면 인생의 향연에 차려진 특별하고 흔치 않은 진수성찬과 같다. 당신이 그런 것을 경험했다면 감사 표시로 특별히 큰 양초를 하느님에게 바칠 의무가 있다.

8월 10일

무엇보다 '오직 하느님과 함께 있는' 것이 가장 필요하다고 생각되는 사람들이 무척 많다. 누군가와 끊임없이 함께 있으면, 그들을 진정한 자기 반성으로 이끌어주지 못한다. 그것이 바로 과대평가되기 쉬운 이른바 '그리스도교인의

---

*12 여호와께서 온갖 것을 그 쓰임에 적당하게 지으셨나니, 악인도 악한 날에 적당하게 하셨느니라. ……사람의 행위가 여호와를 기쁘게 하면, 그 사람의 원수라도 그로 더불어 화목하게 하시느니라.

교제'에 생기는 결점이다.

그래서 하느님은 이러한 산만한 마음을 몰아내기 위해 오랜 중병으로 그들을 돕는 일이 가끔 있다.

✤

'옳은 것을 행하며 아무도 두려워하지 말라'는 속담만으로는 이 세상을 살아갈 수 없다. 우선 완전히 옳은 행위를 할 수 있는 사람은 아무도 없으므로 그런 의미에서 이미 전제가 잘못되어 있다. 다음에 어느 누구도, 비록 신분이 아주 높은 사람이라 할지라도 타인의 봉사와 호의에 기대지 않고는 살아갈 수 없다. 그러므로 이 말은 단지 오만하고 고집이 센 심성의 표출에 지나지 않으며, 또 기대하는 효과를 거둘 수도 없다. 이런 말은 하나의 무지한 교만—그래서 누구한테서나 반발당한다—때문이거나 '평범하기 짝이 없는 자들'의 핑계에 지나지 않는다.

8월 11일

사람은 언제나 한결같은 감격 속에 있을 수만은 없다. 이는 최고의 선에 대해서도 마찬가지다. 그것은 무엇보다 인간의 나약함이 허락하지 않는다. 그러므로 비할 수 없이 뛰어난 사람들에게도 그것은 허용되지 않는다. 아예 그런 '성자'는 존재하지 않고, 존재한 적도 없었다.

그렇다 해도 그런 선만 중시하며 여전히 선의 편에 서고자 하는 견고한 심지를 가지는 것은 언제라도 가능하며, 또 그렇게 하지 않으면 안 된다.

> 그래도 하느님의 손길과 뜻을
> 거역하지 않으며, 용기와 희망을
> 조금도 잃지 않고
> 나는 조용히 견디며 똑바로 나아가리라.

—밀턴

✤

사람들을 사랑하지 못하면 그들을 두려워하지 않을 수 없다. 사람들에게 무관심할 수 없고, 그들로부터 완전히 멀어질 수도 없기 때문이다.

보헤미아 형제단 찬송가 283번(친첸도르프 작(作)) 참조.

8월 12일

우리를 진심으로 도울 수도 없고 심하게 해칠 수도 없는 인간의 용기, 우리 내부에서 모든 선을 창조하는 하느님의 은총, 우리가 현재의 모습 그대로 있을 수 있는 하느님에 대한 겸손은 늘 함께 있다. 그러나 진정한 겸손은 용기에 가까운 것이다. 하느님을 참으로 실재하는 인격적인 것으로 이해하는 한 용기가 없으면 하느님 앞에 감히 나아갈 수 없기 때문이다.

'인간은 사욕을 떠난 헌신을 통해 이웃을 행복하게 해주거나 이를 다지고 또 증진하기 위해 노력할 때, 비로소 진정한 인간, 즉 하느님을 닮은 모습이 되기 시작한다. 오직 자신만을 위해 존재한다면, 인간은 도대체 무엇이란 말인가?'*13

참으로 지당한 말이다. 그러나 그러려면 먼저 진정한 겸손에 의해 진정한 성결(聖潔)에 다다르지 않으면 안 된다. 성결은 주와 세계를 위한 올바른 활동의 토대이기 때문이다. 이 점을 염두에 두지 않으면 그 소중한 활동도 오히려 해로운 것이 되는 수가 있다.

⚜

시편 132편 14절*14을 보라. 만약 어떤 나라에 이 시편의 뜻에 맞는 사람이 오직 한 사람이라도 있다면, 하느님은 그 나라를 멸하지 않는다. 그는 바로 '지주'가 되는 사람이며, 그의 존재가 재앙이 일어나는 것을 막아주고 있는 것이다. 민중은 언제나 그것에 대한 본능적인 감각을 가지고 있다. 그들이 이 경계의 말을 따르지 않고, 자신들을 닮았기 때문에 더욱 편안한 지도자를 선택한다 해도.

8월 13일

'그들을 인하여 두려워 말라! 두렵건대 내가 너로 그들 앞에서 두려움을 당

---

*13 힐쉬 《이스라엘의 기도》.

*14 이는 나의 영원히 쉴 곳이라. 내가 여기 거할 것은 이를 원하였음이로다.

하게 할까 하노라.*15 내가 이 말을 이해하게 된 것은 그런 경험을 했을 때부터 였다. 남의 판단을 두려워하거나 남의 칭찬을 얻으려고 애쓰는 경향이 있다면, 하느님은 우리에게 특별한 경험을 내려 불쾌한 기분을 느끼게 해준다. 그러나 남의 생각을 지나치게 마음에 두지 않고, 무엇을 해야 하고 무엇을 해서는 안 되는지 늘 하느님에게 묻는 습관을 기른다면, 야곱의 생애에 몇 번이나 중대한 결정을 내려준 일을 우리도 겪게 될 것이다.

창세기 28장 15절, 31장 24절, 32장 29절, 33장 4절 참고.

따라서 인간이 우리에게 너무 큰 영향을 미치거나 우리로 하여금 하느님을 외면하게 한다면, 하느님은 당장 그 사람을 우리한테서 떼어놓거나 그들과 우리 사이에 반감이 일어나도록 한다. 왜냐하면 하느님은 참으로 '질투심이 강한' 신이어서, 어떤 것과도 비교되는 것을 허락하지 않기 때문이다.

여호수아 21장 44·45절,*16 사사기 3장 9절, 7장 7절, 9장 23절, 시편 103편, 보헤미아 형제단 찬송가 1111번·1116번 참조.

이러한 일들을 나는 이상하리만치 자주 내 눈으로 목격했다.

❀

디모데전서 1장 16절*17을 보라. 그리스도는 당신의 생활에 대해서도 할 수 있는 모든 것을 보여주고 싶어한다. 그래서 당신은 언제나 다양한 고통 속에 있지만, 그때 그것을 불행하게 느끼거나 불쾌하게 생각해서는 안 된다. 드라몬드가 이에 대해 참으로 좋은 말을 했다. '우리에게 시련 뒤에 오는 커다란 축복은 그것을 통해 우리가 더 넓은 시야를 가질 수 있고, 또 어떤 영속적인 보물을 위해 사는 것이 가장 가치 있는지 판별할 수 있는 힘을 길러 주는 것이다.'

에베소서 제3장 참조.

---

*15 예레미야 1장 17절.

*16 24장 19절도 참조.

*17 그러나 내가 긍휼을 입은 까닭은 예수 그리스도께서 내게 먼저 일절 오래 참으심을 보이사, 후에 주를 믿어 영생 얻는 자들에게 본이 되게 하려 하심이니라.

8월 14일

인생에서 가장 힘든 순간은 인간이 자기애에서 근본적으로 멀어져 신비주의자들이 '궤멸'이라고 부르는 죽음의 암흑에 들어가야 할 때이다. 그 뒤에 주어지는 것을 약속해주는 스러지지 않는 확고한 빛이 보이지 않는다면, 아무도 그런 죽음을 견딜 수 없을 것이고, 또 전율하지 않고는 죽음을 직시할 수도 없을 것이다. 그러나 다행히 우리는 어쩔 수 없이 그렇게 할 수밖에 없는 상황에 처하게 된다. 우리에게는 그런 도움 없이 스스로 그렇게 할 수 있는 힘이 없다. 그러므로 그 힘도 오직 그것에 몸을 맡기면 되는 것이지, 스스로 선택하는 것이 아니다.

그러나 경험한 적이 없는 사람은 이런 경지에 있는 사람을 향해, "바울아, 네가 미쳤도다"라고 말할 것이다.

사도행전 26장 24절, 보헤미아 형제단 찬송가 732번 참조.

❧

지나친 휴식은 지나치게 모자라는 것과 마찬가지로 사람을 피곤하게 한다.

8월 15일

인간은 언제나 선한 일만 하겠다는 마음자세로 살아야 한다. 생각이 그쪽으로 향해져 있으면 그럴 기회는 얼마든지 발견할 수 있다. 그러면 삶이 매우 편안해진다. 특히 역경에 있을 때는 물론이고, 모든 것이 순조로울 때도 그 마음의 보호를 받아 경솔하고 천박함에 빠지지 않을 수 있다.

끊임없이 불평만 늘어놓고, 참을 수 있는 일에 대해서도 결코 만족하는 법이 없는 사람들에게 아직 개선의 여지가 남아 있다면, 하느님은 더 큰 고난을 내려준다. 그것은 그들이 피할 수 없는 작은 어려움과 그런 큰 고난의 차이를 알고, 미래의 더할 나위 없이 작은 행복에도 더욱 감사할 수 있도록 해준다.

그러므로 작은 불행에 대해 지나치게 불평하는 자는 자칫하면 더 큰 불행을 불러오기 쉽고, 또 누구에게서도 동정 받을 수 없다. 사람들은 그의 불평에 모두 식상해 있기 때문이다.

구원의 예정
(갈라디아서 1장 15, 16절)

너의 소망과 의견을 버리고
지금 이 순간에 눈을 돌려라
하느님은 그의 어린 양들을
반드시 평안한 길로 인도하시리니.

기다림의 헛됨을 걱정하지 마라
경건한 사람에게는 굳은 신앙이 어울리니
부름을 받은 사람 모두
그러한 경지에 도달할 수 있었다.

❧

사람들에게 마음의 안식(위안)을 주는 것이 종교의 가장 큰 능력은 아니지만, 그래도 사람들에게는 정말 고마운 일이 아닐 수 없다. 신앙심 따위는 전혀 없어도 막무가내로 매달려도 된다고 믿는 사람들은 끊임없는 인내와 너그럽고 침착한 마음을 하느님에게 간청하지 않을 수 없다. 그리스도도 그런 자들에게는 때때로 화를 냈다고 한다. 마가복음 9장 19절, 6장 46절*18 참조.

8월 16일

어떤 종류의 사람과도 올바르게 교제할 수 있는 유일한 길은 상대방을 위해 진정으로 좋은 일을 하고, 상대방에게서도 그것을 얻으려고 노력하는 데 있다. 특히 동물과 무생물을 소유하는 것처럼 자신의 쾌락과 노역을 위해 인간을 '고용'하거나 소유해서는 안 된다. 또한 사람들과 관계를 지속하는 한 상대방의 행복에 대해 무관심해서도 안 된다. 그럴 수 없다고 생각될 경우에는 차라리 관계를 맺지 않는 편이 낫다.

---

*18 마가복음 9장 19절, 대답하여 가라사대 '믿음이 없는 세대여! 내가 얼마나 너희와 함께 있으며 얼마나 너희를 참으리요. 그를 내게로 데려오라.'
마가복음 6장 46절, 무리를 작별하신 후에 기도하러 산으로 가시다.

많은 사람들과 나쁜 영향을 입지 않고 교제하기 위해, 또 나쁜 영향을 주는 사람들과의 교제를 적절하게 끊기 위해서도 침착성과 자신감이 필요하다.

하느님의 아들들과 사람의 딸들
(창세기 6장 2, 3절)

주여, 가르쳐 주옵소서, 바른 눈으로 주의 아들들을 볼 수 있고
어떤 옷을 입고 있어도 하느님 아들임을 알아보며
'사람의 딸들'과 확실히 구별하여
그들을 무사히 피할 수 있는 방법을.

이제 어떠한 것에도 미혹되지 않고
모든 허망한 것으로부터 자유롭게 하소서.
그리하여 당신의 축복어린 손길로
내 아들들을 위해 당신의 아들들을 불러들이소서.

⚜

민수기 23장 12절*¹⁹을 보라. 예언자 발람은 이 말을 지켰어야 했다.

오늘날에도 부분적으로는 하느님의 영에 고무되어 활기를 얻고 있는 것처럼 보이는 사람들이 있다. 그러나 자기 멋대로 해석을 가하는 일이 많고, 명예욕과 그 밖의 불순한 의도를 가지고 있기 때문에, 그들의 말에 담겨져 있는 선한 것이 효력을 잃어버린다. 그런데 그들의 말 자체는 하느님으로부터 온 것이 아니라 그들 자신의 말이 더해졌기 때문에, 오히려 현대인에게는 이해하기 쉽고 마음이 끌리는 데가 있다.

톨스토이가 그 대표적인 실례이다. 또 마호메트도 그렇고 어빙과 도비*²⁰도 마찬가지다.

---

*19 대답하여 가로되, 여호와께서 내 입에 주신 말씀을 내가 어찌 말하지 아니할 수 있으리이까.

*20 어빙(1792~1834)과 도비(1846~1907) 모두 영국의 광신적 교파의 창시자.

그리스도도 그런 유혹을 받았지만, 당시의 성서를 끝까지 지켰다. 이것이 오늘날에도 냉정을 잃지 않을 수 있는 가장 좋은 방법이다. 누가복음 4장 4~12절 참조.

어떤 사람이 자신만의 충동으로 일을 했다가 성공하지 못한다면, 그것은 하느님의 특별한 은총이다.

8월 17일

히브리서 4장 9절*²¹을 묵상해보라. 실제로 오늘날과 같은 어수선하고 전반적으로 불안한 시대에도 하느님의 백성에게는 언제나 안식이 있다. 그러나 그들에게도 일하거나 임무를 실천하도록 정해져 있을 때는 안식이 주어지지 않는다. 그런 경우에 때 아닌 휴식을 바란다면, 오히려 마음의 평화를 잃을 뿐 아니라 때로는 최고 최선의 일을 게을리하게 된다.

누가복음 22장 46절*²² 참조.

안식은 하느님이 내려 주어야 하는 것이지 당신이 멋대로 취해서는 안 된다. 노년에도, 심지어 병에 걸렸을 때도 그렇다. 그러나 일반적으로 규정되어 있거나 오늘날 누구에게나 허락되어 있는 휴식, 즉 해가 진 뒤부터의 수면과 일요일을 한껏 이용하라. 그것은 심신의 휴식을 느끼는 데 충분하며, 또 하느님의 축복도 얻을 수 있다. 그러나 지나치게 쉬거나 편하게 있는 것도 지나치게 일하며 무리하는 것과 마찬가지로 피로의 원인이 된다.

'한가한 시간'과 '휴가'도 뭔가 무익한 것을 하거나 때로는 해로운 것을 해도 되는 시간이 아니라 심신에 도움이 되는 일을 하기 위한 시간이다. 사람의 일생은 그 대부분의 시간을 헛되이 보내기에는 너무나 짧다. 좋은 목적도 없고 의미도 없는 즐거움, 뿐만 아니라 나쁜 결과까지 가져올 수 있는 즐거움은 즐거움이라고 할 수 없다. 벤저민 프랭클린은 참으로 거침없이 이렇게 말했다.

"여가란 뭔가 유익한 일을 하기 위한 시간이다."

보헤미아 형제단 찬송가 688번 참고.

마가복음 9장 14~29절을 보라. 경련을 일으킨 아이의 아버지가 그 무렵 태

---

*21 그런즉 안식할 때가 하느님의 백성에게 남아 있도다.
*22 어찌하여 자느냐? 시험에 들지 않게 일어나 기도하라!

동하고 있던 그리스도교—이 가르침은 뒤에 기술되는 이유에서 제자들의 전도로는 아직 그 아버지의 마음을 움직이지 못하고 있었다—에 대한 처음의 불신을 극복한 뒤, 마지막에 한 말—내가 믿나이다. 나의 믿음 없는 것을 도와주소서!—은 진심으로 그렇게 말할 생각만 있으면 누구나 할 수 있다. 그 말마저 하고 싶지 않다면 도저히 구원할 길이 없다. 반대로 이 빈약한 신앙이라도 있다면, 하느님의 기적을 경험할 수 있다.

그러나 이 제자들에게, 또 현대의 수많은 설교가들—그들은 거의 또는 완전히 할 일을 하지 못하는데다 그 책임을 '불신하는 시대정신'과 '사회주의', 그밖의 온갖 것에 전가한다—에게도 하느님은 무엇이 부족한지 뚜렷하게 일러주었다. 하느님과의 지속적인 교류—그저 이따금 하는 것이 아니라—모든 쾌락과 온갖 이기주의의 완전한 포기, 이것이야말로 현대에도 인간의 내부에 작용하는 하느님의 힘의 비밀이다. 성직자들은 바로 이것을 실천해야 한다. 그것이 불가능하다면 그들의 활동은 무익하다. '이 세상의 왕'인 사탄은 여전히 그들을 조롱할 것이고, 이것은 당연한 일이다.

⚜

선량하고 교양 있는 사람이면서도 그리스도교적인 계시종교에 친밀감을 갖지 않고, 그런 종교를 의식적 또는 무의식적 기만으로 여기는 사람이 얼마나 많은지 생각하면, 참으로 가슴이 아프다. 그렇게 생각하는 것은 그들의 종교 교사의 책임이지만, 그들의 이해를 가로막고 있는 것은 이따금 아주 하찮은 것일 때가 많다. 하지만 그들에게 가장 강한 영향을 미치고 있는 것은 주변의 실례이다. 이러한 주변의 그리스도교 반대자 본인이 아니라도 그 아들과 손자 가운데서 하느님은 미래의 교회를 건축할 뛰어난 사람을 부를 것이다.

8월 18일

천국과 지옥. 사람들 대부분은 이 세상을 떠날 때의 정신 상태로 보아 오로지 이성적으로 상상할 수 있는 천국, 즉 기만이 통하지 않는 선한 사람들의 사회에는 확실히 어울리지 않는다. 당신이 간절히 천국에 들어가기를 원하고 있는지는 스스로 생각해 보면 금방 알 수 있다. 그리고 그대로 당신의 심판도 이루어질 것이다. 따라서 저마다 가야 할 장소를 이미 스스로 정해둔 것이나 마찬가지다.

그러나 마찬가지로, 그들은 지옥에도 어울리지 않는다. 다시 말해 후회를 모르는 의식적인 악인들과 마찬가지로, 자각을 가지고 선을 적대하는 사람들만의 사회에 그들이 적합하지 않은 것도 분명하다. 그래도 이것이 우리에게 강한 위안이 되고 있다. 그런 악인들은 이미 이 세상에서부터 선인 옆에 더 이상 있을 수 없어서, 가능한 한 선인들 틈에 끼어드는 것을 피하고 있다. 만약 선으로 마음이 기울어진 자가 한 사람이라도 지옥에 들어간다면, 그리고 지옥의 무리가 그 사람을 유혹할 수 있는 가능성이 없다면, 악인들은 그와 함께 있기보다는 차라리 그에게 지옥을 넘겨주고 사라질 것이다.

이런 것들을 고려하면, 우리 미래의 운명도 똑똑히 알 수 있다. 그리고 그 이상의 어떤 교리도 필요하지 않게 될 것이다.

단테 《신곡》 지옥편 제8곡, 제9곡 참조.

❧

시편 제94편을 보라. 악한 영은 당신을 제 편으로 끌어들이는 것도, 위협하는 것도 바랄 수 없게 되면, 모든 악의 조수와 앞잡이를 차례차례 당신에게 보내고, 악한 영이 허락하지 않으면 영원히 지속할 수 없는 세상의 인기를 당신에게서 빼앗아 가려고 한다. 때로는 당신과 매우 가까운 사람들까지 악이 하는 일을 도와주지 않으면 안 될 때도 있다. 다행히 마가만은 그러한 한 예를 잊지 않도록 해주었다. 마가복음 3장 21절*23 참조.

이런 일이 시작된다면 일반적으로 좋은 징후이다. 왜냐하면 우리는 가끔 완전히 의지에 반하여 싸움에 동원되는 일이 있기 때문이다.

문제는 늘 그렇듯이 시간과 영원한 나라를 걸고 하는 대승부에 마지막으로 누가 이기는가이다. 그때 이 지상은 그 승부의 무대가 되며, 때로는 피비린내 나는 전장으로 변하는 운명에 처할 수도 있다. 싸움은 한 차례 힘을 축적한 뒤 당신에게 훨씬 더 큰 규모로 시작될 것이다. 여러 가지 상황에서 판단하건대, 이제 다시 그 싸움이 시작되려 하는 것 같다.

적의 가면은 이미 벗겨진 것도 있고, 벗겨지는 중인 것도 있다. 그들의 깃발

---

*23 예수의 친속들이 듣고 붙들러 나오니, 이는 그가 미쳤다 함일러라.

도 벌써 높이 세워져 있다. 자연과학적 유물론, 다른 이름으로는 일원론, 탐미주의, 사회주의, 합리주의, 심령술, 오컬티즘(신비학), 나아가 불교와 이슬람교까지 모두 힘을 합쳐 역사에 남을 가치있는 그리스도교를 향해 한꺼번에 진격해 오고 있다. 그리스도교는 먼저 분산된 병력부터 집결하고, 다음에는 지휘자를 점검할 필요가 있다. 어쨌든 지휘자가 되어야 할 사람은 단순한 '성서학자나 바리새인' 또는 예수회 수사여서는 안 된다. 지금은 다만 그 '선구자'와 '길을 닦는 자'가 있을 뿐이다.

이사야 58장 12절*24 참조.

8월 19일

"너무 큰 신발은 신지 말라"는 것은 내 착각이 아니라면 아라비아의 속담이다. 이것은 높은 지위에 있으면서도 인생이 실패로 끝나는 경우가 흔히 있음을 말해주는 것이다. 왜냐하면, 신발이 너무 크면 걸음이 불안해지고, 그것을 알게 된 사람들의 신뢰를 점차 잃기 때문이다.

그러나 이와 마찬가지로, 신이 너무 작아도 발이 답답하고 아픈 것을 느끼게 된다. 그러므로 이것 또한 바꿀 필요가 있다. 꼭 적당한 것은 그 사람의 지위가 그의 성장과 역량에 딱 맞을 때이다. 그러나 그것은, 인간적인 현명함을 통해서가 아니라 오직 하느님의 인도에 대한 굳은 신앙을 통해 달성될 수 있다.

이사야 49장 15·16절, 고린도전서 7장 23·24절, 마태복음 6장 33절 참조.

❧

나훔 1장 7~12절*25을 보라. 오늘날 그리스도를 한 사람의 인간일 뿐이라고 말하거나, 삼위일체설을 부정하고, 또 교회와 성직자들을 한꺼번에 모조리 없애고 싶어하는 사람이 있는 것은 물론 개탄할 일이다. 하지만 그런 일을 할 자

---

*24 네게서 날 자들이 오래 황폐된 곳들을 다시 세울 것이며, 너는 역대의 파괴된 기초를 쌓으리니 너를 일컬어 무너진 데를 수보하는 자라 할 것이며, 길을 수축하여 거할 곳이 되게 하는 자라 하리라.

*25 여호와는 선하시며 환난 날에 산성이시라. 그는 자기에게 의뢰하는 자들을 아시느니라. 그가 범람한 물로 그곳을 진멸하시고 자기 대적들을 흑암으로 쫓아내시리라. 너희가 여호와를 대하여 무엇을 꾀하느냐? 그가 온전히 멸하시리니 재난이 다시 일어나지 아니하리라.

유가 허락되어 있다는 것은 개탄해야 할 일이 아니다. 아니면 셀베투스*26를 제네바에서 화형했던 그 시대, 하느님과 성직자들을 두려워하기는 했지만 사랑하지는 않았던 그 시절을 현대보다 훌륭하다고 장담할 수 있는가?

이제는 다른 시대가 다가오고 있다. 첫째, 인생의 보물도 없고 신앙도 전혀 없는 시민사회—이를테면 프랑스의 급진주의자가 꿈꾸었던 사회—다시 말해 머지않아 구원할 길 없는 야만에 빠질 것 같은 사회에서 그 일원으로 사는 것은 사양하고 싶다는 감정이 새롭게 일어나고 있다. 둘째, 이렇게 사랑의 계율에 대한 이해가 다시 눈을 뜨면, 그 안에서 새로운 교회 또는 새로운 교회에 대한 몇 가지 방향이 태어날 것이다. 그것은 중요하지 않은 진부한 형식은 버리겠지만, 또한 개개의 새로운 외적 형식을 도입하겠지만, 그래도 옛날부터의 기초 위에 건설될 것이다.

이를테면 나 개인적으로는 탑과 스테인드글라스로 꾸며진 특별한 건물이 아니라 평범한 거실에 모여, 경우에 따라서는 평상복을 입은 재능 있는 평신도의 얘기를 듣는 것이라 해도 전혀 상관없다. 또한 교회 장로들이 없어도, 성배에 '그리스도 형제'의 입술이 닿으면 이내 잔을 주의 깊게 돌려가며 천으로 닦아주는—잔에 세균이 묻어 있을지도 모르니까—'성배담당자'가 없어도, 나는 개의치 않을 것이다. 오르간도 반드시 있어야 하는 것은 아니다. 아무튼 그런 것은 개인적인 감정이지 중요한 사항이 아니다. 오히려 그리스도가 요한복음 14장 17*27·21~23절에서 교회의 기초라고 명언한 것이 중요하다. 이런 사람들이 다시 나타나게 된다면, 같은 사랑이 사람들을 움직여 교회를 만들게 하고, 그 같은 영혼들이 깃들어 있음으로써 교회에 필요한 형식을 쉽게 발견할 수 있을 것이다.

그런데 현재, 사람들은 반대편 끝에 서서 아예 진리의 영혼도 없이 새로운 교회 형식을 만들어내려고 시도하고 있다. 또는 비대한 교회를 창설해 그 안에서 저마다 다른 신앙을 가질 수 있고—더욱이 수많은 사람이 불신자라도

*26 미겔 셀베투스(1511~1553), 스페인 출신 의사, 자유사상가. 칼뱅 시대에 삼위일체를 부정했다는 이유로 이단으로 몰려 제네바에서 처형당했다.

*27 저는 진리의 영이라 세상은 능히 저를 받지 못하나니, 이는 저를 보지도 못하고 알지도 못함이라. 그러나 너희는 저를 아나니, 저는 너희와 함께 거하심이요, 또 너희 속에 계시겠음이라.

상관없다—목사들 가운데도 온갖 종류의 잡다한 '의견'을 늘어놓아도 되는 교회를 만들려 하는 사람도 있다. 당신은 이러한 괴물이 한 세대 이상 이어질 거라고 생각하는가? 또 오랜 역사의 그리스도교를 아직 믿고 있는 사람들이 차례차례 모두 탈퇴해버려도, 그 교회의 유일한 지주를 잃어버리지 않을 거라고 주장할 수 있는가? 아니면 전에 당신이 전통적인 교회에 대해 그토록 강력하게 주장했던 '신앙과 영혼의 자유'를 또다시 버리고, 마치 루소처럼 국가의 시민적 종교에 속하지 않는 사람을 처벌하려는 생각이라도 하고 있는가?

모든 것을 현재의 피할 수 없는 필연적인 흐름에 그냥 맡겨야 한다. 그러나 가짜를 조심하라. 우리는 그저 낡은 가짜를 새로운 가짜로 대체하는 것은 원하지 않기 때문이다.

8월 20일

직업적으로 설교하는 것이 특히 어려운 이유는 개개인의 영혼 안에서 작용하는 하느님의 행위는 단계적인데, 청중의 신앙 단계가 설교자의 단계와 반드시 일치하지 않는, 아니 좀처럼 일치하지 않기 때문이다.

그러나 그렇다 해도 설교자는 그런 것에 개의치 않고 자신이 가지고 있는 가장 좋은 것을 주는 것이 최상의 방법이다. 왜냐하면 그가 하는 생각이 성실하고 하느님의 계획에 의한 것이며, 자신의 허영심에서 나온 것이 아니고 기만이 아니라면, 그 하나하나 단계마다 적어도 다른 단계의 일부분을 포함하고 있기에 상대방을 이해시킬 수 있다. 신앙을 가진 설교자가 듣는 사람을 이해시키지 못한다면, 복음이라는 질 좋은 포도주가 더러운 통에 담겨 있는 것이나 마찬가지이며, 그는 아직 설교할 자격이 없는 사람이다.

⚜

신앙심으로 진지하고 참을성 있게 기도한다면, 스스로를 쉽게 개선해 나쁜 성질과 습관을 없앨 수 있다. 산을 움직일 수 있는 신앙은 사람의 마음도 바꿀 수 있는 법이다. 그러나 좋은 의도와 심사숙고로 본성을 바꾸고자 하는 것은 매우 어려우며, 적어도 순조롭지 않다는 것만은 분명하다. 중요한 것은 어떤 일을 통찰하는 것이 아니라 어떤 일에 이끌리는 성향—이를테면 음주벽과 화를 잘 내는 기질, 질투심 등—을 완전히 버리는 일이다.

기도는 그 밖의 타인을 위해, 이를테면 자녀들을 위해서도 할 수 있다. 요한복음 15장 7절, 16장 24절*28 참조.

8월 21일

아무리 올바른 삶을 살았다 할지라도, 언젠가 '이 세상의 왕' 사탄이 시험하러 오는 날이 있다. 그때 적어도 그 사람의 의지에서 사탄의 편으로 보이는 것이 하나라도 발견되어서는 안 된다. 그렇지 않을 때는 '마지막 전투'가 시작되며, 이 싸움에서도 끝까지 분투하는 것이 중요하다. 요한복음 14장 30절, 12장 31절, 에베소서 2장 2절, 보헤미아 형제단 찬송가 698번 참조.

시온은 공평으로 구속이 되고
그 귀정한 자는 의로 구속이 되리라.
(이사야 1장 27절)

네 속에 살아 움직이는
진실하고 전능한 하느님의 의지도
네 마음이 거역하는 동안은
너를 새롭게 태어나게 할 수 없다.

오직 정의로 시온을 구속함은
하느님의 영원한 의지이다.
스스로 모든 악에서 떠난 사람만이
참으로 자유로운 사람이다.

명예와 영화가 없는 세상이

---

*28 요한복음 15장 7절, 너희가 내 안에 거하고, 내 말이 너희 안에 거하면, 무엇이든지 원하는 대로 구하라. 그리하면 이루리라.'
요한복음 16장 24절, 지금까지는 너희가 내 이름으로 아무것도 구하지 아니하였으나, 구하라 그리하면 받으리니, 너희 기쁨이 충만하리라.

허무하고 따분하게 생각된다면
너는 이 위대한 사업의
무게를 견디지 못하리라.

❧

사무엘상 25장 28~29절*29을 보라. 우리가 적극적인 삶을 사는 한 적의 공격은 피할 수 없다. 이 적들과 악의를 품은 자에 대한 증오가 우리 마음에 싹트기 전에 얼른 하느님에게 맡겨버리는 것은 단순하지만 매우 좋은 습관이다. 그렇게 하면 상황이 나빠지기는커녕 오히려 좋아지게 마련이다. 나는 이것을 수없이 경험해 왔다. 이사야 41장 11~13절*30 참조.

8월 22일

진정한 기쁨을 얻고 싶다면, 무엇보다 먼저 그 기쁨이 어디에 있는지 확실히 알고 그것을 방해하는 것을 피해야 한다. 유감이지만, 우리는 보통 삶이 이미 반 이상이나 지나서야 겨우 그곳에 이른다. 또 여생이 얼마 남지 않았을 때 어느 정도의 염세주의에 빠지는 것은 이러한 경험의 피할 수 없는 결과이다.

특정한 일에 대해 충분히 생각하고 가부의 이유를 모두 검토한 뒤, 자신의 경험을 통해 일단 확고한 견해에 다다랐으면, 그 일은 그것으로 일단락 짓고 더 이상 생각하지 말아야 한다. 의심은 어떤 일에서나 일어날 수 있으며, 특히 끝난 일에 대해서도 마찬가지로 일어난다. 인간의 마음이 가장 불행한 상태는 이른바 회의주의에 빠졌을 때이며, 이것은 모든 것을 의심하게 한다.

사람의 마음은 언젠가는 '견고'해지지 않으면 안 된다. 사도가 이것은 오직

---

*29 주의 여종의 허물을 사하여 주옵소서. 여호와께서 반드시 내 주를 위하여 든든한 집을 세우시리니, 이는 내 주께서 여호와의 싸움을 싸우심이요, 내 주의 일생에 내 주에게서 악한 일을 찾을 수 없음이니이다. 사람이 일어나서 내 주를 쫓아 내 주의 생명을 찾을지라도, 내 주의 생명은 내 주의 하느님 여호와와 함께 생명싸개 속에 싸였을 것이요, 내 주의 원수들의 생명은 물매로 던지듯 여호와께서 그것을 던지시리이다.

*30 보라, 네게 노하던 자들이 수치와 욕을 당할 것이요, 너와 다투는 자들이 아무것도 아닌 것같이 될 것이며 멸망할 것이라. 네가 찾아도 너와 싸우던 자들을 만나지 못할 것이요, 너를 치는 자들은 아무것도 아닌 것같이, 허무한 것같이 되리니, 이는 나 여호와 너의 하느님이 네 오른손을 붙들고 네게 이르기를, 두려워 말라 내가 너를 도우리라 할 것임이니라.

하느님의 '은총에 의해서'만 이루어진다고 말한 것은 참으로 옳은 것이다. 만약 은총이 주어졌으면 그것을 받아들이고, 일단 받아들였으면 그것을 굳건하게 지켜야 한다. 당연히 그렇게 하지 않는 어리석은 사람은 언제까지나 불안할 것이다.

✤

때로는 적이 옳을 수도 있다. 인간의 마음은 태어나면서부터 무척 이기적이고 모든 논박과 공격을 모욕으로 느끼기 때문이다. 그런 적의 주장에 대해 모든 복수를 하느님에게 맡기는 습관을 기르면, 사사로움이 없고 공평한 마음으로 생각할 수 있게 된다. 이와 반대로 어떤 사람에게 반대하는 것이 정의일 때는 그 뒤 상대방에게 증오심이 뿌리내리기 전에 그 사람에게 친애의 감정을 표시하도록 한다. 가능한 한 빨리, 친밀한 말 한 마디를 거는 것만으로도 충분할 때가 있다.

8월 23일

일찍이 13세기의 한 성녀는 환상을 통해 십자가와 하느님의 사랑은 함께 있는 것이 올바른 길의 표징이라는 것을 깨달았다. 이것은 경험으로 봐도 틀림없는 일이다. 이 표징 어느 한쪽이, 또는 그런 때 일반적으로 그렇듯 양쪽 다 결여되어 있다면, 경계하는 것이 좋다. 그런 경우 당신은 참된 행복에 이르는 당당한 대로가 아니라 수없이 많은 거짓의 샛길에 서 있는 것이다.

✤

마태복음 26장 6~14절*31을 보라. 이 이야기도 다른 이야기 못지않게 복음

---

*31 예수께서 베다니 문둥이 시몬의 집에 계실 때에 한 여자가 매우 귀한 향유 한 옥합을 가지고 나아와서 식사하시는 예수의 머리에 부으니, 제자들이 보고 분하여 가로되 '무슨 의사로 이것을 허비하느뇨? 이것을 많은 값에 팔아 가난한 자들에게 줄 수 있었겠도다' 하거늘, 예수께서 아시고 저희에게 이르시되, '너희가 어찌하여 이 여자를 괴롭게 하느냐? 저가 내게 좋은 일을 하였느니라. 가난한 자들은 항상 너희와 함께 있거니와 나는 항상 함께 있지 아니하리라. 이 여자가 내 몸에 이 향유를 부은 것은 내 장사를 위하여 함이니라. 내가 진실로 너희에게 이르노니, 온 천하에 어디서든지 이 복음이 전파되는 곳에는 이 여자의 행한 일도 말하여 저를 기념하리라 하시니라.' 그때에 열 둘 중에 하나인 가룻 유다라 하

서에 없어서는 안 되는 중요한 대목이다. 이 이야기는 그리스도교인의 가정에서도 흔히 해로운 역할을 하기 쉬운 편협하고 소심하며 인색한 정신을 없애고, 바로 그 점에서 그리스도의 실례를 통해 늘 감사를 느끼게 하는 너그러움을 보여주기 때문이다. 우리도 그런 주와 같아야 하며, 또 그럴 수 있다. 유다는 반대로 편협하고 소심한 그리스도교도로, 그에게는 모든 일이 이를테면 질서와 방법—그것은 규칙으로서는 흠잡을 데 없을지 모르지만—을 반드시 따르고 있어야 했다. 그는 예외라는 것을 몰랐다. 그는 자신이 이해하는 그리스도교에서 조금이라도 어긋나는 사람은 세속에 속한다고 생각했다. 유다는 그리스도교에 대해 잘못 이해하고 있었던 것이다! 오늘날에도 이런 사람들이 있다. 또한 그들은 요즘 세상에서도 역시 그리스도를 배신할 수 있을 것이다.

8월 24일

욥기 1장 9~12절,*32 2장 3~6절을 보라. 악은 이따금 하느님으로부터, 개개의 인간을 철저히 시험해도 좋다는 정식 허가를 받는 일이 있다. 이것은 악이 무엇을 할 수 있고, 또 무엇을 할 수 없는지 인간이 확실하게 깨우치도록 하기 위한 것이다.

악이 아무리 기를 써도 꿈쩍도 하지 않는 인간이 있음은 하느님의 승리이며, 하느님에게 그런 기쁨을 바치는 것은 인간의 가장 큰 임무이다. 그러나 자청해서 이 임무를 '원하는' 자, 또는 이 임무를 부여받았을 때, 그것을 수행하는 데 자신의 힘이 얼마나 보잘것없는지 깨닫지 못하는 자는 참으로 불경한 사람이거나 악의 힘을 전혀 모르는 사람이다.

그런 사람은 임무를 잘 수행한 경우에도 그 무서운 싸움 때문에 비록 악에 정복되지는 않더라도 뼈아픈 대가를 치르거나 가끔은 완전히 패배해버리는

는 자가 대제사장들에게 가서 말하되, '내가 예수를 너희에게 넘겨주리니 얼마나 주려느냐?'

*32 사단이 여호와께 대답하여 가로되, 욥이 어찌 까닭 없이 하느님을 경외하리이까. 주께서 그와 그 집과 그 모든 소유물을 산울로 두르심이 아니니이까? 주께서 그 손으로 하는 바를 복되게 하사 그 소유물로 땅에 널리게 하셨음이니이다. 이제 주의 손을 펴서 그의 모든 소유물을 치소서. 그리하시면 정녕 대면하여 주를 욕하리이다. 여호와께서 사단에게 이르시되, '내가 그의 소유물을 다 네 손에 붙이노라. 오직 그의 몸에는 네 손을 대지 말지니라.'

일이 있다.

✢

요한복음 15장 7절*³³을 묵상하라. 그저 어느 사도나 종교개혁자의 약속이 아니라 그리스도의 이 적극적인 약속 앞에서 주와 올바른 관계를 맺고 있는 사람이라면, 더 이상 불평하지 않고 오직 기도하고 간구할 것이다. 그렇게 하는 것이 즐겁고, 또 쉬운 일이다. 불평에 기뻐하며 귀기울여 줄 사람은 아무도 없기 때문이다.

그렇지 않다면, 무기와 탄약을 충분히 가지고 있으면서 그것을 두고 달아나는 병사나, 백만장자이면서 충분히 먹고 살 만한 돈이 없다고 끝없이 불평하는 사람과 같다.

그러나 이 황금 같은 성구—실제로 성서 속에서 거의 가장 뛰어난 말이다—의 전제조건인 '너희가 내 안에 거하고 있다면……'이라는 말을 놓쳐서는 안 된다.

8월 25일

종교의 진리를 한순간에 이해할 수 있는 사람은 아무도 없다. 진리를 받아들이는 힘이 강해지면서 서서히 이해를 하게 되는 것이다. 그 힘은 대개 체험과 인간, 그리고 책을 통해 주어지는데, 때로는 직접적인 방법으로 주어질 때도 있다. 그리스도도 정 이해시키기 어려울 때는, '이 말을 받을 만한 자는 받을지어다'*³⁴라고 했다. 그리고 마지막 설교에서 아직 할 말이 많지만 다 하지 않았음을 명백히 밝혔다. 요한복음 16장 12·13절 참조.

그것을 채우고 지속하기 위해 우리가 '거룩하다'고 표현하는 영이 존재한다. 그러나 이 영을 자신의 영혼과 혼동하거나 이 둘을 혼합하지 않도록 조심하라. 당신의 어떠한 기분과 경향과 학식에 의해서도, 또 당신의 본성에 의해서도 방해받는 일 없이 순수하게 마음속에 진리를 말해주는 것, 그런 영이 당신의 마음속에 들어오지 않으면 안 된다. 또한 그 진리는 늘 그리스도가 한 말을 토대

---

*33 너희가 내 안에 거하고, 내 말이 너희 안에 거하면, 무엇이든지 원하는 대로 구하라. 그리하면 이루리라.

*34 마태복음 19장 12절.

로 한 것이 아니면 안 된다. 그렇지 않으면 거짓 영혼의 말이며 행위이다.

인간은 살아가면서 수없이 세상에서의 사명에 혼란을 느끼거나 실망하고, 뒷걸음질치고 싶어지는 시기가 찾아오게 마련이다. 그런 때 가장 확실하게 위안이 되는 것은 우리가 하느님을 선택한 것이 아니라 하느님이 우리를 선택하여 소유했다는 사실이다. 요한복음 15장 16절,[35] 예레미야 10장 23절을 보라.

그런 마음으로 '굴욕의 골짜기'를 빠져나가면 된다. 이 고난의 목적이 이루어지면, 모든 것이 저절로 좋아지기 시작한다.

보헤미아 형제단 찬송가 179번, 672번·785번, 635~637번, 645번 참조.

⚜

이 세상의 영혼과 불안은 불현듯 당신을 덮칠 것이다. 그것들의 뿌리는 만족하지 못함에 있으며, 거기서 자양분을 빨아들여 성장한다. 이 만족하지 못함과 결부되어 있는 이 세상의 두려움에 대해, 안식을 얻는 길은 오직 그리스도와 밀접하게 결합되는 길밖에 없다. 그 밖의 어떤 길도 진정한 평화로 이끌어주지 않는다. 가장 뛰어난 철학자들도 늘 불안하거나 염세적이다. 왜냐하면 철학은 모든 경우에 대처하는 데 도움이 되는 충분한 힘을 믿지 못하기 때문이다. 그런데 하느님이 주시는 힘은 진리에 대한 모든 저항을 극복하기를 원하고, 또 그렇게 할 수 있으며, 그것을 통해서만 평화가 달성된다. 요한복음 16장 33절,[36] 시편 25편, 요한1서 5장 4절[37]을 보라.

언제나 가능한 한 쉬지 않고 평화를 만들어내는 사람이 되라. 마태복음 5장 9절[38] 참조.

8월 26일
일시적인 생각에서든 자신의 이익을 위한 것이라고 믿어서든, 범죄자의 소

---

[35] 너희가 나를 택한 것이 아니요 내가 너희를 택하여 세웠나니.

[36] 이것을 너희에게 이름은 너희로 내 안에서 평안을 누리게 하려 함이라. 세상에서는 너희가 환난을 당하나 담대하라! 내가 세상을 이기었노라!

[37] 대저 하느님께로서 난 자마다 세상을 이기느니라. 세상을 이긴 이김은 이것이니, 우리의 믿음이니라.

[38] 화평케 하는 자는 복이 있나니, 저희가 하느님의 아들이라 일컬음을 받을 것임이요.

질이 있는 사람은 모든 의무를 외면하며, 그때마다 걸림돌이 되는 사람을 희생시킬 수 있는 사람을 말한다. 이따금 이러한 소질이 있는 사람이 다른 사람의 존경을 받는 지위에 있기도 한다. 그들이 죄를 범하지 않았다면 그것은 단순한 우연이거나 하느님의 은총이다. 그러나 그들도 하느님의 은혜와 자유의지로 그 악한 천성을 고치고, 성도(聖徒)가 될 수 있다는 것은 조금도 의심할 여지가 없다. 그러니 태생이 그렇다고 결코 절망해서는 안 된다.

천상적 소질을 지닌 사람은 태어나면서부터 모든 비천함과 악을 싫어하고, 남을 위한 끊임없는 자기 희생을 기뻐한다. 유감이지만, 이런 사람들도 악해질 때가 있으며, 그것도 부적절한 결혼으로 일어나는 일이 가장 많다는 점을 덧붙여야겠다. 조용한 시간에 당신은 과연 어느 쪽인지 자문해 보라. 어느 쪽이든 당신의 책임은 아니다. 그리고 어떤 상황에서도 선에 의해 승리를 거둔 뒤, 이 세상을 떠나는 거라고 마음을 굳혀라.

타고난 소질의 차이와 태어난 가문의 좋고 나쁨은 인간의 자유의지가 아니다. 따라서 더할 수 없이 좋은 환경에서도 이기주의자가 태어나거나 진흙탕 같은 세계에서도 고귀한 인간이 태어나는 일이 없다면, 분명히 인간의 불공평한 운명을 호소하는 이유가 될 것이다. 하지만 그런 것은 전혀 계산할 수 없는 일이며, 무슨 일이 있어도 바꿀 수 없는 것이 아니다. 사실 대다수 사람들은 그 실제 생활태도에서 판단하면, 위에서 말한 양극단의 중간쯤에 있다고 할 수 있다. 그러나 가장 근본적인 본성에서는 그중 어느 한쪽에 속해 있게 마련이다. 무서운 실패를 경험하고 싶지 않다면, 이 사실을 간과하지 않도록 하라.

❧

시편 25편 7절*39을 보라. 그리스도교가 아직 마음에 튼튼하게 뿌리내리지 않은 사람들에게 있을 수 있는 이 세상의 불안은 무익한 기억에서 비롯되는 일이 많다. 그런 기억은 때때로 마치 '무장한 병사'처럼 그들을 덮친다.

특히 잠을 이루지 못하는 밤의 어둠 속에서는 아직 잊혀지지 않은 과거의 오랜 망령이 나타난다. 우리가 잊지 못하고 있는 것처럼, 우리에게 뭔가 부정

---

*39 여호와여 내 소시의 죄와 허물을 기억지 마시고, 주의 인자하심을 따라 나를 기억하시되, 주의 선하심을 인하여 하옵소서.

한 일을 당한 타인 또한 잊지 않고 있다. 그들도 그 기억을 아마 같은 시간에, 다른 세계에 있을 때도 떠올리고 있으리라! 물론 우리는 그 사실을 알지 못하지만, 그러한 느낌에 반응하는 일은 충분히 있을 수 있다.

잊을 수 있게 해주는 약은 아직 어떤 약사나 연구자도 발명하지 못했다. 그러나 그 대용품인 알코올음료가 저항할 수 없는 힘을 가지고 있다는 것은, 때때로 그 힘을 빌려 마비시키지 않으면 안 될 만큼의 기억이 사람들의 마음속에 있기 때문이다. 기억에 대해 유일하게 효력이 있는 약은 실은 그 기억 자체의 힘이다. 다시 말하면 하느님의 힘과 사랑을 떠올리는 것이다. 하느님의 힘과 사랑은 과거 속에 어지러이 묻혀 있는 모든 괴로운 기억을 자비롭게 차단해 주려고 애쓰고, 또 실제로 차단해 왔다.

이 사실을 생각하며, 기억이 당신을 덮칠 것 같을 때는 곧바로 불을 밝혀라. 기억은 본디 무익한 것이지만, 당신이 하느님과 그리스도에게 무관심해졌을 때, 다시금 하느님과 굳게 결합하는 데는 도움이 된다. 아마 이런 이유에서 기억은 하느님 나라의 질서 속에서도 계속 존재할 것이다. 과거의 그림자 속에서 느닷없이 새롭게 떠오르는 지난날의 기억이 때로는 문 앞을 지키는 개의 역할을 할 때도 있다. 그러나 이 개는 쇠사슬에 매어져 있다. 그 사실을 잊어서는 안 된다.

8월 27일

하느님과 그의 지배는 흔들림 없는 사실이고, 내적 생활에서의 모든 진보도 하나의 사건이며, 획득된 지식, 하물며 단순한 관념은 아니라는 것을 경험을 통해 알았을 때, 비로소 사람은 진정한 신앙에 다다를 수 있다.

한 번도 이런 경험을 한 적이 없는 사람들이 사람과 책의 증언을 근거로 믿으려 하지 않고, 눈으로 보고 손으로 붙잡을 수 있는 이 세상의 실재물을 훨씬 더 확실한 것으로 생각한다 해도, 그것을 나쁘게 말할 수는 없다. 오히려 문제는 그들이 그 이상의 경험을 한 적이 없다는 것이 과연 진실인가 하는 것이다. 이 점에 대해서는 욥기 33장 29·30절[40]의 말이 구원예정설보다 위안을 주는 올바른 견해이다. 그 예정설도 단순히 표면적으로 보면 분명히 많은 의

---

[40] 하느님이 사람에게 이 모든 일을 재삼 행하심은 그 영혼을 구덩이에서 끌어 돌이키고 생명의 빛으로 그에게 비춰려 하심이니라.

미를 담고는 있지만.

✤

요한계시록 21장 7·8절[*41]을 보면, 승리를 거둔 자는 모든 것을 얻는다. 적의 공격을 받지 않는 자가 얻는 것이 아니다. 공격을 받지 않는다 함은 인생에서는 거의 일어날 수 없는 일이다. 그리고 겁쟁이는 공공연한 적이나 배교자 같은 비참한 운명을 각오하지 않으면 안 된다. 도대체 왜 그럴까? 겁쟁이는 하느님을 진심으로 믿지 않고, 하느님에게 진실하게 말을 걸지 않기 때문이다. 그들은 본디 악을 믿으며, 또 그들의 감정에서 보면 악의 힘은 만능인데다 대적할 자가 없다. 악이야말로 이 세상의 왕이기에 모든 것이 악의 힘에 굴복하리라 믿는 것이다. 그러나 이는 하느님에 대한 신앙 또는 하느님에 대한 봉사라고 불리는 것과는 정반대이다. 그러므로 깊이 생각해 보면, 얼핏 무척이나 가혹하게 여겨지는 계시록의 판결도 우리로서는 인정하지 않을 수 없다. 그리고 우리에게 두려움이 덮쳐올 것 같을 때는 이 판결을 자신에게도 적용하지 않으면 안 된다.

나는 필요할 때는 여러 번 이 계시록의 말에 귀를 기울여 왔다. 그래서 많은 사람들이 경시하고 있는 계시록을 이 말 때문에라도 내 성서 목록에서 지울 생각이 전혀 없다.

8월 28일

인간의 생활에 뭔가 올바른 목적이 있어야 하는 거라면, 끊임없이 하느님의 사랑을 받아들여 그것을 이웃과 나누지 않으면 안 된다. 이런 성질을 어릴 때부터, 나면서부터 남보다 많이 가지고 있는 사람도 무척 많지만, 한편으로 자기 멋대로 정한 다른 목적을 품고 수많은 고난을 경험함으로써, 마지막에 가서야 겨우 진정한 인생의 목적을 깨닫는 사람들도 있다. 그러나 그 마지막까지 그런 자각에 다다르지 못하는 사람은 인생을 반쯤, 또는 전부 잘못 살아온 것

[*41] 이기는 자는 이것들을 유업으로 얻으리라. 나는 저의 하느님이 되고 그는 내 아들이 되리라. 그러나 두려워하는 자들과 믿지 아니하는 자들과 흉악한 자들과 살인자들과 행음자들과 술객들과 우상 숭배자들과 모든 거짓말 하는 자들은 불과 유황으로 타는 못에 참여하리니, 이것이 둘째 사망이라."

을 탄식하지 않으면 안 될 것이다.

✤

겁쟁이와 마음이 약한 자가 의식적으로 사악한 '이 세상의 왕 사탄의 종들'처럼 세상의 선을 방해한다는 것은 확실하다. 이 세상의 왕은 사람들이 생각하는 것만큼 충실하고 전혀 흔들림 없는 하수인들을 그리 많이 거느리고 있지 않으며, 오히려 그 점에서는 불평할 여지가 많다.

성실이란 본디 인간 마음속에 있는 하느님 나라의 일부이며, 악마의 세계질서에는 속하지 않는 것이다. 악마는 대개 불성실한 종들을 사용하여 일하며 그것으로 만족하는 수밖에 없다. 그래서 욥기에는 본디 2부나 에필로그가 있는 것이 어울리므로, 누군가 재능 있는 시인이 사탄이 결국 자신의 비참한 운명을 한탄한다는 줄거리로 써야 할 것이다. 인간들은 사탄에게 수많은 환멸만을 안겨주고 있다. 종종 사탄이 모든 게 잘되고 있다고 믿어 의심치 않을 때도 감쪽같이 속여 왔다. 이것이 바로 사탄에게 내려지는 심판이다.

그러나 세상에는 단지 신문의 칭찬이나 비난의 목소리에 굴복하는 경멸스러운 중간인종이 있는데, 그들은 신문의 목소리, 그것도 아주 하찮은 종류의 신문이라도 공격을 가하면, 곧 선한 일과 사람들에게서 등을 돌려버린다. 반면에 폭군과 그 밖의 악한 자들이 무슨 문학상을 받거나 신문과 출판에서 성공을 거두면, 즉각 그들의 명예 회복을 도와주고, 심지어는 국민의 영광스러운 전당에 받들어 모시기까지 한다. 이런 중간인종들이야말로 공화국에 파멸을 초래하는 사람들이다. 공화국에서는 이른바 '여론'의 권위 말고는 권위가 존재하지 않기 때문이다. 이미 단테는 풍부한 경험을 통해 그런 자들에 대해 잘 알고 있었기 때문에,《신곡》지옥편 제3곡에서 그들을 폭로하고 있다.

당신은 결코 그들의 벗이 되어서는 안 된다. 왜냐하면 악마는 자신이 준비한 친위대인 그런 자들이 없으면 이 세상의 실질적인 지배를 포기하지 않을 수 없기 때문이다. 보어전쟁*42은 이 일에 대해 참으로 훌륭한 삽화를 제공했다. 이 전쟁 때, 위로는 지도자들에 이르기까지 얼마나 많은 사람들이 처음의 의견을 바꿔버렸던가! 영국의 왕관을 꾸미고 있는 거대한 다이아몬드는 이 사

─────────

*42 1899~1902년. 영국과 트란스발공화국이 벌인 전쟁.

건의 기억을 언제까지나 얘기해줄 것이다. 왕관 스스로 선과 악 사이의 어중간한 계급에 특유한 근시안적 처세를 선택했던 것이다.

8월 29일

우리는 강한 선인이 되어야 한다. 하느님 앞에서는 겸손하고, 인간에게는 확고한 태도를 유지하고, 냉혹한 세상에 대해서 너무 너그러워서는 안 된다. 이는 세상에 크게 가치를 두지 않을 때만 가능하다.

미가 7장 2~10절은 오늘날의 상황과 거의 비슷한 광경이며, 전 세계적으로 특히 어지러운 주변상황에서 비롯되는 재난의 시대에서는 큰 위안이기도 하다. 그런 어지러운 상황은 그리스도조차 면할 수 없었다. 요한복음 7장 5절, 마가복음 3장 21절, 마태복음 10장 36절 참조.

그러나 마음이 한없이 견고하고 성실하다면, 보상의 시기는 생각지도 않게, 더할 수 없이 풍요로운 형태로 찾아온다.

이사야 49장 17절, 51장 17절, 54장 4·17절, 60장 10·14절, 시편 9편 참조.

세상에는 명령을 내리면 상대방의 저항에 부딪치지만, 우정어린 미소로 대하면 곧잘 해결되는 일이 드물지 않다.

> 누군가에게 뭔가 원하는 것이 있으면
> 칼보다 미소를 사용하라.
>
> —셰익스피어

✤

인생에서 행복한 시기는 일에 몰두하고 있을 때이다. '설교집 위에 몸을 기울이고 따뜻한 난로 옆에' 앉아 있는 정직한 탬*⁴³이나, 가신들의 추앙 속에서 여전히 지난날 권위의 그림자를 드리우고 노년을 즐기고 있는 고상한 영주—페스탈로치*⁴⁴가 그린 태수 아르나 같은—또는 지난 세기에 한때 나왔던 책에서 자주 볼 수 있었던 '온화한' 목사와 훌륭한 노교육자 등 이러한 감상적인 인물

---

* 43 스코틀랜드의 대시인 로버트 번스(1759~1796)의 이야기, 《섄터의 탬》의 주인공을 가리키는 것일까.
* 44 요한 페스탈로치(1746~1827), 스위스 교육자.

상은 이제 공상의 산물이며 현대사회에서는 이미 진실한 것이 될 수 없다. 마지막 숨을 거둘 때까지 활동적으로 사는 것이 현세에서의 삶의 의의이자 모토이다. 그것은 학자와 성직자들도 마찬가지다. 그것이 인간의 운명인 이상에는!

8월 30일

하느님 나라에서 가장 먼저 배워야 하는 것은 모든 선은 신앙에 의해 우리 내부에 싹튼다는 것이다. 그렇지 않으면 선은 성장하는 힘을 가지지 않는다. 다음으로 배워야 할 것은 모든 것은 성장하는 데 시간이 필요하다는 것이다. 너무 서두르다 보면 두 번 세 번 다시 되풀이해야 하므로, 결국 가장 오래 걸리게 된다. '하느님이 모든 것을 지으시되 때를 따라 아름답게 하셨고'*45 오로지 인간만이 늘 성급하게 서두른다.

대부분의 사람들은 세상에 대해 방어자세 외의 태도를 취하기가 어렵다. 그들을 움직이게 하는 원동력이 부족하기 때문이다. 만약 당신도 그렇다면, 성령의 작용에 늘 마음을 열어두고 있으면 된다. 그것만으로 충분하다. 요한복음 14장 26절·16장 13절, 요한1서 2장 27절 참조.

⚜

젊은 남녀의 언행을 너무 심각하게 받아들여서는 안 된다. 오늘날처럼 진리가 공개적으로 논의되거나 논박당하고, 또 대담무쌍하게 행동하기만 하면 어떤 어리석은 행동이나 악한 일도 순식간에 수많은 추종자들을 불러 모으며, 심지어 그런 사람이 판테옹*46에도 들어가는 시대에는 젊은 사람들도 여러 가지로 동요하지 않을 수 없다. 특히 젊은 사람들은 그리스도교적인 인생관과 유물일원론, 또는 탐미주의 인생관 사이에서 동요를 겪는다. 애석한 일이지만, 그들에게 결정적으로 영향을 끼치는 것은 경제적인 문제가 아니면 거의 하나의 우연이다. 이를테면 어떤 한 권의 책이나 어떤 사건, 결혼, 행복하거나 불행한 만남 같은 것이다. 따라서 다른 계기가 있었다면 그들은 분명 다른 길을 갈 수도 있었을 것이다. 35세에서 50세 사이의 사람들이 말하고 행동하는 것

---

*45 전도서 3장 11절.
*46 위인들의 묘소.

은 아직 그 사람의 완성된 의견이 아니고 최종 판단도 아니다. 아직 수정될 여지가 남아 있다.

8월 31일

우리 마음에 영원한 진리의 결실을 풍성하게 맺는 씨앗이 떨어져 그 자리에 뿌리 내릴 수 있으려면, 그 전에 불안이라는 날카로운 쟁기날이 마음에 끝없이 생기는 단단한 껍질을 수없이 벗겨내지 않으면 안 된다. 이 과정을 거치지 않으면, 실제로 인생의 깊은 내부에 있는 진실에 대해 언제까지나 무감각하게 있을 것이다.

우리는 수많은 인생경험을 쌓음으로써 고난이 전혀 없는 생활을 더 이상 원하지 않는 경지에 다다른다. 이것이 '영원한 안식의 상태'이다. 이 지상에서는 고난이야말로 나쁜 성질로부터 우리를 보호해 주는 파수꾼이며, 고난이 없다면 더 견디기 힘들었을 삶의 단조로움도 깨뜨리고 삶에 활기를 불어넣는다.

광야에서의 탈출
(신명기 2장 7절)

서로 미워하는 것은 그만두고
자, 이제부터는 사랑하자꾸나.
내 마음이여, 아직도 남아 있는
마지막 짐을 던져버려라.

우리는 빈껍데기일 뿐
지상의 온갖 보물도 마음에 없도다.
주여, 이제부터는 당신의 마음과
진실이 우리의 기쁨이 되게 하소서.

우리는 온갖 모습 가운데
행복과 마음의 고향을 찾아 헤매었노라.
마침내 발견한 이 귀한 진주를

이제 영원토록 지니고 싶구나.

서로 미워하는 것은 그만두고
자, 이제부터는 사랑하자꾸나.
오랫동안 마음속에 품어왔던 것을
마침내 실천에 옮길 때가 되었나니.

❦

오늘날 가장 좋지 않은 책은 이론적 확신으로 인간을 동물계로 끌어내리려는 진지하면서도 감각적인 책이다. 일반인을 상대로 쓴 신학적이고 비판적인 저서 또한 마찬가지로 좋지 않다. 이것은 그렇지 않아도 빈곤한 이 세상에서 천국과 흔들림 없는 엄연한 이상을 인간에게 허용하지 않으려 한다.

이러한 책의 저자는 대개 살아 있는 동안 하느님의 가장 무거운 심판을 받을 것이다. 그런데 그리스도는 그를 본받고자 하는 우리가 보기에도 의아스러울 만큼 경솔한 삶을 산 죄인에 대해서도 너그러운 심판을 내렸다. 그러나 이런 판결이야말로 유일하고도 올바른 심판이라고 하지 않을 수 없다. 그러므로 단테는 그가 그린 프란체스카 다 리미니*47를 오히려 연옥편으로 보내야 했다. 생각건대 이것은 《신곡》의 미적 결함은 아니더라도 심리적 결함은 될 수 있다. 동정과 후회는 지옥에 어울리는 것이 아니기 때문이다.

이 점에서 테니슨은 랜슬롯*48과 귀네비어의 묘사에서 단테 못지않은 시적 표현력을 보여주었을 뿐만 아니라 심리적 진실에서는 오히려 그를 능가하고 있다. 그의 《국왕목가》는 다른 하찮은 작품들보다 세상에 널리 알려지지는 않았지만, 단테와 비교해도 결코 손색없는 작품이다. 특히 이 시는 본능적인 것을 변호하는 여성들과 통속적 불신을 세상에 퍼뜨리는 신학자를 거부하는 태도를 취하고 있다. 이들은 존경할 가치는커녕 해로운 사람들이다.

---

*47 단테는 《신곡》 지옥편 제5곡에서 프란체스카가 시동생 파올로와 불의의 사랑에 빠진 죄를 엄격하게 그렸다.
*48 랜슬롯은 아서왕 이야기에 나오는 원탁기사 가운데 한 사람으로 왕비 귀네비어를 사랑했다.

9월

9월 1일

인간을 선(善)에서 가장 멀리 떼어놓는 것에 두 가지가 있다. 누구나 일생에 한두 번은 겪는 일로, 먼저 뭔가 나쁜 짓을 시도할 때, '이것은 그렇게 나쁜 일이 아니며 세상의 일반적인 관습이므로 이 정도 일을 했다고 해서 나쁜 사람이 되는 것은 아니다'고 자기 자신을 합리화하는 것이다. 그리고 그 나쁜 일을 끝낸 순간, 이젠 뉘우쳐도 용서받을 수 없을 거라고 생각하기 시작한다. 특히 이 뒤의 생각은 늘 극복해야 할 것이다. 하느님은 어떠한 회개도 들어주신다. 세월이 아무리 흐른 뒤에도, 또 몇 번이고 악으로 되돌아간 뒤에도 하느님은 용서해 주신다. 우리의 주는 도움과 안식을 구하는 인간은 그 누구도 뿌리치지 않으신다. 다시 한 번 분명히 말하지만, 여기에는 어떠한 인간도 예외일 수 없다. 이사야 1장 18절, 43장 25절, 44장 22절, 45장 22절, 55장 1~3절, 시편 51편, 요한복음 6장 37절, 마태복음 11장 28~30절 참조.

이런 경험을 한 적이 있는 사람이 나중에는 오히려 가장 신뢰할 수 있는 사람이 되는 경우가 흔히 있다. 왜냐하면 그들은 향락생활의 허망함과 평화로운 행복, 이 둘을 직접 깨닫고 어느 쪽이 좋은지 알고 있기 때문이다.

> 지금까지 나는 한껏 나 자신을 위해 살며
> 온갖 슬픔을 모두 맛보았다.
> 이제 스스로 만든 집은 무너지고
> 그 자리에 새로운 집이 지어졌다.
>
> 영원을 구하여 지은 집
> 세월의 자취에도 스러지지 않는 집
> 성스러운 불꽃을 밝히고

날마다 희생의 연기가 피어오르는 집.

신의 노여움은 풀리고, 문은 열렸도다.
가련한 영혼이 해방되니
내 앞에는 한없는 희망과
기적으로 가득한 시간이 있을 뿐.
(출애굽기 34장 10절 참조)

❦

'천재는 위대한 사업을 시작하고, 근로는 그것을 완성한다.'

유감이지만 이 말은 반드시 옳다고는 할 수 없다. 천재적인 사람들은 자신들의 최초의 생각을 완성해가는 단계를 통해 처음 그대로를 계속 유지하지 않는다. 이것은 그들을 지루하게 만들고, 때때로 처음의 생각에도 영향을 미쳐 다른 쪽으로 기울어지게 하기도 한다. 그래서 그들은 자신의 생각을 단편인 채로 남겨둔다. 이에 반해 위대한 '근로자'들에게는 천재성이 없는 경우가 많다. 그들은 오직 모범을 따라 일할 뿐이다. 그러므로 독일과 프랑스, 아니면 영국과 미국에서 호평을 받은 것을 모방할 수 없을 때, 그들은 몹시 당황하게 된다.

어떤 의미에서 이 양쪽의 중간을 가는 길은 일을 완성하고 거듭하는 방법이다. 하루 종일 자료 수집에 매달려 있지 말고, 먼저 최초의 복안대로 대충 서둘러 해놓고, 그때부터 다시 시작해 완성도를 차츰 높여가는 것, 이 방법은 성급한 사람들에게도 매우 효과적이다. 인쇄 같은 일이 그 대표적인 것으로 몇 번이고 수정을 가함으로써 쉽게 이룰 수 있다. 우리는 누구나 이렇게 여러 모로 시험하면서 자신에게 가장 좋은 방법을 찾아야 한다.

9월 2일

내 인생 경험에 의하면, 대부분의 질병은 도덕적 결함이라는 공동작용 없이는 생기지 않는다. 이것은 수많은 신경병과 초기 정신병에서는 거의 예외 없는 법칙이다. 그러나 질병이 일어나는 원인이 제거되는 일은 드물며, 병의 원인조차 충분히 밝혀지지 않는 경우가 많다.

그래서 병자 대부분은 여러 병원을 전전하며, 온갖 치료를 받으면서 반평생 또는 전 생애를 거기서 헤어나지 못하고, 그로 인해 머리가 갈수록 둔해지기도 한다. 더욱 나쁜 것은 자기 멋대로 병을 이리저리 진단해 의사의 실력을 시험하며 일시적인 만족을 느낀다. 이따금 블룸하르트와 비뉴, 크나이프 같은 만병을 고치는 기적을 행하는 사람에 대한 소문을 들으면, 그런 임시방편적인 치료소에 수천 명이 몰려든다. 하지만 대개는 한참 지나면 병은 본디대로 돌아간다.

특히 신경병에서 가장 효과적인 치료는 환자가 진정한 신앙과 병이 나으면 자신의 생명을 전보다 유용한 일에 바치겠다고 단호하게 결심하고, 친절하고 훌륭한 의사를 찾아가는 경우이다. 마태복음 9장 21·22절, 마가복음 9장 23·24절, 요한복음 5장 14절을 보라.

그러나 그것이 이루어지지 않을 때는 마태복음 7장 6절의 엄격한 말*¹과 마태복음 8장 22절*²의 교훈이 적중하는 일도 드물지 않다.

현대는 이러한 비참한 질병이 갈수록 늘어나고 있다. 그렇다고 그것을 올바르게 판단해 치료할 수 있는 제대로 된 의사가 그리 많은 것도 아니다. 마태복음 9장 36~38절, 보헤미아 형제단 찬송가 676번 참조.

중국의 한 저자가 한 다음과 같은 말은 어느 병원에나 적용될 수 있을 것이다. "특히 필요한 것은 사랑하는 마음이다! 억지로 강요하지 말고, 파괴하지 마라. ······다른 사람들을 짓밟고 득의양양해하지 마라. 오히려 고뇌하는 사람들에게 위로와 도움을 주라."

❧

오늘날 그리스도교에 대한 반대에 맞서서 진정한 신앙에 다다르기 위해서는 많은 견문과 독서를 통해 비상한 통찰력을 기르거나, 어린아이와 같이 단순하게 생각하는 방식에 의지하는 수밖에 없다. 후자는 이를테면 가버나움의 백부장*³과 가나안의 여인*⁴ 같은, 또 그리스도가 마태복음 18장 3절*⁵에서

---

*1 거룩한 것을 개에게 주지 말며, 너희 진주를 돼지 앞에 던지지 말라. 저희가 그것을 발로 밟고 돌이켜 너희를 찢어 상할까 염려하라.

*2 죽은 자들로 저희 죽은 자를 장사하게 하고, 너는 나를 좇으라!

*3 마태복음 8장 5~13절.

*4 마태복음 15장 21~28절.

*5 진실로 너희에게 이르노니, 너희가 돌이켜 어린 아이들과 같이 되지 아니하면 결단코 천국에 들어가지 못하리라.

권한 단순함에서 볼 수 있다. 학교 가방—학교에서 주입한 지식—을 그대로 안고 있는 오늘날 교양인이라 하는 속물은 바울의 편지는커녕 복음서조차 이해하지 못하는 사람이 대부분이다. 그런 한 사람이 나에게 실제로 그것을 고백하는 편지를 보내온 적이 있었다. 나는 그에게 복음서를 라틴어나 그리스어로 읽어보라고 대답해 주었다. 그것은 분명히 효과가 있었다. 오늘날은 사물을 이해하기가 참으로 복잡해져서, 어린 여학생에게 이르기까지 판에 박힌 지식은 풍부하지만, 배움의 시기가 끝난 뒤에도 진정 필요한 교양은 갖추고 있지 않다. 그것은 이미 오늘날의 학교가 할 수 있는 일이 아니다. 학교는 가르쳐야 할 지식을 너무 많이 떠안고 있어서 그것을 주입시키는 데도 급급하기 때문이다. 그래서 자기 교육으로 스스로 보충하지 않는 한, 모든 것이 단편적으로 끝나고 만다. 뿐만 아니라 현대인을 올바른 길로 이끌기 위해서는 대부분의 경우, 인생에서 불행의 힘을 빌리지 않으면 안 된다.

누가복음 7장 30절, 10장 22절, 11장 53절 참조.

9월 3일

고린도후서 12장 7~10절[6]을 보면 사도 바울에게는 '육체의 가시'라거나 그를 주먹으로 치는 '사탄의 사자'라고 부르는 것이 가끔 그를 습격했다. 그리고 외적인 이유로는 설명할 수 없는 무기력함은 존재하지 않는 사랑에 대한 광적인 불안으로 발전할 때도 있고, 또 이따금 눈앞에 닥쳐온 재난에 대한 진정한 예감일 때도 있다.

이러한 무기력에 빠졌을 때, 곧바로 힘을 주는 위안은 이 나약함이 하느님의 명령을 받아들이고 스스로 그것에 따르고자 할 때는 하나의 강한 힘이 될 수도 있다는 것, 또 인류의 가장 위대한 사람들도 그러한 나약함을 느꼈다는 것을 사도 바울의 예와 함께 늘 염두에 두는 일이다. 무릇 고귀한 정신의 인간

---

*6 여러 계시를 받은 것이 지극히 크므로, 너무 자고(自高)하지 않게 하시려고 내 육체에 가시 곧 사단의 사자를 주셨으니, 이는 나를 쳐서 너무 자고하지 않게 하려 하심이니라. 이것이 내게서 떠나기 위하여 내가 세 번 주께 간구하였더니, 내게 이르시기를 '내 은혜가 네게 족하도다! 이는 내 능력이 약한 데서 온전하여짐이라' 하신지라. 이러므로 도리어 크게 기뻐함으로 나의 여러 약한 것들에 대하여 자랑하리니, 이는 그리스도의 능력으로 내게 머물게 하려 함이라. 그러므로 내가 그리스도를 위하여 약한 것들과 능욕과 궁핍과 핍박과 곤란을 기뻐하노니, 이는 내가 약할 그때에 곧 강함이니라.

을 기르기 위한 교육 계획에는 이런 나약함도 필요하다.

❦

　복음서의 진실성에 대한 문제에 너무 깊이 천착하는 것은 좋지 않다. 나는 케르투스*⁷에서 벨하우젠*⁸에 이르기까지 비판학자들이 복음서에 대해 쓴 것을 부분적이나마 다른 사람에게 가르치는 것은 그 수고에 비해 얻는 것이 그리 많지 않을 거라고 단언한다. 오히려 스스로에게 물어보아야 할 것이다. 과연 이러한 책이 창작될 수 있는지, 또 특히 논란이 많은 제4복음서인 요한복음이 그 사건의 직접적인 목격자가 아닌 사람에 의해 쓰여질 수 있는 건지를. 만약 그것을 쓸 수 있었다면, 모든 시대를 통틀어 가장 위대한 시인이었음에 틀림없을 것이다. 그런데 그런 대시인은 2, 3세기에는 출현하지 않았다. 틀림없이 그 시대에 쓰였다는 것은 밝혀져 있으므로 그것들을 서로 비교할 수 있다.

　그렇다면 이 네 권의 복음서는 그 저자가 모두 '진리의 영'을 소유하고 있었음을 증명한다. 또 복음서들 사이의 차이는 물론 사소한 것이기는 하지만, 복음서의 저자가 저마다 다른 저서를 묘사하려 한 것이 아니라, 집필을 위해 독자적인 원재료를 가지고 있었음을 증명하는 것이다. 이러한 원전이 그 뒤 필사자와 번역자, 그리고 어쩌면 수정자 등 여러 사람의 손을 거친 것은 확실한 일이며, 군데군데 그 흔적도 볼 수 있다. 그러나 이 사실은 기계적인 영감설에 대해 경고하는 것에 지나지 않는다. 이런 영감설은 영감이 어떤 것인지 경험을 통해 조금이라도 알고 있는 사람이라면 도저히 수긍하기 어려운 것이리라. 마치 단테가 더할 나위 없이 아름다운 시구로 자신에 대해 증명할 수 있었던 것처럼 말이다.

"나는 생각을 집중하고 사랑의 숨결에 귀기울이며
그 속삭임이 진실임을 알고
옮겨 적을 뿐, 내 안에서 만드는 것은 없노라."
　　　　　　　　　　　　　　　　　—《신곡》 연옥편 제24곡 52절

＊7 2세기 로마 철학자. 180년 무렵, 그리스도교에 대해 처음으로 비판서를 썼다고 하는데, 지금은 전해지고 있지 않다. (역자주)
＊8 벨하우젠(1844~1918). 독일 신학자. 처음으로 구약성서를 비판적으로 연구했다. (역자주)

하느님의 은총을 받아 그 일을 위해 '부름을 받은' 복음서 기자들도 모두 이렇게 일을 한다. 4복음서도 그렇게 하여 기록된 것이다. 그런데 비판학자들은 이것을 모른다. 그들이 일하는 방식은 다르기 때문이다.

9월 4일

건강해지고 싶다면, 오랜 세월 헛되이 인간의 도움을 기다리지 말고, 늘 도와줄 수 있고, 또 돕기를 원하는 그분의 손을 지금 당장 붙들어라. 물론 여러 가지 인간적인 중개 같은 것을 빌려서는 안 된다. 이러한 구원이 앞서고, 거기에 의사의 힘이 보태져야 한다.

그분을 의심하거나 무시하는 자에게는 당신보다 훨씬 전에 한 분이 대답을 들었고, 그 뒤 무수한 사람들이 되풀이해 온 말로 조용히 대답하라.

요한복음 5장 5~8절, 9장 25, 39~41절 참조.

✦

우리는 자칫 약 2000년 전에 우리와는 전혀 상관없는 나라와 민족에게서, 현대와 전혀 다른 사정 아래 성립된 세계관과 인생관을 왜 따라야 하는가 하는 문제와 의혹에 빠지기 쉽다. 교양인이라면 누구나 한 번쯤, 또는 더 자주 이러한 의혹이 마음에 솟아나는 것을 느낀 적이 있으리라. 그것은 자연스러운 일이다.

그러나 한편으로 생각하면, 우리의 생각에 새로운 기초를 처음부터 쌓아가기보다는 역사적인 근거 위에서 쌓아가는 것이 훨씬 쉽다. 그 다음으로 중요한 것은 지금까지 어떤 철학적 인생관이나, 어떤 다른 종교도 모든 사람에게 진정한 행복을 줄 수 있는 힘을 실제로 보여준 것은 없었다는 사실이다. 만약 어떤 나라에 진정한 그리스도교도들만 살고 있다면, 아마 '사회문제' 같은 건 전혀 일어나지 않을 것이다. 이것은 불가능한 일이 아니다. 이와 반대로 철학자만의 나라라는 것은 결코 있을 수 없다. 또 이슬람교와 불교의 나라가 무엇을 할 수 있는지는 우리 눈으로 쉽게 목격할 수 있다. 그런 나라의 사람들이 그 종교에 바치고 있는 열정이 우리 그리스도인의 종교에 대한 열정 이상인데도 말이다.

또 머지않아 사회주의 국가체제가 행복을 가져다주지 못한다는 것도 밝혀질 것이다. 이것은 확실하게 추측할 수 있는 일이다. 그러므로 우리는 무언가의 '신비적'인 첨가물 없이, 다시 말해 신앙을 떠나서 생각하더라도 오랜 역사의 그리스도교가 진정으로 그 최초의 예언자[*9]가 의도한 대로 실현되었더라면, 모든 것을 옳은 길로 인도할 수 있는 '축복받은 방문(복음)'이 되었을 것이라는 생각으로 끊임없이 되돌아가야 한다.

9월 5일

법은 지금이나 옛날이나 진실과 거짓의 기묘한 혼합물이다. 따라서 재판을 할 때 중요한 것은 가능한 한 그 진실한 부분만 살려서 활용해야 한다는 것이다. 그것에 대해 생각나는 것은 다음과 같은 말이다. "하느님은 인간을 단순한 존재로 만드셨지만, 인간은 온갖 꾀를 부리고 싶어한다."

왜 그런 것일까? 그 하나는 하느님이 원하는 단순한 삶은 개인적인 관계나 국가적인 관계에서 너무 단순하기 때문이며, 또 하나는 이기주의가 진리를 방해하고 있기 때문이다. 특히 하느님의 단순한 진리에 봉사하기보다 배우고 익힌 술책을 활용하는 편이 남보다 돋보일 수 있고 세력을 얻을 수도 있기 때문이다.

그리하여 진실한 법 관계 주변에 때로는 수세기에 걸쳐 전래되어 오는 거짓이나 반쪽짜리 진리 등, 어떤 기득권 같은 것이 발생했고, 건전한 법의 저항에도 법률과 재판에 의해 작위적으로 그 기득권이 존재해 왔다. 아주 드물게 위대한 인간이 나타나 하느님의 명령으로 이 기득권을 파괴하고 진리를 위해 다시 문을 여는 것이다.

단테 《신곡》 지옥편 제9곡 55~105행 참조.

✤

요한복음 17장 3절[*10]은 그리스도의 입에서 나온 주목할 만한 확신을 담고 있다. 사도신경은 물론이고, 현대의 모든 신조도 이 확신으로 요약되는데, 이는 영원한 생명을 얻는 데는 그 이상 아무것도 필요하지 않다고 생각되기 때문이다. 하지만 이 장은 그 확신 뿐만 아니라 늙어서 다른 세계로 옮겨가기—

[*9] 그리스도.
[*10] 영생은 곧 유일하신 참 하느님과 그의 보내신 자 예수 그리스도를 아는 것이니이다.

무덤에 들어가는 것이 아닌—직전에 어떤 사상의 담당자가 후손을 뒤에 남기고 갈 때 마땅히 품게 되는 감정을 아주 적절하게 표현하고 있다. 특히 11절*11 ·14절·15절에는 그런 감정의 적나라한 진실이 담겨 있고, 그 사실만으로도 이 복음서의 기록자는 상당한 노인이었을 거라고 추정할 수 있다. 그것은 또 인생의 마지막 행로에 이따금 드리워지는 단 하나의 애수의 그림자이기도 하다. 물론 그것은 그 뒤에 곧 열리는 다가올 행로의 빛으로 환하게 비춰질 것이다.

이 세상의 인생에서도 비교적 중대한 시기에서 다른 시기로 옮겨갈 때는 반드시 이러한 애수가 뒤따르게 마련이다. 제4절이 적용되는 경우는 언제나 드물게밖에 일어나지 않지만, 그 경우도 마찬가지이다.

이따금 이런 종류의 슬픔이 나타나면, 그 전의 16장 20절*12 ~22절의 말씀에 의해 극복하려 노력하고, 또 모든 일들이 어렵게 생각되지만, 현실 속의 일들은 그 자체 속에 어려움을 이겨내는 힘을 내포하고 있어 오히려 쉽다는 경험의 힘도 빌려 그 슬픔을 극복하지 않으면 안 된다.

9월 6일

이사야 38장 15절*13을 보라. 겸손은 인간의 성질 가운데 아마 가장 후천적인 성질일 것이다. 인간은 대개 너무 오만하거나 너무 겁이 많고 소심하거나 어느 한쪽의 성질을 타고난다. 진정한 겸손은 자신의 것이 아닌 어떤 힘이 주어져 있다고 느끼는 신비한 마음이다. 이것은 어디까지나 힘의 실감이지만, 그 힘이 하느님의 은총에 의한 것이라는 의식이 수반되어 있다. 따라서 이것은 유일하게 무해한 힘의 실감이다. 그러나 이스라엘의 예언자가 왕에게 한 것처럼 이러한 겸손은 오직 혹독한 고난의 시기를 견뎌내야만 사람의 마음에 생기는 법이다.

---

*11 나는 세상에 더 있지 아니하오나 저희는 세상에 있사옵고, 나는 아버지께로 가옵나니, 거룩하신 아버지여, 내게 주신 아버지의 이름으로 저희를 보전하사 우리와 같이 저희도 하나가 되게 하옵소서.

*12 내가 진실로 진실로 너희에게 이르노니, 너희는 곡하고 애통하겠으나 세상은 기뻐하리라. 너희는 근심하겠으나 너희 근심이 도리어 기쁨이 되리라.

*13 주께서 내게 말씀하시고 또 친히 이루셨사오니 내가 무슨 말씀을 하오리이까. 내 영혼의 고통을 인하여 내가 종신토록 각근히 행하리이다.

욥기 40장 4·5절, 42장 1~6절, 열왕기상 17장 24절을 보라.

이러한 겸손을 갖추었을 때 비로소 인간은 하느님으로부터 완벽한 행복을 얻을 수 있는 상태에 이른다.

역대하 31장 21절 참조.

⚜

정말 좋은 결혼은 과연 어떤 것인지 다음과 같은 것으로 알 수 있다. 즉 내세의 새로운 삶을 생각할 때, 먼저 간 아내와 그곳에서 다시 만나는 것이 자명한 일로 느껴질 뿐만 아니라 반드시 그래야만 한다고 느껴져야 한다. 만약 아내와 다시 만나지 못한다면, 그는 정신적 자아의 일부를 잃어버린 것 같은 고통을 느낄 것이다.

9월 7일

진정한 내적 진보를 이루는 데는 언제나 세 가지 단계가 있다. 첫 번째 단계는 감격인데, 이는 마치 마른 땔감을 태우는 것처럼 탁탁 기세 좋게 소리내며 높이 타오르는 불꽃 같은 것이다. 두 번째 단계는 이 활활 타오르는 불꽃이 약간 스러지는 상태로, 바로 조금 전까지 불꽃 자체였던 사람과 같은 사람이라고는 도저히 믿을 수 없는 경우가 많다. 세 번째 단계는 끝없이 타오르는 석탄불이 쉬지 않고 주변에 따뜻함을 전하는 것처럼 조용하고 한결같은 불꽃을 닮았다. 거기에는 더 이상 조금의 동요나 변화가 없으며, 그 유익한 작용을 모든 사람이 확실히 알 수 있다.

중요한 문제에서 인간의 정신이 이 마지막 단계에 다다르면, 안으로는 평화, 밖으로는 힘이라고 불리는 활기찬 평안을 얻게 된다.

캄브리의 장 마리는 하느님을 향한 인간 영혼의 첫 번째 비상에 대해 다음과 같이 말했다.

"영혼이 태어났을 때의 본성을 극복하고 비천한 성향과 욕망을 거부할 때, 서광이 나타나 그 영혼을 비춘다. 하느님의 은총은 그 성스러운 뜻에 따라 영혼의 모든 행위를 인도한다. 완성의 이 첫 번째 단계에 다다를 때, 영혼은 완전히 자기를 버리고 하느님이 원하는 모든 것에 동의한다. 그때 하느님은 그 영혼의 소망과 생각과 사랑의 유일한 대상이 된다. 이제 영혼은 선과 덕이 가득 꽃핀 동산이 되어, 그 선과 덕이 영혼을 아름답게 꾸미며 천상의 빛을 그 위에 내리쬔다. 주는 영혼을 친밀하게 대하여 마치 영혼이 주와 하나가 된 것처럼 보인다. 아! 사람들이 이런 은총을 마음으로 느낄 수 있다면, 단 하루만이라도 그 즐거움을 얻기 위해 수많은 세계를 버릴 것이다."

이 말은 진실이며, 조금도 지나친 표현이 아니다. 그러나 그것은 아직 영혼의 즐거움이며, 그렇기 때문에 언제까지나 그곳에 머물러 있어서는 안 된다. 그것은 더욱 승화하지 않으면 안 된다. 왜냐하면 어떤 다른 고귀한 영혼을 가진 사람이 말한 것처럼, 우리가 이기심과 호기심에서 이 지상낙원—왜냐하면 그것은 실제로 하나의 낙원이므로—을 원하는 것을 하느님은 기뻐하지 않기 때문이다. 그럼에도 대부분의 사람들은 낙원이 있지도 않은 곳에서 낙원을 추구하며 또다시 이기주의에 기만당한다. 현대에도 수많은 종파의 창시자들의 전기에 이 사실이 기록되어 있다.

⚜

어떤 몽상가들은 언젠가 그리스도교가 다른 종교와 마찬가지로 그 신비적이고도 무거운 요소와 형식을 완전히 버리고, 진리와 사랑을 순수하게 정신적인 직관으로 승화하는 시대가 올 것이라 상상하고 있다. 그러나 인류는 누가 뭐라 해도 아직 그런 시대와는 멀리 떨어져 있고, 또 인간이 부분적으로나마 육체적인 것으로 이루어져 있는 한, 그런 상태에도 다다를 수 있는 힘은 아직 없다고 할 수 있다. 이러한 상태는 내세의 삶에서 생각할 수 있는 것으로 그곳에서는 종교도 틀림없이 다른 형식을 취하겠지만(요한계시록 21장 22절*14), 이 지상에서는 아직 생각도 할 수 없는 일이다.

9월 8일

그리스도의 신성에 대해 논의하는 것은 전혀 무익하다. 그리스도 생애의 비밀은 밝혀지지 않을 것이고, 또 밝혀져야 하는 것도 아니다. 누가복음 10장 22

---

*14 성 안에 성전을 내가 보지 못하였으니, 이는 주 하느님 곧 전능하신 이와 및 어린 양이 그 성전이심이라.

절*15을 보면, 삼위일체는 그 자체가 이해될 수 없고, 이렇게 말해도 되는지 장담할 수는 없지만, 밝혀질 수 없다. 삼위일체는 단순한 비유이지 설명이 아니다. 어쨌든 삼위일체는 유니테어리언주의(유일신교)*16와 이신론(理神論)이 오류이며, 살아 있는 하느님으로부터 인간을 떼어놓는 것임을 말해준다. 사도들의 견해에 대해 생각하게 하는 바가 가장 많은 부분은 고린도전서 15장 28절*17이다. 그러나 이 정의보다 하느님과 그리스도에 대한 확신, 또 분명히 우리 내부에 있으면서 우리의 자연적인 영혼과는 다른 선한 영혼에 대한 경험에서 얻은 내적 확신이 훨씬 중요하다.

⚜

　그리스도교 최초의 전도자이자 문필가였던 바울의 편지는 의심할 여지없는 역사적 진실성을 가지고 있고, 따라서 각각 결정적인 의의를 가지는—이를테면 부활에 대한 고린도전서 15장 6절*18처럼—현존하는 가장 오래된 사랑의 증거일 뿐만 아니라 여러 교회와 개인에게 보낸 이 편지들은 수많은 중요한 교시와 조언을 내포하고 있다. 그 편지의 내용들은 그리스도의 말*19에 이어 하느님의 영혼으로 완전히 채워진 사람의 말로서 우리에게도 의의를 가지는 것은 당연하다. 마지막으로 이 편지들은 육체적인 나약함 속에서 수많은 박해를 받으면서도, 결국 진정 행복한 사람이 된 한 사람의 실례로서 우리를 격려해준다. 이 편지들은 그 뒤에 나타난 어떤 종교적 저술보다 더 많은 격려와 위로와 조언을 담고 있다. 그래서 종교개혁자들에게도 중대한 위기에 처했을 때 좋은 이정표가 되어 주었고, 또 앞으로도 그런 역할을 하게 될 것이다. 다만 이 편지들은 그것보다 조금 늦게 성립된 복음서보다 상위에 놓아서는 안 된다. 복음서는 분명히 더 높은 형태의 것으로 더 위대한 정신적 집중력을 가지고 기록된

---

*15 내 아버지께서 모든 것을 내게 주셨으니, 아버지 외에는 아들이 누군지 아는 자가 없고, 아들과 또 아들의 소원대로 계시를 받는 자 외에는 아버지가 누군지 아는 자가 없나이다.

*16 하느님의 유일성을 주장하고, 예수의 신성을 부정하는 교의와 교파.

*17 만물을 저에게 복종하게 하신 때에는 아들 자신도 그때에 만물을 자기에게 복종케 하신 이에게 복종케 되리니, 이는 하느님이 만유의 주로서 만유 안에 계시려 하심이라.

*18 (부활의 그리스도는)그후에 오백여 형제에게 일시에 보이셨나니, 그 중에 지금까지 태반이나 살아 있고 어떤 이는 잠들었도다.

*19 고린도전서 7장 10~12절 참조.

것이다.

이사야 53장 10~12절 참조.

9월 9일

현명한 사람들이 인간경멸이라는 한없이 어둡고 영혼을 손상시키는 감정에 사로잡히기 쉬운데, 그것을 구원해주는 것은 오직 동정심뿐이다. 그러나 이 동정심은 이른바 제6감과 같은 것으로 근본적으로는 오직 엄격한 고난을 통해 더 선한 사람들의 마음에 생기는 감정이며, 스스로 희생을 치르지 않고 타인에게 도움이 되지도 않는 나약한 동정 같은 것과는 다르다. 물론 세상에는 자신의 고통 때문에 남에게 더욱더 냉혹하고 무정해지는 사람들도 있다. 그들은 남들도 자신과 같은 고통을 겪어야 한다고 생각한다.

그러나 가능한 한 어떠한 삶도 고통스럽지 않도록 진심으로 배려하지 않으면 안 된다. 이것이 우리가 현실적으로 실천하고 있는 자선 행위보다 더 가치가 있다.

❧

끊임없이, 그리고 가능한 한 많이 사랑의 씨앗을 뿌려야 한다. 학교 교육을 마친 뒤부터는 그것이 당신이 평생 해야 할 일이다. 물론 모든 씨앗이 다 싹을 내는 것은 아니다. 그렇다고 모든 씨앗이 다 돌투성이 땅에 떨어져 헛되이 사라지는 것도 아니다. 왜냐하면 이 세상은 절실하게 사랑을 원하고, 세상에는 사랑이 없더라도 늘 사랑을 존중할 것이기 때문이다.

씨앗을 뿌리는 방법은 하루하루 조금씩 알아가는 것이 좋다. 일단 그렇게 하겠다는 결심만 서면, 또 삶의 향락에 대한 욕망—이것은 사람의 에너지를 남김없이 요구하는 것이다—이 너무 강하지 않으면, 사랑의 씨를 뿌릴 기회는 얼마든지 생길 것이다.

그러니 한번 시험해보라. 시험해보고 시작해야만 가장 위대한 일도 성취할 수 있다. 또한 이 경우에는 틀림없이 하느님의 도움이 주어진다. 그것은 하느님이 같은 목적을 추구하고 있기 때문이다. 이제부터 당신은 공동의 사업에서 하느님의 조수이자 협력자이다.

요한복음 8장 12절, 13장 34절, 14장 12~15절 참조.

9월 10일

감각적인 생활에서 완전히 유리된 '정신적' 생활은 이 세상에서는 위험한 것이 될 수 있다. 그것은 자칫 사람의 마음에 공허감과 타인에 대한 무관심, 각박한 감정을 낳는다. 그런 생활에서 종교상의 그 냉혹한 폭군들과 종교적 박해의 도구가 된 사람들이 태어났다. 개인적으로는 조금도 흠잡을 데 없었던 그들이 그토록 많은 재앙을 불러일으켰던 것이다.

나는 다행히도 그런 사람들뿐만 아니라 일반적으로 단순히 이론적인 철학자와 신학자들에게도 늘 혐오를 느껴왔다. 이런 학자들은 사람들에게 아무 도움도 주지 않고, 사람의 마음을 위로하거나 향상시켜주지도 않는 문제를 두고 즐겨 논쟁을 벌인다. 나는 내 삶의 마지막 시간들을 그러한 유명한 학자들의 논의에 소비하고 싶지는 않다.

⚜

자신에 대해서 아무 말도 하지 않는 것이 가장 좋다. 말이나 편지도 그렇지만, 특히 일기 속에서는 더욱 그러하다. 자찬에 빠지면 불쾌한 뒷맛을 느끼게 되고, 또 자기 비난은 우리의 존재와 생명의 근원인 하느님 사업에 반하는 일이기에 이것 또한 해서는 안 된다.

타인은 대체로 우리를 정확하게 평가하는 법이다. 그런 것에 대해 걱정할 필요가 없다. 진정으로 유능한 사람이 오래도록 외면당한 적은 지금까지 한 번도 없었다. 대부분은 믿을 만한 지주와 의지할 곳을 필요로 하므로 자연히 그렇게 되기 마련이다. 자신에게는 자기 평가 대신 그러한 타인의 평가로 충분하다.

디모데전서 1장 16절, 6장 12절 참조.

9월 11일

인간애란 하느님에 대한 강한 사랑이라는 밑바탕이 없으면, 단순한 환상이며 자기 기만에 지나지 않는다. 왜냐하면 그런 경우에는 오직 가장 사랑해야 하는 것만 사랑하거나 자신을 사랑해주는 사람을 사랑하는 데 머무르며, 언제든 이 전제 조건이 사라졌다고 생각될 때는 놀랄 만큼 빨리 사랑이 식거나 완전히 버릴 결심을 하기 때문이다. 그런 사람들이 말하는 인간애란, 적당히 냉담한 일반적인 호의를 나타내는 그저 아름다운 말에 지나지 않는다. 그것은 맹수들이 배를 채웠을 때 주위에 보여주는 비공격적인 태도와 같은 것이다.

이러한 방식으로 사랑한다는 것은 해마다 수백만 명의 사람들이 정신적 또는 육체적 굶주림으로 죽게 할 수 있으며, 다른 사람들의 아픔에 대해서는 조금도 슬퍼하지 않으면서 자신이 느끼는 아주 하찮은 불편조차도 감수하지 않으려는 것이다.

⚜

인간들이 보다 솔직담백하게 교제하고자 한다면, 세상은 훨씬 살기 좋은 곳이 될 것이다! 마음에 없는 웃음을 짓지 않고, 또 남의 말 속에서 호의와 친절 이외의 의미를 찾으려 하지도 않고! 그런데 실은 사람들의 친절한 말은 탈레랑[20]이 생각한 것처럼, '본심을 숨기기 위한 것'에 지나지 않는다는 잘못된 생각을 하는 경향이 있다.

그러나 결코 그렇게 생각해서는 안 된다. 순진무구한 어린이처럼 우리는 일단 남의 말에 선의와 성실을 가정하고 대하는 것이 좋다. 나중에 그게 아니었음이 밝혀지더라도 그편이 당신에게 훨씬 유익하다.

9월 12일

'이 세상에서 행복 이상의 무언가를 추구하는 사람은 행복이 그의 몫으로 돌아오지 않더라도 불평해서는 안 된다.'(에머슨) 이것은 조금 '실리주의'적이고 비웃는 듯한 뜻을 담고 있지만 진실하며, 실패한 많은 인생을 설명해주는 말이다. 실제로 우리는 이 '그 이상'과 '그 이하' 가운데 어느 하나를 선택하지 않으면 안 된다. 그러나 이 말은 행복이라는 것에 대한 최종적인 설명은 아니다.

세상에 행복은 있으나 우리는 그것을 모른다.
알고 있어도 중시하지 않는다.

―괴테《타소》

---

*20 탈레랑(1754~1838), 나폴레옹 시절의 노회한 외무장관.

이편이 훨씬 더 진실한 말이다. 그러나 강하게 마음을 뒤흔드는 행복을 한 번도 느껴본 적이 없는 사람들은 그것을 상상할 수도 없고, 오로지 전래되어 오는 신화나 과장된 이야기쯤으로밖에 생각할 수 없지만, 그래도 그것은 건강한 진실이다.

✤

당신은 수많은 경험을 통해 최후에는 행복은 주체적이며 자신의 내부에서 찾아야 하는 것이라는 신념에 다다르게 될 것이다. 분명히 외적인 사건에서 일시적으로 행복한 기분을 느끼는 일이 있는 것은 사실이다. 그러나 그 기분이 오래 이어지거나 한 사람의 생애에 그런 일들이 끊임없이 잇따라 일어나리라고 기대할 수 있을까? 그렇지 않다는 것을 당신은 알고 있고, 또 모든 사람이 알고 있다. 그러나 당신이 늘 활동적으로 성실하게 살고, 하느님과 융화하면서 모든 사람들을 넉넉한 사랑으로 대하며 살고자 결심한다면, 그로 인해 얻을 수 있는 행복의 실감이 당신이 어려울 때도 흔들리지 않도록 확고하게 지켜줄 것이다. 뿐만 아니라 이따금 찾아오는 고뇌 속에서도 강한 마음의 위로를 경험하면, 훗날이 되어도 이 괴로웠던 시기를 행복했던 시간으로 기억하게 될 것이다.

또 그렇게 살면, 어떤 외적인 행운을 만나더라도 당신은 남에 대한 오만과 불손에 빠지지 않을 수 있다. 그런 약점은 세상에서 흔히 말하는 '행운아'에게는 늘 따라다니기 쉬운 것이지만.

9월 13일

사람들 대부분, 때로는 특별히 천부적인 재능이 있는 사람조차 자신이 겪는 것에 대해 그 자리에서 판단을 내려야 한다고 생각한다. 이를테면, 처음 만난 사람이나 또 두세 페이지 책장을 넘겼을 뿐인 책에 대해서도 그 자리에서 판단을 내려 나중에 다시 정정하지 않을 수 없게 되는 경우가 있다. 또는 잘못인 줄 알고도 자신의 생각만 고집한 결과, 자신의 품성을 망치고, 더욱이 이따금 남에게도 상처를 준다. 당신이 이런 습관을 가지고 있다면, 당신의 직업이 신문기자가 아닌 이상 그 습관을 빨리 버리도록 하라.

에머슨은 '영혼이 활발하게 활동하고 있을 때는 영혼불멸에 무관심한 법'이라고 말했다. 분명히 생애에서 아직 왕성하게 활동하는 시기, 즉 현세를 초월한 저 세상에 대해 끊임없이 몰두하는 것이 인간의 자세와 사고방식에서 어떤 병적인 경향을 뜻하는 시기에는 이 말이 진실일지도 모르지만, 노년이 되었을 때는 아니다. 나이를 먹으면 오히려 그 반대의 현상이 일어나게 된다.

이 세상의 것에 대해서는 뚜렷하게 흥미가 사라지고, 주로 피안의 삶에 관심을 가지기 시작한다. 마치 대대적인 이사를 하기 직전에는 이미 헌 집보다 새 집에 마음이 가는 것과 같다. 그래서 톨스토이도 중병에서 회복되었을 때, '죽음에 대해 가까스로 각오하는 마음이 생겼는데, 이제 그것과 헤어져야 한다는 것이 실은 유감이다'라고 말했던 것이다.

이제 나의 길이 끝나가고 있다
아! 이 세상이여, 너에게 어떤 미련이 있으랴.
천국은 내가 꿈꾸던 곳
그곳으로 이제 나는 들어가야 하느니.
필요 없는 짐은 버리고
여행 준비도 마쳤으니
하느님의 평화와 은총 속으로
자, 기뻐하며 나아가리라.

9월 14일

경험에 비추어 보았을 때, 인간에 대한 신뢰와 하느님에 대한 신뢰는 일치하지 않는다. 오히려 한쪽이 다른 것을 배제하는 법이다. 영혼에 믿음이 충분히 갖춰져 있다면 하느님에 대한 신뢰가 훨씬 더 확실하다. 그러나 이 경우에도 고난과 마음의 고통이 사라지는 것은 아니다. 게다가 만약 제거된다고 하면, 그것이 대다수 사람들에게 완성의 과정에서 그리 좋은 것일 리가 없다. '십자가 지팡이는 무덤에 이를 때까지 우리의 허리를 계속 때린다. 그러나 그곳에서는 이것도 끝날 것이다.' 그렇지만 이미 그 전에 모든 것을 견딜 수 있는 힘이 생겨 결과적으로 모든 것이 유익해진다. 이것은 믿어도 된다.

그러나 인간은 그런 삶을 원하지 않는다. 그 지고한 의지를 따르지 않고, 또 그것에 합당한 삶이라는 의무를 조금도 지지 않고, 편안하고 늘 쾌락으로 가득한 삶을 살 수 있기를 원하고 있다. 역사 이래 인간은 생각할 수 있는 모든 방법으로 그런 탐욕의 생활을 추구해 왔다. 그러나 인류 가운데 극히 일부조차 그런 생활을 얻을 수 있었던 사람은 없었다. 하물며 모든 사람이 그런 삶을 산다는 것은 불가능하다는 것은 말할 것도 없다. 모든 사람에게 구원이 되는 것은 그것과는 완전히 다른 길에서 찾을 수 있다.

이사야 49장 14~26절, 50장 6~11절, 55장 1~12절, 시편 63편 8절, 보헤미아 형제단 찬송가 1009번 참조.

⚜

대부분의 정신적, 육체적인 병자, 특히 그 양쪽의 질병을 어느 정도 함께 가지고 있는 신경병 환자를 도와줄 수 있거나, 적어도 그 병을 가볍게 해줄 수 있는 치료법을 알고 있으면서도, 그들에게 좀처럼 그 요법을 권하여 사용하게 할 수 없음은 참으로 슬픈 일이다.

9월 15일

'당신이 나를 욕되게 할 때, 당신은 나를 크게 하셨나이다.'[21] 이 말은 일반적으로 사용되는 관용어구일 뿐만 아니라 인생경험을 여실히 표현하고 있다. 진정으로 선하고 위대한 것 가운데, 처음에는 작은 것에서 출발하지 않는 것은 드물다. 뿐만 아니라 대개는 그 전에 멸시와 굴욕이 주어진다. 그래서 첫봄의 폭풍에서 봄이 가까워졌음을 예감할 수 있듯, 굴욕에서 그 뒤에 올 성공을 확실하게 예측할 수 있는 경우가 많다. 만약 굴욕 속에서 나중에 그만큼 많은 은총을 내리려 하는 하느님의 손길을 느끼고 그 굴욕을 기꺼이 받아들일 수 있다면, 당신은 이미 큰 진보를 이룩한 것이다.

시편 65편 11~13절, 68편 20·21절, 71편 19~21절, 119편 67·71·75절, 신명기 8장 16절 참조.

---

[21] 사무엘하 22장 36절, 시편 18편 35절 참조.

✤

진실을 있는 그대로 부풀리지 말고 얘기하라. 그것이 불가능할 때는 침묵하라. 이사야 6장 6~8절, 출애굽기 20장 16절, 23장 1절, 에베소서 4장 25절*²²
참조.

9월 16일

눈앞에 살아 있는 가장 확고한 신앙은 역사에 뿌리내린 신앙이다. 인간의 마음에 다가와 있는 하느님이 확실하게 느껴질 때와 개인적인 경험을 통해 하느님의 존재에 대해 모든 의심이 사라질 때가 없는 것은 아니다. 그러나 그런 순간을 제외하면, 세계역사, 특히 이스라엘 민족의 운명이 우리에게 위안을 준다. 그리스인과 로마인은 오래전에 멸망해버렸지만 이스라엘 민족만이 오늘날에도 여전히 한 민족으로 존재하고 있는 것은 하느님이 이 민족을 버리지 않았기 때문이다.

그리스도에 대해서도 우리는 역사를 통해서만 진정으로 굳건한 신앙을 품을 수 있다. 로고스 이념에 의한 형이상학적 사상 따위는 아예 믿지 않는 사람들에게 거의 설득력을 가지지 않는다.

하느님의 정의와 사랑에 절망을 느끼기 시작하는 순간부터 하느님의 존재마저 의심스러워진다. 왜냐하면 정의도 사랑도 아닌 하느님은 높은 기상의 마음을 가진 인간에게는 견딜 수 없이 혐오스러운 우상으로밖에 생각되지 않기 때문이다.

✤

우리는 정의에 대해 배워야 된다. 이 세상에서 정의를 배우지 못하면, 또 다른 삶에서 새롭게 시작해야 한다. 그럴 바에는 이 세상에서 그것을 배워버리는 것이 좋지 않겠는가.

시편 49편 10~15절 참조.

---

*22 거짓을 버리고 각각 그 이웃으로 더불어 참된 것을 말하라. 이는 우리가 서로 지체가 됨이니라.

9월 17일

그리스도교가 우리에게 나날의 생활과 직업상의 임무를 전보다 더욱 충실하게 실천하고, 금전상의 문제에 이기적이지 않으며, 부와 명예에 대해 무관심할 수 있고, 모든 사람을 더욱 친절하게 대하며, 마음에 더 큰 기쁨과 미래에 대한 희망을 품게 하지 못한다면, 진정한 그리스도교라고 할 수 없을 것이다. 그것은 그리스도의 그리스도교가 아니라 종파 또는 교회를 위한 그리스도교일 뿐이다. 이미 그리스도교라는 말부터가 사람을 그르치기 쉽다. 만약 그 말을 오직 그리스도의 삶과 뜻에 따른다는 것 이외의 의미로 해석한다면, 그것은 잘못이다. 또 그리스도교가 도대체 무엇인지 곳곳에서 찾아 헤매는 사람이 있다면, 그 사람은 진정한 그리스도교를 구하고 있는 것이 아니라 해도 잘못된 말은 아닐 것이다.

애석하게도 현대의 대다수 교양인들은 그리스도교를 믿을 것인가, 아니면 뭔가 다른 생각과 철학을 선택해야 하는가 하는 문제로 방황하며, 그리스도교를—대개 외적인 이유에서—믿으려고 결심한 뒤에도 그중 어떤 '경향'과 '해석'을 선택할 것인지 하는 문제에 너무 집요하게 오래 매달려 있다. 그래서 그리스도교란 도대체 무엇인가, 그리스도교는 그것을 믿으려는 자에게 무엇을 요구하는가에 대해 현대의 다양한 견해와 학설의 잡음에 사로잡히게 되고, 진지하게 반성할 수 있는 충분한 시간을 가지지 못하게 된다.

오늘날 신앙의 자유는 우리의 구원과 생명에 이르는 길을 오히려 험난하게 만들었다. 그러나 이 길을 진실하게 걸어간다면, 이 길을 더욱더 신뢰할 수 있고, 더욱더 올바른 목표로 확실하게 이끌 수 있게 한 것도 사실이다.

⚜

하느님의 은총 아래 있다는 의식을 제외하면, 의무를 다했다는 의식이 가장 큰 행복감을 주는 것이다. 전자는 언제나 은총을 받을 자격과 상관없이 주어지는 것이므로 스스로 손에 넣을 수는 없다. 그러나 후자는 분명히 스스로 획득할 수 있다. 의무를 다하는 것은 완전히 우리의 마음먹기에 달려 있기 때문이다.

9월 18일

가장 강력한 인생철학은 용기와 하느님의 뜻에 대한 헌신이 올바르게 혼합됨으로써 성립된다. 그러므로 그 어느 한쪽이 제대로 나타나지 않을 경우에는 삶이 순조롭지 못하다.

강한 에너지가 어느 정도의 점액질*23과 결합될 때는 그것이 전시든 평상시든 인생의 모든 일을 가장 많이 이룩할 수 있다.

'성공의 비결은 목적에 대한 흔들리지 않는 마음이다.'*24

❋

이 세상의 악과 악인에게는 진리와 사랑을 합하여 맞서지 않으면 결코 대항할 수 없다. 악인과 같은 무기로 그들을 이기려 하는 건 도저히 승산이 없는 일이다. 악인은 자신의 영역 안에서는 거인 안테우스*25의 이야기에 있듯이 매우 강하다. 하지만 남의 영역에서는 바로 자신과는 다른 영혼의 힘을 느끼고, 그것에 비해 자신이 나약함을 알게 된다. 이 점에 있어서도 온갖 종류의 사람들, 이를테면 평판 나쁜 세금징수인, 죄지은 여인들, 그 무렵의 현자, 종교가, 학자, 탐욕스러운 군중, 국왕과 총독, 그리스도를 부정했지만 그래도 구원받은 베드로, '버림받았던' 유다 등에 대한 그리스도의 태도에는 그리스도다운 면모가 그대로 나타나 있다. 현대에도 이렇게 어려운 상황에 있으면서도 가족과 교회와 국가, 또는 친구에게 의지하지 않는 것은 아무나 할 수 있는 일이 아니다.

9월 19일

나는 옛날, 내가 무보수로 사무를 도와준 적이 있는 이스라엘 사람에게 농담 삼아 '이 일에 대한 보수는 그가 아니라 이스라엘의 하느님한테서 받을 생각이다'고 말한 적이 있다. 그러자 하느님은 곧바로 내 말을 알아듣고, 그때부터 한동안 내 생애에 가장 괴로운 고통과 마음의 타격을 거의 쉬지 않고 나

---

*23 지나치게 흥분하지도 않고 갑자기 식지도 않는 성질.
*24 디즈레일리.
*25 안테우스(또는 안타이오스). 그리스 신화의 거인. 어머니인 대지에서 떨어지면 힘이 빠지고, 그것에 다시 발이 닿으면 당장 힘이 솟아난다고 한다.

에게 보내왔다. 그리고 이 글을 쓰고 있는 지금도, 나는 그때의 위대한 선물의 뜻을 제대로 평가하고, 그것을 잘 살리려고 유념하고 있다. 그 선물이 없었으면 이 책도 쓸 수 없었을 것이다. 유용한 저서와 진정한 행복은 둘 다 고통스러운 토대 없이는 얻을 수 없기 때문이다. 역설적으로 들릴지도 모르지만, 불행은 인생의 행복에 반드시 필요한 것이다.

✣

신명기 4장 3·4절, 7장 9·10절,*²⁶ 8장 205절, 10장 12·13절*²⁷을 보라.

주위를 둘러보며 지인들의 삶의 발자취를 관찰하고, 당신의 과거를 뒤돌아보며 과연 위에서 한 말대로 실천했는지 조사해보라. 그런 다음, 그대로 실천했다는 것을 알았으면, 근대의 진보설—이 설을 믿는 사람들의 의견에 의하면 그런 '낡은 옛일'은 앞으로 더 이상 믿고 싶지 않다고 하지만—이라는 요설로부터는 개인적 경험에 큰 영향을 받지 않으리라고 결심하는 것이 좋다.

그게 아니라면, 이러한 역사적 종교의 진화설이 성서가 보여주는 진리 대신 어떤 확신을 당신에게 줄 수 있을 것인가? 그 진리를 믿고 그저 겨우 인생을 버텨내기 위해서라도, 이미 특별한 은총을 받은 한 사람이 아니면 안 된다. 당신은 이미 얼마나 많은 사람들이 그런 삶을 살려다가 실패했는지 보아오지 않았는가? 진리로 조금이나마 행복해질 수 있는 사람은 아마 천 명 가운데 한 사람도 안 될 것이다. 게다가 그 사람이 늘 행복한지 어떤지 한번 물어보라. 시편 제71편 참조.

9월 20일

누군가 은혜를 저버리는 것을 견디기란 참으로 힘든 일이다. 그래도 이것은 당하는 쪽이 실제적으로나 정신적으로 우월한 입장에 있다. 그러므로 은혜를

---

*26 그런즉 너는 알라. 오직 네 하느님 여호와는 하느님이시요, 신실하신 하느님이시라. 그를 사랑하고 그 계명을 지키는 자에게는 천 대까지 그 언약을 이행하시며 인애를 베푸시되, 그를 미워하는 자에게는 당장에 보응하여 멸하시나니…….

*27 이스라엘아, 네 하느님 여호와께서 네게 요구하시는 것이 무엇이냐? 곧 네 하느님 여호와를 경외하여 그 모든 도를 행하고, 그를 사랑하며 마음을 다하고 성품을 다하여 네 하느님 여호와를 섬기고, 내가 오늘날 네 행복을 위하여 네게 명하는 여호와의 명령과 규례를 지킬 것이 아니냐.

모르는 사람은 인내로 대하고, 또 감사할 줄 아는 사람은 그만큼 존중하는 것이 옳다. 누군가 은혜를 저버렸다고 비난해서는 안 된다. 상대가 선한 사람이라면 그것을 스스로 깨달을 것이고 악한 사람에게는 비난을 해봤자 아무런 자극도 되지 않는다. 오히려 비난을 들으면, 악인은 상대가 감사를 기대하여, 다시 말해 많은 칭찬과 보수를 예상하고 친절을 베풀었다는 것을 고백이라도 한 것처럼 생각하고, 오히려 마음의 짐을 덜 것이다. 악인의 눈에서 보면 상대는 다만 투자에 실패했을 뿐이고, 자신은 더 영리하게 행동한 것일 뿐이다.

⚜

다니엘 10장 2~13, 19~21절을 보라. 하느님이 우리의 기도를 이내 들어주지 않거나 또는 들어주었다 해도 우리가 금방 알아차리지 못하는 경우가 많다. 이것은 우리가 나약해지는 원인이 되고, 나약함이 변하여 불신이 되기도 한다. 이렇듯 기도가 이뤄지는 데 시간이 걸리는 이유가 반드시 눈 앞에 제시되는 것은 아니다. 그러나 하느님의 종으로 일컬어지는 사람들은 그 끈질긴 기도가 언젠가 반드시, 가장 좋은 방법으로 이뤄진다는 확신을 끝까지 지니고 있어야 한다. 커다란 반석 위에 서는 것처럼 우리는 이 확신 위에 서지 않으면 안 된다. 그러면 하느님은 그동안 우리를 위로하기 위해 가끔 심부름꾼을 보내준다. 그들은 대개 평범한 사람으로 반드시 적절한 때에 나타난다. 때로는 그 사람들이 충언과 조력과 기도가 이루어진다는 확신을 우리에게서 얻기도 한다. 나 자신도 가끔 그런 일을 겪었다.

더 이상 자신의 힘을 믿지 않고 늘 하느님의 힘을 믿을 수 있게 된다면, 그때 당신은 모든 일에서 승리를 수중에 넣은 것이다. 나아가서 당신은 환난을 기뻐하는 경지에까지 다다를 수도 있다. 그러나 이것은 이를 데 없이 높은 단계이다.

9월 21일
아무런 은총도 받을 수 없는 죄인의 마음이 어떤지 실생활에서 면밀하게 관찰해 보라. 그러면 당신은 모든 사람에게 더 이상 미움을 느끼지 않고 깊은 동정심을 느낄 것이다.

무슨 일에서나 화를 내는 일이 자주 있다면, 아직 자신을 지배하지 못하고 있는 것이다. 어떤 악에 대해서도 조용하게 저항하는 것이 승리하는 데 가장 좋은 방법이다.

⚜

요한복음 12장 38~50절*²⁸은 이 세상에서의 하느님 나라를 어떤 방법으로든 대표하고 있는 모든 사람에게 좋은 교훈이 된다. 첫째, 그들은 많은 사람들이 자신을 믿어주지 않더라도 이상하게 여겨서는 안 된다. 둘째, 그들이 하는 말을 마음속으로는 믿으면서도 그것을 분명히 드러낼 수 없는 사람들도 많다는 것을 받아들일 수 있어야 한다. 셋째, 이것이 가장 중요한데, 그들은 이 세상을 심판하는 자가 아니라 구원하는 자가 되고자 해야 한다. 그리고 마지막으로 그들의 말을 경멸하는 자는 이미 자기 안에서 심판을 받고 있다는 것을 확신해야 한다.

그들은 언제나 하느님이 위탁한 것을 그대로 말할 뿐, 그보다 많거나 적게 말하지 않도록 주의해야 한다.

9월 22일

크롬웰*²⁹이 그의 필생의 사업을 위해 준비하던 시절, 사촌누이인 세인트 존 부인에게 보낸 편지에서 자신은 이제 그 대가를 선물로 받고 있다고 말했다. 그렇다. 하느님은 모든 대가를 선물로 지불한다. 이제부터 하느님에게 봉사할 결심을 한 사람이 느끼는 기분은 오랜 세월에 걸치는 성실한 봉사 뒤에 느끼는 기분과 같다. 다만, 지속적이지 않다는 것이 유일한 차이일 것이다.

천국의 주요 부분은 이미 이 지상에서 주어진다. 보헤미아 형제단 찬송가가 '하느님의 은총을 아는 사람은 이미 승리의 명예를 손에 넣은 것'이라고 노래한 것은 진실이다.

그러므로 그 승리의 명예를 스스로 버린다면, 자신에 대해 그만큼 무책임

---

*28 ······나를 믿는 자는 나를 믿는 것이 아니요, 나를 보내신 이를 믿는 것이며, 나를 보는 자는 나를 보내신 이를 보는 것이니라. 나는 빛으로 세상에 왔나니······내가 온 것은 세상을 심판하려 함이 아니요 세상을 구원하려 함이로라. ······내가 내 자의로 말한 것이 아니요, 나를 보내신 아버지께서 나의 말할 것과 이를 것을 친히 명령하여 주셨으니, 나는 그의 명령이 영생인 줄 아노라.

*29 올리버 크롬웰(1599~1658). 영국 청교도 혁명의 중심적 정치가.(역자주)

한 일이 된다. 히브리서 10장 26절 이하*30에서 용서받을 수 없는 죄에 대해 말한 것은 바로 이러한 죄를 가리키고 있다.

⚜

요한복음 10장 17·18절*31은 십자가에 매달린 그리스도마저 위로했음에 틀림없는 부활의 약속일 뿐 아니라, 또 다른 의미에서 우리 한 사람 한 사람을 위해서 한 말이기도 하다. 우리는 자신의 생명과 스스로 쌓아올린 인생마저 버리고, 그 대신 하느님의 힘에 의한 더 좋은 생명을 원해야 된다. 이것은 결코 쉽진 않겠지만 그렇다고 불가능한 일도 아니다.

9월 23일

바리새인과 율법학자들이 그리스도를 비난하여 했던 말은 적어도 그리스도의 성실한 제자라면 누구나 경험하지 않으면 안 된다. 그렇지 않으면 아직 그리스도의 제자라고 할 수 없다.

이따금 실생활에서 사람들이 우리를 적대하거나 편드는 것은 그들의 자유의지에 의한 것이 아니며, 그들을 통해 우리에게 작용하고자 하는 하느님의 도구에 지나지 않음을 깨닫고 위로받을 때가 있다. 그러므로 미리 적이니 친구니 정해놓고 대할 필요가 전혀 없다.

이제 막 청년기를 끝낸 자연 그대로의 인간의 마음에는, 경험의 결과로서 모든 인간에 대한 뿌리 깊은 분노의 핵이 도사리고 있다. 이 분노의 핵은 하느님의 은총을 통해 남김없이 제거되지 않으면 안 된다. 그 과정을 거친 뒤에야 비로소 우리는 그리스도교인이 될 수 있다.

누가복음 6장 19~38절, 보헤미아 형제단 찬송가 282번 참조.

---

*30 우리가 진리를 아는 지식을 받은 후 짐짓 죄를 범한 즉, 다시 속죄하는 제사가 없고, 오직 무서운 마음으로 심판을 기다리는 것과 대적하는 자를 소멸할 맹렬한 불만 있으리라…….
*31 아버지께서 나를 사랑하시는 것은 내가 다시 목숨을 얻기 위하여 목숨을 버림이라. 이를 내게서 빼앗는 자가 있는 것이 아니라 내가 스스로 버리노라. 나는 버릴 권세도 있고 다시 얻을 권세도 있으니, 이 계명은 내 아버지에게서 받았노라.

마태복음 7장 1~5절*³²을 기억하라. 사람들을 심판하려 하지 말고 함께 살려고 시도해 보라. 만나는 사람마다 기회가 닿는 대로 뭔가 선한 일을 기원하고, 말하고, 실천하려고 노력하는 것이 좋다. 그리하여 그것이 당신의 행복에 얼마나 큰 변화를 주는지 알면, 당신은 틀림없이 놀랄 것이다.

9월 24일

언제 어디서나 사랑을 가지고 진리의 편에 서는 것, 이것이야말로 우리의 일상 생활에서 진정한 과제이다.

근대의 한 문필가—아마 철학자 니체—는 '쓰러져 가는 것은 더욱 쓰러뜨리지 않으면 안 된다. 그러면 강자, 나아가서 최강자만이 이 세상에 남는다'고 말했다. 그런데 그 자신도 만년에는 남의 힘을 크게 빌리지 않을 수 없었다. 만약 이 사상이 일반적으로 적용된다면, 그것은 거의 민족 대이동 시대의 도덕률과 같아서 쓰러지려는 자를 부축하고, 쓰러진 자를 도와 일으켜 세울 것을 가르치는 그리스도교의 도덕률과는 정반대가 된다.

이 세상의 경기장에 마지막으로 남는 것은 언제나 강자인 것은 틀림없는 진실이다. 하지만 그 강함은 과대평가된 인간의 힘이 아니라 의존하는 약자들을 돕는 하느님의 세계질서를 가리킨다. 이것은 오늘날에도 신뢰할 만한 진실이라는 것이 증명될 것이다.

마태복음 22장 44절, 다니엘 4장 31~35절, 시편 33편 9~18절, 고린도후서 12장 10절, 고린도전서 1장 13~29절 참조.

가벼운 마음으로 살기를 원한다면 마태복음 6장 33·34절*³³에 따라 생활하면 된다. 이 말들은 내 생애의 한때, 나에게 철학이 할 수 있는 가장 좋은 역

---

*32 비판을 받지 아니하려거든 비판하지 말라. 너희의 비판하는 그 비판으로 너희가 비판을 받을 것이요, 너희의 헤아리는 그 헤아림으로 너희가 헤아림을 받을 것이니라.

*33 너희는 먼저 그의 나라와 그의 의를 구하라! 그리하면 이 모든 것을 너희에게 더하시리라. 그러므로 내일 일을 위하여 염려하지 말라. 내일 일은 내일 염려할 것이요, 한 날 괴로움은 그 날에 족하니라.

할을 해주었다. 마태복음 11장 30절, 요한1서 5장 3절*34 참조.

9월 25일

'그리스도교는 고귀한 성질을 가진 인간의, 진리와 마음의 완전한 평화에 대한 갈망을 풀 수 있다'는 경험으로 증명된 진리를 능가하는 것은 없을 것이다. 이러한 갈망을 풀어주는 자야말로 고뇌하는 인류를 구원하는 권능을 가진 진정한 구원자이다.

그리스도교는 비실천적인 이상주의가 아니다. 그 반대로, 이 세상에서 유일하게 실천할 수 있는 실제로 가장 효과적인 이상주의이다. 이것이 바로 이 세상에서 그리스도교가 가지는 영속적인 의의이다.

보헤미아 형제단 찬송가 733번·735번 참조.

⚜

마태복음 11장 27절*35을 보면, 이른바 '신학'이라는 것은 언제나 이 적극적인 발언을 무시하지 않으면 안 된다. 그러나 우리는 이 말을 피하지 않고, 오히려 모든 '그리스도론', '그리스도전(傳)'을 버리고, 그리스도를 통해 직접 하느님에 대한 인식을 구해야 한다.

마태복음 8장 22절, 24장 35절, 요한복음 3장 36절.*36 5장 24·25절, 6장 35절, 10장 1절 참조.

9월 26일

많은 돈을 벌었다는 사람의 애기를 들으면—오늘날 특히 공업과 상업 사회에서—그 돈으로 그가 무엇을 하려는지 의문이 생기게 된다. 아무 목적도 없이 돈을 모아 오랫동안 기다려온 상속인에게 물려준다면, 그 이상 외로운 일이 어디 있고, 그보다 더 교양인에게 어울리지 않는 일이 어디 있으랴. 또 육체나

---

*34 하느님을 사랑하는 것은 이것이니 우리가 그의 계명들을 지키는 것이라. 그의 계명들은 무거운 것이 아니로다.

*35 내 아버지께서 모든 것을 내게 주셨으니, 아버지 외에는 아들을 아는 자가 없고, 아들과 또 아들의 소원대로 계시를 받는 자 외에는 아버지를 아는 자가 없느니라.

*36 아들을 믿는 자는 영생이 있고, 아들을 순종치 아니하는 자는 영생을 보지 못하고, 도리어 하느님의 진노가 그 위에 머물러 있느니라.

정신에 유익하지 않은 사치스러운 생활을 하기 위해 돈을 낭비하는 것도 그에 못지않다. 대부분의 벼락부자들은 이 사실을 잘 알면서도, 그래도 살아 있는 한 돈에서 헤어나지 못한다. 마찬가지로 그 돈으로 뭔가 합리적인 일이나 자선 사업을 시작하지도 못한다. 만약 그들이 재산을 그 일을 하는 데 적합한 사람—그런 사람은 언제나 어떤 사회에나 있게 마련이다—에게 맡길 수 있다면, 인간의 참상을 대부분 구제할 수 있을 것이다.

누가복음 16장 9~16절, 20~31절에서 언급된 부자도 그런 사람이었다. 그는 결코 나쁜 사람이 아니었으며, 다만 그 부를 의미 있게 쓰는 방법을 몰랐을 뿐이다. 오늘날의 부자들 중에도 그런 사람이 많지만, 성직자들 대부분은 그들에게 돈을 가치 있게 쓰는 법을 충고할 용기가 없다.

✤

요한복음 8장 1~12절*37을 보라. 이 이야기는 참으로 다양한 해석을 낳았다. 그 죄 지은 여인을 고발한 사람들은 그리스도의 말에 의해 '일시적으로 양심이 깨어났지만', 나중에 최초의 놀람—그러나 이 놀람은 오히려 그들의 명예가 될 뿐이었다—에서 깨어난 그들은 그리스도의 지나치게 너그러운 도덕을 비난하지 않았을까? 그렇다 해도 이 이야기는 이색적이며, 만약 주의 행적으로 보존되지 않았더라면, 틀림없이 애석한 일이었을 것이다. 이 이야기는 이른바 사랑을 베풀되 죄를 저지른 사람들을 우리가 어떤 태도로 대해야 하는지 보여주고 있다. 즉 엄숙함이 섞인 동정의 태도이다. 흔히 그렇게 하듯 그중 어느 한쪽만으로는 안 된다.

---

*37 서기관들과 바리새인들이 간음 중에 잡힌 여자를 끌고 와서 가운데 세우고 예수께 말하되 '선생이여, 이 여자가 간음하다가 현장에서 잡혔나이다. 모세는 율법에 이러한 여자를 돌로 치라 명하였거니와 선생은 어떻게 말하겠나이까?' 저희가 이렇게 말함은 고소할 조건을 얻고자 하여 예수를 시험함이러라. 예수께서 몸을 굽히사 손가락으로 땅에 쓰시니, 저희가 묻기를 마지 아니하는지라. 이에 일어나 가라사대 '너희 중에 죄 없는 자가 먼저 돌로 치라!' 하시고, 다시 몸을 굽히사 손가락으로 땅에 쓰시니, 저희가 이 말씀을 듣고 양심의 가책을 받아 어른으로 시작하여 젊은이까지 하나씩 하나씩 나가고 오직 예수와 그 가운데 섰는 여자만 남았더라. 예수께서 일어나사 여자 외에 아무도 없는 것을 보시고 이르시되 '여자여, 너를 고소하던 그들이 어디 있느냐? 너를 정죄한 자가 없느냐?' 대답하되 '주여, 없나이다' 예수께서 가라사대 '나도 너를 정죄하지 아니하노니 가서 다시는 죄를 범치 말라!'

9월 27일

이유 없이 괴롭히지 않고 모든 것을 배려하며 사람에게 평화와 삶의 기쁨을 주는 것, 그리고 자신의 의무를 다하고, 단순히 쾌락을 위해 살지 말 것을 요구하는 것은, 인간과의 교류, 아니 더 넓게 하느님의 모든 피조물과의 교류에서 유일하고 올바른 원칙이다. 이 원칙에서 자유에 대해 교육하고 훈련할 수 있는 권리, 또 미개하거나 반미개한 지역을 정복할 권리, 나아가서 사람들의 이익을 위해 행사되는 한에서의 귀족계급의 권리와 인간을 통치하는 상대적인 권리가 태어난다. 그 이외의 지배는 모두 전제 정치로, 이는 지배자와 피지배자 모두를 부패시킨다.

좀 더 강력하고 선한 정치와 진정한 귀족계급—다만 귀족이라는 이름뿐 아니라 고귀하고 위대한 일을 의욕적으로 실천하여 솔선수범하는 본분을 지키는 계급—이 생긴다면, 모든 문명국의 민중들도 이들에 대해 전보다 더 많은 호의를 보낼 것이 틀림없다. 지금도 이미 그렇지만, 장래에는 틀림없이 더 큰 호의를 보여줄 것이다. 왜냐하면 민중은 하느님을 저버린 이래로 '통치의 결여*38를 느끼고 있기 때문이다. 니체의 과장된 말도 지금의 그러한 마음의 한 표현에 지나지 않는다.

그러나 이제 그 누구도 현대의 민중을 움직여, 나쁜 정치와 향락을 좋아하는 귀족을 그 합법성과 종교적 근거를 토대로 존중하게 하는 것은 불가능하다. 그런 시대는 지나갔다.

⚜

시편 81편 10~16절*39을 읽으라. 이것은 민족 전체에게나 한 개인에게나 분명히 한 번쯤 시도해 볼 만한 가치가 있는 요구이다. 이 요구에 따르지 않고, '근대적 세계관'에서 무엇을 얻고 있는가? 끊임없는 불안과 허다한 노고, 보잘 것없는 행복, 더욱이 한때의 관능적인 쾌락이나 허영심의 만족에 지나지 않

---

*38 사사기 5장 7절.

*39 나는 너를 애굽 땅에서 인도하여 낸 여호와 네 하느님이니, 네 입을 넓게 열라. 내가 채우리라 하였으나…… 내 백성이 나를 청종하며 이스라엘이 내 도 행하기를 원하노라. ……내가 밀의 아름다운 것으로 저희에게 먹이며 반석에서 나오는 꿀로 너를 만족케 하리라 하셨도다.

는 그 행복인가? 예레미야 1장 13·19절, 3장 25절·15장 15~21절, 17장 5~10절 참조.

우리는 누군가 의지할 수 있는 사람이 필요하다. 아무리 위대한 사람이라도 늘 혼자 충분하다고 할 만큼 강한 사람은 아무도 없다. 그런데 당신은 도대체 누군가, 설령 그 사람이 가장 뛰어나고 강한 사람이라 할지라도—그런 사람이 늘 당신 옆에 있다고 할 수는 없지만—당신을 위해 하느님의 구원을 완전히 대신해줄 수 있다고 정말로 믿고 있는가?

직업적인 철학자가 아닌 일반인에게 세계관에 대한 문제는, 실제적으로 생각하면 결국 이런 물음에 도달하게 된다.

9월 28일

참으로 고귀하면서 일반적으로 감수성이 예민한 사람들에게는 그들의 종교, 철학적 신념이나 도덕적 생활에서의 어떤 결점을 직접적으로 비난해서는 안 된다. 그것이 정당한지 여부와는 상관없이 그들은 그 비난을 너무 강하게 느끼기 때문이다.

그런 사람에게는 그가 조금 위험한 샛길로 빠져든 것을 넌지시 암시해 스스로 알아채도록 해야 한다. 그러기 위해서는 때로는 오랫동안 침묵을 지키고 있는 것이 가장 좋은 방법일 수도 있다.

그러면 타인으로부터 듣는 것보다 스스로 훨씬 올바를 뿐만 아니라 엄격하게 진실을 따를 것이다. 또한 혹독한 시련에 빠져 있었을 때, 주위 사람들이 신뢰에 찬 인내와 이해와 배려로 자신을 대해준 것에 감사한다. 이에 반해, 타인이 자신에게 신뢰와 존경을 버렸다고 생각하면, 자칫 스스로 그것들을 버릴 수도 있다. 그러면 말로 다할 수 없는 커다란 손실이 생긴다. 대부분의 부모와 교육자들은 이것을 잘 이해하지 못하고 있다. 그리고 나중에서야 한 고귀한 생명의 폐허 앞에서 할 말을 잃고 서 있게 된다. 그렇게 무너지면 다시 세울 수 없는 경우가 많고, 또 그럴 수 있다 해도 전보다 더 큰 인내와 배려가 필요하다.

✤

천성이 인생을 엄숙하게 생각하는 경향을 가지고 있다면, 아마 마지막에는 다음과 같은 견해에 다다를 것이다. 하느님을 사랑하는 것이 가장 선한 일이고, 이 하느님에 대한 깊은 사랑은 바울이 그 제자 디모데에게 말한 것처럼 실제로 모든 일에 유익하며, '이 세상의 생명과 다음 세상의 생명의 약속'을 얻게 된다는 결론에 말이다. 이 사실을 확실하게 깨달았다면, 그것을 굳게 지켜가도록 하라.

디모데전서 4장 8절*[40] 참조.

9월 29일

어려운 일이 생겼을 때는 먼저 지성을 이용하여 올바른 길을 찾아내려고 노력해야 한다. 두 번째로, 완전한 예지(하느님)를 향해 묻는 가능성을 믿는다면, 그것을 활용해야 된다. 다음에는 일종의 자기애와 허영심, 명예욕, 이기주의, 고집, 그 밖의 '낡은 아담'이 지닌 어떤 성질이든, 그것들이 끼어들지 않도록 잘 감시해야 한다. 그리고 마지막으로 어떤 종류의 허위도 섞여서는 안 된다. 왜냐하면 허위는 악의 힘이며, 한 번 이것에 굴복하면 그것은 악의 권리가 되어 거기서는 어떤 선도 태어날 수 없기 때문이다. 이러한 전제가 지켜진다면, 어떤 어려움도 극복할 수 있다. 단 그것은 인간에게 맡겨지거나 부여되었을 때의 얘기이며 스스로 선택한 어려움의 경우가 아니다. 그러나 스스로 선택한 어려움이라도 이 전제 조건을 지키면 큰 손실 없이 극복할 수 있다.

사무엘상 2장 9·10절, 15장 22·29절, 22장 4절, 30장 6~8절, 야고보서 5~7절 참조.

✤

시편 제91편과 루터의 '하느님은 나의 튼튼한 망루'의 노래, 알텐부르크의 '실망하지 마라, 작은 무리여'의 노래*[41]는 큰 위험을 만났을 때, 또는 누구에게나 흔히 일어날 수 있는 일이지만, 아무리 강한 소수파에 들고 싶어도 무기력으로 인간의 정신이 위축되어 모든 싸움을 포기하고 싶어질 때, 가장 좋은 위안이 되는 노래이다. 그런 때는 이런 노래를 되풀이하여 부르며 기운을 회복해야

---

*40 육체의 연습은 약간의 유익이 있으나 경건은 범사에 유익하니, 금생과 내생에 약속이 있느니라.

*41 보헤미아 형제단 찬송가 657번·735번.

한다. 용기를 잃지 않는 것이 이 세상에서는 중요하다.

9월 30일

무거운 짐을 진 한 주 뒤에 맞이하는 일요일이 특히 기쁜 것과 같이 고난 뒤의 행복은 가장 상쾌하고 위험이 적다.

자기애에서 벗어나고, 그것이 다시 마음속에 싹틀 때마다 눈앞에 악마가 살아 있는 것처럼 증오하게 되면, 이미 하느님의 은총을 입었다고 확신해도 된다. 왜냐하면 그런 일은 우리 내부에서 하느님이 하는 행위이며, 하느님이 실제로 임하지 않고는 결코 일어날 수 없기 때문이다.

높은 산에서의 작별
잘 있거라, 푸르른 산이여
붉은 꽃 피는 광야여
자유의 기쁜 꿈은 사라지고
벌써 가을이 작별을 재촉하네.

짧은 여름은 지나가고
목자들도 골짜기로 내려갔네.
모든 산봉우리는 다시
하얀 눈에 덮였도다.

푸른 숲이여, 고맙다.
성스러운 곳에 있게 해주었으니
숲의 맑은 샘물을 길어
새로운 생명으로 나를 가득 채웠노라.

마음도 건강하게, 자질구레한 일에서 해방되어
의지도 자유로워졌네.
내 앞에는 약속의 땅과
하느님이 내려준 안식이 있을 뿐.

즐거운 휴식의 시간은 끝나고
나는 딴 사람이 되어 산을 내려간다.
작별은 괴로우나, 나는
구하고 있던 것을 마침내 찾았노라.

❧

이 세상 어느 나라에 살든 위대한 일과 선한 일을 하는 데 많은 사람이 쉽사리 내 편이 되어줄 것으로 기대해서는 안 된다. 위대한 일은 몇몇 소수에 의해 소규모로 시작되는 법이다. 그것을 유념하지 않으면 안 된다. 그리고 어린이를 교육할 때도, 그들이 소수파에 속하는 것을 아무렇지 않게 여기도록 이끌어 주어야 한다.

프리드리히 폰 겐츠가 '악마처럼 기뻐하며' 일기에 기록한 것은 분명히 맞는 말이다. 그는 위대한 일—어쩌면 차라리 대규모로 시작된 일이라고 하는 편이 나을지도 모른다—은 흔히 비참한 결말로 끝나는 경우가 있다고 말했다. 그러나 만약 그 일이 진정으로 위대하다면, 절대 그대로 끝나지는 않는다. 그것은 몇 번이고 되살아난다. 더욱이 그 일을 최초로 추진한 사람들에게는 가끔 인간적인, '너무나 인간적인' 것이 여전히 들러붙어 떠나지 않지만, 다음의 더욱 뛰어난 추진자 밑에서 그 일은 새롭게 되살아난다.

빛을 한없이 순수하게 포착하는 것은 인간에게는 참으로 어려운 일이다.

아직 순수하게 영적이지 않은 이 세상과 이곳에서 인간이 기울이는 모든 노력의 본질은 반쯤 암흑에 싸여 있다. 다만 우리가 할 수 있는 것은 어둠이 아니라 빛을 사랑하고, 또 끊임없이 한 걸음 한 걸음 빛에 다가가, 나중에는 완전히 빛을 견딜 수 있기 위해 전력을 다하는 일이다.

요한복음 3장 19절, 8장 12절,*42 누가복음 11장 36절 참조.

---

*42 요한복음 3장 19절, 그 정죄는 이것이니, 곧 빛이 세상에 왔으되 사람들이 자기 행위가 악하므로 빛보다 어두움을 더 사랑한 것이니라.
요한복음 8장 12절, 나는 세상의 빛이니 나를 따르는 자는 어두움에 다니지 아니하고 생명의 빛을 얻으리라.

10월

10월 1일

인생을 강인하게 살아가는 데는 두 가지 길이 있다. 그 하나는 이 세상의 이리들과 함께 짖으며, 바로 눈앞에 있으면서도 모든 사람에게 골고루 돌아가지 않는 삶의 쾌락을 얻으려고 서로 맹렬하게 물어뜯는 삶의 방식이다. 이 삶은 일반적으로 볼 수 있는 유물주의의 '생존경쟁'이다. 또 하나는 하느님과의 진정하고 성실하며 기쁨에 찬 교류에 도달하기 위해 정진하며 사는 길이다. 하느님과 교제하는 자에게는 생존경쟁이 필요하지 않으며, 또 마음에 우수(憂愁)와 무기력감이 끼어들 수 없다.

이 두 가지 길의 중간에 있는 삶은 언제나 마음에 차지 않는 결과밖에 낳지 않는다. 대부분은 날마다 삶에 대한 끊임없는 불평을 양식 삼아 살고 있지만, 그 상태를 바꿀 수는 없는 일이므로 이것이 가장 어리석은 일이다. 하느님과 이 세상과 끊임없이 싸움을 되풀이하느라 그들은 너무 빨리 많은 힘을 소모한다. 그럼에도 오늘날 악인도 되지 못하고, 그렇다고 확실하게 선인이 되려 하지도 않는 이러한 형태가 인류 대부분의 삶이다. 단테는 이런 사람들을 '지옥의 입구'에 두었다. 지옥의 입구란 마음의 불안과 자신의 양쪽에 있는 강력한 인간들로부터 경멸에 시달리는 끊임없이 우울한 상태를 말한다.

단테 《신곡》 지옥편 제3곡 50·51행 참조.

'정의와 자비가 그들을 분노로 대하니
우리도 말없이 그냥 바라보고 지나가도록 하자.'

무슨 일이 있더라도 적어도 이런 자들의 무리에 들지 않도록 단호하게 결심하라.

이사야 61장 1~3·10절, 히브리서 10장 35~39절, 요한계시록 3장 12·15절, 21

장 7·8절, 보헤미아 형제단 찬송가 978번 참조.

언제나

이제 작업도구는 망가졌다.
가장 어려운 일은 이뤄지고
내가 하는 모든 일은 무로 돌아갔다.
주여, 당신의 사업은 언제 시작되나이까?

깊은 꿈속에서 천천히
하나의 모습이 떠오른다.
아득히 먼 곳에서 목소리가 들려온다.
"이겨내라, 희망은 머지않아 이루어지리니."

나의 마음이여, 너는 죽음도 아니요 생명도 아닌
조용한 신뢰로 가득 차 있다.
너는 어둠도 빛도 아니요
기분 좋은 떨림을 느끼는 새벽 어스름이다.

⚜

요한복음 12장 27·31·35·36절, 시편 89편 20~52절을 보라.

인간은 내적으로 상당히 진보한 삶을 살면서도 때때로 느닷없는 슬픔에 빠질 때가 있다. 그것도 다른 때라면 거의 마음에 두지 않았을 이유 때문에. 그런 때는 우리의 내면에서 빛이 사라진 것처럼 느껴지거나 우리가 어떤 보이지 않는 적의 힘에 맡겨진 것처럼 느껴진다. 아마 이런 경우에는 우리가 이해할 수 없는 뭔가가 일어난 것인지도 모른다. 그럴 때는 될 수 있는 한 말수를 줄이고, 행동을 삼가며, 오로지 하느님에게 '우리의 저항력이 다하기 전에 이 시간에서 한시 빨리 빠져나가게 해주소서' 하고 기도하는 것이 가장 좋다.

10월 2일

인생에서 가장 먼저 알아야 할 것은 자신이 진정으로 무엇을 이룩하고 싶은 가이다. 그리고 그것을 알게 되었으면—그것을 위해 사람들은 보통 인생의 반 이상을 소비한다—그 목표와 함께 수단도 얻고자 노력해야 한다.

그러므로 하느님에게 몸을 맡기고 하느님을 기쁘게 할 수 있는 사람—이것은 크리스천이라는 말을 일반인이 이해하기 쉽도록 바꿔 말한 것이다—이 되고 싶다면, 고난마저도 원하지 않으면 안 된다. 인간의 자연스러운 마음이 원하는 끊임없는 안일한 향락을 바라서는 안 된다. 이러한 종류의 고난은 아무렇게나 오는 것이 아니며, 또 하느님과의 관계가 진정 확고한 것이 되면, 걱정과 절망이 어김없이 사라지므로 많은 일을 견딜 수 있다.

재능을 키우고 노년에 이를 때까지 그것을 유지하고 싶다면, 많은 선행을 실천해야 한다. 이것이 가장 확실한 방법이다.

올바른 활동을 하기 위해서는 더욱 완전한 사람이 되는 길밖에 없으며, 완전한 사람이 되기 위해서는 선행에 익숙해지는 길밖에 없다. 단순한 지식과 사색만으로는 안 된다.

❦

'기운을 잃지 말라. 용감해져라. 위안은 필요한 때 반드시 주어질 것이다.'

토마스 아 켐피스의 이 말은 괴로운 시기에 가끔 내 마음속에 말을 걸어왔다. 그리고 곧 위안이 주어졌다. 하기는 이 말은 대개 위안이 간절하게 필요한 때가 되어서야 주어졌지, 결코 그 전에는 아니었다. 왜냐하면 우리는 하느님 이외의 어떤 것에서도 위안을 구해서는 안 된다는 것을 배우고, 또 스스로는 힘을 조금도 비축해두어서는 안 되기 때문이다.

고린도후서 4장 7~9절,*¹ 12장 7~10절, 요한복음 12장 48~50절, 누가복음 18장 8절, 21장 28절 참조.

---

*1 우리가 이 보배를 질그릇에 가졌으니, 이는 능력의 심히 큰 것이 하느님께 있고 우리에게 있지 아니함을 알게 하려 함이라. 우리가 사방으로 우겨쌈을 당하여도 싸이지 아니하며, 답답한 일을 당하여도 낙심하지 아니하며, 핍박을 받아도 버린 바 되지 아니하며, 거꾸러뜨림을 당하여도 망하지 아니하리라.

10월 3일

나는 한 번도 정식으로 점을 쳐본 일이 없다. 그런 신비스러운 일에는 늘 혐오감을 느끼고 있었다. 그런데 내 쪽에서 아무것도 시도하지 않았는데도, 그 뒤에 곧 죽은 사람들에게 내 생애의 중대한 시기에 뭔가 눈앞에 변화가 다가오고 있다는 경고를 받은 적이 여러 번 있었다. 그 사람들도 결코 의도적으로 미래를 예견한 것이 아니며, 생각지도 않은 일에서 우연히 그들에게 그런 예견이 나타났을 뿐이다. 그러므로 이러한 예언이라면 있을 수 있는 일이라고 생각된다.

민수기 23장 23절 참조.

✤

당신이 '사회문제'를 실천적으로 더 깊이 탐구해보고 싶다면 그럴 기회는 얼마든지 있으며, 나는 그것에 대해 조금도 이의가 없다. 이에 반해 단순한 이론적 연구는 당신에게 도움이 되지 않을 뿐만 아니라, 그런 것에 대해 쓴 글이라면 이미 남아돌 만큼 많이 나와 있다.

그러나 이 문제의 가장 좋은 해결책은 실천력 있는 그리스도교라는 생각을 확고하게 가지는 것이다. 이 신앙이 없으면 아무리 좋은 생각을 가진 사람이라도, 그 임무를 수행하는 데 필요한 부단한 의지와 인내심을 가질 수 없다. 뿐만 아니라 증오와 질투, 운명에 대한 불만 같은 감정에서 벗어나는 것이 영락한 빈곤계층을 그 참상에서 구해야 하는 사회적 동기[*2]에 의해 이루어진다면, 그것은 윤리적 질서와 일치하지 않는다. 그러나 이 질서에 맞서 싸우는 것은 절대로 불가능하다. 이것은 언젠가 가까운 시일 안에 새롭게 증명될 것이다.

요한복음 13장 34절,[*3] 6장 15·26·27절 참조.

10월 4일

현대인이 그리스도교라는 영원한 마음의 안식에 이르는 길에서 등을 돌리는 것은 그리스도교 본질 때문이 아니다. 뿐만 아니라 현대인들은 이 종교를

---

*2 유물론적 사회주의 운동을 가리키는 것일까?(역자주)

*3 새 계명을 너희에게 주노니 서로 사랑하라! 내가 너희를 사랑한 것같이 너희도 서로 사랑하라.

그 첫째가는 성서를 통해 확실하게 알려는 노력조차 하지 않는 경우도 있다. 그렇다고 그리스도교가 지나치게 엄숙해서도 아니다. 그들 가운데에는 성서를 통해 위안 가득한 확신을 얻을 수 있고, 그들에게 없는 영혼의 평화, 건강까지 얻을 수 있다면, 어떤 힘든 노력도 마다하지 않을 각오가 되어 있는 사람도 적지 않다.

그들이 반감을 가지는 것은 바로 이 종교의 인간적인 지도자에 대해서이다. 특히 온갖 비난을 받아 마땅한 각 파의 대표 성직자들, 어릴 때부터 불쾌한 기억을 가지고 있는 퇴색한 교리, 이교국의 정책보다 나을 것이 없다고 생각되는 그리스도교 국가의 정책, 그들의 귀에 낯설고 불쾌하게 울리는 가나안 지방의 말, 마지막으로 종파 조직, '집집마다 자주 돌아가면서 빵을 나누는 일(가정예배)'과 그때 벌어지는 남에 대한 소문, 도를 넘어선 개인숭배—설령 그것이 정당한 것이라도 일찍이 유다와 최초의 제자들을 노하게 했다. 마가복음 14장 4~10절 참조—'같은 신도'에 속하지 않는 다른 사람에 대한 경멸, 등등이다.

그러나 설령 당신이 이와 같은 생각을 가지고 있다 해도, 그 이유들이 과연 더할 수 없이 위대한 것을 거부하는 데 충분한 이유가 되는지 깊이 생각해 보라. 특히 현대처럼 국가와 교회가 신앙을 강요할 수 없는 시대에는 신앙에 전혀 필요하지 않은 형식을 떠나 직접적으로 그리스도에게 다가갈 수 있는 것이 아닐까? 굳이 친척 관계를 맺지 않더라도 지금 살아 있는 사람에게 다가갈 수 있는 것처럼, 아니 오히려 그보다 더 쉽지 않을까? 그 점을 잘 생각해보기 바란다.

우선 '그 주변에 달라붙어 있는' 모든 것을 버려라. 그래도 마음이 놓이지 않는다면 오늘날의 교회에 의지하지 않아도 된다. 그러나 마음의 염원을 담아 "주여, 나를 도와주소서" 하고 말하라. 이 기도는 이미 수많은 사람들을 구했다. 특히 현재 신경쇠약이나 히스테리로 불리는 질병에는 이것이 유일한 근본적인 치료법이다. 하지만 그러려면 의지와 사고력이 완전히 사라질 만큼 병이 진행되기 전에, 때를 놓치지 말고 이 요법이 시도되어야 한다.

마태복음 11장 28~30절, 12장 20·32·43~50절 참조.

조용히 진리를 말하라. 너무 격렬한 논쟁조가 되어서는 안 된다. 그러나 이를 위해서는 반드시 '진리의 영혼'을 지니고 있어야 한다. 그 영혼은 태어나면서부터 모든 사람에게 주어지는 것이 아니고, 또 교회와 그 밖의 단체에도 존재하지 않으며, 한 사람 한 사람의 인간에 대한 하느님의 개별적인 선물이다. 요한복음 14장 17절, 16장 13절, 15장 26절*⁴을 보라.

진리의 영은 본디 교회법과 개인적인 모든 자유의 근본사상이다. 특히 진정한 칼뱅주의가 이룩한 위대한 업적이며, 진정으로 뛰어난 사람들이 모두 가지고 있는 감화력의 근원이기도 하다.

10월 5일

인간이 하느님에게 바칠 수 있는 유일한 선물은 인간의 의지이며, 하느님이 가치를 두는 것도 이 선물—그 밖의 것은 모두 하느님의 선물이다—뿐이다. 그리고 인간이 이 의지를 온전히 하느님에게 바친다면, 이렇게 말하면 불경하게 들릴지도 모르지만, 그때 하느님은 하느님의 마음을 인간의 것으로 하여 그 뒤에는 인간의 기도—이 기도 자체도 하느님에 의해 인도되지만—를 모두 이루어준다. 그러므로 인간은 오로지 기도하고, 그것을 받으면 된다. 하느님은 시편 81편 10절에서 "네 입을 넓게 열라. 내가 채우리라"는 말로 인간에게 그것을 촉구했다.

우리가 알고 있는 하느님은 한없는 사랑으로 가득한 분이며 하느님의 소망은 인간에게 가장 중요한 것, 아니 모든 것이고, 또 인간의 나약한 본성을 손상하지 않는 한 많은 것을 이미 이 지상에서 인간에게 주는 것이다. 그러나 애석하게도 인간의 나약한 본성은 무척 작은 행복밖에 감당할 수가 없다.

---

*4 요한복음 14장 17절, 저는 진리의 영이라 세상은 능히 저를 받지 못하나니, 이는 저를 보지도 못하고 알지도 못함이라. 그러나 너희는 저를 아나니 저는 너희와 함께 거하심이요, 또 너희 속에 계시겠음이라.

요한복음 16장 13절, 그러하나 진리의 성령이 오시면 그가 너희를 모든 진리 가운데로 인도하시리니, 그가 자의로 말하지 않고 오직 듣는 것을 말하시며, 장래 일을 너희에게 알리시리라.

요한복음 15장 26절, 내가 아버지께로서 너희에게 보낼 보혜사, 곧 아버지께로서 나오시는 진리의 성령이 오실 때에 그가 나를 증거하실 것이요.

세상은 당신을 사랑하지 않을 때는 언제나 당신을 미워할 것이다. 세상이 사랑하는 것은 심신이 모두 이 세상에 속한 자뿐이다.

요한복음 15장 18~24절*5을 읽고, 당신은 이 미움을 견디는 것을 배우고, 그것을 너무 크게 생각하지 말아야 한다. 이것은 어쩔 수 없는 일이며, 당신의 활동에 필요한 가치와 명예는 하느님이 배려해줄 것이다. 따라서 그것 또한 신앙의 시련 가운데 하나이다.

요한복음 5장 44절 참조.

10월 6일

그리스도교는 건강하지 못하고 병적인 것을 이기기 위해서 어디까지나 건전해야 한다. 그 병적인 것들은 치료를 구하려고 또는 비만에 걸려서 끊임없이 그리스도교로 몰려오기 때문이다.

이것이 바로 그리스도가 그토록 자주 제자들을 떠나, 홀로 산상에서 새로운 힘을 기도하지 않으면 안 되었던 이유이기도 하다.

그러므로 특히 정신적 병자들이 끊이지 않고 찾아오는 이른바 '기도치료소'의 모습은 그것과는 완전히 반대이다. 그곳에 오래 있으면 어떤 사람도 병들지 않을 수 없을 것이다.

'일어나라! 빛을 발하라! 이는 네 빛이 이르렀고 여호와의 영광이 네 위에 임하였음이니라.*6 당신은 오로지 빛으로 있으면 된다. 그러면 틀림없이 빛날 것이다. 그때 어둠은 당신을 사라지게 하기 위해 온갖 수단을 시도한다. 그러나 언제나 어둠에는 방해받는 일 없이 계속 빛을 발하게 하는 것이 들어 있다. 왜냐하면 어둠 또한 어둠으로 불리는 것을 좋아하지 않고, 빛 또는 개명(開明)으로 불리고 싶어하기 때문이다.

---

*5 세상이 너희를 미워하면 너희보다 먼저 나를 미워한 줄을 알라. 너희가 세상에 속하였으면 세상이 자기의 것을 사랑할 터이나, 너희는 세상에 속한 자가 아니요, 도리어 세상에서 나의 택함을 입은 자인 고로 세상이 너희를 미워하느니라.
*6 이사야서 60장 1절.

요한복음 8장 12절,*7 9장 39절 참조.

10월 7일

일단 완전하게 사랑의 나라에 들어가면, 이 세상은 아무리 불완전해도 아름답고 풍요로운 곳이 된다. 왜냐하면 이 세상은 가는 곳마다 사랑의 기회로 가득 차 있기 때문이다.

❦

악은 공격을 받으면 반드시 저항한다. 이것은 참으로 자연스러운 일이다. 그러나 이해하는 사람은 그리 많지 않지만, 선이 완전히 '비공격적'으로 대하는 경우에도 악은 자신을 방어하지 않을 수 없다. 대개 악을 대표하는 것이 약하기 때문이다. 다시 말해 빛이 비치면 어둠은 곧 물러가지 않으면 안 되기 때문이다. 즉 어둠은 빛과 함께 공존할 수 없기 때문에, 빛이라는 존재 자체가 늘 어둠에 대한 공격이 되는 것이다. 그래서 어둠은 반드시 빛을 없애려고 애쓴다. 그것은 여러 가지 방법으로 시도되며, 때로는 빛과 비슷한 것을 써서 성공하는 일도 있다. 대부분의 사람들에게는 그 빛 자체가 실은 어둠이며, 특히 대부분의 철학과 다양한 종류의 '계몽주의'가 일반적으로 거기에 속한다. 그것들은 빛이 아니라 빛처럼 보이거나, 또 빛으로 착각하게 하는 어둠에 지나지 않는다.

일찍이 그리스도의 출현은 어두운 이 세상에 나타난 가장 큰 빛이었다. 그로부터 지금까지, 이 빛은 완전히 사라진 적이 없었다. 때로는 위태롭게 흔들리기도 하지만, 반드시 그 뒤에 새롭고, 더욱 조용하게 타오른다.

요한복음 1장 6~12절, 누가복음 11장 52절 참조.

10월 8일

하느님의 질서에서 생각하면, 인간을 지배할 지배자는 자신은 염두에 두지 않고 오로지 모든 사람의 종이 될 때 합법적이다. 그 밖의 지배는 모두 잘못된 것이다. 또 모든 지배자는 이 질서에 따라 비판받아야 한다.

---

*7 나는 세상의 빛이니, 나를 따르는 자는 어두움에 다니지 아니하고 생명의 빛을 얻으리라.

�֍

인간과 세계에 대해 알면 알수록, 그리스도의 위대한 예지에 놀라지 않을 수 없다. 마찬가지로 그의 세계관 대신 다른 세계관을 세우려는 사람들의 어리석음에 놀라지 않을 수 없다.

다른 세계관을 세우려는 태도의 밑바탕에는 확실히 예지가 결여되어 있다. 이 점을 잘 이해하고, 사람들이 말하는 '이상주의' 따위는 이제 입에 올리지 않도록 하라. 진정한 이상주의는 사물을 그 겉모습으로 보지 않고 있는 그대로 진실로 보는 것이다.

10월 9일

그리스도교를 간단한 말로 정리하여 이해하고 싶다면, 요한복음 제3장을 읽어보라. 그런데 이 가르침은 그리스도교 세계의 한복판에 있는 우리들 사이에도 거의 2000년 전과 다름없는 오해가 남아 있다.

오늘날 교회의 정통적인 교의와 학문, 박애사업도, 그것이 인간의 본성을 바꿀 수 없는 한 진정한 생명에 이르는 데 충분한 도움이 되지 못한다. 바꿔 말하면, 그리스도교의 요구가 인간에게 자연스러운 것이 되고, 또 자연스러운 것이 그렇듯이 친숙하고 당연한 것이 되어야 한다. 그렇게 되면, 인간은 더 이상 그리스도교의 요구에 대해 생각하며 뭔가 결의할 필요가 없게 된다. 반면 그리스도교에 반하는 것에는 저절로 혐오가 느껴져서, 그것을 참는다는 것이 견딜 수 없는 고통이 되리라. 여기까지 다다르면, 요한이 자신의 경험을 통해 그 첫 번째 편지 속에서 주장한 것, 즉 하느님이 명하는 일은 전혀 어렵지 않다는, 일반적으로는 믿을 수 없는 사실이 진실이 되기 시작한다. 자연스러워진 것은 특별히 어렵지 않기 때문이다.

이상의 사실을 깊이 묵상해보라. 당신도 거기에 다다르지 않으면 안 되며, 실제로 다다르게 될 것이다. 그것이 삶의 목적이다. 그것에 다다를 때까지는 나와 함께 편안하게, 자신을 오직 그리스도교의 벗이자 학생이라고 생각하라. 그러면 우리는 매우 좋은 길동무가 될 수 있다. 왜냐하면 나는 평생 완전히 자연스러운 그리스도교인을 그리 많이 만나지 못했기 때문이다. 그러나 그런 그리스도교인들은 가톨릭과 개신교 양 파로 거의 나뉘어 있고, 특히 남성보다 여성에게 많다.

인간 교육에도 중요한 일이지만, 사람들을 사랑하고 싶으면 남을 심판하는 것을 그만두어야 한다.

젖먹이와 어린이, 또 그 밖의 어떤 사람이라도 그들과 정신적 관계를 유지하고 있는 한, 당신이 그들을 심판하고 있는지 어떤지 그들은 본능적으로 느끼는 법이다. 그러면 그들에게도 그리스도가 마태복음 7장 2절*8에서 말했던 일이 일어나게 된다. 즉 그들 또한 심판하는 것이다. 그것도 매우 엄격한 척도로. 이렇게 되면 이미 신뢰의 끈은 끊어지고, 증오와 불신의 벽이 생겨 모든 참된 교육이 방해를 받는다. 우리의 많은 학교와 가정이 이 병에 걸려 있다. 고등동물을 조련하는 경우도 이와 같다고, 말이나 개를 잘 아는 사람이라면 누구나 그렇게 말할 것이다.

10월 10일

'그리스도론', 이것은 실로 묘한 말이다. 이런 말과는 가차 없이 인연을 끊는 것이 좋다. 왜냐하면 그리스도가 우리와 같은 생활 조건을 가진 같은 종류의 인간이라면 굳이 그리스도론 따위는 필요하지 않다. 그의 생애와 위업을 설명하는 데는 좋은 전기가 있으면 충분하다. 그러나 아직 그런 전기는 아무도 쓴 적이 없다. 그렇다면, 그리스도는 우리와는 종류가 다른 사람으로 적어도 이전에도 이후에도 없을 만큼, 아니 더 정확히 말하면 결코 있을 수 없는 방식으로 하느님에 의해 영적인 생명이 주어졌다면, 그리스도의 본성을, 또는 그 이중성*9을 설명하기란 절대로 불가능하다는 얘기다.

이에 대해서는 그리스도가 참으로 또렷하게 되풀이하여 말했고, 모든 설명을 사전에 거부했다. 그렇지만 그리스도는 그의 본질에 대해 잘못된 생각을 가진 사람이 있음을 부정하지 않았다. 이것은 그리스도에 대한 성실한 사랑만큼 중요한 문제는 아니다. 실로 수많은 그리스도교인이 그리스도의 본성에 대한 이해할 수 없는 교의에 두려움을 느끼고, 그리스도교를 떠나고 있다.

이러한 교리문답 공식을 지나치게 중시하는 것은 좋지 않다. 오히려 그리스

---

*8 너희의 비판하는 그 비판으로 너희가 비판을 받을 것이요, 너희의 헤아리는 그 헤아림으로 너희가 헤아림을 받을 것이니라.

*9 하느님과 인간이라는 이중성.

도가 자신에 대해 말한 것에 의지하는 것이 낫다. 물론 신앙을 토대로 해서이다. 어떤 시대에도 그랬던 것처럼, 오늘날에도 더 이상의 설명은 불가능하기 때문이다.

마태복음 5장 20절, 8장 22절, 11장 27절, 12장 31·32·48~50절, 15장 7·8·14절, 17장 5, 21장 42·44절, 23장 9·10절, 24장 35절, 26장 63·64절, 27장 43·63절, 28장 18절, 마가복음 3장 28·29절, 13장 31·32절, 누가복음 5장 17절, 7장 23절, 9장 50·60절, 10장 22절, 11장 52절, 요한복음 2장 25절, 3장 36절, 4장 24절, 5장 22·30절, 6장 37·40·51절, 7장 17·38절, 8장 31·32절, 9장 39절, 10장 30·34~36절, 11장 26절, 12장 44~46절, 14장 10~13·23절, 15장 7·26절, 17장 3절, 18장 37절 참조.

❧

인간의 영혼은 아무리 젖먹이의 영혼, 또는 범죄자의 영혼일지라도 그 사람과 하느님만의 것이다. 그러므로 억지로, 또는 강압적으로 사람의 영혼을 마음대로 움직이려 하거나 영혼 속에 억지로 들어가려 해서는 안 된다. 이것은 설사 법률로 어떤 인간의 육체적 존재를 마음대로 다루도록 허락되어 있는 경우에도 마찬가지다.

오직 사랑만이 '네 마음을 나에게 달라'*10고 말할 수 있다. 하지만 그것은 상대방이 자신의 마음을, 더욱이 스스로 먼저 주는 경우에 한해서이다.

하느님에게도 법칙이라는 게 있다면, 이 자연의 법칙에는 하느님도 따를 것이다. 사실, 많은 사람들이 하느님을 사랑하지 않는 것은 어김없이 먼저 주어지는 하느님의 사랑을 보지 못하기 때문이다. 따라서 하느님이 먼저 인간을 사랑하는 것을 끊임없이 되풀이 찬양하는 설교자는 어리석은 사람이다. 하느님에게는 사랑이란 필연이기 때문이다.

어떤 인간이든 이런 감정을 본능적으로 가지고 있는 법이다. 진정한 사랑의 밑바탕과 숨결이 느껴지지 않는 '전도'와 교화에 대해서는 누구나 저항을 느낀다. 이러한 사랑은 그저 장식하는 것으로 그칠 수도 없고, 또 공허한 말로 대신할 수도 없다.

---

*10 잠언 23장 26절.

부모와 교사를 사랑하지 않는 대부분의 어린이들은 바로 이 때문이다.

10월 11일

실제적인 고통과 고뇌에 대해서는 언제든지 하느님의 도움을 얻을 수 있다. 그러나 단지 혼자 상상하거나 과장스럽게 생각하는 고통에 한해서는 그렇지 않다. 할 수 있는 데까지 스스로 견디지 않으면 안 된다.

아무리 큰 성공이라도 거기에 하느님은 반드시 한 방울의 쓴맛을 떨어뜨린다. 그것이 당신을 해치는 일이 없기를.

✤

단호하게 선을 실천하는 사람들 옆에 서라. 악의 세력에 맞서는 이 '구세군'의 용감한 병사가 되라.

또 이것을 기준으로 타인을 판단하라. 그 밖의 성질이나 장점으로 판단해서는 안 된다.

일반 서민들도 본능적으로 그런 식의 판단을 한다. 민중을 속여서 그들의 눈길을 다른 쪽으로 돌린다 해도, 그 성공은 결코 오래 가지 않는다. 잘못된 평가를 내리는 것은 오직 '교양 있는' 계급의 사람들뿐이다. 그들의 판단력은 편견에 의해 왜곡되어 있기 때문이다.

10월 12일

아무리 견고한 신앙이라도 가끔 되풀이하여 음미하면서 다시금 흔들어 깨우지 않으면 안 된다. 그렇지 않으면 신앙이 퇴화하기 쉽다. 또 단순히 공식적인 교단(敎團)을 대표하는 형식적인 신앙이 되어 맹인이 다리가 불편한 불구자의 손을 잡고 이끄는 것과 같은 형국이 된다.

이러한 신앙은 중세의 신비주의자들에게서 볼 수 있듯 범신론 같은 것으로 끝나거나, '침묵과 모든 것에 대한 회귀'를 인간의 지고한 목표라고 설명한 불모의 바라문교의 지혜에 귀착한다.

인간은 언제나 나약한 존재이므로, 가끔 하루쯤 믿음의 생활과 일반적인 삶의 방식에 의한 생활의 차이를 타인에게 뿐만 아니라 몸소 겪어 보고, 신앙 생활의 가치를 다시 평가하는 것은 좋은 일이다. 그렇게 가끔 음미하지 않으면 견고한 신념을 가질 수 없다.

히브리서 6장 11·12절, 12장 3~6, 29절, 요한계시록 2장 10절, 21장 6~8절, 이사야 38~45장 참조.

⚜

선과 악의 싸움은 언제 어디서나 벌어지고 있다. 선악이 없는 이상적인 사회 따위는 없으며, 오직 양쪽에 정도의 차이가 있을 뿐이다. 또는 선과 악이 뚜렷하지 않은 혼합물도 실제로 가끔 볼 수 있다. 이러한 혼합물은 우리의 모든 제도, 즉 국가, 교회, 교육, 결혼, 가정 속에 사실상 존재하고 있다.

10월 13일

진실을 얘기한다는 것은, 특히 진실에 대하여 진지한 수많은 '도덕을 연구하는 학자'들의 생각만큼 그렇게 쉬운 일이 아니다.

첫째, 그 사람의 사상 활동이 아직 이 세상의 사물에 강한 영향을 받고 있는 동안은 진실이 전혀 보이지 않는다. 그래서 그리스도의 말은 그 무렵 율법 학자들의 말과 전혀 다르게 들렸던 것이다.

마태복음 7장 29절, 요한복음 7장 46절, 잠언 20장 12절 참조.

다음, 자신이 알고 있는 진리라 해도 그것을 정확하고 간결하게, 또는 조금도 부풀리지 않고 말하기란 쉬운 일이 아니다. 모든 오해와 논쟁의 대부분은 이미 승인되어 있는 사항을 공식화할 때 표현상의 결함에서 비롯된다. 이런 까닭에서도 '하느님의 말씀'은 흔한 인간의 말과는 다르다. 이 사실은 성서의 말과 인간의 말을 함께 들을 수 있는 설교에서 가장 확실히 알 수 있다. 이 책에서도 마찬가지일 것이다. 잠언 30장 5·6절, 시편 12편 7절 참조.

마지막으로, 우리는 대개 말을 너무 빠르게, 또 너무 많이 한다. 잠언 29장 20절, 전도서 5장 1·2절, 야고보서 1장 19절 참조.

현대에는 본인 스스로도 충분히 확신이 서기 전에, 싫든 좋든 상관없이 신문과 잡지, 협회지 같은 곳에 발표된다. 아직 태어나지도 않은 사상과 연구의 태아가 발표할 '기관'을 찾아야 하고, 그 때문에 태아는 가끔 질식해버리기도 한다.

그러나 '도덕을 연구하는 학자'들은 오직 주관적인 진실만을 구하고 있다.

바꿔 말하면 그들은 자신이 확신한 대로 얘기할 뿐이라고 말하지만, 그들이 잘못 알고 있거나 미숙하면 참으로 큰 해악을 끼칠 우려가 있으며, 그 신념도 단순한 편견에 지나지 않을 수 있다는 것을 잊고 있다. 거짓말하지 마라. 더 나은 지식에 반하여 얘기하지 말라 함은, 더할 나위 없이 소극적이기는 하지만 확실히 도덕적 요구이다. 반대로 진실을 말한다 함은 그것과 전혀 다르며, 명령하는 것이 아니다. 우리는 진실을 말할 수 없어서는 안 된다. 그러나 오랫동안 거짓말을 해온 자나 현대 사교계에서 많이 볼 수 있는, 일반적인 허위의 분위기 속에 살고 있는 자에게는 불가능하다. 그것을 절실하게 느끼고 있는 사람은 많지만, 그래도 진실을 말할 수 없다. 그들이 단순한 도덕론으로 이 감옥에서 빠져나갈 수 없는 것은 불을 보듯 뻔한 일이다.

❦

생활 속에서 모든 무익한 일과 단순한 게으름을 일소하라. 뿐만 아니라 불필요하고 결실을 맺을 수 없는 일은 모두 없애는 것이 좋다. 그런 일밖에 하지 않는 단체와 집회, 또 그런 교회에서는 탈퇴하는 것이 낫다. 그리하여 구세군이 일어났고, 그 옛날의 그리스도교와 더 많은 다른 위대한 일도 일어났다. 그러나 이 세상에서는 유익하고 필요한 일보다 오히려 무익한 일이 더 많은 명예와 결탁해 명예를 얻을 뿐만 아니라 보수도 더 많이 받고 있다. 이런 일들에 인내심을 가지지 않으면 안 된다.

10월 14일

'적을 사랑한다'는 것은 그리스도교의 교의가 크게 자랑거리로 삼는 말이다. 그러나 그리스도교인들이 실천하는 것을 보면, 그들이 적을 사랑하는 모습은 쉽게 찾아볼 수 없다.

실제로 적을 사랑하는 일은 우리가 하느님과 결합함으로써 인간을 두려워하는 습관을 버렸을 때만 일어난다. 그렇게 되었을 때 비로소 우리의 삶에서 적이 실로 큰 역할을 해주었음을 깨닫고, 상대방이 이쪽의 마음을 오해하지 않으면, 그것에 감사하며 적을 끌어안을 수 있는 기분이 되는 것이다.

에스겔 제37장에서 보이는 일이 머지않아 곧 일어날 것이다. 말라버린 뼈란 오늘날의 교회를 뜻하고 있다. 그러나 천상에서 불어 오는 바람이 벌써 뼈 위로 불어제치며, 이들 죽음에 갇혀 있는 것 속에서 움직이는 소리가 시작되고 있다.

에스겔서 36장 2~8절, 25~28절 참조.

10월 15일

기도할 때는 먼저 우리가 가진 것에 대해 감사하는 마음으로 시작해야 된다. 그러면 마음이 기도에 어울리는 기분으로 자연스럽게 옮겨간다. 다음은 자신의 의지를 하느님에게 맡기고, 마지막으로 나날을 위한 신앙과 사랑을 기원한다. 그런 다음 비로소 눈앞에 닥친 필요한 것을 기도하는 것이다. 자신의 의지를 온전히 하느님에게 맡겼을 때, 하느님이 우리의 기도에 마음을 보낸다는 것을 충분한 확신과 함께 기대할 수 있다. 그렇지 않으면 자신의 힘에 의지하는 수밖에 없다.

그러나 자신의 의지를 하느님에게 맡기고 하느님의 확실한 인도를 굳게 믿으면서, 제멋대로 미래를 예견하려 하지 않고 한 걸음 한 걸음 미래의 어둠 속을 나아간다면, 이 세상의 삶에서도 가능한 확고하고 조용한 행복이 시작된다.

출애굽기 22장 20~22·25·27·30절, 보헤미아 형제단 찬송가 1009번 참조.

사랑은 언제나 보기 좋은 것이다. 어린아이가 새끼고양이와 새, 토끼, 또는 나무인형을 마냥 사랑스러운 듯이 안고 있을 때도 인간적인 교육이 이루어지고 있다는 느낌을 받는다. 반대로 터무니없는 명예욕을 자극하는 학교교육 시스템은 젊은이들을 잘못된 궤도로 이끌어, 인생에서 그 길만 나아가면 끝내 그들은 어김없이 야심가에다 완전한 이기주의자가 될 것이 뻔하다. 그래서 그리스도 또한 사랑이 모습을 바꾼 죄악에 대해서는 놀랄 만큼 관대하다.

왜냐하면 이러한 죄는 적어도 다른 죄악만큼 극심하게 사람의 마음을 '돌처럼 만드는' 일이 없기 때문이다. 따라서 이런 사람들은 그나마 죄를 용서받고 회개할 기회를 가질 가능성이 더 많이 남아 있는 셈이다. 이 점을 보아서도 우리는 그리스도를 따라야 할 것이다.

누가복음 7장 47~50절,*11 에스겔서 36장 25·26절 참조.

10월 16일

성실은 원래 특별히 아름답고 소중한 성품이다. 그것은 동물까지 고귀하게 만들어, 그들을 거의 인간과 같은 가치와 품위로까지 끌어올릴 정도이다. 성실이 결여된 경우에는 아무리 뛰어난 재능과 높은 교양을 지닌 사람이라도, 사회에서는 위험한 야수일 뿐이다.

✤

'증명된 하느님이란 곧 이 세계이다'라는 말은 참으로 많은 의미가 내포되어 있다. 왜냐하면 어떤 면에서 '모든 것이 하느님의 증명'이라는 것은 참으로 부자연스러운 일이고, 대개가 희박한 근거를 가지고 있어서 오직 세속적이면서도 교회적인 목적에만 도움이 되기 때문이다. 또 다른 면에서 지상의 오성(悟性)으로 하느님을 증명하는 것이 불가능하다 함은 하느님의 숭고함과 위대함에서 보아 당연한 일이다. 그러나 하느님은 그를 사랑하는 모든 사람들에게 언제나 삶의 사실들을 통해 실감할 수 있고, 또한 경험할 수 있는 존재이다.

10월 17일

확실히 이 세상에는 수많은 비극이 있다. 그러나 적절한 곳에 도움을 청한다면, 그것에 대한 강력한 도움이 주어지는 경우도 적지 않다. 그리고 거부하지만 않으면, 최후에는 비극에서 완전히 구원받을 수도 있다.

인생의 행불행을 결정하는 것은 외적인 환경이지 내적인 요인이 아니라고 믿는 것은, 대부분의 불행한 사람들이 빠져 있는 숙명적인 잘못이다. 극단적인 예를 들면, 문명국의 죄수들은 더할 나위 없이 단조로운 생활이기는 하지만, 부족하나마 큰 걱정 없이 겸허하고 순종적으로 의무를 다하면서 살고 있다. 만약 그들이 하느님을 믿을 수 있다면 끊임없이 마음의 고통에 시달리면서 충

---

*11 이러므로 내가 네게 말하노니, 저의 많은 죄가 사하여졌도다. 이는 저의 사랑함이 많음이라. 사함을 받은 일이 적은 자는 적게 사랑하느니라.

족되지 못한 욕구 속에서 미움과 분노를 품고, 믿음이 없었으므로 늘 하느님의 명령에 반항하며, 하느님과의 교제 없이 살아가는 수많은 자유인들보다 하느님을 믿는다는 점에서는 낮다고 할 수 있다.

'신 없이 주인 없다'고 하는 아나키스트들의 모토도 그들의 심리적인 지식의 빈곤을 보여주는 것이다. 왜냐하면 그런 상태야말로 인간이 가장 견딜 수 없는 것이기 때문이다. 이런 자유는 머지않아 인간에게 참을 수 없는 공허가 되고, 거기서 벗어나 다시 타인과 결합함으로써 일종의 예속상태를 원하게 된다. 그 상태는 이따금 일반적인 도덕, 사회적 질서에 의한 속박보다 훨씬 가혹하다.

⚜

당신이 내적 진보를 빨리 이룩하고 싶다면, 심리학을 공부하는 것이 좋을 것이다. 내적 진보에 대한 내 의견을 얘기하면, 인간의 가장 나쁜 성질은 질투와 허영심이다. 더욱이 이 두 가지는 서로 결합하여 흔히 나쁜 성격의 기초를 이루고 있다. 그래서 복음서 역시 유대인의 최고 종교 권위자들이 질투와 공포 때문에 그리스도를 로마인에게 넘겼다고 말하고 있다(마태복음 27장 18절,*12 요한복음 11장 47·48절*13). 따라서 모든 진보의 적인 이 질투와 허영심은 어떤 대가를 치르더라도 반드시 근절하지 않으면 안 된다. 그러나 그것은 오직 하느님의 은혜로운 도움에 의해서만 이룰 수 있다.

인간 가운데 가끔 나면서부터 이러한 나쁜 성질이 전혀 없거나 조금밖에 없는 사람이 있다. 그러나 그런 사람들 중에는 오만과 인간멸시라는 큰 악이 대신하고 있는 경우가 있다. 나도 이런 오만과 인간멸시의 악덕에 빠지는 경향이 있었는데, 만년에 이를 때까지 늘 그것과 싸워야 했다. 고통스러운 경험과 특히 그리스도에 대한 사랑이 없었더라면, 나는 그 악덕에서 벗어나지 못했을지도 모른다. 본디 인간에 대한 존경과 동정은 그것이 관능적이거나 단순한 공포가 아닌 경우, 그리스도에 대한 사랑에서 비롯된다.

---

*12 이는 저가 그들의 시기로 예수를 넘겨준 줄 앎이러라.
*13 이에 대제사장들과 바리새인들이 공회를 모으고 가로되, '이 사람이 많은 표적을 행하니 우리가 어떻게 하겠느냐? 만일 저를 이대로 두면 모든 사람이 저를 믿을 것이요, 그리고 로마인들이 와서 우리 땅과 민족을 빼앗아 가리라.

또 그리스도는 인간을 멸시하는 자들로부터 인류를 구하는 분이기도 하다. 우리는 그리스도를 위해 '형제'들을 사랑하는 것이지, 그들이 형제이기 때문에 사랑하는 것이 아니다. 형제이기에 사랑한다고 말하는 것은 신학적 심리학의 커다란 오류이다. 실제로 그리스도도 '나를 사랑하지 않는 자는 아버지도 사랑하지 않는다'고 말했다. 거기에 우리는 이렇게 덧붙일 수 있다. 또한 형제도 사랑하지 않는다고. 우리는 그리스도를 주 또는 스승으로 삼지 않고는 애초부터 형제를 형제로 인정하지 않는다.

질투와 허영심을 소유한 사람이 자신의 모습을 깊이 깨닫고, 진정으로 개선하고자 생각하게 되는 것은 그런 성질을 가지지 않은 사람을 눈앞에서 목격할 때이다. 그들은 처음에는 그것을 믿지 못할지도 모른다. 하지만 그들도 가끔은 그러한 약점을 뼈아프게 의식하며, 그것에서 벗어나고 싶어질 때가 있다. 그러려면 그것에 필요한 용기를 먼저 실례를 통해 발견하지 않으면 안 된다.

이런 경우 그들은 보통 그리스도를 그 모범으로 여기지 않는다. 왜냐하면 한편으로는 그리스도를 너무 모르거나 이해하고 있지 않기 때문이지만, 또 한편으로는 그를 인간으로서 생각하지 않기 때문이다. 그래서 그들은 자신이 아는 사람들에게 시선을 돌려, 오랫동안 꾸준히 관찰하게 된다. 나는 이런 사람의 예를 직접 보아왔기에, 이 점 또한 경험에서 이야기하는 것이다.

가정에서는 좀처럼 선을 이루고 위대함에 이르는 능력을 위해 인간 본성을 존경하는 것을 배울 수 없다. 학교나 상류사회에서는 더욱 그럴 기회가 없다. 그것은 아마도 오히려 '신분이 낮은 사람'을 관찰함으로써 배울 수 있을 것이다. 우리는 그리스도에 이어서 이런 사람들을 먼저 사랑하고, 그 다음에 다른 사람들을 사랑하게 된다. 이것은 또한 다윈과 근대적 자연과학자들이 제창하는 귀족주의적 진화론에 대립되는 민주주의적 인생관의 기초이기도 하다. 인간의 위대함은 하느님의 한없는 은총으로 생기는 것이지, 자연도태나 유전에 의한 것이 아니다.

그래서 이런 과정 전체를 심리적으로 설명한다면, 아마 다음과 같이 말할 수 있을 것이다. 하느님의 은총을 입는 것을 인생의 보물로 여기고, 그 은총을 타인의 우월감보다 높이 평가하게 되면, 그 사람은 질투와 허영심에 대한 성질을 스스로 버릴 수 있다. 그러면 아마 더 나쁜 소질을 가진 사람들도, 이런 실례를 보고 자신도 '하느님 자녀의 자유'를 추구하려는 용기를 얻게 된다.

요한계시록 21장 7절,*14 시편 140편·141편, 142편 8절, 95편 1·7·8·10절 참조.

10월 18일

제노바의 성녀 카타리나가 '자신의 나쁜 부분(자아)은 그 이름이 불릴 때마다 기뻐한다'고 한 것은 진실이다. 게다가 비난을 담아 불릴 때도 자아는 기뻐한다. 우리는 이제 자신을 전혀 생각하지 않고, 그런 의미에서 자아를 완전히 버리는 데 스스로를 길들여야 한다. 그러나 그렇게 하기 위해서는 그 전에 인간 본성의 깊은 타락을 경험으로 알고, 또 이것과 완전히 다른 삶의 가능성이 자신에게 제시되고 있는 것을 실제적인 경험을 통해 알지 않으면 안 된다.

인간의 운명을 성녀 카타리나는 다음과 같은 짧은 말로 표현했다. '인간의 정신은 사랑을 사모하고, 그 사랑에 있어서 축복받고 싶어한다. 조물주도 인간을 그렇게 만들었다. 인간이 이 사랑의 충동을 영원한 것이 아니라 때때로 변하는 것으로 채울 수 있다고 생각한다면, 이는 자신을 기만하는 것이다. 지극히 높은 선인 하느님을 구하지 않고, 자신에게 주어진 고귀한 시간을 그런 어리석음으로 헛되이 잃는 것이다. 인간은 오직 하느님에게서 진정한 사랑과 성스러운 기쁨을 발견하고, 완전한 만족을 얻을 수 있는데도!'

실제로 그렇다. 그러나 그것을 진심으로 믿는 것은 말처럼 쉬운 일이 아니다. 그러기 위해서는 큰 고난의 시기가 필요하며, 그것을 극복한 뒤에 비로소 욥처럼 다음과 같이 말할 수 있다. '내가 주께 대하여 귀로 듣기만 하였삽더니, 이제는 눈으로 주를 뵈옵나이다.'*15

폴리크라테스의 반지*16는 심리적으로 타당한 생각을 가진 이야기이다. 물건을 소유하는 만족에서 벗어나고 싶다면, 자신이 가장 사랑하는 것을 버려야 한다. 그렇게 하면 그 밖의 것에 대한 집착은 곧 사라진다. 이러한 집착은 많은 사람들에게서 재물과 집, 장서, 수집품, 그림, 그 밖의 값비싼 물건들에

＊14 이기는 자는 이것들을 유업으로 얻으리라. 나는 저의 하느님이 되고 그는 내 아들이 되리라.

＊15 욥기 42장 5절.

＊16 고대 그리스의 전설. 사모스 섬의 왕 폴리크라테스는 너무 많은 행복을 손에 넣었기 때문에 하느님의 질투를 두려워하여, 가장 사랑하는 반지를 바다에 던져 넣었다. 그러나 그 반지는 이상한 사건을 통해 다시 왕의 손으로 돌아온다는 이야기이다. 같은 제목의 실러의 서사시가 있다. (역자주)

대한 진정한 노예상태로까지 발전하는 경우가 있다. 다른 면에서는 선량하지만, '그러나 그 영혼이 진토에 붙어 있다.'[17]

이런 사람들을 단테는 《신곡》 연옥편 제19곡에서 교황 하드리아누스 5세[18]의 모습을 빌려 놀랄 만큼 훌륭하게 묘사했다

❀

'내 영혼을 옥에서 이끌어내사 주의 이름을 감사케 하소서.'[19] 이것은 아시시의 성 프란체스코가 마지막으로 한 말이기도 하다. 그리고 아마 우리의 최후의 말이 될지도 모른다. 왜냐하면 전체적으로 생각하면, 노년에 수많은 고통을 동반하는 이 육체적 존재는 자유와 더 좋고 거침없는 활동 능력을 갈망하는 영혼에게 차츰 감옥으로 느껴지기 때문이다.

잠언 4장 18절[20] 참조.

10월 19일

하느님을 믿고자 한다면, 먼저 하느님의 정의와 사랑을 굳게 믿어야 한다. 하느님에게 그런 속성이 없다면, 하느님은 우리에게 하나의 재앙, 그것도 일찍이 없었던 커다란 재앙에 지나지 않게 된다. 그렇다면 하느님은 차라리 존재하지 않는 편이 낫다고 생각할 것이 틀림없다. 그야말로 우리가 생각할 수 있는 가장 큰 모독이다. 이 사실은 이성으로 생각해 봐도 명백하지만, 그럼에도 우리는 늘 자신의 운명 어딘가에 불만을 품고 매일같이 그런 모독죄를 범하고 있다.

❀

우리가 이미 오래 전에 극복했다고 생각하는 내적, 외적인 시련과 유혹이 더 높은 인생의 단계에서도 여전히 되풀이되는 일이 흔히 있다. 그러므로 그런 일이 일어나더라도 너무 놀라지 않기를 바란다. 바로 이런 경우에 이미 지니고

---

[17] 시편 119편 25절.
[18] 제노바의 피에스키 집안 출신.
[19] 시편 142편 7절.
[20] 의인의 길은 돋는 햇볕 같아서 점점 빛나서 원만한 광명에 이르거니와.

있는 인생관이 그 진가를 발휘한다. 그때 어떤 사람들은 염세적이 되어 이렇게 말할 것이다.

'인생은 본디 우연의 잔인한 희롱이거나 해로운 사람들의 악의적인 장난에 지나지 않으며, 그것은 끝없이 이어지는 법이다. 이에 대한 최종적인 안식은 요컨대 죽음 외에는 없다. 그런데 다른 사람들은 이렇게 말한다. 지금까지 하느님은 이런 경우에 언제나 인간을 도와주셨다. 이번에도 또한 최후까지 도와주실 것이 틀림없다. 그렇다면 더욱 더 높은 생활에 들어갈 희망이 기다리고 있는 것이다. 그곳의 생활은 다른 것은 어떤 상태이든 간에, 이 세상의 큰 어려움과 같은 것은 더 이상 없을 것이다.'

그러므로 더욱 인내하며 무엇보다 신뢰를 잃지 않는 것이 중요하다. 그렇게 하면 모든 것을 극복할 수 있다.

10월 20일

나는 그리스도교를 처음에는 실제적으로, 특히 군인으로서의 업무에서 유추해 이해하고 있었다. 그래서 나에게 가장 흥미로운 사도는 베드로와 바울이 아니라 가버나움의 백부장*²¹과 백부장 고넬료*²²였다. 그런 연유로 나는 '구세군'은 현대의 요구와 어느 정도는 시대의 요구까지 본능적으로 올바르게 파악하고 있다고 믿고 있다.

이 지상 생활은 필연적으로 우리의 평상심에 인내를 요구하도록 되어 있다. 그러나 일단 그때가 오면, 재빠르고 역동적으로 행동할 수 있어야 한다.

예레미야애가 3장 22~33절 참조.

✤

하느님의 은총과 구원이 나타나는 것은 특히 어려운 시기에 우리의 어두운 운명 어딘가에 있는 한 점이 밝아질 때이다. 때로는 어떤 한 방향으로 나아가면 어려움과 걱정이 완전히 사라져버리는, 참으로 눈부신 방법으로 나타나는 일도 흔히 있다.

가는 곳마다 오직 빛만 있을 뿐, 그림자가 전혀 없는 상태는 그야말로 '영원

---

*21 누가복음 7장 1~10절.
*22 사도행전 10장 1~48절.

한 안식의 경지'이다.

10월 21일

욥기에 대하여 중요한 부분만 적으면, 욥은 처음 무슨 일이 있어도 그의 벗인 하느님을 굳게 의지하겠다는 결심으로 마음의 안정을 되찾았다. 그러나 그때는 아직 하느님을 보기 전이어서 오로지 그렇게 믿고 결심하는 수밖에 없었다. 그렇지 않았으면 그가 고난에서 해방될 때, 욥은 그 결심이 흔들렸을 것이다. 다음으로 그는 아직 하느님의 정의를 보지 못했지만, 선인에 대해서도 악인에 대해서도 똑같이 행하는 하느님의 정의를 의심하지 않았다.

마지막으로 그는 자신의 고난에도 하느님의 뜻이 있다는 설명밖에 듣지 못했지만, 그 고난을 하느님으로부터 받은 선한 것, 그리고 언제든 그의 구원에 힘을 주는 것으로서 마음으로 받아들이지 않으면 안 되었다. 욥이 이와 같이 하느님의 정의에 조건 없이 승복한 뒤에, 어느 주해자가 말한 대로, '이 신앙을 확증 받은 인내자(욥)에 대해 하느님이 풍요로운 은총을 보여주시는 데 더 이상의 방해는 없다. 싸움은 끝났다. 승리의 포상은 이제 그에게 돌아가도 될 것이다.'

그를 오해하고 경시한 자들, 즉 친구들에 대해서도 나중에 하느님은 이 영적으로 승화되고 의인으로 인정받은 사람을 위해 용서를 준비했다. 욥이 그일에 마음 쓸 필요는 없었다. 오히려 그는 더 이상 바랄 것이 없는 상태에 놓여 있었다. 즉, 친구들은 욥의 중재가 없으면 하느님의 용서를 받지 못하기에, 그를 찾아가 중재를 청하지 않을 수 없도록 하느님이 준비해둔 것이었다. 이런 일은 오늘날에도 가끔 일어난다.

✤

인간의 천성이 충분히 '훈련'되어, 결국에는 선을 향해 스스로 나아가고, 그리 깊이 생각하지 않고도 저절로 선을 행하게 되고, 또 모든 악에 대해 혐오를 느끼게 된다면, 그것은 이 세상에서 가장 올바른 일이며, 인간이 다다를 수 있는 가장 높은 단계이다. 그렇게 되면, 그 사람은 그야말로 하느님의 뜻에 합당한 자이며, 인간이 이 지상에서 다다를 수 있는 최고가 된 것이다. 이것이 우리의 지상 생활의 목표이며, 반드시 거기까지 다다라야 된다.

이것이 바로 세상 사람들에게 감명을 주는 것이다. 왜냐하면 그렇게 되면 이 세상의 뛰어난 사람들 또한 그 목표에 다다르고 싶어하기 때문이다.

이것이 태어난 고향에서 우리가 이루어야 할 사명이다.

10월 22일

요한복음 4장 24절, 6장 65절, 9장 39절, 14장 6절[*23]에 대하여. 우리는 이 세상의 생활에서는 하느님이 무엇인지 알 수 없다. 마찬가지로 그리스도와 성령도 무엇인지 알 수 없다. 이것에 대해 교리 문답서와 교리 교본에 적혀 있는 것은 조금이나마 구성력을 가진 인간의 관념에서 나온 결과물일 뿐이다. 그러므로 대부분은 그들보다 그리 많이 아는 것도 없는 교회 교사라는 사람들의 견해를 들어도 잘 이해가 가지 않기에, 하느님과 그리스도와 성령의 존재에 대한 문제는 저만치 던져 놓지 않을 수 없었다.

우리가 하느님의 확실한 존재와 그리스도에 대한 신앙의 힘에 대해, 또 우리 영혼과는 다른 영혼의 빛의 본성에 대해 경험이 없으면, 그런 인간적인 교의에 대한 죽은 교회의 신앙 외에는 가질 수 없다. 실제로 어느 시대에나 대부분 사람들의 신앙은 그런 것이었고, 그것은 지금도 변함이 없다.

그런 신앙으로 만족하고 싶지 않다면, 그리스도의 말에서 출발해 그리스도가 그 초자연적인 것들에 대해 생각한 대로, 또는 생각해주기 바랐던 그 견해에 다다르기 위해 노력하고, 그것에 의지하지 않으면 안 된다. 그리고 많은 사람들이 안도할 수 있도록 덧붙이자면, '신앙고백'에 담긴 교회의 공식적인 말은 공식으로 표현할 수 있을 만큼은 진리에 가까운 것이다. 따라서 그것에 의지하면 완전히 그릇된 길로 나아가는 일은 없지만, 거기서 벗어날 때는 위험한 길에 빠져 절대로 일반적인 승인을 얻을 수 없다.

＊23 요한복음 4장 24절, 하느님은 영이시니 예배하는 자가 신령과 진정으로 예배할지니라.
6장 65절, 이러하므로 전에 너희에게 말하기를 내 아버지께서 오게 하여 주지 아니하시면 누구든지 내게 올 수 없다 하였노라.
9장 39절, 내가 심판하러 이 세상에 왔으니, 보지 못하는 자들은 보게 하고 보는 자들은 소경 되게 하려 함이라.
14장 6절, 내가 곧 길이요! 진리요! 생명이니! 나로 말미암지 않고는 아버지께로 올 자가 없느니라.

성령은 다른 면에서는 참으로 뛰어난 수많은 그리스도교인에게도 아직 친숙하지 않을 뿐만 아니라 조금 무섭고 꺼림칙한 것이기는 하지만, 늘 감시를 게을리하지 않는 살아 있는 진리의 영혼이며, 인간과 사물을 있는 진실 그대로 바라보게 한다. 우리는 인간관계에 얽힌 완전한 허위 또는 반쯤 허위에서 벗어나기 위해 성령을 얻지 않으면 안 된다.

그러나 성령을 지닌 사람 가운데 그것이 어떤 결실을 맺을지에 대해서는 바울의 갈라디아서 5장 22절*24을 참조하여, 그것에 따라 성령이 당신과 다른 사람의 내부에 과연 깃들어 있는지 어떤지 쉽게 판단할 수 있다. 설령 성령이 아직 충분히 깃들어 있지 않거나 미약하더라도, 역시 당신은 이미 '하느님의 아들'이며 확고하게 선한 길을 가고 있다. 사도는 그 사실을 같은 편지 3장 26절*25에서 결점이 많은 갈라디아인들에게 말하고 있다. 그것은 우리에게도 마음이 약해졌을 때 큰 위안이 된다.

불행한 사람들 대부분은 그들이 과연 '구원'받았는지에 대해 온갖 쓸데없는 생각에 빠지는데, 이런 생각은 자신감이 지나칠 때와 마찬가지로 해로운 것이다. 또한 그런 불안은 때때로 사려심이 부족하고 지나치게 열성적인 참회 설교자에 의해, 또 성서와 교리문답서 하나하나의 문장에 대한 오해로 더욱 강해질 때가 있다.

이 점에 대해 성서에 기록되어 있는 가장 확실한 말은 이미 여러 번 말했듯이 요한복음 6장 37절*26 및 마태복음 11장 28절*27에 있다. 이 경우 성실하게 구하는 자에게는 어떠한 예외도 없다.

그리스도의 말—다른 사람의 말이 아니며, 사도와 예언자의 말조차 무조건이 아니다—을 완전히 이해하고, 그것에 동의하며 내면에서 반항심이 조금도 느껴지지 않는다면, 그것이 바로 자연스러운 감정에서의 가장 확실한 구원의 표시이다. 또한 그리스도를 그 모든 행위와 말에서 다른 역사적 현상보다 잘

---

*24 오직 성령의 열매는 사랑과 희락과 화평과 오래 참음과 자비와 양선과 충성과 온유와 절제니, 이 같은 것을 금지할 법이 없느니라.

*25 너희가 다 믿음으로 말미암아 그리스도 예수 안에서 하느님의 아들이 되었으니.

*26 아버지께서 내게 주시는 자는 다 내게로 올 것이요, 내게 오는 자는 내가 결코 내어 쫓지 아니하리라.

*27 수고하고 무거운 짐 진 자들아! 다 내게로 오라. 내가 너희를 쉬게 하리라.

이해할 수 있고, 또 그리스도의 제자와 그 뒤의 종교지도자들, 고전작가와 고대의 위인들, 중세의 신비주의자와 종교개혁가, 또는 근대의 철학자와 신학자들보다 잘 이해할 수 있는 경지에 다다를 수도 있다. 본디 이것이 바로 완전한 그리스도교이다.

⚜

어제 얘기한 것은 정신 건강에 대한 것이었다. 우리는 육체적 건강보다 정신 건강 쪽에 더 큰 가치를 두고 있다. 그리고 정신이 건강하지 못하면 육체적 건강도 완전하다고 보장할 수 없다.

어쩌면 이렇게 말할 수 있을지 모른다. '심신이 모두 건강하고 언제나 올바른 일을 실천할 마음자세로, 정신적으로 해로운 것은 쉽게 극복할 수 있는 능력을 가질 것, 이것이 인생의 행복을 얻는 데 가장 중요한 점이다.'

10월 23일

아침에 눈을 뜨자마자 오늘도 자신이 져야 할 십자가를 생각하면, 그것이 너무 무겁게 느껴질 때가 있다. 또 그날, 그리고 미래에 과연 어떤 일이 일어날지 상상하면, 가장 불쾌한 공포감에 사로잡힐 때도 있다.

그러나 오늘도 우리를 잠에서 깨어나게 해준 하느님의 은총을 생각하고, 또 하느님 나라를 위한 봉사를 생각하면, 활동적인 인간은 이를 위해 자신이 할 수 있고, 또 허락되어 있는 것을 마음에 그리며 기쁨의 감정을 느낄 것이고, 그 감정이 하루 종일 이어질 것이다.

⚜

노년이 되면 늘 피곤함을 느끼게 된다. 하느님 옆에 있다고 하는 이 세상의 낙원도 피곤함을 예방해 주지 못한다. 그러나 이 피곤은 나날이 당신에게 천상으로부터 주어지는 힘과, 구원을 차분히 기다리면서 그것을 너무 빨리 얻고 싶어하지 않는 인내심과 결부되어 있다. 실은 이러한 인내가 사람을 평화로 가득 채우고 행복하게 해주는 감정이다.

우리는 눈길을 미래로 향하면서도 기꺼이 현재의 삶에 머무르고 싶어한다. 언젠가 이 부지런히 일하는 삶에서 주의 부름을 받을 때까지, 스스로 그것을 버리려고 하지는 않는다.

10월 24일

특별히 뛰어난 사람들에게도 삶의 대부분의 시간 동안, 그들이 받을 만한 것보다 더 많은 선이 주어지고 있다. 뿐만 아니라 대다수 사람들도 거의 전 생애에 걸쳐서 그러하다.

그러나 하느님이 그들에게 더 적게 주고, 은총과 관용이 아니라 공평성의 입장에서 대하기 시작했을 때, 절망하여 하느님으로부터 등을 돌리지 않는다면, 그것은 그들 삶에서 가장 중요한 시기이다. 이것은 하느님이 그들에게 주는 가장 큰 명예이지만, 그들은 더러는 조금도 이해하지 못하고 거부할 때도 있다. 예언자 이사야가 '시온은 공평으로 구속이 된다'*28고 한 것은 이를 의미한다. 또 그리스도의 수난에 의한 만인의 구제라는 것에 대한 철학적 이해도 그 점에 있다. 다만, 이 대리 속죄는 여전히 은총이지 공평이 아니며, 그 근본에 가로놓여 있는 문제는 사실 아직 해결되지 않고 있다.

❧

보통 신경쇠약은 먼저 소리에 대한 예민함, 두뇌와 발의 피로감, 그리고 마지막으로 불면을 통해 알 수 있다. 그것에 대한 처치는 충분한 수면과 보온, 신선한 공기, 운동, 가볍고 균형 잡힌 영양이다. 알코올이나 그것과 비슷한 것은 절대로 안 된다. 거기에 정신적인 고양감이 따르는 것이 중요하다. 이런 때 흔히 "주여, 나를 구원하소서" 소리쳐도, "믿음이 적은 자여, 왜 의심하였는가?" 하는 대답을 듣는 일도 있다. 하지만 이 대답에도 구원은 주어진다. 마태복음 14장 30·31절,*29 8장 26절을 보라. 세찬 바람은 머지않아 진정되기 마련이다. 바람이 계속된다면, 하루 이틀 침대 속에서 쉬는 것도 좋다. 신경을 무시할 수는 없지만, 그렇다고 그것을 너무 애지중지해도 안 된다.

---

*28 이사야서 1장 27절.

*29 바람을 보고 무서워 빠져 가는지라. 소리질러 가로되 '주여, 나를 구원하소서' 하니, 예수께서 즉시 손을 내밀어 저를 붙잡으시며 가라사대, '믿음이 적은 자여! 왜 의심하였느냐?' 하시고, 배에 함께 오르매 바람이 그치는지라.

10월 25일

사람은 인생의 어느 시기에 악의에 찬 중상과 비방에 시달리며 견뎌야 하는 고통을 겪고 나면, 그 뒤부터는 남이 칭찬하는 말을 거의 받아들이지 않게 된다. 이런 영혼의 오염은 장미향수로도 씻을 수 없다. 오직 영혼을 다시 일어서게 하는 하느님의 정의의 불길만이 그것을 태워 없앨 수 있다.

어차피 인간의 하찮은 찬사 따위는 악의가 불타는 화살에 맞아 씻을 수 없는 상처를 입은 마음 깊은 곳까지는 닿지 않는 것이다.

❧

어느 정도 타인을 위해 걱정하고 뭔가 해주지 않으면, 어느 누구도 정신적인 건강을 유지할 수 없다. 그러므로 가족을 위해 때때로 힘든 일을 해야 하는 충실한 어머니들, 일을 다만 보수를 위한 것으로만 이해하지 않는 정직한 가정부, 스스로 임무를 다하는 용감한 병사, 공장의 번영을 자기 일 못지않게 중요하게 여기는 선량한 근로자들, 이런 사람들은 게으른 부자보다 행복하다. 그러므로 앞으로 나아가며 일하되, 절망해서는 안 된다.

그러나 자기 한 사람만을 위한 것이어서는 안 된다. 그러면 만족을 얻을 수 없다.

10월 26일

괴로워하고 고민하는 자는 괴로워한 적이 없는 사람들을 결코 신뢰하지 않는다. 그리스도가 십자가 위에서 죽지 않고, 처음의 목가적인 삶이 비극적인 결말로 끝나지 않고 그대로 이어졌다면, 그리스도의 일생은 하나의 '아름다운 이야기'에 머물렀을 것이다. 그리고 가난한 자와 슬퍼하는 자의 구세주는 그 무렵 그런 사람이 있었다고 한다면 아마 바울이 되었을 것이다. 따라서 '이런 일이 있으리라'*30고 한 그리스도의 말은 설사 그 희생을 하느님과 관련시키지 않고, 인간의 본성과 그 사고만을 염두에 두고 인간적, 심리적으로 해석한다 해도 아주 깊은 의미를 가진다.

그것은 지금도 변함이 없다. 진정한 관은 높은 지위에 있는 자에 이르기까

---

*30 마태복음 26장 54절 참조.

지 모두 가시관이다. 그 이외의 관은 선택받은 자 자신에게도, 또 그 사람에게 지배되고 지도받는 자들에게도 좋은 영향을 주지 않는다.

⚜

모든 사람이 선한 일에 직접 관여하는 것은 필요하지도 않고 가능한 일도 아니다. 사람에게는 저마다 특별하게 주어진 한정된 분야가 있다. 그러나 이 세상에서 이뤄지는 선한 일에 대해 관심을 가질 수는 있다. 스스로 일하는 것과 관심을 가지는 것—즉, 그 일에 대해 알고 호의를 보내며, 그 성공을 기원하는 것—은 다른 일이다. 그러나 이 경우에도 아무리 적더라도 금전을 기부하는 것이 관심을 꾸준히 유지하고, 그 사업에 어느 만큼의 유대감을 가지게 하는 것은 사실이다. 그러므로 이 모든 사업에 바칠 특별한 저금통을 준비해 두는 것은 가치 있는 일이며, 그 위에 하느님의 축복이 내려질 것이다.

10월 27일

사교에 대해서도 다른 일과 마찬가지로 절도를 지키는 것이 옳은 자세이다. 누군가와 끊임없이 교제하다 보면, 누구나 정신적인 해를 입지 않을 수 없다. 그리스도조차 때로는 사람과의 교제를 끊고 아버지인 하느님하고만 교제했다. 늘 사람들에게 에워싸여 번잡에 시달리는 일이 많은 성직자와 교사, 기관의 장들에게는 자신들의 힘이 쇠퇴하는 것을 확실히 느끼게 한다.

블룸하르트도 너무 많은 사람들에게 에워싸여 있었던 생애의 마지막에 '비참 속에 파묻혔다'고 탄식했다. 결코 그렇게 되어서는 안 되며, 그것은 그리스도를 따르는 길이 아니다. 이리하여 끝내 대부분은 샘솟는 힘을 완전히 잃고 '맛을 잃은 소금*31'이 되고 만다.

누가복음 5장 17절, 14장 34절, 마가복음 8장 36절, 요한복음 7장 38절을 참고하라.

그런 한편, 고독벽(孤獨癖)도 건강하다고 할 수 없다. 하기는 현대를 살고 있는 우리는 인간과의 과도한 접촉에 시달리지 않을 수 없기에, 그런 성벽을 너그럽게 봐주고 싶은 마음도 전혀 없지는 않다. 고독벽은 인간을 독선적으로

---

*31 마태복음 5장 13절.

만들고, 세상일에 어둡게 하며, 선을 실천할 수 있는 힘을 잃게 한다. 그래서 우리는 성스러운 은둔자를 믿지 않는다. 그러한 성스러움은 너무나 쉽게 얻어지기 때문이다.

누구나 자신의 성질이 두 가지 중 어느 쪽에 기울어져 있는지 파악하고, 그 반대쪽 경향도 살리도록 알맞은 시기에 조치를 취하지 않으면 안 된다.

특히 오늘날 여성들을 보면, 어떤 사람들은 너무 할 일이 없어 완전히 쓸모없는 존재가 되기도 하고, 또 어떤 사람들은 혹독한 과로에 시달리고 있다. 건강상의 문제도 그런 결함에서 비롯된다. 앞의 여성에게는 늦기 전에 뭔가 유익하고 흥미로운 일을 주고, 후자에게는 휴식과 마음의 안정을 되찾을 수 있는 기회를 줌으로써 도와야 한다.

⚜

사회주의자들도 특유의 위대함을 갖추고 있다. 그들과 민중의 유대는 가장 직접적이며, 또 민중을 위한 고심은 부분적으로 하느님이 그들을 통해 이루는 행위라고 할 수 있다. 사회주의자의 강점은 그들이 가진 근본적인 견해의 이 부분적인 정의에 있지, 그들의 선동 방식에 있지 않다. 우리는 그들을 하느님의 무의식적인 종으로 생각해야 한다. 그러므로 그 무신론에도 불구하고—그밖의 점에서는 우리 모두 마찬가지이지만—그들도 하느님의 관용 아래 있는 것이다.

10월 28일

매우 침착하게 관찰할 수 있는 사람들에게는 누군가에게서 받은 첫인상이 가장 올바른 표준이 된다. 경솔하거나 냉혹하고, 또 교활한 눈길, 신경질적으로 떨리는 손, 육감적인 입술, 의지가 약해보이는 턱, 일반적으로 얼굴 윗부분보다 아랫부분이 더 발달한 얼굴, 이런 것들은 좀처럼 숨길 수 없다. 여성에게 있어서 순진무구한 표정—이것은 나이든 부인에게는 많지만 현대의 젊은 여성에게는 드물다—은 함부로 흉내 낼 수 없는 것으로, 남성들에게 위안이 되는 것이다. 그런 표정은 무엇으로도 대신할 수 없다.

이 순진무구한 표정이 없는 여성은 절대로 조심하라. 어떤 경우에도 그런 여성이 당신의 삶에 큰 영향을 미치는 일이 있어서는 안 된다. 반대로, 순진무구한 여성과의 교제는 정신적으로 매우 유익하다. 또 여성에게 무시당하는 것은 언제나 나쁜 징후이다.

여성 쪽에서도 잘못된 문화와 교육에 의해 손상되지 않았다면, 어떤 남성이 제대로 된 사람인지 알아보는 참으로 정확한 본능적인 감정을 가지고 있다.

⚜

뭔가 다툼이 일어났을 때는 정의의 편에 선 사람들이 먼저 한 걸음 양보하는 것이 좋다. 일반적으로 그렇지 않은 상대편이 양보하는 일은 거의 없다. 부정은 노예의 질긴 쇠사슬과 같아서 노예 스스로 그것을 끊는 것은 도저히 불가능하기 때문이다.

그러므로 상대가 아직 그것을 허락할 때—당신에 비해 그의 의지는 아직 자유로우므로—당신 쪽에서 먼저 양보하여 그에게 힘을 빌려주는 것이 좋다.

10월 29일

사람들은 보통 우리가 자신에 대해 알고 있는 이상으로 우리를 잘 알고 있다. 일반적으로 이해타산에 눈이 어둡지만 않으면, 모든 사람이 이 점에서 보통사람들이 생각하는 것보다 훨씬 더 현명하고 정확하게 판단할 수 있다. 그들은 언제나 칭찬은 말로 표현하지만, 비난은 반드시 입 밖에 내어 말해지는 않는다. 이런 점에서 특히 잠언 작가가 쓴 다음과 같은 말은 위안이 된다. '사람의 행위가 여호와를 기쁘시게 하면 그 사람의 원수라도 그로 더불어 화목하게 하시느니라.'[32] 그러나 이것만으로는 아직 적에게서 그 사람을 충분히 보호할 수 없다.

다음의 성구(聖句)도 참조하라. 창세기 20장 6절, 21장 22절·26장 29~31절, 31장 24절, 33장 4절, 시편 109편 29절, 91편 8~13절, 84편 5~7·12절, 71편 7절, 68편 18~20절, 66편 10~12절, 64편 7·8절, 60편 12절, 57편 11절.

어떤 비난과 비판, 그리고 반대에 부딪치더라도, 그것에 정당성이 있는지 양심적으로 충분히 검토한 뒤, 거기서 미래를 위한 이익을 이끌어내야 한다. 그러나 그 밖의 것에 대해서는, 특히 이쪽이 완전히 옳은 경우에는 침묵을 지키

---

*32 잠언 16장 7절.

는 것이 좋다.

신문의 공격에 대해서는 그 말을 누가 했는지가 가장 중요한 문제이다. 그런 논조를 펼치고 있는 것은 비개인적인 것으로 인정되는 '신문'이 아니며, 또 그 논조가 이미 '여론'이 된 것도 아니다. 오히려 대부분의 경우, 그것은 특정한 한 사람의 인간일 뿐이고, 그가 제시한 견해는 그때부터 신문독자들의 승인을 얻어야 할 것이다.

⚜

열왕기하 6장 16절,[*33] 역대하 20장 37절을 보면, 악은 오늘날 거대한 힘임이 분명하며, 이 세상을 구석구석 호령하고 있다. 그러나 아직 이 세상의 왕인 악은 '심판받은' 왕으로서 그 지배권을 '점차' 포기하지 않으면 안 된다.

그러므로 이 왕은 언제나 두려워하고 있다. 이것을 잊어서는 안 된다. 그의 강함은 기껏해야 오만—그리스 신화에서는 히브리스라고 불린다—에 지나지 않고, 그 오만은 보통 완전한 몰락의 전조이다.

그러나 선한 쪽에서도 같이 두려워한다면—유감스럽게도 이것은 감상적인 설교와 요란한 선전, 많은 신앙서와 잡지 등에서 흔히 볼 수 있다—선은 악에 대한 우월성의 근거를 당장 잃어버린다. 아무리 좋은 일이라도 용기가 빠져 있으면 그것만으로도 이미 완전히 또는 반쯤 실패로 끝난다. 이를테면 종교개혁, 크롬웰의 공화정치, 네덜란드의 자유국, 독립전쟁 뒤의 독일, 남북전쟁 뒤의 미국, 스위스의 가장 뛰어난 헌법조문 등이 그렇다. 그리하여 몇 번이나 다시 시작하지 않으면 안 된다. 젊은 사람들에게 선을 위한 용기를 가르칠 수 있다면, 현대의 모든 교육 가운데 특별히 좋은 일이 될 수 있다. 요컨대 이 요점이 빠진 교육은 그리 큰 의의가 없다. 그런데 스위스의 학교에서는 오히려 그 반대의 것, 즉 유물주의에 대한 찬미와 단순한 처세술이 대단한 것인 양 가르쳐왔다. 그러므로 스스로 더 좋은 길을 찾지 않으면 안 된다.

요한복음 3장 19절,[*34] 사사기 5장 31절 참조.

[*33] 대답하되 두려워하지 말라. 우리와 함께한 자가 저와 함께한 자보다 많으니라.
[*34] 그 정죄는 이것이니 곧 빛이 세상에 왔으되, 사람들이 자기 행위가 악하므로 빛보다 어두움을 더 사랑한 것이니라.

10월 30일

우리는 태어나면서부터 '진노의 자녀'*35이다. 노년으로 갈수록 그것이 더욱 확실해지는데, 그로 인해 많은 노인들은 자신에게나 타인에게나 성가신 존재가 되어버린다.

진정한 온화함과 친절은 나약함에서 오는 것이 아니며, 더 높은 삶에 다다랐다는 가장 완전한 증명이다. 그것은 그 사람의 삶이 '파멸의 황야'를 지나 '혼인'—하느님과의 친밀한 교제—을 약속받은 땅에 다다랐을 때 비로소 나타나는 경지이다. 그러나 이것에 대해 더 이상 얘기하는 것은 무익하다. 그것은 다른 세계에서 들려오는 목소리이며, 그 목소리에 대해 열린 귀는 아주 적기 때문이다.

⚜

요한복음 20장 21~23절*36을 보면, 이것은 최대의 선물인 전권 위임에 대한 것으로, 어떤 교회나 성직에 주어지는 것이 아니라 그리스도의 진정한 제자 한 사람 한 사람에게 주어지는 것이다. 하지만 그 사람은 이 선물을 실제로 사용해야 하며, 그것에 대해 두려움을 품거나 사람들의 다양한 장점에 눈이 흐려져서는 안 된다. 요한복음 2장 21·29절, 17장 25절, 이사야 54장 17절, 43장 18절 참조.

10월 31일

누가복음 11장 36절*37에 대하여. 우리에게 일어나는 가장 좋고 결정적인 것은 언제나 섬광 같은 성질을 띠고 있다. 그것은 은총의 광선이요, 다른 세계에서 오는 빛의 광채이며, 대개 진리를 통찰하는 힘일 뿐 아니라, 적극적인 행위에 대한 격려이기도 하다. 그때 재빨리 결의하고 곧바로 실천하는 것이 인간이 해야 할 의무이다. 그렇지 않으면, 은총의 섬광은 이내 사라져버린다. 그러나

---

*35 에베소서 2장 3절.
*36 예수께서 또 가라사대 '너희에게 평강이 있을지어다! 아버지께서 나를 보내신 것같이 나도 너희를 보내노라.' 이 말씀을 하시고 저희를 향하사 숨을 내쉬며 가라사대 '성령을 받으라! 너희가 뉘 죄든지 사하면 사하여질 것이요, 뉘 죄든지 그대로 두면 그대로 있으리라.'
*37 네 온 몸이 밝아 조금도 어두운 데가 없으면, 등불의 광선이 너를 비출 때와 같이 온전히 밝으리라.

우리가 결심하면, 마치 황금날개를 가진 독수리처럼 보통 수단으로는 넘기 힘든 장애를 뛰어넘어, 우리를 단숨에 높이 데리고 올라간다. 천국으로 가는 길은 평범한 수행(修行)의 법칙으로는 결코 가늠할 수 없는 더할 나위 없이 독특한 길이다. 그러나 그것을 겪은 적이 없는 자는 아무도 믿으려 하지 않는다.

낙엽

1

깊은 가을이 산과 골짜기를 휩쓸면
나무에서 단풍잎이 흩어진다.
이 숲 광장 어디에도
새들의 노랫소리는 없다.

머지않아 서리와 눈이
색색깔의 숲을 뒤덮을 것이다.
이번에는 슬픔 없이 말하리라
"아! 좀더 일찍 이렇게 되었더라면" 하고.

나는 타고난 본성과 싸워왔고
이제 그것을 벗어던지고 말았다.
곧 엄격한 친구인 죽음이 찾아오고
그 뒤로 진정한 생명이 오리라.

2

당신의 마음은 내 마음이 되고, 기다림 뒤에 평정이 찾아왔다.
마침내 내 영혼은 안식에 들어갔다.
흩어져 있던 것이 모이고, 빠져 있던 것이 나타났다.
생명의 숨결이 나에게 속삭인다.

✢

시편 23·25·32편, 이사야서 49·54장을 보면, 하느님에게 봉사하는 생활보다 '흥미로운' 생활은 없다. 그것은 심연(深淵)을 빠져나가 환희에 찬 천상(天上)의 골짜기들을 지나며 오르내리는, 한없이 큰 내적 약동을 동반하는 생활이며, 더욱이 도중에 만나는 모든 위험이 늘 좋은 결과로 끝나는 생활이다.

이 생활은 '포근한 휴식의 이불'은 아니다. 하지만 이 지상 생활에서 무엇보다 '영혼과 생명'을 추구하고, 또 기꺼운 마음으로 의의 있는 일과 비범한 일을 체험하고 싶은 사람들에게는, 다른 생활은 그 어떤 것도 이것에 비할 바가 못된다. 또 이 생활은 누구든지, 어디서든 모든 사람을 위해 한결같이 준비되어 있다. 하찮은 일에 힘을 낭비하고 있는 사람은 가엾은 사람이다. 융 슈틸링*38 의 《향수》는 이 생활을 약간 로맨틱한 논조지만, 잘 표현하고 있다. 역대하 20 장 20절 참조.

---

*38 융 슈틸링(1740~1817). 독일의 저술가. 자전적 작품이 많으며 《향수》 4권도 그의 경건주의 적 신앙생활을 쓴 것이다. (역자주)

11월

11월 1일

젊은 사람들에게 죽음이라는 관념은 두렵기 마련이지만, 정상적인 상태에 있고 양심에 불안이 없는 한, 죽음의 확실성이 커질수록 두려움은 사라지는 법이다.

그 경우, 죽음은 날마다 일어나는 잠과 깨어남의 과정과 본질적으로 그리 다르지 않은 하나의 통과의례 같은 것이다. 사실 우리는 이 과정에 대해서는 믿을 만한 보고서를 하나도 가지고 있지 않지만, 그것은 잠이 드는 과정을 아무도 정확하게 기억하지 못하는 것과 마찬가지이다.

톨스토이는 죽음이 가까워질 때의 실감에 대해 다음과 같이 말했는데, 그것은 다른 많은 사람들의 경험과도 일치한다.

'나는 지금까지 죽음과 삶에 대해 품어왔던 관념에서 차츰 멀어지기 시작했다. 죽음은 이제 나에게 두려움의 대상이 아니라 삶의 한 에피소드이며, 삶은 죽음에 의해 끝나는 것이 아니라는 인식에 하루하루 다가갔다. 마침내 인내심을 가지고, 아니 오히려 기쁜 마음으로 죽음을 기다리는 경지에 다다랐다. 피안에서 이어지는 생명에 대한 확신이 내 안에서 확고해졌기 때문에, 모든 의심은 힘을 잃고 사라졌다. 그리고 가끔 갓난아기가 막 태어나 우는 소리와도 비슷한 환희의 외침이 내 가슴에서 터져 나오려는 것을 느꼈다. 한없는 행복감이 내 영혼을 채우고, 나는 다정한 친구를 기다리듯 죽음을 간절히 기다렸다.'

큰 실패를 겪었을 때와 해결되지 않는 분쟁에 휘말렸을 때는 가끔 하느님이 내려주는 죽음이 모든 문제를 해결하는 유일하고 가능한 타개책이며, 또 수많은 증오와 분노를 달래줄 수 있는 조정자이다. 반대로 스스로 '죽고 싶어하는 것'은 삶의 고난을 회피하려는 불성실한 수단이다. 그것은 서툴고 정직하지 못한 도박꾼이 트럼프 카드와 체스의 말을 뒤섞어버리는 것과 비슷하다. 우리가 이 인생에 부름을 받은 것은 흥미가 없어지면 제멋대로 이 인생에서 떠나가라는 것이 아니라, 하느님이 우리를 불러들일 적당한 때까지 자신과 남에게 유익한 생활을 하기 위해서이다.

욥기 5장 17~26절, 보헤미아 형제단 찬송가 132번을 보라.

그리고 자신이 멋대로 선택한 죽음에 의해 인생은 결코 끝나는 것이 아니며, 그 뒤에 또 다른, 어쩌면 훨씬 더 고통스러울지 모르는 삶이 이어진다. 그렇다면, 우리는 어떤 경우에도 이 삶을 멋대로 멈추어서는 안 될 것이다.

⚜

고린도전서 15장 10절의 '그러나 나의 나 된 것은 하느님의 은혜로 된 것이니, 내게 주신 그의 은혜가 헛되지 아니하여……'라는 말은 아마 바울과 함께 당신에게 허락해도 좋을지 모르는 겸손한 긍지이며, 또 지상의 다른 어떤 명성이나 호평보다 좋은 것이다. 시편 제92편, 빌립보서 2장 5~9절 참조.

이에 반해 세상의 칭찬에는 언제나 고뇌가 뒤따른다. 이것은 쉽사리 관찰할 수 있는 일로, 특히 신문의 칭찬이 그러하다. 그러므로 신문의 칭찬에 민감해지거나 비방당했을 때 분노를 느끼는 사람은 누가 뭐라 하든 자신에 대해 언급한 신문기사는 아예 읽지 않는 것이 좋다.

11월 2일

누가복음 16장 19~31절을 보라. 내가 아는 한, 성서의 어디에도 '영원한 잠'에 든 사람들이 이 지상에서의 삶에 대해 확실한 기억을 가지고 있는지, 또 이 세상의 삶에 뭔가 영향을 주는지에 대해서 제대로 나와 있지 않다. 위에 든 누가복음의 이야기는 분명히 그것을 직접 부정하는 것은 아니다. 그러나 어느 쪽이든 이 이야기에서 받아들일 수 있고, 또 자연의 논리로 생각할 수 있는 것은 오직 선하지 않은 자는 무익하게 보낸 지상의 삶을 깊은 후회와 함께 떠올릴 것이 틀림없다는 사실이다.

이 세상에서 우연히 같은 시대에 태어난 모든 사람들을—이를테면 은총을 입은 사람들 사이에서도—다시 만나 영원히 함께 산다는 생각은 마음에 특별한 격려가 되는 것은 아니다. 그것은 이 지상에서 맺었던 이상적이지 못한 인간관계에 대한 추억이 저 세상에서도 사라지지 않는다는 것을 전제로 하고 있다. 그러나 우리는 오히려 그런 관계는 완전히 끊고 싶으며, 사실 지상의 죽음으로 끊었다고 할 수 있다. 잊는다는 것은 이미 이 지상에서의 행복의 시작이다. 망각의 강 레테가 없고, 모든 괴로운 일들을 영원히 기억하고 있어야 한다면 행복은 있을 수 없는 일이다. 단테 《신곡》 연옥편 제31곡 참조.

그러나 이 세상에 대한 또렷한 기억이 있는지 없는지 불확실함에도 진정으로 서로 사랑했던 고인과 영원히 결합되어 있다고 믿는 것은 인정상 참으로 외면할 수 없는 소망이다. 또 실제로 우리는 간혹 그들이 여전히 지상의 일을 떠올리며 우리 가까이 있다는 것을 똑똑하게 느끼는 순간이 있다.

⚜

빌립보서 2장 15절*¹을 보라. 당신이 지금 나의 《신문서간집》*² 마지막 장—에서 언급했던 지상의 낙원이나 정죄(淨罪)의 산꼭대기라 부르는 연옥—이 세상에서 삶을 올바르게 보냈다면, 다른 존재로 옮겨가기 전에 나타나는 경지이다—에 있다면, 그날그날을 단순하게 살며, '당신의 손이 찾아내는 일'을 하는 것이 좋다. 지상의 내일이 과연 당신을 찾아올지 알 수 없게 된 만큼, 더더욱 그렇게 해야 할 것이다. 모든 것이 급변할 수도 있기 때문이다.

이제부터 당신의 생활은 오로지 기도하고, 받아들이고, 남에게 주면서 사고와 행위의 단순함을 지향하게 된다. 그렇다고 그것이 늘 쉬운 일은 아니지만, 결국 아가(雅歌)의 아름다운 시구*³와 비슷한 기분을 느낄 것이다.

'이렇게 대부분의 사람들이 두려워하는 죽음은 우리에게 생기를 주고 우리를 일깨우는 부름의 소리이다.' 그러므로 죽는다는 것에 그렇게 소란을 떨 이유가 전혀 없다. 생명을 고작 며칠이나 몇 주일, 아니면 몇 달 연장하는 기술밖에 없는데도, 이곳저곳의 의사들에게 진찰을 간청한 뒤, 친족을 모조리 불러모아 눈물을 흘리며 슬퍼한다. 그런 다음 벗어버린 옷에 지나지 않는 것을 위해 이번에는 꽃다발이니 추도연설이니 조사니 하면서 거창한 장례식이 거행된다. 죽음을 어떻게 맞이하고 다루는가 하는 방법 이상으로 그 사람과 가족, 또

---

*1 이는 너희가 흠이 없고 순전하여, 어그러지고 거스르는 세대 가운데서 하느님의 흠 없는 자녀로 세상에서 그들 가운데 빛들로 나타내며.
*2 《신문서간집》은 힐티 자신의 논문풍 서간집 제2권. 그 마지막에 '낙원'이라는 글이 있다. (역자주)
*3 '그러므로 나는 그의 보기에 화평을 얻은 자 같구나.' 8장 10절.

는 세대 전체의 유물주의를 확실히 드러내 주는 것은 없다.

죽음을 두려움으로 여기는 것은 본디 그것이 새롭고 익숙지 않고, 특히 그 뒤에 무엇이 올지 알 수 없기 때문이다. 그러나 갈수록 더해가는 쇠약함과 함께 이 육체를 버릴 수 있음은 영생을 믿는 영적인 인간에게는 결코 불쾌한 것일 리가 없다. 죽음이 의미하는 것은 이 세상보다 훨씬 혜택 받은 조건 아래서, 지금까지 쌓아온 모든 경험을 토대로 다시 한 번 삶을 시작할 수 있다는 점이다. 그것도 지금의 사회보다 훨씬 좋은 사회에서. 그런데 왜 죽음을 두려워할 것인가?

이사야 42장과 43장을 참조.

11월 3일

성스러움과 덕과 정의에 대해 너무 많은 말을 해서는 안 된다. 그것들도 성서가 말하고 있듯이 모든 것을 통찰하는 눈 앞에서는 언제나 '더러운 옷'*⁴에 지나지 않는다.

인간이 이 세상에서 이룰 수 있고 남에게 도움도 되는 것은 하느님에 대한 사랑, 다시 말해 모든 진과 선에 대한 사랑이며 또 함께 삶을 받은 사람에 대한 진정한 친절이다. 이것을 내부에서 끊임없이 느끼는 사람은 이 세상에서 다다를 수 있는 가장 높은 목표를 이룬 것이다.

⚜

내 조언을 원한다면, 당신의 사전에서 '기도한다'는 말을 지우고 대신 '기원한다'는 말을 집어넣으라 말하고 싶다.

'기도'라는 말에는 일정한 시각에 일정한 말로 '행해야 하는' 하느님에 대한 형식적인 인사 같은, 좋지 않은 묘한 조미료 맛이 들어 있다. 그것은 하나의 공물(貢物)과 같은 것으로, 특히 속으로 늘 불만을 가지고 때로는 적의까지 느끼는 백성이 무엇 하나 주고 싶지 않은 영주에게 마지못해 바치는 연공처럼 느껴진다. 공적인 기도는 모두 그런 성질의 것이다. 이를테면 기도서를 보면서 읽기 때문에 모인 이들의 마음에 큰 반향을 줄 수 없고, 때로는 전혀 반향을 불

---

*4 이사야서 64장 6절.

러일으키지 않을 때도 있다. 교회에서 이어지는 지루한 기도, 또 즐거운 행위를 시작하기 위해 최대한 빨리 끝내는 식사기도, 그 밖에 이와 비슷한 구조의 것은 모두 그렇다.

우리 모두 하느님에게 형식적이거나 특별한 것이 아니라, 다른 기원과 다름없는 기원을 해야 한다. 물론 그 기원의 상대는 인간을 뛰어넘는 분이기는 하지만. 우리가 하느님과 대화할 때는 대개 간구하거나 감사하면 되고, 단순한 '숭배'는 하느님에 대한 봉사가 아닐 뿐만 아니라 우리에게도 도움이 되지 않는다.

그러므로 당신이 '기도'할 수 없다고 말해도 그것을 이해할 수 있다. 오늘날에는 당신뿐만 아니라 더 많은 사람들이 기도할 줄을 모르며, 그런 사람들 가운데에는 선량한 이들도 있다. 당신도 한번 '기원'하는 것을 시험해보기 바란다. 진정으로 하느님을 믿고 있다면, 기원하는 것은 정말 자연스러운 일로 느껴지고, 또 실제로 잘 될 것이다. 일정한 시각에 일정한 말로 기도하는 형식주의를 모두 버리고, 또 그렇게 함으로써 하느님을 위해 뭔가 버젓한 일을 하고 있다는 쓸데없는 생각을 전혀 품지 않을 수 있다면 말이다.

'주기도문'*5을 당신의 진실한 소망으로서 외울 수 있다면 얼마든지 그대로 기도하라. 그러나 그렇지 않다면 다른 기도의 공식과 마찬가지로 당신에게 아무 도움도 되지 않는다. 물론 '주기도문'은 지금까지 올려진 기도, 그리고 앞으로 올려질 모든 기도 가운데 진정 필요하고 가장 좋을 뿐만 아니라 가장 아름답고 간소한 기도임에 틀림없다. 그러나 기도라 함은 자신의 감정과 정확하게 일치하는 개인적인 진실한 소망이 아니면 안 된다. 그렇지 않다면 차라리 가장 간단하게 '주여, 나를 도와주소서'라는 말을 외치는 편이 낫다. 이 말도 마찬가지로 우리의 주기도였고, 어쩌면 앞에서 든 '주기도문'보다, 또 복음서에서 접할 수 있는 다른 기도보다 그리스도가 훨씬 더 자주 썼던 것일지도 모른다.

하느님은 우리를 다음과 같이 돕는다. '우리는 하느님께 기도를 바친다. 그러면 하느님은 우리를 위해 말씀하시고 또 주재해 주신다.' (브리스톨의 조지 뮬러*6)

---

*5 마태복음 6장 9~13절.
*6 조지 뮬러(1805~1898). 독일에서 태어나 영국에서 열심히 선교활동을 펼친 뒤, 브리스톨 근교에 고아원을 설립하여 수천 명의 고아들을 구제했다.(역자주)

'내가 하느님을 신뢰하고 있을 때는 하느님은 결코 나를 버리지 않으셨다.'
(크롬웰)

11월 4일

세상에는 두 종류의 인간이 있다. 한쪽은 우리가 행복할 때는 매우 친절하게 대해 주지만, 우리에게 잇따라 불행이 닥치면 즉각 소리도 없이 자취를 감추는 사람들이다. 다른 한쪽은 친절하지는 않지만 우리가 불행할 때 외면하지 않는 사람들이다.

친애하는 독자들이여, 당신은 이 두 종류 가운데 어느 쪽에 속하는지, 또 어느 쪽이 더 훌륭한 인간인지 스스로 판단하라. 그러나 상대방이 첫 번째에 속하는 사람이라는 걸 알면, 그 사람이 당신 마음에 깊이 뿌리내리지 않도록 조심하라. 그런 사람은 행복할 때의 놀이 상대로는 몰라도 그 이상은 될 수 없다.

⚜

예레미야 15장 15~21절을 읽어 보라. 여기에 적혀 있는 주의 대답은 당신도 언젠가 같은 처지에 빠졌을 때 마음속에 깊이 새겨질 것이다. 특히 여기서 주목해야 할 점은 현존하는 대립을 덮어서 가리거나 표면상의 '관용'에 의해, 또 한때 흔히들 말했던 것처럼 '중재'에 의해 '화해'를 꾀해야 하는 것이 아니라, 대립을 대립 그 자체로 인정해야 한다는 것이다. 이것은 지금까지의 예에서 말하면, 슐라이어마허와 리츨이 주도한 자유주의 프로테스탄트 신학에 적용된다. 또 현대에는 대립이 더욱더 치열해진 이래, 특히 무신론의 다른 이름에 지나지 않는 '근대적 세계관' 전체에도 적용되고, 또 개별적으로는 괴테풍의 미적 생활의 향유에서도 그렇게 말할 수 있다. 이 사상 또한 그 근거는 철학적 무신론이다.

그렇다고 해서 이 의견이 다른 자들을 교회가 옛날 그 전성기에 한 것처럼 화형시킬 필요는 없다. 그러나 우리는 다른 생각을 가지고 있다는 것을 사람들에게 알리지 않으면 안 된다. '관용'은 동정에서 나오는 경우나 실제적인 어려움을 겪은 데서 진실한 신앙고백으로 비롯된 경우에는 옳은 것이다. 그러나 흑을 백이라고 말하거나 현대의 대부분 젊은 신학자와 설교가가 하는 식으로 그리스도가 부활하지 않았다 해도 부활한 것과 그 의미는 변함이 없다고 설명하는 관용은 옳은 것이 아니다. 이 경우에는 오히려 선량한 무신론자—그런 사람도 있다—가 더 바람직하고, 하느님 앞에서도 환영받을 거라고 생각한다.

11월 5일

신앙에 대해 참으로 많은 책이 나오고 있는 것을 나도 알고 있다. 그렇지만 히브리서 10장 35~39절[*7]과 그것에 이어지는 제11장보다 더 뛰어난 것은 지금까지 한 번도 나온 적이 없었다.

여기서 말하고 있는 것은 오늘날에도 존재하는 두 가지 형태의 인간에 대해서이다. 확고한 신앙을 가지고 어떤 상황에서도 그것을 견지하는 사람과 눈에 보이는 것만 믿고 그것만 따르는 영리한 사람의 차이이다. 이 세상에 신앙의 길 외에는 완전한 만족을 주는 것이 없음을 확실하게 깨달았을 때, 신앙은 더 이상 흔들림 없는 것이 된다.

⚜

요한복음 21장 3·16~18절, 열왕기상 19장 4·10·18절을 보라. 때로는 우리도 한때의 피로와 우울한 마음, 그리고 염세주의로 뚜렷한 성과를 거두지 못한 채, 하느님의 사업을 계속하기보다는 차라리 고기잡이를 나가거나 죽어버리는 게 낫다고 생각할 때가 있다. 하지만 하느님은 절망한 엘리야를 얼마나 따뜻하게 위로했으며, 또 그리스도는 마음이 흔들려 방황하는 베드로—끝까지 그는 이름이 의미하듯 결코 단단한 '바위'는 아니었다—를 얼마나 너그럽게 위로했던가? 특히 베드로에게 앞으로 그의 그릇된 태도가 모두 끝나고 하느님의 인도가 틀림없이 시작될 거라고 한 말은 참으로 의미심장하고 감동적이다.

우리가 스스로 한 일의 성과를 다 볼 수 없고, 뿐만 아니라 가장 좋은 성과조차 볼 수 없음은 조금이나마 인생 경험을 쌓은 사람에게는 오히려 큰 위안

[*7] 그러므로 너희 담대함을 버리지 말라. 이것이 큰 상을 얻느니라. 너희에게 인내가 필요함은 너희가 하느님의 뜻을 행한 후에 약속을 받기 위함이라. 잠시 잠깐 후면 오실 이가 오시리니 지체하지 아니하시리라. 오직 나의 의인은 믿음으로 말미암아 살리라. 또한 뒤로 물러가면 내 마음이 저를 기뻐하지 아니하리라 하셨느니라. 우리는 뒤로 물러가 침륜에 빠질 자가 아니요, 오직 영혼을 구원함에 이르는 믿음을 가진 자니라.

이 된다. 왜냐하면 우리는 자신이 할 일을 남을 위해, 또 남의 칭찬을 듣기 위해 하는 것이 아니기 때문이다. 또 과장스러운 '숭배자'는 보통 진정한 친구가 아니며, 박해가 시작되면 당장 배신하거나 떠날 사람들이다. 이것은 나도 겪은 일이다.

11월 6일

참으로 이해하기 힘들기는 하지만, 일단 이해하고 나면 우리의 사고 전체가 그것에 큰 영향을 받게 되는 생각이 있다. 바로 생생한 행복감은 언제나 새로운 일과 시련, 새로운 슬픔을 맞이하기 위한 격려와 준비이며—크롬웰이 말한 '대가의 선물'—괴로운 시련과 의기소침은 언제나 더 크고 새로운 행복과 하느님의 힘이 주어질 것에 대한 예고라는 것이다. 이것을 알면, 불행을 만나도 마음이 흔들리지 않고 행복해도 진지하고 사려 깊어진다.

⚜

마태복음 8장 22절*8을 보면, 당신은 영원토록 이 세상의 악을 다 정복할 수 없으며, 또 신앙개조와 국법, 교회제도, 교육에 의해 미래 세대의 삶에서 악을 몰아낼 수도 없다. 뿐만 아니라 악은 굴복할 때마다 다시금 힘을 회복하여, 각 세대에 새롭게 싸움을 건다.

이것은 안이하고 쾌적한 그리스도교를 원하는 사람들에게는 사실 유쾌하지는 않지만, 필요한 일이다. 안이하게 그리스도교를 따르는 것은 영적이지도 않고 자신의 체험도 가지지 않은 단순한 교회 중심의 주입식 형식주의 신앙으로, 이 신앙은 어느 세대 인간에게나 끊임없이 새로운 숨결을 불어넣는 세속적인 정신과 동물적 성질과 다름없이 나쁘기 때문이다. 우리가 단순하게 '그리스도의 교회에 속할 뿐' 아니라 진정으로 그리스도를 '따르고' 싶다면, 이 두 가지 악과 끝까지 싸우지 않으면 안 된다.

11월 7일

단테의 《신곡》 지옥편 제5곡 121행 이하의 프란체스카 다 리미니가 한 '비참

---

*8 죽은 자들로 저희 죽은 자를 장사하게 하고 너는 나를 좇으라!

한 처지에 있을 때 행복했던 지난날을 떠올리는 것만큼 괴로운 일은 없다'는 말은 인생관의 차이에서 생기는 완전히 다른 결과를 매우 잘 표현하고 있다. 그러나 더할 수 없는 불행에 빠져도 영혼의 핵심은 조금도 손상되지 않고, 지난날 자신에게 풍요롭게 주어졌던 선과 미를 감사하는 마음으로 떠올릴 수도 있다. 그렇지만 행복을 오직 향락에만 두고 있는 사람에게 이 말은 노년에 접어들었을 때 뼈아프게 겪지 않을 수 없는 두려운 진실을 담고 있다.

✤

'너희의 인내로 너희 영혼을 얻으리라.'[*9] 이 말은 오늘날 가톨릭에서 말하는 근대주의자에 속하지 않고, 교회 안에서 진리를 얻기를 바라는 사람들에게 가까운 장래에 특히 필요한 말이 될 것이다.

빌립보서와 히브리서는 현대와 비슷한 시대에 이 모든 싸움을 극복한 뒤 주어지는 내적인 희열과 영혼의 안식을 보여주고 있다.

11월 8일

제네바의 성녀 카타리나는 당돌하게 하느님에게 이렇게 물었다. '하느님에 대한 사랑은 다른 모든 사랑을 물리치게 하는데, 그래도 우리는 이웃을 사랑하지 않으면 안 되는 건가요?' 이에 대해 성녀 카타리나는 다음과 같은 대답을 들었다. '나를 사랑하는 자는 내가 사랑하는 모든 것도 사랑한다. 너는 가능한 한 이웃의 영혼과 육체의 행복을 위해 힘쓰지 않으면 안 된다. 진정한 사랑은 이웃을 위해 사랑하는 것이 아니라 하느님을 위해 사랑하는 것이다.'

그 이웃에게도 이 편이 더 낫다. 누군가 그 사람을 위하여 사랑하는 것은 자칫하면 마음에 동요를 일으키고, 하느님을 위해 그 사람을 사랑하는 사랑만큼 불변하지도 확고하지도 않기 때문이다.

✤

삶의 마지막 단계에서는 이제 더 이상 많은 양의 신학서와 그 밖의 종교 서적을 읽을 필요가 없다. 우리 신앙의 원전—다행히 교과서 형태로 되어 있

[*9] 누가복음 21장 19절.

지 않은—인 4복음서와 그것의 가장 좋은 주석인 사도들의 편지를 읽도록 하라. 다른 주해서는 필요하지 않다. 구약성서와 사도행전은 종교의 역사적 부분으로서 빠뜨릴 수 없는 것이다. 특히 예언자의 책들과 시편은 우리를 크게 격려하고 위로해준다. 현대에 살면서도 당신은 요한계시록을 하나의 환각으로서 이해하고 평가할 수 있을 것이다. 하기는 이 책은 공상가들에 의해 이미 수없이 남용되고 잘못 해석되어 왔다. 성서에 기록된 말은 '내 발에 등이요 내 길에 빛'*10이다. 그리고 당신은 차츰 내면적이고 개인적인 계시를 받게 될 것이다. 실제로 이러한 계시는 성서의 말과도 일치하는 것이며, 또 마음이 약해진 것이 느껴질 때의 위안도 된다. 성서의 말이 당장 도움은 되지 않더라도 말이다.

예레미야서 15장 16절*11 참조.

11월 9일

중류계급으로 태어난 사람은 운 좋게도 인생에서 두 가지 사실을 잘 모르고 있다. 먼저 뭔가 수단과 도움을 얻기 위해 '남의 집 계단을 올라가야 하는 것이 얼마나 괴로운 일인지', 또 고상한 생활이 사람들에게 얼마나 작은 만족밖에 주지 않는지 하는 것이다. 하층계급의 사람들은 앞의 괴로움을 잘 알고 있고, 그래서 스스로 고상한 생활은 그리 중시하지 않게 된다. 따라서 밖으로 드러난 모습은 조금 거칠어도 이 계급에는 상류계급보다 자제력이 풍부한 고상한 사람이 훨씬 많다. 이따금 상류계급의 고상함은 그야말로 냉혹한 이기주의를 가리는 매끄럽게 가공된 껍데기에 지나지 않는다. 최상류 사회에서도 이른바 '상류생활'의 덧없음을 충분히 자각하고 있는 사람도 가끔 볼 수 있으나, 그들도 거기서 빠져나오지는 못한다.

⚜

당신은 '편지를 주고받는 상대'로서 그리스도를 상상할 수 있는가?

무릇 신앙적인 사항을 '편지'로 쓰는 것은 불가능하다. 그것은 상대가 누구이든 마찬가지다. 꼭 필요하다면 그때그때의 중요한 일에 대해 쓸 수는 있다.

---

*10 시편 119편 105절.
*11 내가 주 말씀을 얻어 먹었사오니, 주의 말씀은 내게 기쁨과 내 마음의 즐거움이나이다.

그러나 종교적 대화를 위한 설교 따위는 쓰지 않는 것이 좋다. 그것은 수고만 할 뿐 갖가지 오해, 아니면 허영의 씨앗이 될 뿐이다. 최근 만년에 들어 그동안 주고받은 편지를 출판하는 사람들이 흔히 있는데, 그것은 발신자의 양해를 얻어 발표될 경우에는 어김없는 허영심 때문이다. 따라서 일부러 읽어볼 만한 가치는 없다. 종교적인 사항을 진지하게 나눈 편지는 대부분 그 두 사람 모두에게 해를 끼친다.

11월 10일

마음속에 일어나는 선에 대한 추구와 악에 대한 유혹은 대개 순간적인 번뜩임 같은 것이다. 선에 대해서는 그 자리에서 호응하여 우리를 돕기 위해 내밀어진 손을 붙잡아 실천하고, 악에 대해서는 그 자리에서 단호한 의지로 저항하지 않으면 안 된다. '그리하여 별에 다다를 수 있는 것(베르길리우스)'이다.

⚜

이사야 31장 5절, 32장 10절, 33장 2절, 41장 10~14절[*12]을 보라.

'하느님을 두려워하되, 그 밖의 것은 아무것도 두려워하지 말라. 조금 비장한 투로 한 비스마르크의 이 말은 물론 좋은 말이다. 그러나 실정이 과연 이에 일치하는지 어떤지, 바꿔 말하면 이것이 오늘날 독일이나 그 밖의 세계에 적용될지 어떨지는 분명히 별개의 문제이며, 이에 대한 대답에는 그다지 자신감이 없을 것 같다. 나는 훨씬 더 현실적으로 악을 두려워하되, 언제나 악을 이길 수 있는 하느님을 신뢰하라고 말해야 한다고 생각한다. 진정한 위인들은 모두 그렇게 생각했다. 크롬웰, 루터, 츠빙글리, 칼뱅, 브뤼헬, 샤른호르스트, 링컨, 골든이 그랬고, 모든 것을 능가하는 위대한 그리스도도 근본적으로는 그렇게 생각하고 있었다.

그리스도도 아무런 망설임 없이 이 세상을 위해 죽어간 것은 결코 아니었다(마태복음 26장 37·38절,[*13] 27장 46절,[*14] 히브리서 5장 7·8절). 수많은 싸움터

[*12] 두려워 말라, 내가 너와 함께 함이니라. 놀라지 말라, 나는 네 하느님이 됨이니라. 내가 너를 굳세게 하리라. 참으로 너를 도와주리라. 참으로 나의 의로운 오른손으로 너를 붙들리라……

[*13] 베드로와 세베대의 두 아들을 데리고 가실새 고민하고 슬퍼하사, 이에 말씀하시되 '내 마

에서 늙은 용감한 군인들도 모두 그렇게 생각한다. 그렇게 말고는 생각할 길이 없다. 당신도 나이를 먹을수록, 톨스토이가 그토록 감동적으로 그린 《어둠의 힘》을 뼈저리게 이해할 수 있게 될 것이다. 그리고 하느님의 힘에 대해서도 더욱 깊이 깨닫게 될 것이다. 악은 어차피 하느님의 종이며, 마니교에서 가르치는 하느님의 적대자가 아니다. 우리는 악에 대해 더 이상은 모르지만 그것만은 확실히 알고 있다.

에베소서 6장 12절, 보헤미아 형제단 찬송가 657번, 662번, 670번 참조.

11월 11일

우리는 누군가가 한줌 먼지로 돌아갈 날을 정확하게 미리 알 수 있다면, 그에게 심하게 화를 내는 일은 아마 하지 않을 것이다.

⚜

히브리서 5장 4·12~14절, 6장 1~3절*15을 보라.

하느님의 부름을 받지 않고 스스로 높은 종교적 지위에 오르거나 일반 관청에서 높은 지위에 오른 사람은 결코 '스승'이 되지 못할 뿐 아니라 완성을 향해 정진하지도 못하며, 언제까지나 신앙의 초보 단계에 머물러 있을 것이다. 대개 이런 사람들은 더 위대한 사람들이 닦아놓은 길을 이어받아 교회의 신앙 개조, 이른바 고백문, 신앙 문답서, 교회 기도문, 교회법 등을 고안했

음이 심히 고민하여 죽게 되었으니, 너희는 여기 머물러 나와 함께 깨어 있으라' 하시고.

*14 제 구시 즈음에 예수께서 크게 소리질러 가라사대, '엘리 엘리 라마 사박다니!' 하시니, 이는 곧 '나의 하느님, 나의 하느님, 어찌하여 나를 버리셨나이까?' 하는 뜻이라.

*15 히브리서 5장 4절, 이 존귀는 아무나 스스로 취하지 못하고 오직 아론과 같이 하느님의 부르심을 입은 자라야 할 것이니라.
5장 12~14절, 때가 오래므로 너희가 마땅히 선생이 될 터인데, 너희가 다시 하느님의 말씀의 초보가 무엇인지 누구에게 가르침을 받아야 할 것이니, 젖이나 먹고 단단한 식물을 못 먹을 자가 되었도다. 대저 젖을 먹는 자마다 어린아이니 의의 말씀을 경험하지 못한 자요, 단단한 식물은 장성한 자의 것이니, 저희는 지각을 사용하므로 연단을 받아 선악을 분변하는 자들이니라.
6장 1~3절, 그러므로 우리가 그리스도 도의 초보를 버리고, 죽은 행실을 회개함과 하느님께 대한 신앙과 세례들과 안수와 죽은 자의 부활과 영원한 심판에 관한 교훈의 터를 다시 닦지 말고 완전한 데 나아갈지니라……

다—이것들은 오늘날 크게 개정할 필요가 있다. 같은 히브리서의 제11장에 신앙의 선구자와 이를 끝까지 밀고 나갔던 이들에 대해 나열되어 있지만, 그런 사람들은 언제나 일부분일 뿐이다. 기운이 스러지기 시작한 우리 개혁주의 신앙을 갱신하기 위해서는 이러한 정신적 강자—그들에게 이 세상은 그리 가치 있는 것이 아니지만—가 많이 나와야 한다. 장로회니 위원회, 또는 종무회가 필요한 것이 아니다. 그런 것들은 '단단한 음식'에는 알맞지 않다. 신앙의 용사들이 다시 성장할 수 있는 첫 번째 전제 조건은 일반적인 상식으로 '불행한 시대'라 부르며 가능한 한 그것을 피하도록 노력하는 시대가 오는 것이다.

11월 12일

무기력과 오만—이것은 용솟음치는 것 같은 자부심과 활력감이다—은 모두 악한 영혼에 의한 것이다. 자신의 내부에서 무기력과 오만을 깨닫는다면, 그것이 활개를 치기 전에 단호하게 그것에서 멀어지는 것이 좋다.

하느님으로부터 받은 마음, 그래서 가능한 한 늘 유지하고 있어야 하는 마음은, 자신의 나약함을 자각하면서도 여전히 우리에게 모든 행동과 고난을 참고 견디게 해주는 하느님의 사랑과 힘을 전적으로 믿는 온유한 감정을 가지라고 말한다. 이것이 바로 정신적인 건강이며, 단순한 무기력이나 열병의 흥분과는 반대되는 것이다.

이러한 정신적 건강이 충분치 않을 때는 가능하면 편지를 쓰는 것같은 행동도 삼가는 것이 좋다. 그럴 때는 언제나 만족스럽지 못한 결과나 잘못된 결과밖에 얻을 수 없다. 그런데 특히 열병 상태에 빠지면 뭔가 행동하고 싶은 유혹이 강해지게 마련이다. 언제나 그런 유혹에 저항하라.

✤

출애굽기 34장 10절*[16]을 보라. 우리가 하느님의 인도를 받고 있을 때는 늘 자신이 생각하고 있던 것과는 조금 다른 방향으로 나아가는 법이다. 우리 행

---

*16 여호와께서 가라사대, '보라. 내가 언약을 세우나니, 곧 내가 아직 온 땅 아무 국민에게도 행치 아니한 이적을 너희 전체 백성 앞에 행할 것이라. 너의 머무는 나라 백성이 다 여호와의 소위를 보리니, 내가 너를 위하여 행할 일이 두려운 것임이니라.'

위에서 자신에게나 타인에게 좋은 결과가 나타나는 것은 우리의 현명함과 계산 때문이 아니라 하느님의 능력 덕분이며, 따라서 그 성과에 대한 명예는 하느님에게 돌아가야 하는 것임을 우리는 느끼고 있다. 그러므로 당신은 생애에서 행한 아주 훌륭하고 선한 일에 대해서 이웃들로부터 명예를 얻지 못했는데, 타인은 하잘것없는 일로 칭찬을 받았다 해도 이상한 일이 아니다. 오히려 그것을 견디는 것을 배워야 한다.

한 사람의 가장 좋은 영향은 보통 그 사람의 후계자에게서, 때로는 그의 무의식적인 제자들에게서 나타나는 법이다.

11월 13일

마가복음 15장 29절*17을 보면, '지나가던 사람들'이 예수를 모욕했다. 이 말은 삶에서 특히 괴로운 시기에 내 마음을 사로잡았는데, '지나가던'이라는 말에 특별히 눈길이 머물러 독특한 느낌을 주었다. 실제로 오늘날에도 예수와 그를 따르는 자를 모욕하는 것은 그저 지나가는 사람들, 즉 그들의 존재와 활동이 일시적이고 또 이내 사라질 사람들이다.

⚜

사상이나 일에서 풍요로운 결실을 거두는 시기가 있는가 하면, 때로는 정신이 휴식을 취하며 새로운 힘을 비축하는 겨울 같은 시기도 있다. 당신은 이러한 시기를 하느님이 내려준 휴식시간으로서 감사하는 마음으로 편안하게 받아들이도록 하라. 이 휴식 기간은 인생에서 가끔 주어지는 것으로 죽음으로 나타나는 것이 아니다. 죽음은 오히려 새롭고 더욱 위대한 활동의 시작이다.

요한계시록 2장 10절, 히브리서 4장 9·10절 참조.

11월 14일

결혼은 결코 가볍게 생각해서는 안 되는 참으로 무서운 일이다. 결혼은 개인에게도 전체에게도 축복의 원천이 되는가 하면, 때로는 다시는 일어설 수 없을 만큼 무겁게, 그들을 언제까지나 짓누를 것처럼 보이는 저주의 원천도 된

---

*17 지나가는 자들은 자기 머리를 흔들며 예수를 모욕하여 가로되, '아하, 성전을 헐고 사흘에 짓는 자여, 네가 너를 구원하여 십자가에서 내려오라.'

다. 이것은 개인과 전체에게 자주 볼 수 있는 일이다.

결혼식 날은 생애에서 특히 중요한 날이며, 그것은 비단 여성에게만 해당되는 것은 아니다. 결혼식 당일의 여러 가지 즐거운 행사에는, 흔히 결혼이라는 것의 엄숙한 의미를 당사자와 그 가족에게 조금이나마 덮어 가리려는 은밀한 의도가 들어 있는 것인지도 모른다.

✤

흔히 가장 좋았던 때로 기억에 남아 있는 것은 처한 상황이 가장 고통스럽게 느껴졌던 시기이다. 아마도 그 시기에 우리가 성장을 했거나, 또는 그 고통이 없었으면 언제까지나 남았을 자신의 결점을 버렸기 때문일 것이다.

디모데후서 3장 11·12절, 히브리서 2장 18절*18 참조.

11월 15일

진정한 지혜가 어디서 오는 것인지 알 길이 없을 때, 요한복음 5장 19·30절*19의 말은 이를 틀림없이 가르쳐줄 것이다. 그리스도도 이 계율에 따랐는데, 우리는 어찌하여 그리스도처럼 지혜의 샘을 찾아가지 않고, 우리 내부에서 지혜를 얻으려 하거나 세상의 학교에서 그것을 배우려는, 말도 안 되는 잘못을 범하는 것일까? 우리는 우리에게도 열려 있는 그 지혜의 샘에 대한 명백한 증거를 그리스도의 말과 행위 속에서 찾아볼 수 있다.

요한복음 7장 15~18절, 6장 63·68절, 마태복음 7장 29절 참조.

---

*18 디모데후서 3장 11~12절, 핍박과 고난과 또한 안디옥과 이고니온과 루스드라에서 당한 일과 어떠한 핍박받은 것을 네가 과연 보고 알았거니와, 주께서 이 모든 것 가운데서 나를 건지셨느니라. 무릇 그리스도 예수 안에서 경건하게 살고자 하는 자는 핍박을 받으리라.

히브리서 2장 18절, 자기가 시험을 받아 고난을 당하셨은즉, 시험 받는 자들을 능히 도우시느니라.

*19 요한복음 5장 19절, 내가 진실로 진실로 너희에게 이르노니, 아들이 아버지의 하시는 일을 보지 않고는 아무것도 스스로 할 수 없나니, 아버지께서 행하시는 그것을 아들도 그와 같이 행하느니라.

5장 30절, 내가 아무것도 스스로 할 수 없노라. 듣는 대로 심판하노니 나는 나의 원대로 하려 하지 않고 나를 보내신 이의 원대로 하려는 고로 내 심판은 의로우니라.

❧

요한계시록 12장 10절, 19장 6*[20]·7·9절을 보라.

이 목소리를 언젠가 당신은 자신의 내부에서 똑똑하게 듣지 않으면 안 된다. 그렇지 않으면, 교회의 죄 사면도 당신에게 아무런 의미가 없다. 그러나 그것을 향해 나아가고 있는 사람은 이미 행복한 사람이다.

요한계시록 7장 14~17절, 3장 12·19·20절, 21장 3~6절.

11월 16일

안타깝게도 대개 진정한 성자에 대해서는 그 생애의 마지막 시기의 일이 아주 조금밖에 알려져 있지 않다. 세상에 알려져 있는 그들의 내적 경험은 그 완성단계 이전의 일이다. 다만 때때로 만년에 한 몇 마디 말이 남아 있어, 그것이 그 마음속을 섬광처럼 비춰준다. 바이욘의 엘리자베스(1613년 출생)가 만년에 한 아름다운 말도 그런 것이다. '나는 내가 생명의 숨결처럼 가벼운 것을 느낍니다.' 이것은 올바른 삶을 살았다면, 누구나 생애의 마지막에 당연히 할 수 있는 말이 아니면 안 된다. 그러나 노년에 접어든 현대의 수많은 교양인들은 그들의 철학이 퇴색해버린 지금, 그 성녀와는 전혀 다른 마음 상태에 있는 것은 잘 알려진 사실이다.

❧

사무엘상 7장 12절에 나오는 '에벤에셀(도움의 돌). 여호와께서 여기까지 우리를 도우셨다'는 말은 이제부터는 노력을 그만두고 쉬면서 즐겁게 지내고 싶다는 의미일 뿐 아니라, 그러므로 주는 앞으로도 계속하여 도와주실 거라는 뜻이다.

결국 진정한 그리스도교인의 삶은 확고하게 이어지는—때로는 내적, 때로는 외적인—승리가 아니면 안 된다. 그러나 인생의 마지막 순간이 끝날 때까지 결정적인 승리, 다시 말해 그 뒤에 평화조약이 맺어지는 승리는 결코 없다. 지상의 적인 악을 상대로 해서 그런 승리는 존재하지 않는다. 다만 개개인의 생활에서 삶의 마지막에 최후의 승리가 있을 뿐이다. 그 전에는 영원한 악과의

---

*20 또 내가 들으니 허다한 무리의 음성도 같고 많은 물소리도 같고 큰 뇌성도 같아서 가로되 '할렐루야 주 우리 하느님 곧 전능하신 이가 통치하시도다.……'

싸움, 대대손손 이어지는 싸움이 있을 뿐이며 평화는 절대로 없다. 이것은 작은 일이 아니며, 끊임없이 새롭게 다져야 하는 어려운 결의이다. 어렵다는 것은 우리가 만나는 적의 강한 저항 때문이기도 하지만, 자칫하면 우리가 적인 악에게 마음이 끌리거나, 하나의 싸움이 끝나면 이에 부합하는 휴식을 원하는 나약함 때문이기도 하다.

11월 17일

살아오면서 나는 여러 번 인간 혐오자가 될 뻔한 시기가 있었다. 그렇게 되지 않을 수 있었던 것은 분명히 인간 사회의 상류계층 사람들과 알고 지냈기 때문이 아니라, 이름 없는 사람들의 삶과 생각을 깊이 이해한 덕분이다.

세상의 작은 것에 특별한 관심과 사랑을 가지게 되면, 현대의 질병과도 같은 염세주의에 걸리지 않게 된다. 이에 반해 높고 고귀한 것, 겉모습만 화려한 것에 대해 마음속에 은밀하게 선망이 남아 있는 한—현대에는 이른바 교양인 계급에서는 거의 예외 없이 그렇지만—'이 세상의 왕'은 아직도 그들에 대한 권한을 잃은 것이 아니며, 따라서 그들은 흔들림 없는 행복에 다다를 수 없다. 또 덧붙이고 싶은 것은 흔히 작은 것은 깊은 관심을 가지고 보면, 일반적으로 큰 것보다 훨씬 흥미롭고 사랑스럽다. 개미집 속의 개미, 부지런한 꿀벌, 피리새 등은 사자나 독수리, 고래 같은 것보다 훨씬 관찰할 만한 가치가 있고 흥미로운 동물이다. 또 작은 고산식물이 화려한 튤립이나 현대의 관엽 식물보다 훨씬 아름답다. 인간의 경우도 마찬가지다. 작은 것으로 눈길을 돌려라. 그러면 삶이 훨씬 더 풍요롭고 만족스러워질 것이다.

⚜

선악을 알게 하는 나무[21]는 인간에게 위험하다. 하느님 나라를 믿는 자는 어디까지나 선의 영역에 머물러야 하며, 악을 연구해 보고자 하는 마음이 있어서는 안 된다. 그렇지 않으면 악의 손이 빨판처럼 뻗어온다. 이 암초에 부딪혀 난파하는 사람들은 헤아릴 수 없이 많다. 그들은 다른 점에서는 여러 가지로 좋은 뜻을 가지고 있지만, 그들이 읽는 책이나 사회적 관계가 나쁘다는 것

---

*21 창세기 2장 9·16절, 3장 1절 이하 참조. (역자주)

만으로도 그 암초에 부딪히고 만다.

11월 18일

우리는 내적 생활을 희생하지 않으면 외부의 적으로부터 벗어날 수 없다. 뿐만 아니라 그리스도교회의 활동적인 일원이 되기 시작한 사람에게는 적이 늘어나는 일이 많다. 그래서 우리는 용기와 내적 평화를 기원하지 않으면 안 된다. 그 밖의 것은 우리에게 아무런 도움이 되지 않는다. 이 경우에 커다란 위안이 될 뿐 아니라 보이지 않는 것에 대한 믿음을 더욱더 강화시켜 주는 것은, 용기와 내적 평화를 얻는 힘조차 가끔 우리의 영혼과 전혀 다른 영혼에서 주어진다는 사실이다. 그래서 우리는 때로는 불행의 한복판에 있으면서도 세상에서 일컫는 행복 속에 있는 것보다 오히려 더 기쁘고 행복하다. 이것이 보이지 않는 세계의 실재에 대해 부정할 수 없는 진정한 증명이다.

보헤미아 형제단 찬송가 691번 참조.

⚜

요한복음 15장 2·18~20절에서 보듯 당신은 사람들이 은혜를 잊고 불공평하게 당신을 판단하며 핍박하는 것을 견딜 수 있어야 한다. 사람들이 다른 사람을 판단할 때 두 가지 잣대를 가지고 있는 것은 그리 드문 일이 아니다. 다시 말해 그 사람이 자신의 동료인지 아닌지에 따라 달라지는 잣대와 그 사람에 대한 진정한 견해를 포함하는 절대적인 잣대이다.

그러나 중요한 것은 오직 하느님의 심판뿐이다. 이 점에 대해서는 요한복음 3장 27·36절[*22]이 세례자 요한의 입을 통해 이를 데 없이 정당한 말을 하고 있다. 진정하고 영속적인 의의는 하느님에게서 주어지는 것이며, 따라서 그것은 그리스도에 대한 인간의 올바른 태도와 관련되어 있다. 이러한 올바른 태도를 가지지 않은 사람들의 머리 위에는 늘 뭔가 형언할 수 없는 것이 맴돌며, 그들이 삶의 목적과 진정한 행복에 다다르는 것을 가로막고 있다.

한편, 그리스도에 대해 올바른 태도를 가지고 있는 사람들은 타고난 재능도

---

*22 요한이 대답하여 가로되 '만일 하늘에서 주신 바 아니면 사람이 아무것도 받을 수 없느니라. ……아들을 믿는 자는 영생이 있고, 아들을 순종치 아니하는 자는 영생을 보지 못하고, 도리어 하느님의 진노가 그 위에 머물러 있느니라.

모자라고 많은 결점을 가지고 있으면서도, 삶의 목적과 진정한 행복에 다다를 수 있다. 우리는 이 과정을 아주 또렷하게 추론해 볼 수 있다.

11월 19일

하느님을 섬긴다 함은 자기 삶의 모든 순간에 가지고 있는 능력과 수단을 하느님의 의지를 성취하는 데 사용하는 것을 뜻한다. 이런 삶이, 아니 이런 삶만이 어두운 그림자가 끼는 일 없는 밝은 빛을 우리에게 준다. 우리는 하느님을 섬기는 삶을 통해 이런 기쁨에 다다라야 하는 사명을 부여받았다. 그 밖의 '섬김'—예배라는 의미도 가진다—은 그다지 도움이 되지 않고, 하느님도 틀림없이 기뻐하지 않는다.

⚜

출애굽기 33장 12절*23은 당신에 대한 하느님의 판결이다. 그런 판결은 언젠가 당신의 삶에서, 또 그저 마음속으로가 아니라 누군가의 입을 통해 확실하게 내려질 것이다. 대개 그 판결을 고하는 사람은 분명히 자신의 생각에 근거하거나 뭔가 외적인 이유에서 그렇게 말하는 것이 아니며, 또 그것을 얘기한 뒤 곧 죽는 경우도 있다. 당신은 일단 그런 판결을 받으면 마음을 굳게 먹고 다른 판결을 내려달라고 하거나, 다른 판결을 찾아다니지 않도록 하라. 왜냐하면 그때 당신은 아브라함과 같은 축복을 받은 것이기 때문이다. 창세기 12장 2*24·3절, 15장 1절, 17장 1·2절 참조. 그러나 이에 대해 창세기 15장 6절에 다음과 같은 교훈의 말이 있다. '아브람이 여호와를 믿으니, 여호와께서 이를 그의 의로 여기셨다.'

로마서 4장 18~22절 참고.

---

*23 모세가 여호와께 고하되 '보시옵소서. 주께서 나더러 이 백성을 인도하여 올라가라 하시면서 나와 함께 보낼 자를 내게 지시하지 아니하시나이다. 주께서 전에 말씀하시기를 나는 이름으로도 너를 알고 너도 내 앞에 은총을 입었다 하셨사온즉'

*24 내가 너로 큰 민족을 이루고, 네게 복을 주어 네 이름을 창대케 하리니, 너는 복의 근원이 될지라.

11월 20일

나 또한 생애에 때때로 불길한 영혼의 방문을 받고, 당장이라도 일어날 것 같은 재앙에 대한 공상에서 헤어나지 못하고 끌려 다닌 적이 있지만, 그런 재앙은 실제로는 일어나지 않았거나 일어나더라도 극복하기 힘든 것은 아니었다. 때로는 이러한 재앙을 피하려는 시도가 재앙 그 자체보다 결과적으로 나쁠 때도 있었다. 이에 반해 하느님을 믿고 있으면, 하느님은 언제나 나를 도와주셨다. 무릇 이 신앙이 없으면, 있는 그대로의 이 세상을 사는 것은 쉬운 일이 아니다. 그러나 이 신앙이 있으면, 누구든지 이 세상을 멋지게 살아갈 수 있다.

이런 진정한 신앙이 있다는 것은 그 자체가 이미 하나의 행복이다. 신앙은 영혼을 기쁨과 확신으로 채워주고, 그 확신은 신앙에 의해 주어지는 마지막 선물처럼 마음을 즐겁게 해주기 때문이다. 반대로 염세주의는 불행과 마찬가지이며 사람을 불행하게 하는 감정이다. 당신은 이 가운데 어느 한쪽을 선택해야 한다. 그것을 선택하는 것은 전적으로 당신에게 달려 있다.

적어도 시편 32장 8·9절*25의 가르침에 따르겠다는 마음이 있다면, 우리는 삶을 훨씬 쉽게 살아갈 수 있다.

✤

지상에서의 하느님 나라는 본디 어느 종족의 역사이다. 그 역사가 차츰 온갖 어려움을 거치면서 특정한 작은 민족과 국토의 국민적 역사가 되었고, 훨씬 뒤에 비로소 완전히 문명화한 모든 민족의 일반역사로 성장한 것이다. 하느님의 나라는 그 점에서 놀라울 만큼 자연스럽고 단순하다. 그 안의 기적적인 일도 단순하고 자연스러운 형식에 싸여 있다. 그래서 하느님의 나라를 이 역사적이고 자연적인 형식 그대로 받아들이는 사람은 그것을 잘 이해할 수 있다. 그러나 그렇게 받아들이는 방법을 오늘날의 교양인들은 거의 잊어버리고 있다.

---

*25 내가 너의 갈 길을 가르쳐 보이고, 너를 주목하여 훈계하리로다. 너희는 무지한 말이나 노새같이 되지 말지어다. 그것들은 자갈과 굴레로 단속하지 아니하면 너희에게 가까이 오지 아니하리로다.

11월 21일

모욕을 두려워하는 마음은 '고귀한' 환경에서 자란 사람들에게 늘 따라다니는 것이어서, 그들이 할 수 있고, 또 해야 하는 많은 일들을 보통 생각하는 것보다 훨씬 심하게 가로막고 있다. 신문의 비난 같은 것은 인생에서 비교적 하찮은 일에 지나지 않는데도, 그들 중에는 어떤 신문의 비난이든 무조건 두려워하는 사람들이 많다. 그런 사람에게 일생에 한 번이라도 굴욕 속에 주저앉았다가 다시 털고 일어서는 일이 있다면, 그것은 하느님의 은총이라 해야 할 것이다. 이것이 이사야 48장 10절*26의 의미이다.

이리하여 그 사람에게서 비로소 두려움이 사라지고, 특히 공화국에서는 단순한 정당원이 되는 것보다 훨씬 훌륭한 일에 도움을 줄 수 있는 사람이 된다. 단테 《신곡》 연옥편 제27곡 16~21행, 천국편 제17곡 50~69행, 다니엘 3장 16~30절 참조.

현대를 살고 있는 사람은 사방에서 그의 마음을 유혹하거나 빼앗으려 하는 많은 것에 대해 늘 솔직하게 이렇게 말해야 된다. "나는 그런 것을 얻기 위해 노력하고 있는 것이 아니다. 그중 어느 하나도 내 영혼을 채워줄 수 없다. 내가 원하는 것은 진정한 자애(慈愛)이다"라고.

✤

요한복음 15장 20~25절을 보라. 자신의 내적 생활이 뚜렷하게 진보할수록, 세상 사람들로부터 전보다 더욱 사랑받고 존경받게 될 거라고 생각해서는 안 된다. 그런 경우 원칙적으로 맨 먼저 나타나는 것은 그리스도에 대한 반감이다. 이 반감은 처음에는 보통 철학적인 논리의 형태를 취하며, 신앙과의 일치만은 지키려 하지만, 끝까지 관철하지는 못한다. 그러다가 결국 무신론이나 범신론에 이르고 만다. 개개의 그리스도교인에게는 그가 아무리 좋은 사람이라도 '이유 없는 증오'가 이어진다.

옛날 그리스도에게 향해졌고, 결과적으로 부당하게 단죄를 도왔던 것도 바로 이 이유 없는 증오였다. 만약 그 무렵 여론이나 신문 같은 것이 있어서 조금이나마 그리스도를 위해 변호했더라면, 세상 사람들과 종교계의 권력자들

---

*26 보라, 내가 너를 연단하였으나 은처럼 하지 아니하고, 너를 고난의 풀무에서 택하였노라.

도 그 방해자를 감히 그렇게까지 배척할 수는 없었을 것이다. 왜냐하면 그들은 입으로는 하느님 이외의 그 무엇도 두려워하지 않는다고 말하지만, 사실은 여론과 신문이 그들에게 공포심을 부추기는 신이기 때문이다.

이러한 증오에 대해서는 그 어떤 저항도 소용없다. '이유 없는' 증오는 언제가 되든 어떤 방법으로도 진정되지 않는다. 그 증오가 가능한 한 '이유'를 찾아내지 못하도록 차라리 참을성 있게 견디는 수밖에 없다.

대신 그에게는 그 몇 배나 되는 보상이 주어진다. 더욱이 그것은 외적인 형태로 주어질 때도 있다. 당신은 곧 그것을 겪게 될 것이다. 마가복음 10장 29·30절 참조.

그러나 어느 세상에서든 좀더 고상한 사고방식을 가진 사람들도 있게 마련이어서, 여론 때문에 박해받고 버림받은 사람들을 찾아내거나, 아니면 너무 늦었을 때는 그가 죽은 뒤에 비로소 기념비를 세우고 신문과 책을 통해 찬양함으로써 그들을 존경하고 '구원'하고자 한다. 그때는 세상 사람들의 의견도 달라질 것이다. 요한복음 19장 38·39절 참조.

이유 없는 증오는 본디 양심의 가책을 증명하는 것일 뿐이다.

11월 22일

하느님의 은총으로 높이 올라갈 때는 언제나 인간에 의한 굴욕과 모욕이 그것에 앞선다. 이것은 참으로 확실한 징조이다. 우리는 자신이 지니고 있는 가치가 인간의 선의나 악의에 따라 주어지는 것이 아니라, 하느님의 섭리로 주어지는 것임을 확실히 깨닫고, 그에 따라 행동해야 한다.

따라서 하느님에 의해 높이 올라가는 것은 우리를 겸손하게 만들지언정 오만하게 만들지는 않는다. 또 그런 모욕은 세상의 보편적인 현상과는 반대로 오히려 우리의 마음을 견고하게 하고 확신을 준다.

미가 7장 8~10절, 스바냐 2장 3절, 하박국 2장 4·20절, 3장 16·18·19절, 에스겔 34장 24~27절, 이사야 43장 11~13절, 46장 11절 참조.

⚜

때때로 사람은 종교와 교회와 철학 따위에 대해서는 이제 아무것도 듣고 싶지 않으며, 그보다 단순 솔직하게 '나의 하느님이여, 내가 주의 뜻 행하기를 즐기오니, 주의 법이 나의 심중에 있나이다*²⁷라고 말할 수 있게 되기를 동경할 때가 있다.

나도 골든 장군 같은 그리스도교인이 굳건한 신앙을 가진 이슬람교인을 존경해야 한다고 여기고, 적어도 대부분의 영국인과 마찬가지로 좋은 사람이라고 생각한 것은 이해할 수 있다.

그러나 그래도 하느님이 원하는 길은 오직 한 사람 그리스도를 통해서이며, 이를 회피하는 것은 결코 용납되지 않는다는 것이 진실이다. 이 글의 첫 부분에서 말한 것과 같은 기분이 들 때도, 이 사실을 끊임없이 생생하게 눈앞에 떠올리지 않으면 안 된다.

11월 23일

마음에 깊은 상처를 받았다고 느끼거나, 더 이상 신경을 통제할 수 없을 것 같을 때는 사람을 만나는 것은 삼가는 것이 좋다. 그 고통을 인간이 아니라 하느님에게 호소하라. 그리고 어느 정도 안정을 되찾으면, 그때 사람을 만나라. 그럴 수 없을 때는 동물이 병에 걸렸을 때 본능적으로 그렇듯이 칩거하라. 그런데 현대인들은 오히려 그런 때일수록 남의 집 대문으로 달려간다. 하지만 상대방은 대개 그들을 도와줄 수 없다.

우리가 비교적 건강한 상태에서 그러한 의지가 약해진 병자나 신경이 예민한 사람과 교제해야 할 때는 그들을 호되게 비난하거나 마음을 안정하라고 훈계하고, 그들의 고통을 하찮은 것이라 설득하며 그것을 버리게 하려고 해서는 안 된다. 이런 방법은 그들을 화나게 할 뿐이다. 그들과 따뜻하게 교제하며, 기분을 흥분시키는 것은 없애고, 휴식과 기분전환이 필요하다고 생각되면 그렇게 할 수 있도록 도와주되, 그들이 일시적으로 흥분해서 하는 말에는 너무 무게를 두지 말아야 한다. 이런 태도가 대부분의 경우 가장 효과적인 대책이다. 선량한 사람들은 자신이 약해져 있을 때도 남을 돕지 않으면 안 되는 경우가 생겼을 때, 오히려 그것을 계기로 자신이 구원받는 경우가 흔히 있다. 그들은 이를 계기로 참으로 쉽게 다시 일어설 수 있다.

---

*27 시편 40장 8절.

✤

우리는 처음에는 믿는 자, 다음에는 금욕자, 마지막에 전도자가 된다. 이 모든 경지가 그 시기에 완전히 끝나면, 지울 수 없는 흔적이 그 사람의 성격에 남아 있어야 한다. 어떤 사람이 정신 생활의 이러한 과도적 단계의 한 과정에 멈춰 있는 것은 좋은 일이 아니다. 그것은 활동하지 않는 신앙이나 사랑이 없는 체념에 머무르게 된다.

11월 24일

요한계시록 21장 22절의 말*²⁸은 교회는 영원한 것이 아니며, 신앙의 길에서 더할 나위 없이 효과적이고 유익하지만, 시간적으로 한정된 지주일 뿐임을 확실하게 보여주고 있다. 무엇이 어디까지 주요한 사항인지 놓치지 않기 위해 늘 이것을 마음에 두는 것은 좋은 일이다.

✤

하느님을 대신해 인간을 지배하는 돈, 명예, 그리고 향락이라는 세 가지 힘과 일단 관계를 끊어버리면, 우리는 분명히 자유를 느끼지만, 그 뒤에 이어지는 최초의 순간에는 환멸을 경험한다. 왜냐하면 자유는 개인적이든 정치적이든 그저 소극적인 것에 지나지 않으며, 그 자체는 아무런 만족도 주지 않기 때문이다. 그것을 위해 인간은—민족도 마찬가지로—어떤 적극적인 사명을 가질 필요가 있다.

11월 25일

전해지는 그리스도의 말에는 더할 나위 없는 '진실'이 있다. 그 말들은 언제나 말 그대로 받아들이지 않으면 안 된다. 이것은 마가복음 16장 17·18절*²⁹에도 적용된다. 그리스도의 말이 조금도 마음에 와 닿지 않을 경우, 그 사람의

---

*28 성 안에 성전을 내가 보지 못하였으니, 이는 주 하느님 곧 전능하신 이와 및 어린 양이 그 성전이심이라.
*29 믿는 자들에게는 이런 표적이 따르리니, 곧 저희가 내 이름으로 귀신을 쫓아내며 새 방언을 말하며, 뱀을 집으며 무슨 독을 마실지라도 해를 받지 아니하며, 병든 사람에게 손을 얹은즉 나으리라.

그리스도교 신앙은 마땅히 그럴 수 있고 또 그래야 하는 모습이 아직 못 된 것이다.

❦

그리스도교는 놀랄 만큼 적극적이다. 우리는 그리스도교를 단순한 가르침으로 오래도록 가만히 품고 있어서는 안 된다. 반드시 이것을 실제로 적용하고, 또 이 영혼을 좇아 '행해야'[30] 한다. 그렇지 않으면, 만족하지 못하고 모든 무익한 의문과 사변에 빠지거나, 다양한 공리(公理), 의식, 집회 등을 도입하지 않을 수 없으며, 그것을 통해 마음의 공허감을 달래려고 한다. 신앙을 재미나 취미로 만드는 것을 조심하라. 가장 기본적인 의무를 다하는 것이 최선이다. 단, 당신이 희망을 걸고 있는 영혼을 통해 모든 것을 이루지 않으면 안 된다.

11월 26일

어떤 종류의 선전이든 너무 요란하게 할 경우에는 신용해서는 안 된다. 진정 훌륭하고 하느님의 뜻에 합당한 일과 사람은 선전 같은 것은 하지 않아도 남에게 알려지게 마련이다. 반대로 처음에는 정말 좋았던 것도 선전으로 손상되는 경우가 적지 않다. 그리스도교 자체가 그 전형적인 실례이다.

❦

근대의 한 저술가는 이렇게 말했다. "인간에게 신앙이 시작된 것은 어떤 요구 때문이다." 바꿔 말하면 인식으로부터가 아니라는 것이다. 단, 불행에 대한 인식, 특히 완전히 신앙 없이 인생을 보내는 자신의 불행에 대한 인식은 별개이다. 자기보다 높은 것에 자신의 의지를 바치려 하지 않는 사람은 진심으로 믿음을 가지는 것이 불가능하다. 뿐만 아니라 신앙심이 깊은 사람도 아무리 보잘것없는 것이라 해도 다시 자신의 의지를 가지기 시작하는 순간부터 이상하게 신앙은 당장 멈춰버린다. 그런데 자신의 의지와 생명을 그가 믿고자 하는 하느님에게 바치기로 굳게 결심한 사람은 믿음을 가질 수 있고, 또 그것을 곧바로 경험할 수 있다.

---

*30 갈라디아서 5장 16절, "내가 이르노니 너희는 성령을 좇아 행하라……."

신앙의 시작과 그때 그 사람에게 유일하게 요구되는 것은 의지적인 행위이다. 그 다음 일은 하느님이 이루어줄 것이다.

11월 27일

무슨 일이든 그것을 상세히 잘 알고 정통해지는 것은 결국 좋은 결과를 낳는다. 무지는 그 반대이다. 이 세계도 그 속에 품고 있는 여러 가지 성질과 요소를 가능한 한 완벽하게 앎으로써 우리의 것으로 만들어야 한다.

그러나 나는 행복을 촉진하는 것과 거리가 먼 일에 내 삶을 바치고 싶지는 않다. 어쨌든 향락과 단순한 돈벌이보다 그리 필요하지 않고 유용하지 않더라도, 무언가 학문에 평생을 바치는 것이 훨씬 더 가치가 있다.

특히 수많은 여성들이 날마다 무익한 생활을 보내고 있다는 심각한 갈등에 시달리면서, 진정한 심신의 건강에 이르지 못할 뿐만 아니라, 지금 가지고 있는 건강조차 끊임없이 염려하는 나머지 오히려 해치거나, 완전히 잃어버리게 됨은 아주 당연한 일이다. 그런 여성들에게 의사는 먼저 이렇게 말해야 할 것이다. "일하십시오. 당신들도 다른 사람들과 마찬가지로 일하는 것이 사명이며 의무입니다. 당신들의 보잘것없는 자아보다 더 큰 것에 흥미를 가지도록 하십시오."

그렇게 하지 않으면 어떤 의사의 도움도 효과가 없을 것이다.

❧

우리가 자신에게나 타인에게 참으로 진실하고 순박한 태도로 대하는 습관을 기르려 노력하고, 또 실제로 그렇게 할 수 있다면, 엄청난 진보를 이룩할 것이다. 그러나 인간은 자신의 힘으로 그렇게 하는 것은 도저히 불가능하다. 먼저 하느님의 학교에서 하느님을 진실하고 성실하게 섬기는 데서 시작하지 않으면 안 된다. 그리하여 진리에 차츰 마음이 끌리게 되고 거기에 몸을 맡기는 것을 배워야 한다.

만약 남이 정직하지 않은 것에 대해 우리가 얼마나 민감한지 안다면—이것은 누구나 쉽게 경험할 수 있는 일이다—우리는 틀림없이 훨씬 더 빨리 정직해질 수 있다. 타인이 정직하지 못한 것에 무척 민감하게 반응한다는 사실만 봐도, 남을 속이는 것은 불가능하다는 걸 알 수 있다. 그러나 타인의 이기주의,

특히 허영심을 이용해 속이는 것은 별개이다. 허영심은 타고난 양식의 모든 경고로부터 그들을 장님으로 만들고 귀머거리로 만들기 때문이다.

11월 28일

뭔가 일을 할 때는 늘 가장 필요한 것을 먼저 하라. 힘차게, 그리고 그 일의 중요한 부분부터 시작하는 것이다. 이것이 많은 일을 하기 위해 시간을 벌 수 있는 방법이다. 이와 마찬가지로 두 번째로 좋은 방법은 불필요한 일과 노동은 모두 피하는 것이다.

그런 다음, 늦기 전에 향락이나 교제의 의무라고 불리는 참으로 쓸데없는 것을 그만둘 수 있다면, 억지로 노력하지 않아도 충분히 건강을 유지하면서, 보통사람의 두 배, 세 배나 많은 일을 할 수 있다.

⚜

모든 것을 하느님에게

때로는 용기가 꺾이더라도
하느님을 굳게, 굳게 의지하라, 내 마음이여.
이룩한 것은 단 한 가지도 없는
나의 용기를 믿어서는 안 된다.
그러면 너의 삶의 길은 바뀌어
은총이 쏟아지기 시작하리라.

그러면 주님의 힘은 더욱더 강해져서
이제 옛날의 네가 아닌
네 모습 안에서 주께서 작용하여
어둠과 빛
인간과 그리스도가
서로 부딪치는 일이 없으리라.

11월 29일

극복, 다시 말해 이 삶에서 나쁜 것과 추한 것을 적대하며 끝까지 승리자가 되는 것이 바로 삶의 진정한 좌우명이다. 그러나 이것은 모든 것을 가볍게 받아들이고, 싸움은 가능한 한 피하거나 속이며, 결국 스토아 식의 무감각하게 적에게 절을 하고 전면적으로 적의 진격을 허락한다는 의미는 아니다. 오히려 하느님이 싸우는 자에게 주시는 힘으로 싸우고, 그 뒤에 '모든 것을 이어가는 것'을 말한다.

요한계시록 3장 12, 21장 7·8절, 보헤미아 형제단 찬송가 384번 참조.

내적 성장, 이것은 말 그대로 성장이므로 거기에는 인내가 필요하다. 그리고 이 성장의 각 단계에도 충분한 시간이 필요하다. 그럼에도 이 싸움은 때때로 상상하는 것만큼 오래 이어지지는 않는다. 히브리인에게 보내는 아름다운 편지*31에서 말한 것처럼, 이미 이 지상에도 '하느님의 백성을 위한 안식'이 남겨져 있으며, '하느님의 안식에 들어간 자는 하느님이 행위를 멈추고 쉬신 것처럼 자신도 행위를 쉰다.'

⚜

살아가면서 나에게는 늘 많은 적들이 있었지만, 그들은 나를 조금도 해치지 못했고, 오히려 나에게 적극적인 이익을 가져다주었다. 그런데 이와는 반대로 대체로 친구들에게서 진정한 격려를 받은 일이 그리 많지 않았다. 다음의 조언은 나의 인생 경험으로 받아들이기 바란다. 우정은 정말 고귀한 보물이며 적의를 경험하는 것은 늘 괴로운 일임에 틀림없다. 그러나 진정한 내적, 외적 진보에 비해 우리는 친구를 너무 간절히 구하고, 적을 너무 지나치게, 또 불필요하게 두려워한다.

11월 30일

하느님의 존재에 대한 경험이 없으면, 우리는 마음속으로는 무신론자이다. 아무리 열심히 교회에 다녀도—이것이 반드시 우리를 무신론에서 지켜주는

---

*31 히브리서 4장 9·10절.

것은 아니다—또 아무리 무신론과 불가지론이 진실이 아니라고 생각해도, 역시 우리는 무신론자이다.

하느님에 대한 경험이 없으면, 현대에 사는 사람들은 갈수록 불신앙으로, 그리고 진화론에서 설명하는 것처럼 오직 고등동물로서의 생존을 향해 나아갈 것이다.

그러나 하느님은 자신의 존재를 커다란 전체로서 스스로 증명할 것이다. 다시 말해 먼저 자연과학이 철학에 대해 우위를 차지하게 된 지 불과 3~40년밖에 되지 않았는데도, 이미 철학에 대한 사람들의 깊은 불신이 나타나고 있고, 그 결과로서 '유혹의 힘'[*32]과 무서운 운명이 사람들을 덮치고 있는 것에서도 명백하다. 따라서 깊이 생각하는 사람이라면 누구나 이 사실에 눈을 뜨고, '진화론이 말하는 세계는 도저히 존재할 수 없다. 그러므로 실제로 그것은 지난 수천 년 동안—사람들은 물론 그런 학설조차 몰랐다—존재했을 리가 없으며, 다만 학문적 가설에 지나지 않는다'는 것을 깨닫게 될 것이다.

하느님을 믿지 않는 사람이라도 이상주의적 욕구를 가지고 있는 한, 무언가 인간적인 이상을 내세우고—이를테면 괴테처럼—그 완전함의 척도를 축소하고 싶지 않다면, 인공적인 장점을 만들어내어 그 이상상(理想像)을 나타내게 된다.

한편, 그렇게 하기에는 지나치게 영리하고 세속의 경험도 많은 사람들은 절대적인 회의주의에 빠진다. 그리고 이 세상의 모든 선을 의심하며 비웃음으로 경멸하려 들 것이다. 그러나 그렇게 되면, 도대체 인생이란 무슨 가치가 있을 것인가?

그리스도는 이런 위험에서 우리를 구해주었다. 그리고 인류에게 다시 진정한 이상을 심어주었다.

다윈 이후 영국의 과학적 진화론의 주요 대표자가 다음과 같은 주목할 만한 발언을 했다(《토마스 헉슬리[*33]의 전기 와 서간》L. 헉슬리 편저).

'인간을 통해 작용하는 '섭리'가 도덕을 낳았다는 것은 아마 옳은 말일 것이다. 그러므로 생물계의 한정된 아주 작은 부분에서 도덕적 섭리가 작용하고

---

*32 데살로니가후서 2장 11절.
*33 토머스 헉슬리(1825~1895). 영국의 생물학자. 런던대학 교수. (역자주)

있다. 우주의 극미한 단편인 이 작은 영역 안에서만 정의를 향해 흐르는 강물이 있다. 그러나 이 강물을 끌어온 에덴동산의 미세한 발아 밖에서는 어떠한 '도덕적' 의도도 발견할 수 없다. 거기에는 주로 '생존경쟁'을 통해 우주의 완성으로 향하는 흐름밖에 찾아볼 수 없으며, 이 흐름은 다른 메커니즘과 마찬가지로 정(正)도 아니요 부정(不正)도 아니다.'

'만약 섭리가 자연의 가장 보잘것없는 한구석에서라도 우연을 완전히 배제한다는 의미라면, 또 이 섭리가 우주는 합리적인 것이고, 모든 시간의 흐름 속에서 흐트러지는 일 없는 질서가 우주를 지배해 왔다는 신념을 의미한다면, 나는 그것을 인정할 뿐만 아니라 모든 진리 중에 가장 중요한 것이라고 생각하고 싶다.'

'영원히 이어지는 진보를 지배하고 있는 조화로운 질서, 다시 말해 우리와 무한 사이에 드리워진 그 베일(자연)을 한 오라기의 실도 끊어지지 않게 천천히 짜나가는 물질과 힘의 씨실과 날실인 우리만이 알 수 있는 이 우주, 이것이 바로 과학이 세계를 향해 그려 보이는 그림이다.'

'나는 사회에서 축복의 원천이 되도록 설립된 교회를 상상할 수 있다. 그 교회에서는 매주 예배가 바쳐지지만, 그것은 신학의 추상적인 테마를 되풀이하기 위해서가 아니라, 사람들의 마음에 진실하고 올바르며 깨끗한 삶의 이상을 심어주기 위한 것이다. 또 하루하루 무거운 마음의 고통에 지친 사람들 누구나 들어갈 수 있도록 허락되어 있는—하지만 실제로는 일부밖에 다다르지 못했다—곳으로, 더 높은 생활을 생각함으로써 한 때의 안식을 찾아낼 수 있는 장소이다. 이렇게 나는 실무가든 생활인이든 그들이 쉬지 않고 추구하고 있는 성과가 평화와 사랑에 비해 얼마나 하찮은 것인지 깊이 생각하고, 반성할 시간과 기회를 가질 수 있는 장소를 생각할 수 있다. 그런 교회가 정말 있다면, 그것을 파괴하려는 사람은 아무도 없을 것이다.'

독자들이여, 당신은 이 말에 대해 다음과 같은 생각을 할 수 있지 않을까?

(1) 그런 교회야말로 우리가 희망하는 것이지만, 단 좀 더 견고하고 근본적으로 만들어져야 한다.

(2) '조화로운 세계질서'는 처음 그것을 창조하고 조화롭게 유지해가는 영혼이 없으면 존재할 수 없다. 그런 질서는 우연히, 그리고 저절로 생기는 것이 아니다.

(3) 이 질서를 주는 영혼이 이 세계를 부분적으로만, 그것도 아주 적은 부분만 지배하고, 그 밖의 대부분을 그 자체의 운명에 맡긴다는 것은 진리일 리가 없다. 겉으로 보기에 하느님에 의해 지배되지 않은 것처럼 생각되는 장소도 조화로운 세계질서의 일부이며, 다만 우리가 그것을 충분히 이해하고 있지 않을 뿐이다. 전능하지 않은 하느님이나 세계를 창조하기는 했지만 통치하려 하지 않는 하느님, 그런 하느님은 아예 하느님이 존재하지 않는다고 말하는 것보다 더 이해할 수 없다.

이런 학자들을 향해 이제 '네가 하느님의 나라에 멀지 않도다'[*34]라고 말할 수 있으리라. 뿐만 아니라 '당신이 생각하고 있는 것보다 가깝다. 당신의 싸움은 진정으로 실재하는 하느님을 적대하는 것이 아니라 당신이 멋대로 상상한 하느님의 환영을 상대로 하는 싸움이며, '그리스도의 교회'에 대한 것이 아니라 당신이 싫어하는 인간적인 교회제도에 대한 싸움이기 때문이다'라고.

그래도 아직 내면에 이 견해에 거부감을 느낀다면, 그것은 진리에 대한 사랑을 빙자한 학문적인 오만에 지나지 않는다. 그런 오만에서는 완전한 신념도 충분한 만족도 결코 생기지 않는다.

요한복음 4장 13·14절, 7장 37·38·40·46~48절, 이사야 43장 19절 참조.

어떤 사람의 생애에서 최대의 날이라 함은 그 사람의 역사적 사명, 즉 하느님이 이 세상에서 그를 사용하고자 하는 목적을 뚜렷하게 알고, 지금까지 그가 인도되어 온 모든 길이 그곳으로 통하고 있음을 깨달은 날을 말한다.

---

*34 마가복음 12장 34절.

12월

12월 1일

노년기가 시작되는 어느 날, 한 번쯤 자신의 과거를 정리하지 않으면 안 된다. 분노하지 않고 후회하는 마음도 없이, 과거의 장부를 덮고 다시 열어서는 안 된다. 지난날의 모든 좋은 일에 감사하라. 특히 모든 일이 좋은 결과로 끝난 것에 감사하라. 마지막으로 참으로 많은 일들이 더 이상 일어나지 않고 영원히 정리된 것에 감사하라.

그런 다음, 지금까지의 생활과는 전혀 다른 '영원한' 생명을 향해 나아가라. 그곳에 들어갈 수 있는 조건은 요한복음 17장 3절[*1]과 6장 40절[*2]에 적혀 있다. 앞날의 전망은 이제부터 무한하다.

> 우리가 걸어가는 순례의 여행길에서
> 더 크고 더 깊은 가르침을 배우며
> 축복의 작용 속에서 조용히
> 결코 지치거나 쉬지 않고
> 언제나 새로운 힘으로
> 성스러운 것과 참된 것에 봉사하라.
>
> —웨스트민스터 대수도원장 스탠리

여기에 또 덧붙이고 싶은 것은 영원한 생명에 이르려면 단순히 '죄의 용서'뿐만 아니라, 그 이상으로 스스로 죄를 잊는 것이 중요하다는 점이다.

로마서 4장 7절과 시편 32편 1절 또한 '사함'과 '가림'이라는 말로 이것을 구

[*1] 영생은 곧 유일하신 참 하느님과 그의 보내신 자 예수 그리스도를 아는 것이니이다.
[*2] 내 아버지의 뜻은 아들을 보고 믿는 자마다 영생을 얻는 이것이니, 마지막 날에 내가 이를 다시 살리리라.

별하고 있다. 이 둘은 서로 다른 단계이며, 시간적으로도 멀리 간격을 두고 일어날 수 있다. 그러나 하느님의 용서는 인간의 마음에서 악의 기억이 남김없이 씻겨 나갔을 때, 비로소 완성된다. 왜냐하면 대개 악으로의 역행은 바로 그 고통스러운 기억을 통해 막아야 하는 것이지만, 이렇게 되면 더 이상 역행할 염려가 없기 때문이다.

레테의 강물을 마시면, 죄에 대한 모든 기억과 함께 인생의 모든 추하고 고통스러운 것에 대한 기억도 사라지며, 따라서 하느님의 한없는 은총이라는 행복밖에 남지 않게 된다. 이 레테의 강은 단테의 《신곡》에서는 피안, 즉 천국에 있는 것이 아니라 차안인 연옥에 있다. 그러나 이미 이 지상에서 과거의 모든 고통스러운 기억에서 완전히 해방되는 것은, 그 전에 자신의 모든 잘못을 정직하게 인정하고 진심으로 회개한 자뿐이라고 한다.

단테 《신곡》 연옥편 제28곡 127·128행, 제29곡 3·71행, 제30곡 142~145행, 제31곡 40~42, 94~103행 참조.

레테의 강

'사함'이란 은혜로 가득한 말
그러나 마지막 말은 아니다.
우리는 은총의 나라에 들어갔을 때
자신이 저지른 죄를 떠올리고 싶지 않다.

우리의 마음속에도
지난날의 기억을 남기고 싶지 않다.
이제부터 새로운 생명은 오로지
밝은 햇빛 속에서 빛나야 한다.

지난날 우리에게 가해진
타인의 행위도 기억하고 싶지 않다.
그렇지 않으면, 입으로는 '용서한다'고 말해도
마음속으로는 다시 원망하게 될 테니.

우리가 원하는 천국은
지상의 기억이 닿지 않는 곳
어두운 그림자가 조금도 남지 않도록
빛의 강물에 몸을 씻고 싶다.

❦

당신이 이 세상의 왕인 악과 한번 인연을 끊었다면, 다시는 그의 영역 안에 잡혀가지 않도록 조심하라. 그는 자신의 영역 안에서는 당신을 지배하는 힘을 가지고 있지만, 다른 데서는 아무런 힘이 없다. 그가 인간을 억지로 자신에게 봉사하게 하는 주요 영역은 돈과 명예와 향락이며, 또 그것에 따르기 마련인 거짓말과 근심이다.

12월 2일

우리는 의심 많은 사람과 불행한 사람, 또 고독한 사람들에게 이렇게 호소하고 싶다. '그리스도교를 꼭 한번 시험해보라. 당신은 지금까지 모든 것을 시험해봤을 것이다. 그러니 이번에는 그리스도교를 시험해볼 차례다. 그 가르침 쪽에서도 당신이 그렇게 하는 것을 환영할 것이다'라고.

마태복음 11장 28~30절, 19장 29절, 요한복음 1장 12절, 6장 37절, 7장 17절 참조.

그러나 그 시험의 대상은 가장 오류가 적고 단순한 그리스도교가 아니면 안 된다. 그리스도교만이 약속하고 있는 모든 것을 책임질 수 있다. 그것이 복음서에 기록된 그리스도의 말이다. 다른 것은 모두 보충설명일 뿐이다. 분명히 다른 부분도 뛰어나고 유익한 것이기는 하지만 그래도 보충설명일 뿐, 그리스도의 말과 같은 가치를 요구할 수는 없다. 사도들도 그런 당치도 않은 요구를 할 생각은 하지 않았을 것이다. 처음에는 그리스도의 '신성'도 믿을 필요가 없다. 그것은 그리스도가 구도자에게 확실하게 허락한 것이다. 나중에 그리스도의 말과 다른 사람의 말을 받아들인 결과에 따라 그 둘의 차이를 느끼면, 그리스도의 신성은 저절로 이해할 수 있게 된다.

마태복음 12장 32절, 요한복음 6장 68·69절 참조.

지금까지 1900년 이상 흘러오는 사이 다른 모든 것들이 무섭도록 변해버렸음에도, 오직 그리스도교만은 그리스도가 부활한 뒤 제1일과 마찬가지로 오늘날에도 존속하고 있고, 그때와 똑같이 믿음이 강한 신자가 있다. 또 그 오랜 세월 동안 이 진리에 덧붙여진 잘못된 설명과 과장된 견해가 모두 사라지고, 이 진리만이 더욱 뚜렷하고 믿을 만한 것으로 남아 있다는 이 모든 사실로 보아, 이해력이 있는 사람이라면 누구나 마태복음 21장 44절[*3]과 24장 35절[*4]의 말이 진실임을 인정할 것이다.

그리고 이 가르침에 의한 '결실' 또한 고대 그리스 로마의 신화와 불교, 중국 철학, 이슬람교의 가르침의 결실과는 전혀 다른 것이었다. 그리스도교에도 여러 가지 결함이 있다 해도, 그것은 이 가르침을 따르는 것에서 비롯된 것이 아니라, 그것을 따르지 않기 때문에 비롯된 것이다. 그리스도교도가 모두 이슬람교도처럼 충실한 신자들뿐이었다면, 세계의 전반적인 상황은 지금보다 훨씬 나았을 것이다.

모든 존재는 그 특성에 따라 자기를 발전시키고 실현하고자 하는 타고난 충동을 내부에 지니고 있다. 이것은 다른 데는 있을 수 없는 것으로 조금도 잘못된 것이 아니다. 자연스러운 본성을 아무런 이유 없이 '금지하는' 것은 정신적 의미의 자살이나 다름없다.

그러나 우리의 진정한 본질의 발전과 실현은 자신의 지혜보다 뛰어난 하느님의 예지에 따라 하느님의 길에서 실천해야 한다. 하느님의 의지는 일반적으로는 성서를 통해, 개별적으로는 우리 삶의 내적 운명을 통해 계시되는데, 이 하느님의 의지를 아무런 망설임 없이 자신의 의지로 받아들이고 기꺼이 그것과 하나가 되는 것, 그것이 삶의 가장 큰 과제이며, 또 하느님의 뜻에 합당한 공물이기도 하다. 그 밖의 다른 과제는 존재하지 않는다. 이 공물을 나날이 바치는 사람은 하느님의 축복을 받은 사람이며, 또 오늘날 내적 종교관에 의하면, 자신을 위하고 가정을 위하며, 나아가서는 민족을 위하는 하느님의 제사

[*3] 이 돌 위에 떨어지는 자는 깨어지겠고, 이 돌이 사람 위에 떨어지면 저를 가루로 만들어 흩으리라.

[*4] 천지는 없어지겠으나 내 말은 없어지지 아니하리라.

장이다.

12월 3일

언젠가 진지하게 성서를 읽어보고자 하는 마음이 들면—실제로 그리스도교가 무엇인지 알고 그 가치를 배우는 데는 이것이 가장 좋은 방법이며, 이 사실은 영원히 변치 않을 것이다—우선 철저하게 자신의 나약함, 또는 그런 일에 마음이 내키지 않아 하는 '낡은 인간'을 염두에 두어야 한다. 그리고 뭔가 전혀 흥미가 느껴지지 않거나 이해할 수 없을 때는 곧바로 읽는 것을 멈추라.

성서의 명저를 모조리 섭렵하는 것은 확실히 좋은 일이다. 그러나 그 가운데 아주 많은 것들은 이제 막 공부를 시작한 사람에게는 무의미하거나 기이한 인상을 주는 것도 부정할 수 없는 사실—그렇다고 그것들이 없는 게 낫다는 뜻은 아니다—이다. 따라서 먼저 복음서부터 읽는 것이 좋다. 이것은 특히 중요한 사항으로, 그 복음서들은 성실한 사람이라면 누구에게든지 틀림없이 깊은 감명을 줄 것이다. 그 다음에는 역사서—창세기에서 에스더까지—를 읽는 것이 좋다. 고대의 다른 역사서들 가운데 이에 필적하는 것은 하나도 없다. 그 뒤에 시편과 욥기, 그리고 예언서를 읽도록 하라. 마지막으로 사도들의 편지와 사도행전, 요한계시록을 읽으면 된다. 그즈음부터 우리의 역사가 시작되었다. 구약의 잠언과 전도서와 아가서는 옛날의 시와 격언을 모아놓은 것으로 흥미롭게 읽을 수 있다. 그 말들이 부처한테서 나왔거나 베다[*5]에 실려 있었다 해도, 변함없이 더할 나위 없는 찬사를 들었을 것이다.

아무튼 성서 가운데 어떤 것을 특별히 좋아하는가는 전적으로 개인적인 문제이다. 시편 제37편과 73편은 '악인의 형통함[*6]'에 대해 의혹에 빠졌을 때 가장 위로가 되는 노래이다. 유명한 시편 제90편은 가장 오래된 기도이지만, 오늘날에도 그때와 같이 신선하고 아름답다. 마찬가지로 제91편은 옛날부터 모든 전사와 용사들이 애호했던 노래이다. 요한복음은 그리스도교의 내적 본질이 가장 잘 표현되어 있다. 마가복음은 직접적인 증인들의 생생한 기억을 토대로 기록된 것이다. 사실을 근거로 한 가장 오래된 이야기로서 이를 데 없이 간결하게 기록되어 있다. 그러나 이 복음서의 마지막 부분에는 내가 아는 한 비

[*5] 바라문교의 근본성전.
[*6] 시편 73편 3절.

판을 면치 못할 점이 있는 것 같다. 그래도 이 문서들은 읽는 사람이 성실하다면, 그 사람의 체험으로 증명된 내적 진리가 완전히 믿을 수는 없는 다른 역사적 비판보다 훨씬 중요하다.

어쨌든, 풍요로운 내용과 영혼을 울리는 힘에 있어서 성서에 비할 수 있는 책은 예나 지금이나 존재하지 않는다.

✻

현세의 일에서도 깊은 인식과 예지는 그 사람의 영혼을 끊임없이 향상시켜 초지상적인 것을 향하게 하는 데서 생긴다. 그런데 이와는 반대로 늘 복잡한 세상사에만 몰두하는 것은 그저 마음만 어지럽힐 뿐이다. 이 세상의 현자들에게는 보이지 않는 많은 것들이 마음이 단순한 사람들에게는 오히려 훤히 보이는 것도 바로 그 때문이다.

12월 4일

미래에 대해, 이 세상의 마지막에 대해 생각하는 것은 헛된 일이다. 그것은 어느 누구도 막연한 짐작조차 할 수 없기 때문이다. 그리스도도 그것은 알지 못했다(마태복음 24장 36절*⁷). 이와 같이 알 수 없는 일이고, 또 사도 바울의 예언도 틀렸다는 사실은(데살로니가전서 4장 17절*⁸) 그에 미치지 못하는 우리에게 하나의 교훈이기도 하다. 우리가 깊이 생각하고 배려해야 할 일은 그것 말고도 얼마든지 있다. 미래에 대한 걱정은 우리에게 주어진 사명이 아니다. 우리에게는 마태복음 28장 18~20절*⁹의 예수의 말만으로 충분하다.

✻

하느님에 대한 불성실, 즉 지상의 것에 대한 신뢰와 만족을 경계하라. 그렇

---

*7 그 날과 그 때는 아무도 모르나니, 하늘의 천사들도 아들도 모르고 오직 아버지만 아시느니라.

*8 그 후에 우리 살아남은 자도 저희와 함께 구름 속으로 끌어올려 공중에서 주를 영접하게 하시리니, 그리하여 우리가 항상 주와 함께 있으리라.

*9 예수께서 나아와 일러 가라사대, 하늘과 땅의 모든 권세를 내게 주셨으니, 그러므로 너희는 가서 모든 족속으로 제자를 삼아 아버지와 아들과 성령의 이름으로 세례를 주고, 내가 너희에게 분부한 모든 것을 가르쳐 지키게 하라. 볼지어다! 내가 세상 끝날까지 너희와 항상 함께 있으리라.

지 않으면 천상의 것에 끊임없이 이끌리는 마음을 잃어버리게 된다. 이것이 당신이 주의해야 하는 사항이다. 그 밖의 것은 하느님에게 속한 자의 경우에는 하느님이 배려해주신다. 하느님의 축복이야말로 인간의 진정한 행복의 비결이다.

12월 5일

'여호와께서 그 사랑하시는 자에게는 잠을 주시는도다.'[*10] 이 말의 의미는 하느님에게 사랑받는 사람들은 필사적으로 노력하고 아부하거나, 좋지 않은 수단을 사용하면서까지 성공과 영달을 도모할 필요가 없으며, 그들에게는 일과 생활비, 좋은 결혼, 친구, 체력, 건강, 필요한 경우의 휴식 등 인생의 중요한 보물이 다 주어진다는 뜻이다. 그러나 그들은 하느님의 명령을 망설임 없이 그 자리에서 충실하게 이행하고, 일을 하며, 하느님의 선물을 정성껏 사용함으로써 이웃을 돕지 않으면 안 된다.

하느님과 그리스도와 함께 사는 것은 세상에서 특별히 쉬운 삶의 방법이다. 그리고 그 삶의 방법에는 천진무구한 가벼움도 태어나는데, 이러한 가벼움은 인간의 삶을 이 세상의 어떤 향락보다 더욱 즐겁게 해줄 수 있다. 또 그렇게 하는 데 돈은 거의, 아니 전혀 필요하지 않다. 그런 삶에 필요한 것은 오로지 하느님과의 흔들림 없는 교제뿐이다. 이러한 삶은 불행한 사람들에게 진정한 구원이 된다. 그들이 이런 구원에 대해 알고 그것을 원한다면, 구원은 반드시 주어지기 때문이다.

마태복음 11장 30절, 14장 30·31절, 19장 29절, 요한복음 15장 7절, 16장 24·33절, 요한1서 5상 3절, 말라기 3장 14~18·20절 참조.

⚜

뒤돌아보지 마라
그리운 골짜기를
그 옛날의 기쁨을
지난날의 고통을

---

*10 시편 127장 2절.

하늘에 푸르른
새 나라가 보인다
네 손으로, 저곳에
하느님의 궁전을 지어라.

지금은 결코
키를 놓아서는 안 된다
목표를 잃지 말고
얼굴을 돌리지 마라.

오로지 나아가자
동경의 나라로.
이미 영혼의 눈동자에
보이기 시작하는 뭍.

하느님 나라가 가까워진다—
땅은 이미 사라졌다.

12월 6일

'무릇 사람을 믿으며 혈육으로 그 권력을 삼고, 마음이 여호와에게서 떠난 그 사람은 저주를 받을 것이라. 그러나 무릇 여호와를 의지하며 여호와를 의뢰하는 그 사람은 복을 받을 것이라.

그는 물가에 심기운 나무가 그 뿌리를 강변에 뻗치고 더위가 올지라도 두려워 아니하며, 그 잎이 청청하며 가무는 해에도 걱정이 없고 결실이 그치지 아니함 같으리라.'*11

이 말은 순간적으로 생각하는 것보다 많은 진실을 담고 있으며, 이 말을 믿는 자는 인생의 온갖 슬픈 일을 겪지 않아도 된다. 적어도 나는 지금까지 살아

---

*11 예레미야서 17장 5·7·8절.

오면서 인간을 너무 믿으려 할 때마다 이내 그 믿음이 배반당하는 것을 겪었다. 이에 반해 하느님에 대한 믿음이 충분했을 때, 그것이 배반당한 일은 지금까지 한 번도 없었다. 보헤미아 형제단 찬송가 173~176번 참조.

이것을 진심으로 믿을 수 있게 되려면 오랜 시간이 필요하다. 그래서 그것이 가능해지기도 전에 인생은 이미 거의 끝나간다. 그러나 그때야 비로소 인간을 진정으로 사랑하기 시작한다. 그때까지는 정도의 차이는 있을지언정 인간을 두려워할 뿐이다.

✤

코헤레스,[12] 즉 전도서 제1장에서 제3장은 인간의 삶과 그 다양한 목적에 대한 올바른 고찰을 담고 있다. 3000년 뒤인 오늘날에도 사람이 오직 '삶의 즐거움을 만끽하는 것'만 원한다면, 분명히 그런 심경[13]에 빠질 것이다. 칼라일에 의하면, 가장 좋은 것은 '일하되 절망하지 않는' 것이라고 한다. 그러나 그것이 가능한 사람, 또 그것을 원하는 사람은 드물다. 어느 누구도 기쁜 마음으로 그렇게 한 사람은 없었다. '일하되 절망하지 않는' 생활은 인간이 진심으로 원하는 강력한 생활의 보잘것없는 대용품에 지나지 않는다. 그러므로 하느님의 은총 속에서 단순히 '그리스도의 면류관과 거룩한 약속을 위해서'라는 깃발 아래 사는 편이 훨씬 좋다. 이것이야말로 이 지상에서 마음을 채워주는 것이다. '휴식은 다른 곳에'[14] 있다.

다만 이 고귀한 네덜란드인[15]의 아름다운 말도 우리가 마음에 강한 힘을 느낄 때는 되뇌이려 하지 않는다. 그보다 오히려 고대 게르만의 발할라[16]의 관념, 즉 끊임없이 싸움이 벌어지고, 싸움이 없으면 영웅들이 살고 싶어하지 않았다는 천국에 대한 희망을 닮은 것이 우리 정신 속에 눈을 뜰 것이다. 그

---

[12] 전도서의 히브리어명. '집회의 지도자'의 뜻으로 알려짐. (역자주)
[13] 전도서 제1장. 전도자가 가로되 헛되고 헛되며 헛되고 헛되니 모든 것이 헛되도다. 사람이 해 아래서 수고하는 모든 수고가 자기에게 무엇이 유익한고. ……내가 해 아래서 행하는 모든 일을 본즉 다 헛되어 바람을 잡으려는 것이로다.
[14] 네덜란드의 신학자 필립 마르니쿠스(1538~1598)가 한 말로 알려져 있다. (역자주)
[15] 일찍이 고매한 기질을 지닌 이 작은 민족의 위대한 시대에 태어난 사람.
[16] 북구의 신화. 원래는 전사자의 영혼이 사는 천당, 나중에는 영웅들의 천국, 즉 신 오딘이 전사한 영웅들을 모아 향응을 베푸는 천당이라는 뜻이 된다. (역자주)

리고 완전한 안식과 이슬람교적인 화려한 낙원의 꿈이 마음에 떠오르는 일은 없다.

12월 7일

일의 크고 작음에 상관없이 우리는 절약하지 않으면 안 된다. 사치를 하는 것은 꼭 필요한 물건조차 가지지 못한 많은 사람들에 대한 하나의 부정한 행위라는 이유에서이지만, 또 절약을 통해 충분히 베풀 수 있게 하기 위해서이기도 하다.

그 밖의 이유에서 지나치게 타산적으로 하는 절약은 모두 탐욕이 되기 쉽다. 탐욕이라는 성향은 하느님의 뜻에 가장 합당하지 않고, 하느님이 가장 싫어하는 것이며, 모든 악덕 가운데 하느님의 영혼을 아마 가장 멀리 물리칠 것이다. 따라서 성서는 이것을 모든 악의 뿌리로 규정하고 있다.

누가복음 12장 15~20·29~34절, 디모데전서 6장 6절, 히브리서 13장 5·6절, 단테 《신곡》 지옥편 제1곡 49~60행, 연옥편 제19곡, 역대하 25장 8·9절 참조.

스펄전은 "하느님의 자녀가 하느님이 맡기신 재력으로 의무를 다하지 않을 경우, 하느님은 가끔 그들을 파산 은행의 주주가 되게 하신다"고 말했다. 말 그대로 이런 결과가 초래되는 경우가 참으로 많다. 그러나 이때는 시편 23편·127편·128편의 말들이 마음에 안식을 준다.

그러므로 그래도 한번 사치라는 것을 해보고 싶다면, '능력 이상의 은혜를 베푸는 것'이 가장 훌륭하고 무해한 사치일 것이다.

⚜

개인적으로 나는 내세가 존재한다는 것을 굳게 믿고 있다. 그러나 그것을 뚜렷하게 상상하기란 불가능하다. 이것에 대한 영적이고 학문적인 여러 보고서, 이를테면 윌리엄 스테드의 《줄리엣의 편지》 같이 뛰어난 것조차 공상 또는 병적인 신경의 산물이어서 그대로 믿을 수는 없다. 어쨌든 우리의 인격을 정신적, 육체적으로 형성하고 있고, 끝내 죽음으로 벗어나게 되는 어떤 것이 의식과 함께 계속 살아간다는 것이 나에게는 진실로 생각된다.

12월 8일

근대의 윤리학, 신학(神學), 또는 심령학 단체는 그리스도교와 문화민족 사이에서 발생한 그 밖의 기성종교에 불만을 느끼고, 그것을 자신들 이론의 공통적인 배경 또는 출발점으로 생각하고 있다.

그들은 기성종교 대신 종교철학을 그보다 뛰어나고 높은 자리에 앉히려 한다. 특히 신학은 고대 인도의 종교철학과 결부시켜 이 철학을 그리스도교보다 훨씬 뛰어난 정신의 소산이라고 말하고 있다.

이러한 평가 방법에 대해 스스로 판단을 내리고 싶으면, 복음서와 바가바드기타를 비교해 보는 것으로 충분하다. 그리스도교에 대해 처음부터 편견을 가지고 있지 않은 사람이라면, 우리에게 전해지고 있는 그리스도의 말이 한없이 강력한 힘으로 가득 차 있고, 일반적으로 위대한 정신적 내용을 지니고 있으며, 더욱이 교육을 받지 못한 사람도 이해하기 쉽다는 사실에 틀림없이 놀라움을 느낄 것이다. 이것을 인정하지 않는다면 할 수 없는 일이다. 그런 사람은 이에 대해 알고 싶지 않거나 판단력이 모자란 것이다. 모든 신학은 교육을 많이 받지 않은 사람들에게는 마취제와 같은 작용을 한다. 그런 사람도 정신적으로 건강하다면, 그 신학을 그리 기분좋게 생각하지 않을 것이다. 그는 신학을 이해하지 못하거나 그렇지 않으면 흥분과 열광에 사로잡힌다. 그러나 교양 있는 사람들은 이 모든 것이 결국 구명하기 어려운 사물에 대한 단순한 사변, 아무런 결실도 없는 사색으로 끝나며, 실생활에 아무런 효과가 없다는 것을 알고 있다. 지난 수백 년 동안 인도의 사정이 이것을 분명히 말해주고 있다. 또 중국의 철학적 윤리학도 예부터 아무런 실효를 미치지 못했다는 실례 또한 보여주고 있다.

이런 일들은 그리스도교의 내면적인 부활을 강력하게 요구하고 있는 현대의 특징적이고 경고적인 현상이다.

마가복음 13장 22·23절, 보헤미아 형제단 574·843·384번 참조.

⚜

자칫 우울한 기분에 빠지는 경향이 있을 때는 작은 것에 눈을 돌리는 것이 좋다.

작은 꽃, 작은 동물, 그리고 건강하고 천진난만한 아기들도 기쁨의 감정을 쉽게 느끼게 해주는 것들이다. 그런데 우리가 만나는 어른들의 눈에서는 가끔 악한 것, 아니면 적어도 삶의 고단함과 고통을 엿볼 수 있다. 그러나 그런 경우에도 다른 이들이 당신의 눈 속에서 상류사회의 사람들에게서 흔히 볼 수 있는 그 싸늘한 무관심을 보지 않고 더 좋은 것을 볼 수 있도록 늘 유념하라.

12월 9일

그리스도가 이해했던 대로, '그리스도의 그리스도교라는 것을 진지하게 생각하며, 소박하고 선량한 인간의 진정한 모범이 되고 싶어하는 사람이 한 사람이라도 있었으면' 하는 생각이 문득 들 때가 있다. 이러한 사람이 되는 것은 오늘날에도, 아니 사실은 옛날보다 지금이 훨씬 더 좋은 일이며, 또한 그렇게 되기도 더 쉬워졌다.

그런 사람이 되는 데 훌륭한 재능과 교양은 필요하지 않으며, 특별한 지위 따위는 더욱 필요하지 않다. 참되고 선한 의지를 가지고 있고, 진리에 대한 끊임없고 성실한 탐구심이 있으면, 나무꾼이든 누구든 특별히 뛰어난 목사와 마찬가지로 그런 사람이 될 수 있으며, 그럼으로써 이웃의 길을 비춰주는 빛이 될 수도 있다.

이보다 더한 진실은 없다. 당신이 진정으로 그렇게 생각한다면, 생애의 결정적인 순간에 다윗 왕에게 일어났던 일이 조금 다른 방식으로 당신에게도 일어날 것이다. 틀림없이 어떤 목소리가 당신 귀에 '당신이 바로 그 사람'*17이라고 속삭일 것이다. 할 수 있는 일, 그리고 우리 시대와 사람들에게 꼭 필요하다고 생각하는 일을 당신은 반드시 실천해야 한다. 그 밖의 목적은 모두 버리는 것이 좋다. 실제로 그 밖의 목적은 자신에게도 비교적 가치가 없는 것으로 생각될 것이고, 또 다른 사람들에 의해 충분히 처리되기도 하기 때문이다.

그런 인간이 된다는 것이 어떤 의미를 가지는지 알지 못하는 사람이 어떻게 그렇게 할 수 있겠는가? 또 그 의의를 인정하고 있는 당신이 어떻게 그것을 면하고자 하는가? 그래서는 안 된다. 당신의 이 첫 번째 의무를 실천하라. 다른 것들은 아예 돌아보지 않아야 한다. 그리고 오늘부터 당장 시작하라.

---

*17 사무엘하 12장 7절.

⚜

오랫동안 서서히 성립된 성모마리아 숭배를 가톨릭교인에게서 다시 빼앗을 수 없는 것처럼, 개신교 신자에게도 강요할 수 없다. 이것이 교황제도와 함께 두 교회의 통합을 방해하고 있는 주된 원인이다. 다른 것은 현대의 진정한 그리스도교도라면 서로 일치할 수 있다. 그리고 오늘날, 두 교회 안에서는 수많은 사람들이 반쯤 무의식적으로 16세기의 종교개혁을 이러한 통합과 개혁의 취지로 수정하려는 생각으로 기울고 있다. 그러나 가톨릭에서 성모 숭배는 개신교의 구세주에 대한 친밀한 관계를 대신하는 대용물이다. 가톨릭 교인에게 구세주는 특별한 인격을 의미하지 않기 때문이다. 따라서 가톨릭 교인은 다른 누군가를 필요로 한다. 왜냐하면 진정으로 친밀한 사랑을 수반하지 않는 신앙은 사람의 마음을 만족시키지 않고, 또 오성(悟性)에서도 언제나 미약한 존재밖에 되지 않기 때문이다.

교황제도는 바로 성 아우구스티누스와 토머스 아퀴나스가 마음에 그렸던 교회, 또 하느님에게 순수하게 개인적인, 즉 집단적이지 않은 관계를 가질 수 없는 수많은 사람들에게 어울리는 교회를 완성한 제도라고 할 수 있다. 그러므로 종교개혁에서 어느 교파도 승리를 거두지 못한 것은 어쩌면 좋은 일일지도 모른다.

12월 10일

하느님의 진실한 종에 대한 그분의 신뢰는 참으로 큰지라, 이러한 인간이 단 한 사람이라도 있으면 한 나라의 불행도 막을 수 있을 정도이다. 불행을 피할 수 없을 때는 이 종은 미리 하느님 곁으로 돌아간다. 이러한 실례는 드문 일이 아니며, 최근의 예로는 보어전쟁(1899~1902)에 앞서 칼라일, 골든, 스펄전, 글래드스턴이 죽었다. 이사야 57장 1절, 열왕기하 22장 20절, 창세기 18장 17절 참조.

그러나 이는 하느님을 사랑하는 나머지 스스로 하느님의 영원한 종으로서 몸을 바친 사람들에 한한다. 출애굽기 21장 5·6절 참조. 그렇지 못한 하느님의 종들은 이런 권위를 결코 얻지 못한다.

요한복음 5장 44절, 8장 50절*¹⁸에서 그리스도가 하신 이 두 가지 말은 필연적으로 서로 연관을 가지고 있다. 그도 그럴 것이 하느님이 그 종들을 위해 충분히 명예를 배려한다고 확신하는 사람만이, 정직하고 순수하게 선전을 단념할 수 있기 때문이다. 세상의 명예에 민감한 사람은 그때그때 여론의 노예가 되지 않을 수 없으며, 그래서 오늘날 그들은 아무리 하찮은 신문이라도 두려워한다. 경건한 사람들에게 요한복음 5장 44절의 말은 그들의 신앙이 단순히 형식이 아니라 진정한 신앙인지를 재는 속일 수 없는 잣대이며, 그들의 신앙이 잘못되지 않았음을 이 말을 통해 알 수 있다.

요한복음 12장 19·42·43절, 19장 38·39절 참조.

12월 11일

이 세상의 삶에서 '이탈'할 수 있는 세 가지 방법은 이미 창세기 12장 1·2절,*¹⁹ 15장 1절,*²⁰ 17장 1절*²¹에서 하느님이 아브라함에게 얘기한 세 마디 말로 제시된 바 있다. 첫 번째 이탈의 길은 정결한 생활로 나아가기 위해 걸림돌이 되는 익숙한 환경과 일에서 탈출하는 것이다. 두 번째는 하느님 외에는 아무것도 두려워하지 않고, 오직 하느님에게만 마음을 보내는 것이다. 세 번째는 오로지 하느님 앞으로 나아가는 것이다. 이것은 오늘날에도 참된 생활에 다다르고 싶어하는 사람이 걸어가는 내적 생활의 경로이다. 진실한 삶에 다다르는 데는 더 이상은 아무것도 필요하지 않다. 그러나 이 세 가지 이탈은 충분하고 완전하지 않으면 안 된다. 단, 각각 적당한 시간 간격을 두어야 한다. 이사야 59~62장 참조.

---

*18 요한복음 5장 44절, 너희가 서로 영광을 취하고, 유일하신 하느님께로부터 오는 영광은 구하지 아니하니, 어찌 나를 믿을 수 있느냐?

8장 50절, 나는 내 영광을 구치 아니하나, 구하고 판단하시는 이가 계시니라.

*19 너는 너의 본토 친척 아비 집을 떠나 내가 네게 지시할 땅으로 가라. 내가 너로 큰 민족을 이루고 네게 복을 주어 네 이름을 창대케 하리니, 너는 복의 근원이 될지라.

*20 아브람아, 두려워 말라. 나는 너의 방패요, 너의 지극히 큰 상급이니라.

*21 나는 전능한 하느님이라. 너는 내 앞에서 행하여 완전하라.

✤

요한복음 10장 1·9·28절*²²은 오늘날을 위해 하신 하느님의 말씀이다. 오늘날 수많은 사람들이 현재의 상태에 대해 더 좋은 진리를 구하고 있지만, 진리에 이르는 역사적인 문으로 들어가려 하지는 않는다. 바울은 디모데후서 2장 23~26절과 3장 1~9절에서, 그 사람들과 또 그것과 대조적으로 진정한 진리 탐구자를 엄격하기는 하지만 더할 수 없이 훌륭하게 그리고 있다. 여기에 기록된 '말세'는 바울이 확고하게 믿었던 것처럼, 당시에 바로 눈앞에 닥쳐와 있었을 뿐 아니라 거의 2000년 뒤인 오늘날 교회에도 혁신이라는 이름으로 다시 맞닥뜨리고 있다. 이 경우, 그리스도교도라고 해서 반드시 좋은 실례를 보여준다고는 할 수 없다.

또한 바울이 많은 신자를 얻은 결과, 초기 그리스도교계가 어떤 실정이었는지 말해주고 있다. 그래서 우리가 교회를 혁신하고자 할 때, 초대 그리스도교계를 무조건 모범으로 삼을 수는 없다.

디도서 1장 10·11·15·16절 참조.

12월 12일

'의의 공효*²³는 화평이요, 의의 결과는 영원한 평안과 안전이라, 내 백성이 화평한 집과 안전한 거처와 종용히 쉬는 곳에 있으려니' *²⁴

현대생활이 가져다주는 모든 불안과 동요 대신 위의 성구에서 말하는 상태를 원하지 않을 사람이 어디 있을까? 늘 변함없는 이러한 화평, 기쁨으로 가득한 그 상태가 사실은 바로 지상에서 바람직한 생활이며, 또 천국으로 통하는 유일한 통로이다. 인간이 노년에, 또는 병으로 죽을 때 일반적으로 품는 감정을 그대로 지닌 채 천국에 들어갈 수는 없다. 그러나 이러한 평화와 기쁨에

＊22 요한복음 10장 1절, 내가 진실로 진실로 너희에게 이르노니, 양의 우리에 문으로 들어가지 아니하고, 다른 데로 넘어가는 자는 절도며 강도요.
　　10장 9절, 내가 문이니 누구든지 나로 말미암아 들어가면 구원을 얻고, 또는 들어가며 나오며 꼴을 얻으리라.
　　10장 28절, 내가 저희에게 영생을 주노니 영원히 멸망치 아니할 터이요, 또 저희를 내 손에서 빼앗을 자가 없느니라.
＊23 열 매.
＊24 이사야 32장 17·18절.

찬 상태는 죽음에 앞서서 일찍부터 인간의 내부에 존재할 수 있다. 그리고 갈수록 쇠약해져가는 육체라는 그 외적인 '장애'는 그저 죽음에 의해 제거되는 것뿐이다.

✤

미가 7장 8·9절, 나훔 1장 12절, 아모스 3장 7절, 4장 12절, 5장 23절, 8장 11~14절, 요엘 3장 5절, 말라기 2장 17절, 3장 18절을 보라. 이것은 이른바 '소(小)'선지자들이 한 말로 우리 시대에도 적용할 수 있는 것이다. 그것은 인간의 본성이 옛날이나 지금이나 비슷하다는 것을 전제로 한다. 즉 우리가 알고 있는 역사가 시작된 이래, 인간의 본성은 그리 변하지 않았고, 특히 오늘날 자연과학에 대한 지식과 업적이 진보했음에도—아니 오히려 그 점 때문에—인간의 본성은 그리 고상해지지 않은 것이다. 그러나 부분적으로 보아도 이 두 시대—소선지자의 시대와 현대—의 유사점 때문에 실리정책을 취하는 강대국—이들 나라는 사람들을 자신들의 사고방식으로 이끌려고 한다—에 대립되는 이상주의 정신을 가진 소민족에게 위의 소선지자의 말은 특히 잘 적용된다. 강대국은 그 힘에도 불구하고 흔적도 없이 멸망하고 말았지만, 작은 이스라엘 민족에게 이 선지자들의 경고는 현대에 이르기까지 여전히 살아서 작용하고 있다.

12월 13일

그리스도교 신앙의 가장 훌륭한 점은 인간이 자신의 힘을 믿거나 내면 가운데 갈등할 필요 없이 오직 하느님만 상대하면 된다는 점이다. 다음, 하느님의 완전성도 양쪽에 그럴 의지만 있으면 지극히 불완전한 존재인 인간과 친밀한 교제를 맺는 것을 가로막지 않는다는 점이다. 게다가 이 교제는 인간들 사이의 우정보다 훨씬 낫고 영혼에 충분한 만족을 주는 것이다.

악이 실제로 무엇인지 우리는 전혀 알 길이 없다. 또 그것을 아는 것을 감당하지도 못할 것이다. 악은 우리에게 자유의지로 하느님과의 친밀한 교제를 맺지 못하게 한다.

악의 시작은 늘 하느님의 약속과 하느님의 진실된 말을 의심하거나, 또는 하느님의 명령을 실천할 수 있음을 의심하는 것이다. 이따금 그러한 의심은 실제로 모르는 사람의 목소리처럼 우리 마음에 씨앗을 뿌린다. 거기서 불신과 의혹, 마지막으로 신앙에서 멀어지는 일이 일어나고, 그 뒤에 후회가 싹튼다. 그러나 신앙으로 돌아가는 길은 언제나 열려 있음을 잊어서는 안 된다.

⚜

시편 제90편, 제116편, 제118편은 먼 옛날의 시이지만, 수천 년이나 지난 오늘날에도, 인생의 숱한 고난에 단련된 사람이 그 비망록에 바로 어제 기록한 것처럼, 신선함과 진실함으로 넘치고 있다. 마찬가지로 시편 제37편—특히 제25절을 보라—제109편, 제110편은 위의 시편과 보충 관계에 있다. 영속적인 일을 해야 하는 사명을 지닌 사람들은 많든 적든 이러한 인생행로를 더듬어 왔다. 그리고 낡은 건물의 기둥이 되는 대신, 새로운 건물 한귀퉁이의 머릿돌이 되었다.

부스 대장*25이 가장 최근의 실례이다.

12월 14일

사무엘상 7장 3절은 이미 옛날부터 몰락한 일가와, 가치와 존경을 잃은 민족이 다시 일어설 수 있는 근거가 되는 구절이었다. 그 밖의 어떤 분발보다, 또 어떤 군사적인 방법보다 확실한 근거였다. 그러나 거기에는 진지함이 있어야 한다. 단순한 교회의 형식과 종파, 또는 형식뿐인 예배로는 안 된다. 그 결과는 출애굽기 29장 45·46절에서 하느님이 하신 말씀 그대로이다. 이제 모든 문명국, 특히 강대국이 이러한 길을 선택하느냐 마느냐, 그것에 의해 죽느냐 사느냐 하는 문제에 맞닥뜨려 있다. 그 단서는 이미 나타나고 있다. 이것은 우리도 맞닥뜨리지 않을 수 없는 운명이다.

적어도 현재로서는 '대중을 그리스도교로 복귀시키는 것'은 물론 문제가 되지 않는다. 게다가 지금은 조금 전까지 존재했던 신앙에 대한 외적인 강제수단마저 모두 사라졌다.

하지만 우리는 이를 결코 유감으로 생각하지 않는다. 오히려 그리스도교는 이제 그 자신의 힘으로, 즉 내적 탁월성으로 인류의 일부를 새롭게 신자로 얻

---

*25 구세군의 창시자.

을 것이 틀림없다. 그러나 나머지 사람들은 전보다 더 강하게 거부할 것이다. 그렇게 되면, 문명국 국민들의 전체적인 사고방식의 분열이 지금보다 훨씬 크게, 또 공공연히 드러나게 된다. 이러한 자발적인 사고방식이 전보다 훨씬 순수하고 뚜렷하게 표명될 경우, 양쪽 세계관의 결과도 개개의 가족과 민족에게서 언젠가 뚜렷이 나타날 것이다.

신명기 30장 2·11~19절, 33장 26~29절, 마태복음 24장 3~14절, 말라기 3장 2·3·17·18절, 예레미야 2장 19절 참조.

✣

야고보서 1장 2절*26에 기록된 사도 야곱의 이 말은 우리로서는 이해하기가 쉽지 않고 결심하기도 어려운 것이지만, 역시 옳은 말이다. 왜냐하면 우리의 두드러진 내적 발달과 진보는 많든 적든 그것에 앞서는 엄격한 시련의 결과이기 때문이다. 따라서 인간은 본디 시련을 기뻐해야 하며, 적어도 시련의 한복판에서도 영혼의 평정한 한 점을 끝까지 잃어서는 안 된다. 시련은 앞으로 우리 위에서 꽃피우려 하는 새롭고 진정한 행복의 예고이기 때문이다.

로마서 5장 3~5절*27 참조.

12월 15일

이미 성서 속에서 모든 사람에게 주어진 약속은 말할 것도 없고, 우리가 내부에서 깊이 느낀 말씀—그것은 거의 알아들을 수 없는 소리일 때도 있지만, 확실한 언어일 때도 있다—을 통해 얻는 약속이라면 더더욱, 인간이 아무것도 하지 않아도 저절로 하느님의 약속이 실현되는 일은 없다. 하느님의 약속은 첫째로, 그것이 확고하고 믿을 수 있는 것임을 굳게 믿고 받아들여야 한다. 다음에는 그것을 실현하는 데 필요한 모든 것이 인간 쪽에서도 이루어지지 않으면 안 된다.

특히 그 경우 인내가 크게 필요할 때가 있다. 우리는 '너희에게 인내가 필요

---

*26 내 형제들아! 너희가 여러 가지 시험을 만나거든 온전히 기쁘게 여기라.
*27 다만 이뿐 아니라 우리가 환난 중에도 즐거워하나니, 이는 환난은 인내를, 인내는 연단을, 연단은 소망을 이루는 줄 앎이로다. 소망이 부끄럽게 아니함은 우리에게 주신 성령으로 말미암아 하느님의 사랑이 우리 마음에 부은 바 됨이니.

함은 너희가 하느님의 뜻을 행한 뒤에 약속을 받기 위함이라"*28는 목소리를 때때로 생생하게 들을 수 있다. 그럼에도 하느님이 우리에게 정하신 것은—때로는 그것에 어려움과 고통과 곤경이 뒤따르더라도—언제고 반드시 실현된다. 하느님의 약속은 결코 변하지 않지만, 우리의 태도에 따라 그 실현은 쉬워질 수도 어려워질 수도 있다.

민수기 14장, 여호수아 21장 45절, 히브리서 5장 15절, 6장 15절, 10장 32~39절, 12장 11절 참조.

❋

풍요로운 환경에 있는 사람이라도 노년에 들어 생활의 단조로움이 너무 커졌을 때, 종교에서 비롯되는 낙천적인 마음이 없으면 어떻게 그 단조로움을 견딜 수 있는지 궁금하다. 종교가 주는 낙천적인 마음 외에 낙천적이기 위해서는 사물을 있는 그대로 보는 것을 포기하거나, 그 성질상 본디 젊은 시기에 어울리는 일시적인 향락을 끊임없이 되풀이함으로써 억지로 지속하려 하거나, 그것도 아니면 오직 추억 속에서 살지 않으면 안 된다.

그러나 살아 있는 것은 기본적으로 전도서에 얘기되어 있고, 또 하느님 곁에 있는 것을 기본으로 하지 않는 철학적 인생관에 숨어 있듯 염세주의의 경향이 강하다.

"모든 것이 헛되도다."*29 그리고 많은 것을 배워도 결국 '몸만 피곤할 뿐', 지금까지 몰랐던 새로운 것으로 이끄는 일은 없다. 오직 하느님과의 굳건한 교제만이 퍼내도 퍼내도 마르지 않는 생명을 지니고 있다.

전도서 12장 1·7·8·9·12,*30 14절 참조.

12월 16일
인생의 대부분은 결정적인 작은 행동들로 이루어져 있다. 그리고 그 행동

---

*28 히브리서 10장 36절.
*29 전도서 1장 2·3절, 전도자가 가로되, 헛되고 헛되며 헛되고 헛되니 모든 것이 헛되도다. 사람이 해 아래서 수고하는 모든 수고가 자기에게 무엇이 유익한고.
*30 내 아들아, 또 경계를 받으라. 여러 책을 짓는 것은 끝이 없고, 많이 공부하는 것은 몸을 피곤케 하느니라.

뒤에 다시 평온한 생활이 오랫동안 이어진다. 그동안 우리는 다양한 경험을 쌓아 삶의 원리를 획득하고 또 확립할 필요가 있다. 그러면 행동할 때, 특별히 심사숙고하지 않아도 그 원리에 따라 본능적으로 실천할 수 있다. 행동할 때가 되어서야 비로소 무엇을 할 수 있는지, 또 무엇을 하고 싶은지 생각해야 한다면, 대개 처음부터 실패하기 십상이다.

현대에는 군사적으로도 인정되고 있듯이, 행동으로 옮기는 결정적인 순간에 '심리적 요소'가 매우 큰 역할을 한다. 그때까지 충분히 획득된 힘과 원리로 용감하게 그 일에 임하는 자는 결정적인 승리를 거둘 수 있다. 그리고 이 승리가 그 뒤 오랜 기간에 걸친 그 사람의 운명을 결정한다. 이에 비해 모호한 태도로 싸움에 임하는 자는 항복하거나 물러가며, 앞으로 나아가는 대신 인생의 이 시기와 그 과제를 전부 처음부터 다시 하지 않으면 안 된다.

어떤 결심도, 원리도, 신조도, 그것이 행동하는 데 확고한 것으로 확증되기 전에는 섣불리 믿어서는 안 된다. 또 아직 확립되지 않은 원리로 대처해야만 하는 상황에 몸을 두어서도 안 된다. 이 두 가지 경우에서 생기는 결과는 뼈아픈 패배이며, 때때로 그 고통을 맛보게 하고, 무엇보다 그로 인해 선과 위대함으로 나아가는 용기를 빼앗아간다.

이럴 때 가장 확실하게 도움이 되는 것은 하느님에 대한 굳건한 믿음과 다가올 일에 대해 하느님으로부터 주어지는 경고와 준비를 들을 수 있는 예민한 귀다. 하느님을 믿는 사람은 그 목소리를 듣는 주의력을 위해 인간적인 영리함도 포기한다. 뭔가 중대한 일이 일어날 때는 언제나 하느님의 예고가 있고, 미리 위안과 약속을 통해 충분한 힘을 얻으며, 행동하는 중에도 스스로는 낼 수 없는 큰 용기를 얻는다. 욥기와 그리스도의 수난사가 이를 잘 말해주고 있다.

욥기 33장 14~30절 참조.

⚜

사람들의 감사를 기대해서는 안 된다. 대개 인간은 고등동물만큼도 은혜를 모른다.[*31] 그러므로 당신은 이웃에게 선을 베풀더라도, 그 모든 것은 자신을

---

*31 《잠 못 이루는 밤을 위하여》 2월 26일 참조.

위해, 또 하느님을 위해 한 일로서 끝내고, 곧바로 기억에서 지우는 것이 좋다.

때로는 몇 년 뒤에 그 선행의 결과를 깨닫는 일이 있지만, 그러나 생애에 한 일 대부분은 과거의 드넓은 대양 속에 흔적조차 없이 사라져버린다. 모든 행위에 대한 마지막 심판이 열리고, 그 행위에 합당한 상벌이 주어진다는 생각에 따라 실제로 개심한 사람은 아직 아무도 없지 않을까? 우리는 인간의 본성이 선을 좋아하고 악을 싫어하도록 이끌지 않으면 안 된다. 그렇지 않으면, 교육은 그 목적을 이루었다고 할 수 없다.

12월 17일

불친절한 말과 무익한 말은 절대 하지 마라. 그러나 발언하는 것이 중요하고 또 필요한 경우에는 과감하게 말하라. 냉담하고 오만한, 적어도 그렇게 생각되는 침묵을 고수하지 마라. 이런 태도가 중요하다. 왜냐하면 말은 행위와 마찬가지로 수많은 재앙의 원인이 되기 때문이다. 또 수많은 죄를 속죄하고 그것을 개선하게 하는 하느님의 은혜가 없다면, 한 사람 한 사람의 인간이 '무익한 말'*32로 짓는 죄가 산처럼 높아서, 그 전체 모습을 한눈에 보면 누구나 전율을 느끼지 않을 수 없을 것이다. 그래서 좋은 열매를 거두기 위해서는 그 나무를 잘 가꾸는 수밖에 방법이 없다.

시편 139편 2~5·23~24절, 보헤미아 형제단 찬송가 372번(제3절)·388번 참조.

✦

어쩔 수 없는 일이지만, 타고난 처지를 바꿀 수 없는 경우가 많기 때문에, 환경보다 우리의 견해를 바꾸지 않으면 안 된다. 그렇지 않으면 끝없는 고난 속에 힘을 소모하게 되고, 자신뿐만 아니라 타인의 생활도 불쾌하게 만들어 효과적인 구원을 얻을 수 없게 된다.

대부분은 하느님과 인간에 대한 이러한 부단한 싸움 속에서 희망도 없이 자신을 소모시켜 버린다. 이것은 천국이 아니라 지옥에 다다른 상태이다(단테 《지옥편》 제3곡).

---

*32 마태복음 12장 36절.

12월 18일

참으로 선량한 사람이면서도 아직 공부하면서 내적으로 성장해야 할 때 행동하고 싶어하거나, 반대로 독서와 마음을 다하는 기도를 제쳐두고 행동에 나서야 할 때 안식과 명상을 동경함으로써 일생을 헛되이 하는 사람이 드물지 않다.

'마음을 다하는 기도'는 대체로 위험한 말이다. 그것은 이 세상의 삶에 여전히 파묻혀 있는 영혼의 일시적인 고양에 지나지 않는다. 그러나 인생의 어느 시기가 끝나면, 언제나 한결같이 하느님 곁에 있는 단계에 다다른다. 이 단계는 겉으로는 그리 경건하게 보이지 않지만 내적 생활에서는 훨씬 높은 단계이다.

⚜

당신은 특히 나이를 먹으면, 좋은 의미에서 가볍게 살겠다는 마음으로 지내는 것이 좋다. 아침부터 밤까지 하루 종일 주위에서 참으로 많은 요구와 바람이 밀려올 것이다. 당신은 그것에 대해 친절한 미소로 '예스'라고 대답할 수도 있고, 또 정도의 차이는 있어도 무뚝뚝하게 '노'라고 대답할 수도 있다. 어떤 대답을 하든 결국 당신에게는 같은 경우가 많으며, 그것은 그저 습관이 된다. 그러나 미소와 '예스'라고 대답하는 습관이, 드물게 행하는 온갖 선행보다 가족과 그 밖에 당신과 교제하는 사람들에게는 오히려 큰 것이므로 당연히 그들은 감사해야 할 것이다.

인생의 특징을 결정하는 것은 일상의 작은 일들이지, 위대한 행동이 아니다. 본디 위대한 행동은 대다수 사람들에게는 매우 드문 일에 속한다.

당신에게 요구하고 바라는 것에 아직도 '불쾌감'이 남아 있다면, 이것은 말끔하게 지워버려야 하는 결점이다.

12월 19일

이 지상에서는 아무것도 하지 않으면서 내적 진보를 이룩할 수는 없다. 가령 수도원 생활이 단지 명상에 잠기는 것뿐이라면, 그것은 아주 잘못된 것이다. 또 일반적으로 많은 '정적주의파'*33 사람들도 잘못이다. 우리는 먼저 그리

---

*33 靜寂主義派. 인간의 자발적·능동적인 의지를 최대로 억제하고, 초인적인 신의 힘에 전적으로 의지하려는 수동적 사상을 지닌 부류. 역자 주.

스도를 통해 하느님과 올바른 관계를 맺음으로써 '지상의 천국'에 다다라야 된다. 그리고 그것이 실현되었으면, 그 뒤에는 타인도 함께 그곳에 다다를 수 있도록 도와주어야 한다. 그것이 곧 인생을 사는 것이다.

그러나 그 도움의 손길을 너무 빨리 내밀어서는 안 된다. 그러면 '장님이 다리가 불편한 사람의 손을 잡고 가다가 둘 다 구덩이에 빠져버리는' 일이 되기 쉽다.

✤

누가복음 21장 5·6절*³⁴을 보라. 우리는 이탈리아의 소(小)전제군주들이 예술의 가장 위대한 장려자이자 유명한 기념물의 건립자이면서, 동시에 그들 궁정에는 야만과 사악이 가득 차 있었다는 그 역사상의 사실을 알게 될 때, 인간의 성격에 미치는 예술의 영향에 대해 어느 정도 회의적이지 않을 수 없다. 또 그리스도가 당시의 장대한 건축물에 거의 아무런 관심도 보여주지 않았던 이유도 이해할 수 있다.

나는 예술에 대한 열정이 진정한 종교에 대한 살아 있는 관심과 반드시 일치하는 것은 아니라고 생각한다. 물론 미에 대한 감각은 특히 젊은 사람들에게는 절대로 빠질 수 없는 교양 가운데 하나인 것은 사실이다. 그러나 어쨌든 선보다 미를 중시해서는 안 되며, 또 미를 선과 혼동해서도 안 된다. 그것은 서로 다른 두 종류의 것으로 구별해야 한다.

12월 20일

신명기 5장 25~30절을 보라. 인생에서 참으로 다양한 불행이 그저 인위적으로 가려져 있을 뿐이다. 그 모든 불행에 대해 신명기의 위의 말과 그것에 이어지는 제6장~제11장에 담겨 있는 내용 이상으로 뚜렷한 도움의 약속을 바랄 수는 없을 것이다. 그러나 그 약속이 오늘날에도 여전히 유효하고 적절한지는 시험해 볼 수 있다. 다만 어떤 사람이 조건부로 약속한 경우, 그 조건 아래에서 시험해야 하는 것과 마찬가지로, 하느님의 약속도 그렇게 시험해 보아야 한다. 그러면 하느님은 까다로운 사람이 조건 이행을 꼼꼼하게 따지는 것처럼 엄

---

*34 어떤 사람들이 성전을 가리켜 그 미석과 헌물로 꾸민 것을 말하매, 예수께서 가라사대, '너희 보는 이것들이 날이 이르면 돌 하나도 돌 위에 남지 않고 다 무너뜨리우리라'

격하게 요구하지는 않는다는 것을 경험할 것이다. 물론 이는 당신의 마음이 늘 성실한 경우에 한하며, 완전한 축복은 그 아득한 옛날의 말씀을 좇아 오로지 선한 행위를 한 결과로서 주어진다. 곧 그 하느님의 말씀을 실천하는 것이 바로 복음이다. 이미 수많은 사람들이 하느님의 말씀을 실천하고자 함으로써 전보다 더욱 행복한 삶에 들어갈 수 있었다.

오늘날 그릇된 길을 가고 있는 사람들의 상당수는 타고난 성향 때문에 그 길에 발을 들여놓은 것이 아니다. 그 길이 아니면 지금 세상을 도저히 살아갈 수 없다는 사람들의 일반적인 생각에 따른 결과일 뿐이다. 이 생각에 대해 이미 여러 번 구약성서에서 그것과 반대되는 뚜렷한 증거들을 얘기한 적이 있었다. 그리고 그 증거는 우리가 아는 한, 아직 그 누구도 속인 적이 없었다. 우리는 적어도 무기력하고 성실하지 못한 일시적인 시도가 아니라 아주 오랫동안 쌓아올린 인생경험을 토대로, 자신이 속았다고 주장하는 사람은 한 사람도 본적이 없다. 이에 반해 '세상 사람들이 가는 길'을 걸어감으로써 인생의 행복을 송두리째 잃어버린 사람들이 얼마나 많은지 모른다.
말라기 3장 13~20절, 예레미야 2장 13·17~19절, 3장 25절, 8장 7·11절, 32장 19·23·38~42절, 이사야 48장 18절, 49장 11~16절 참조.
이미 구약 시대에 유대민족에게 이런 일이 일어났다면, 우리는 도대체 무엇을 위해 그리스도교도가 된 것일까? 또 우리가 오늘날 구약 시대보다 더 나쁜 상황에 놓여 있어야 된다면, '구세주'는 무엇 때문에 우리를 위해 태어난 것일까? 신약성서는 이들의 오랜 약속을 내면적으로 더 깊이 이해했을 뿐, 그것을 버린 것은 아니다.
마태복음 5장 17~20절 참조.

기적의 신앙

하느님 나라에 도달하기를 바라고
그 영광의 구원을 보고 싶은 자는
이 세상의 영혼을 가벼이 여기고
하느님의 말씀을 신뢰해야 하느니.

신비로운 구원의 부름을 받아
내 마음이 흔들리지 않는 것은 오로지 기적의 힘
어둠에서 빛에 이르는 길은
모든 단계가 신비함으로 가득 차 있네.

⚜

요한복음 10장 17·18절*35을 보라. 그리스도는 널리 알려져 있듯이 그 공적인 활동의 제2기에 들어서서가 아니라, 매우 이른 시기부터 이미 자신의 이른 죽음과 부활에 대한 내적 확신을 가지고 있었던 것 같다. 그리스도가 겟세마네 언덕과 십자가 위에서 마음이 잠시 흔들린 것은 모두 이 확신이 자신을 저버릴 것 같았기 때문이었다. 그러나 그때 바로 그 확신이 다시 그의 마음속에서 우세를 되찾았다. 그러므로 단지 제자들뿐만 아니라 그리스도 또한, 부활이 없으면 그리스도교의 성립을 심리적으로 설명할 수 없을 것이다. 위대한 일을 위해 자신의 생명을 희생한 것은 그리스도만이 아니지만, 처음부터 그 사실을 뚜렷하게 자각하고 있었던 것은 아마 그리스도뿐이리라.

만약 그리스도교를 통해 누구나 훨씬 행복한 삶에 다다를 수 있다는 걸 알면, 거의 모든 사람이 그리스도교를 믿겠다고 나설 것이다. 그러나 그때 얼마나 많은 것을 감내해야 하는지 그 모든 것을 일시에 알게 되면—더욱이 하느님으로부터 주어지는 힘을 미리 알 수도 짐작할 수도 없으므로—그것을 믿으려는 사람은 거의 아무도 없을 것이다.

12월 21일

그리스도교에 대해 오직 호기심과 천박한 지식욕을 자극하는 것만 찾거나, 그런 것에 대한 '의문'을 가지고 끊임없이 신앙 지도자와 '영혼을 보살피는 사람(목사)', 또는 그 밖의 '권위자'들을 괴롭히지 않도록 하라. 그런 것은 오히려 그리스도를 진리로 파악하는 데 직접적인 방해가 된다. 이 경우를 대비해 시편 18편 26절은 "깨끗한 자에게는 주의 깨끗하심을 보이시며, 사특한 자에게

---

*35 아버지께서 나를 사랑하시는 것은 내가 다시 목숨을 얻기 위하여 목숨을 버림이라. 이를 내게서 빼앗는 자가 있는 것이 아니라, 내가 스스로 버리노라. 나는 버릴 권세도 있고 다시 얻을 권세도 있으니, 이 계명은 내 아버지에게서 받았노라.

는 주의 거스리심을 보이시리니" 하고 말하고 있다. 하느님은 인간이 그저 하느님과 장난치며 노는 것을 허락하지 않는다. 하느님은 진지하게 자신을 구하는 자에게만 대답하신다.

⚜

인간은 이따금 자신이 할 수 있는 이상으로 너무 많은 것을 하려 하고, 또 그것에 대해 많은 감사까지 받기를 원한다. 많은 감사까지 받으려는 사람에게 예레미야의 말(17장 5절[36])은 이를 금지하고 있다. 사람은 자기가 할 수 있는 일을 해야 하며, 그런 다음 타인의 감사를 단념할 줄 알아야 한다. 그렇지 않으면 그 행위 자체는 하나의 향락욕일 것이다. 인간은 상대방이 칭찬을 바라고 있다는 것을 알면 칭찬을 하고 싶지 않고, 오히려 칭찬에 무관심한 사람에게는 칭찬을 하고 싶어한다.

할 수 있는 정도껏 일을 하고, 그 일 속에서 행복을 찾아내는 사람이 세상을 가장 잘사는 사람이다.

12월 22일

"당신이 지닌 마음은 자비라는 이름으로 불리는 위대함의 절정에 있습니다." 미켈란젤로가 비토리아 코론나에게 써 보낸 이 말은 선악이 모두 위대한 것으로 평가되던 르네상스 시대에 살았던 인간의 모습을 보여주고 있다.

지금의 세상은 전체적으로 보면 그 시절보다 훨씬 좋아졌다. 그러나 우리는 그때의 위대함이 오늘날에도 조금은 남아 있었으면 좋을 것이라고 생각한다.

⚜

어느 안식교도[37]에게.

당신의 말은 원칙적으로 정당하다. 어쩌면 그리스도교계에서도 안식일(성토요일)을 휴일로 지키는 것이 좋을지도 모른다.

그러나 그리스도교계는 그렇게 하지 않았다. 그 이유는 일요일을 휴일로 함

---

[36] 나 여호와가 이같이 말하노라. 무릇 사람을 믿으며 혈육으로 그 권력을 삼고, 마음이 여호와에게서 떠난 그 사람은 저주를 받을 것이라.
[37] 토요일을 안식일로 지키는 그리스도교 일파.

으로써 그리스도의 부활을 모든 사고(思考)의 전면에 내세우기 위해서일 뿐만 아니라, 유대교도들과 확실하게 차별화하고 외형적으로도 한계를 짓기 위해서이며, 또 안식일을 고수하는 유대교도의 형식주의에서 근본적으로 떠나기 위해서이기도 했다. 실제로 그리스도가 안식일을 반대했기 때문에, 그것이 그리스도에 대한 유대교도의 증오에 어느 정도 작용했다고 할 수 있다.

나는 또한 이 안식일을 바꿔버린 것 때문에 하느님이 그리스도교도에게 충분한 축복을 보류하고 있다는 말은 믿을 수가 없다. 충분한 축복이 주어지지 않는 것에는 분명히 더 많은, 더 큰 원인이 있을 것이다. 그러나 당신들 안식교도가 세상 사람들을 위해 스스로 실례를 보여주며 그 반대를 증명하려고 한다면, 그것은 참으로 좋은 일이다. 언젠가 안식교도들이 모든 나라에서 의심할 여지없는 '땅의 소금'이 되어 가장 좋은 인간, 가장 훌륭한 시민을 계속 배출하게 된다면, 우리도 그 모범을 따르고 싶지만, 그 전까지는 그럴 수 없다. 마태복음 5장 14~16·20절, 7장 2·16~21절 참조.

그러나 지금은 극심한 노동에 시달리는 계급을 위해, 특히 그들의 부인들을 위해, 적어도 토요일 오후만이라도 노동에서 벗어나, 자신과 가족을 위해 자유로워질 수 있도록 노력하기로 하자. 그렇게 하면, 이제 그날 저녁부터 일하는 날의 고단함에서 벗어나 편안한 마음으로 내일의 성일(聖日)을 기다릴 수 있을 것이다. 그러면 토요일 오후 또한, 적어도 안식일의 일부가 되는 셈이다. 요컨대 안식일은 단순한 시간의 문제만은 아니기 때문이다.

12월 23일

시대마다 학문적 신학과 그리스도가 원했던 진정한 그리스도교 사이에는 언제나 차이가 있었다. 그것을 지적하고 있는 전형적인 대목이 바로 요한복음 제3장이다. 학자인 니고데모는 그리스도를 찾아가 진지하게 '상대방의 호감을 사기 위한 미사여구'를 늘어놓는다. 이를테면, 오늘날처럼 상대방에게 '찬사'를 보내 무학(無學)인 그리스도에게 일단 경의를 표시한 뒤, 뭔가 훈계를 늘어놓자는 속셈이었다. 그렇지만 그리스도는 다음과 같이 대답하여 니고데모의 훈계를 간단히 물리쳤다. "우리는 스스로 보고 들어서 알고 있는 것을 말하는데, 당신은 배우고 연구한 것을 말하고 있다." 이것이 오늘날에도 존재하는 양자의 차이이다.

아무도 그리스도교를 '가르칠' 수 없다. 다만 그리스도교로 이끌어 친절하게 입문을 지도할 수 있을 뿐이다. 그것은 오직 상대방이 스스로 귀로 듣고 눈으로 볼 수 있기 때문이다. 그런 의미에서 그리스도교는 실제로 학문의 성질보다 오히려 비밀스러운 종교의 성질을 더 많이 가지고 있다. 그러나 비밀스런 종교라 해도, 그리스도교는 그 모든 부분이 사람을 향해 열려 있다. 그럼에도 대부분의 사람들은 그것을 제대로 보지도 파악하지도 못한다. 이것은 반드시 배우지 못한 탓이라고는 할 수 없으며, 오히려 그 반대이다. 그러므로 그리스도도 하느님 나라를 갓난아기처럼, 즉 다양한 학문적 연구를 통해서가 아니라, 확고한 신앙으로 받아들이지 않는 자는 무슨 일이 있어도 그곳에 들어갈 수 없다고 말한 것이다.*38

신학은 없어서는 안 되는 학문이다. 아마 그게 없으면 상당한 장애가 초래될 것이다. 그러나 신학은 결코 그리스도교 자체는 아니다.

⚜

비네*39는 어느 날 이렇게 말했다. "그리스도교가 생활 전체에 침투해 있지 않은 곳에서는 그 주위에 공허감이 번져간다. 그리스도교 사회의 품안에 있으면서 그리스도교적이지 않은 사람은 마음속에 사막을 가지고 있다." 이 말에 관한 일반적인 의미에서의 사상에 대해서는 잠시 제쳐두기로 하자.

괴테 숭배자뿐만 아니라 고전적 교양을 갖춘 많은 사람들, 그 중에서도 특히 역사가들은 이 비네 사상의 절대성에 대해 이론(異論)을 주장할지 모른다. 그러나 이 사상은 보여주기 위한 신앙을 가진 그리스도교인에 대해서는 더할 수 없이 적절한 표현이다. 왜냐하면 그 사람의 그리스도교는 그의 삶 전체를 채우지 못하고, 그저 일종의 외적 형식을 지키는 교회주의나 단순히 편협한 그리스도교 단체에 속하는 것에 지나지 않기 때문이다. 그런 경우에는 자연히 사회적 교양이 부족하고, 동시에 깊은 내면적 교양도 부족하다. 정신이 높은 이상과 활발하게 교류하지 않으면, 그 정신에 끊임없이 작용하는 진리의 영혼을 기대할 수 없다. 오늘날에도 단순한 신학적 지식만으로는 그것을 충분히 보완하지 못한다는 것은 쉽게 인정할 수 있는 사실이다.

---

*38 누가복음 18장 17절.
*39 알렉상드르 비네(1794~1847), 스위스의 신교 신학자.

마태복음 23장 13절 참조.

12월 24일

요한복음 제3장에는 두 가지의 주목할 만한 성구가 들어 있다. 제19절[*40]과 제21절[*41]이 그것이다. 오늘날에도 좋은 교훈은 얼마든지 있고, 또 오늘날에는 사람들의 지성이 더욱 계발되었기 때문에 하느님의 말씀을 이해하지 못하는 것도 아니다. 오히려 사람들은 자신들의 행위가 하느님의 넘치는 빛을 견딜 수 없기에 그 빛을 원하지 않을 뿐이다. 그들이 행위를 개선하고자 한다면, 이 신앙도 훨씬 쉽고 당연한 것으로 느껴질 것이다.

제21절은 진심으로 진리에 봉사하는 자는 이 세상에서 그 의의와 작용에 대해 걱정할 필요가 없다는 의미이다. 진리에 봉사하고 있으면 빛이 그를 비춰 주기 때문이다. 그는 더 이상 어둠 속에 갇혀 있을 수 없다.

실제로 인간이라는 존재는 수많은 결점을 가졌음에도 무엇보다 진리를 가장 사랑하고, 그것을 기쁜 마음으로 들을 수 있는 예민한 귀를 가지고 있다. 오늘날에도 진리가 세계의 산간오지에 전해진다면—예를 들어 당시의 문명에서 보아도 '한참 뒤떨어져 있고' 보잘 것 없었던 유대와 갈릴리 같은 곳에도— 그 진리는 특별히 선전하지 않아도 금세 세상에 알려져서, 대부분의 사람들의 귀에 들어갈 것이다. 그러나 그 뒤에 진리가 적당한 장소를 찾아 뿌리를 내릴지 어떨지는 별개의 문제이다. 그리스도는 그 문제를 누가복음 8장 5~15절에서 유명한 비유로 설명하고 있다.

⚜

그리스도교가 외적인 방법으로 개혁하려 했던 것, 이를테면 프랑스 혁명과 제정붕괴 뒤에 샤토브리앙,[*42] 조세프 드 메스토르,[*43] 폰 크뤼데나 부

[*40] 그 정죄는 이것이니, 곧 빛이 세상에 왔으되 사람들이 자기 행위가 악하므로 빛보다 어두움을 더 사랑한 것이니라.

[*41] 진리를 좇는 자는 빛으로 오나니, 이는 그 행위가 하느님 안에서 행한 것임을 나타내려 함이라.

[*42] 샤토브리앙(1768~1848). 프랑스의 문학가이자 정치가.

[*43] 메스토르(1754~1821). 프랑스의 국가 철학자이자 정치가. 중세 그리스도교에 대한 복귀를 외쳤다.

인*⁴⁴들에 의해 프랑스와 유럽 일부에서 시도되었던 일은 아마 두 번 다시 일어나지 않을 것이다. 현재는 교회가 문제가 아니라 살아 있는 진정한 그리스도교가 문제이다. 그러나 이 양자를 떼어놓는 것은 그리 호락호락한 일이 아니다. 또 이 개혁을 실행할 수 있는 사람들은 아직 얼마 동안은 나타날 것 같지 않다.

12월 25일

마태복음 23장 38·39절,*⁴⁵ 열왕기상 9장 7~9절을 보라.

이것은 당시의 이스라엘 민족에 대한 심판이었다. 하느님은 그들의 민족 성소에서 나가셨다. 하느님이 없는 성소는 어쩔 수 없이 다가오는 심판에 대해 아무런 보호도 할 수 없었다. 영혼의 힘이 사라지기 시작하는 순간부터 종교상의 어떠한 형식도 아무 도움이 되지 않는다.

그러나 또 하나의 예언 부분, 즉 유대교와 그리스도교가 언젠가 다시 하나가 되어, 같은 역사를 가지게 될 거라는 예언 또한 확실히 그 실현에 다가가고 있다. 아마 사람들이 생각하는 것보다 더 빨리. 그때까지는 그리스도가 원한 그리스도교의 완성은 아마 이루어지지 못할 것이다.

신명기 30장 1~7절, 예레미야 24장 6·7절, 29장 11~14절, 마태복음 5장 17·18·23~37절 참조.

따라서 그리스도는 이 민족을 위해—그리스도의 말에 의하면 오로지 이 민족을 위해서만—세상에 보내진 것이므로, 그들에게 경의를 표하라는 명령까지 내리고 있다.*⁴⁶

그 옛날 카인이 아우를 살해했기 때문에 하느님으로부터 '표'를 받은 것처럼,*⁴⁷ 이 오랜 민족 이스라엘도 그 조상 전래의 하느님으로부터 분명히 표를 받았지만, 바로 그것 때문에 하느님의 특별한 비호도 받고 있다. 이 하느님만

---

*44 크뤼데나 남작부인(1764~1824). 독일의 경건주의자. 저술가.

*45 보라! 너희 집이 황폐하여 버린 바 되리라. 내가 너희에게 이르노니, 이제부터 너희는 찬송하리로다. 주의 이름으로 오시는 이여, 할 때까지 나를 보지 못하리라 하시니라.

*46 마태복음 15장 24절. 역사적으로 생각하면 하느님은 우리들, 즉 이스라엘 민족이 아닌 자들을 위해서는 바울을 보내셨다. 사도행전 16장 9·17절, 23장 11절, 로마서 11장 17·18·25·26절.

*47 창세기 4장 9~16절.

이 심판자이며, 하느님이 아닌 그 누구든 벌을 받지 않고는 이 민족을 박해하거나 모욕할 수 없다. 그들에 대한 축복은 그 민족이 신앙에 충실하는 한 오늘날에도 여전히 특별한 힘을 가지고 있으며, 다른 어떤 축복보다 큰 효과를 나타낸다.

창세기 12장 3절, 갈라디아서 3장 8·9절 참조.

⚜

본디 친근한 사랑은 하느님의 은총과 자비를 나타낸다. 이러한 하느님의 자비는 인간 속에 깃들 수 있고(디도서 3장 4절), 또 인간의 육체까지—특히 그 눈의 표정에서—구석구석 빛나게 하여 누구라도 이 신적인 것의 반영을 알아볼 수 있을 정도이다. 이 일은 모세에게도(출애굽기 34장 29·30절*48), 그리스도에게도 일어났다. 드문 예이기는 하지만, 나도 이것과 비슷한 것을 두세 명에게서 볼 수 있었다.

이에 비해 그 밖의 친근한 사랑과 정중한 태도는 단지 이를 흉내 내는 데 지나지 않기 때문에 도저히 그와 같은 감명을 주지 못한다.

위에서 말한 자비를 가장 뚜렷하게 볼 수 있는 것은 순수한 어린아이와 아주 늙은 사람들이다. 또 병든 사람 가운데 어떤 사람은 거의 천상의 것과 같은 아름다움을 자아내는 일도 있다. 화가가 사도와 성자를 그릴 때 사용하는 후광은 이 하느님으로부터의 자비를 암시한다. 물론 얼굴 자체에 그런 표정을 그릴 수 있다면 더 좋겠지만, 그런 표정은 거의 그려져 있지 않다.

'산시스토의 성모'*49와 무리요*50가 그린 '성모승천'만이 그런 표정을 조금 보여주고 있다. 그러나 그것도 진정한 자비의 표정이라고 할 수는 없다. 왜냐하면 저 위에서 내려오는 빛을 한 번이라도 본 사람은 절대로 잊을 수 없는 그 성화(聖化)의 광채는, 경건한 표정이나 그런 기분을 나타내는 우러러보는 황홀한 눈빛이 아니라, 아직 어떤 화가의 붓도 표현할 수 없었던, 더할 수 없이 따

---

*48 모세가 그 증거의 두 판을 자기 손에 들고 시내산에서 내려오니, 그 산에서 내려올 때에 모세는 자기가 여호와와 말씀하였음을 인하여 얼굴 꺼풀에 광채가 나나 깨닫지 못하였더라. 아론과 온 이스라엘 자손이 모세를 볼 때에, 모세의 얼굴 꺼풀에 광채 남을 보고 그에게 가까이 하기를 두려워하더니.

*49 라파엘로 작.

*50 스페인의 종교화가.

뜻한 빛으로 가득하고 완전한 자비를 띤 자연스러운 표정이기 때문이다. 데프레거*⁵¹는 비교적 작은 그림에서 어쩌면 그것을 표현할 수 있었다고 할 수 있을지 모른다. 그 그림 속 한 노파의 눈빛에서 그것을 볼 수 있는데, 아기 예수를 안은 그의 유명한 성모상의 눈빛은 그렇지 않다.

12월 26일

그리스도가 역사에 등장한 이래 인간을 이상으로 생각하거나 절대적인 모범으로 우러러보는 것은 모두 유해하다고 단언할 수 있다. 사람을 이상적인 존재로 마음에 그려서는 안 되지만, 그 사람이 당신을 도와 그리스도에게 이끌어주는 것은 상관없다. 당신은 이 안내자에게 감사하는 마음은 가지되, 그를 '숭배*⁵²'해서는 안 된다. 대부분의 경우, 숭배라는 말은 단순한 상투어에 지나지 않으며, 거기에는 그 평범하기 짝이 없는 '감사'라는 정도의 의미도 들어 있지 않다.

❧

사람에 대한 진정한 정중함은 인간에게 주어진 하느님의 자비가, 같은 인간 동료들에게 나타나는 것이다. 그것과 성질이 다른 정중함, 이를테면 외교관이나 그 밖의 상류계층 사람들이 좋은 교육을 통해 터득한 정중함은, 예의를 모르는 경우와 달리 분명히 기분 좋은 것은 틀림없지만, 아무래도 좀 꾸민 듯한 인상을 주어 가식이나 위선 같은 것에서 느낄 수 있는 불쾌한 느낌이 남게 마련이다. 이러한 정중함은 좋은 대용물일 뿐이다.

진정한 자비는 동물도 느낄 수 있다. 성자의 설교에 귀기울인 새와 물고기에 대한 전설이나, 아시시의 성 프란체스코가 경험했던 '늑대 형제'의 신비한 이야기는 모두 이러한 배경을 가지고 있다.

식물을 재배하는 데도, 어떤 사람들은 세상에서 흔히 말하는 특별한 '행운의 손'을 가지고 있다. 이것도 바로 그 자비의 하나라고 해야 할 것이다.

---

*51 프란츠 폰 데프레거(1835~1921), 오스트리아 화가.
*52 단, 참으로 남용되는 경향이 있는 이 말에 실제로 뭔가 의미가 있다고 한다면.

12월 27일

참으로 바쁘게 돌아가는 삶 속에서도, 우리가 정직한 마음으로 이렇게 말할 수 있다면 얼마나 좋을까. "나의 영혼이 잠잠히 하느님만 바람이여. 나의 구원이 그에게서 나는도다."[*53] 향락만 탐닉하고 있는 사람은 좀처럼 그렇게 말할 수 없다. 이와는 반대로 그저 조용하고 고독하게 살 뿐, 하느님과 함께 있는 활기찬 삶과 이어져 있지 않으면, 그것은 유혹을 물리치기 위한 부적도, 완성으로 가는 길의 길잡이도 되지 않는다.

이 지상에서 가장 좋은 것은 이 두 가지 상태가 서로 번갈아 일어나는 것이다.

그러므로 수도회 같은 종교 단체는 무언가의 실천적 일을 가지지 않으면 안 되고, 바쁜 활동가는 고요한 시간이 있어야 한다. 하느님은 그들에게 그러한 조용한 시간이 필요하다고 판단하면, 질병을 통해 그 시간을 선물하신다.

진정한 그리스도교는 모든 종교와 철학 가운데 유일하게 정적주의에서도, 세상사에 대한 심취에서도 인간을 지켜준다. 이것을 제대로 이해하는 사람은 이 가르침이 틀림없이 하늘에서 온 것이라고 말할 것이다. 실제로 그것은 이 지상에서 태어나고 자라지 않았다. 완전히 형식주의로 가득한 유대교에서도, 또 당시의 고전적인 그리스 로마의 문화에서도.

⚜

노년에는 대개 육체가 건강하다는 느낌은 일시적인 것으로, 몸이 참으로 편안하고 따뜻할 때—이를테면 아침에 침대 속이나 가을에 툰 호반의 양지바른 곳에 갔을 때—가 찾아오는데, 그런 때는 '이따금 내세에 대한 예감인가?' 하는 미묘한 기분을 느낀다. 우리가 노년에 이런 느낌을 계속 지닐 수 있다면, 원숙함과 고요한 유쾌함의 이 시기—프랑스어의 '세레니테(맑음)'라는 말이 이 느낌을 더욱 잘 표현하고 있다—는 그야말로 인생에서 최상의 시간으로, 청춘의 환락도 장년의 힘도 이것과 도저히 비할 바가 못 된다. 따라서 이 감정은 황혼의 아름다움이 아니며, 오히려 더 나은 존재를 향한 새벽빛에 비길 만하다. 하지만 이윽고 완전히 한낮이 무르익으면, 우리는 이 지상의 생활을 더 이상 견

[*53] 시편 62장 1절.

디지 못하게 될 것이다.

이것이 노년에서 최상의 행복이다. 노년의 행복은 가정의 기쁨이나 추억 속에만 있는 것이 아니며, 그보다 훨씬 더 선한 것일 수도 있다.

12월 28일

가장 확실한 교훈이면서 가장 지키기 힘든 교훈 가운데 하나가 바로 이 말이다. '너는 너의 하느님 여호와의 이름을 망령되이 일컫지 말라. 나 여호와는 나의 이름을 망령되이 일컫는 자를 죄 없다 하지 아니하리라.'[54] 이것은 신앙이 없는 사람에게와 마찬가지로 경건한 사람에게도 적용된다. 때때로 경건한 사람은 어떤 일을 '하느님 나라의 일'로서 하는 것이라고 주장하지만, 실은 세상의 칭찬과 명예나 그 일을 할 때의 즐거움과 파벌적인 이해관계 때문에 하기도 한다.[55] 그래서 그런지 근대의 한 신학자(요한 벡)의 전기에는 다음과 같이, 때로는 '흐음!' 하며 고개가 끄덕여지는 말이 실려 있다. '상류사회의 신앙심이 깊은 척하는 사람들과는 그들의 노예로 만족하는 자가 아니면 사이좋게 지낼 수 없다.'

⚜

육체가 완전히 쇠잔해졌을 때, 이미 이 지상에서 하느님과 떨어져 살고 있는 영혼이 어떻게 되는지에 대해 자신 있게 상상할 수 있는 사람은 아무도 없을 것이다. 영혼이 육체의 단순한 한 기능에 지나지 않는다면, 틀림없이 영혼도 함께 사라져버림은 물론이다. 어쩌면 이것은 그 영혼에게 그나마 가장 관대한 운명이라고 할 수 있으리라.

그러나 그렇지 않다면—죽은 뒤에 영혼이 남는다면—그 영혼은 반드시 빛의 세계에서 격리되어 복음서 어디에도 기록되어 있지 않은 무서운 공허 상태에 빠질 것이 틀림없다. 이 위안도 희망도 없는 격리에 비하면, 나사로와 부자의 예화(누가복음 제16장)에서 말한 상태는 그나마 높은 단계이다. 왜냐하면 아직 거기에는 비참에 대한 의식과 더 나은 것을 타인을 위해 추구하는 의식이 암시되어 있는 것처럼 보이기 때문이다(누가복음 16장 27·28절 참

---

[54] 출애굽기 20장 7절.
[55] 요한복음 5장 44절.

조*56). 그러나 이것은 하느님에게 버림받은 사람을 그저 비유적으로 애기한 것에 지나지 않는다. 복음서에 있는 역사적인 실례를—이것에 대해서는 모든 주석자가 입을 다무는 것이 보통이지만—든다면, 바로 유다의 운명이다. 유다에 대해 그리스도는 생전에도 사후에도 아무 말도 하지 않았다. 이렇게 하느님으로부터도 인간으로부터도 완전히 버림받은 인간이 있을 수 있을까? 그리고 그들의 운명은 어떤 것이란 말인가?

정신이 육체를 떠난 뒤, 허무의 어둠 속에 홀로 서 있는 일이 없도록, 당신은 가족이 어떤 상황에서도 하느님과 마음의 교제를 지속할 수 있도록 노력해야 한다.

12월 29일

'이 세상과 그 다스림'에 대한 불평과 푸념은 세상에서 가장 무익한 것이다. 그렇게 불평하고 푸념하는 사람이 되고 싶지 않은 경건한 사람들이, 그들이 되어야 하고, 또 될 수 있는 인간이 되기만 하면, 사회적 폐해는 저절로 개선될 것이다. 그러나 불평과 설교만으로는 그 폐해는 전혀 개선되지 않는다. 그리스도교가 의도한 것은 언제나 하느님의 돌보심과 주께서 늘 가까이 계시다는 믿음을 바탕으로 안심하고 그 길을 나아가, 가능한 한 많은 선을 실천하고, 또 가르치는 것보다는 실례를 통해 사람들을 격려함으로써 진리를 전하는 사람들의 모임이었다. 우리의 미래에 다가오고 있는 그리스도교의 새로운 개혁도 그런 방향이 아니면 안 된다. 세계는 지금 이미 오래 전부터 볼 수 없었던 이런 경향을 보이기 시작하고 있다. 현재 아직 부족한 점은 오직 우리 자신에게 있다.

✤

당신이 마음으로 추구하고 있는 가장 아름다운 죽음은 아마도 노년에 영혼과 육체의 안식 속에서 육체적 생명만이 평온한 가운데 끝나는 것이리라.

그리하여 심장의 희미한 고동이 거의 아무도 느끼지 못하는 가운데 멈추면, 그것으로 충분하다. 그때, 이 지상에서의 생명을 인간이 가진 유일한 것이라고

---

*56 부자가 가로되, '그러면 구하노니 아버지여, 나사로를 내 아버지의 집에 보내소서. 내 형제 다섯이 있으니, 저희에게 증거하게 하여 저희로 이 고통받는 곳에 오지 않게 하소서'

생각하는 무지한 의사가 인위적인 자극을 주어 심장의 고동을 연장시키려 해서는 안 된다.

마찬가지로, 아름답지만 이것과는 좀 다른 어려운 죽음은 영웅과 순교자의 죽음이다. 그리스도 또한, 나약해지기는커녕 더 높은 정신력으로 충만한 상태에서 그런 어려운 죽음을 맞았다.

하지만 죽음에 대해서는 더 이상 생각하지 않는 것이 좋다. 생각해봤자 어떤 유익한 결과도 나올 수 없다. 차라리 삶에 집착하지 말고, 인생의 사명을 위해 하느님의 뜻에 합당한 한 이대로 계속 사는 것이 좋다. 이것이 바로 조금도 노인티를 내지 않고 나이를 먹는 가장 좋은 방법이다.

그 뒤에는 새로운 청춘을 기다리면 된다.

요한복음 14장 1~6절 참조.

12월 30일

"하느님이 무엇인지 말할 수 없는 것처럼, 하느님 안에 자기를 묻어버림으로써 경험하는 모든 것 또한 표현하기 힘든 것이다." 바이욘의 엘리자베스가 한 이 말은 '신비주의'와 '내적 생활'이 어떤 것인지 가장 잘 표현하고 있다. 그것 자체를 기술하기란 불가능한 일이며, 설령 그것을 기술한다 해도 그런 기술 같은 건 필요하지 않는 사람만이 이해할 수 있다. 우리는 다만, 영혼의 이러한 상태에서 나타나는 개별적인 결과를 일반적으로 밝히려는 시도밖에 할 수 없다. 하지만 그것조차도 늘 착각이나 공상이라는 의심을 받을 수 있다.

평소에 분별력이 있고 세상 경험도 풍부한 사람이라면, 그 삶의 행복을 공상 위에 두기란 쉬운 일이 아니다. 이와는 반대로, 그런 세상 경험이야말로 오히려 보통사람들의 행복이 얼마나 불안하고 공상적인 기초 위에 서 있는지를 날마다 가르쳐준다. 그러므로 이 세상 사람들이야말로 진짜 몽상가이다.

그러나 우리는 다음의 사실도 충분한 확신을 가지고 말할 수 있다. 즉 하느님의 말씀에 따르고, 끊임없이 하느님의 마음을 진지하고 충실하게 수행하는 길만이 인간이 다다를 수 있는 완성으로 이끌며, 이것 외에는 어떠한 길도 없다는 것이다. 이와는 다른 종류의 신비주의는 모두 오류이며, 그것이 소박한 선의에서 비롯된 것이 아니면, 아무래도 영혼을 해치게 된다.

우리는 약간 성가시게 느껴지는 많은 사람들과 언젠가 헤어지게 되고, 그 뒤에는 아마 두 번 다시 만날 일이 없을지도 모른다. 그러므로 하다못해 이 짧은 동안만이라도 그들과 사이좋게 지내자.

그 뒤에도 영원히 그들과 함께 살아가야 한다 해도, 그렇게 하는 편이 훨씬 현명한 일이다.

12월 31일

이제부터는 오로지 정의와 선에만 봉사하라. 그럴 기회가 생기는 대로 그렇게 하겠다고 굳게 결심한다면—분명히 모든 '좋은 계획' 가운데 가장 합리적인 것이다—해와 달도, 계절과 일년도, 아니, 삶의 마지막에 일어나는 대부분의 사건도 더 이상 마음에 걸리지 않게 되고, 달력도 거의 무용지물이 되고 만다.

시간이란 주로 향락만 기대하고 활동은 기대하지 않는 사람에게만 가치와 의미를 지닌다.

이젠 안심하라. 전과는 다른 사람이 되겠다고 진지하게 생각한다면, 인간의 지혜와 가르침 따위는 없어도 되는 시기가 찾아올 것이다. 왜냐하면 당신은 저절로 정화된 본성에서 우러나오는 자연스러운 충동과 성향에서 늘 정의와 선을 생각하고, 또 그것을 실천할 수 있기 때문이다.

단테《신곡》연옥편 제27곡 110~142행, 요한복음 14장 16·17절 참조.

그렇게 되면, 하느님이 당신을 위해 하신 수고에 대해, 또 드디어 목표점에 다다른 당신의 삶에 대해 감사의 기도를 올려라.

그럼 그날까지 평안하기를! 또 그렇게 되기 위해 용기를 가지기를!

다만 아그리파 왕처럼, '네가 적은 말로 나를 권하여 그리스도인이 되게 하려 하는도다'[*57]라고 말해서는 안 된다. 이러한 냉담하고 모호한 동의는 이 아그리파의 예—바울의 예는 이것과 정반대이다—가 보여주듯 확실하게 반발하는 것보다 훨씬 더 절망적이다.

---

*57 사도행전 26장 28절.

✤

같은 학년을 두 번 되풀이해야 할 때처럼 당신이 이 지상의 삶을 한 번 더 되풀이해야 한다면, 어떤 조건에서 살고 싶은가?

지금과 같거나 비슷한 외적 환경에서 살고 싶은가? 그렇다면 그 사실만으로도 지금까지의 삶에 대해 하느님에게 깊이 감사할 만한 충분한 이유가 될 것이다. 어쩌면 같은 아내와 아이들과 함께 살고 싶지만, 다른 사람들과는 함께 살고 싶지 않을지도 모른다. 나라면 그렇게 말할지도 모른다. 그렇다면, 외적 조건에 대해 하느님에게 감사해야 하는 이유가 두 배가 되는 셈이다.

그럼 이번에는 중요한 내적 조건의 문제로 옮겨가 보자. 당신은 어떤 내적 조건을 희망할 것인가? 선을 실천하기 위한 정신과 힘을 더 많이 원할 것인가? 좋은 일이다. 하지만 그것은 틀림없이 위로부터의 영혼과 힘, 즉 진리의 영혼과 하느님의 힘에 대한 것이지 자신의 힘을 말함이 아니리라. 그러나 그거라면 이 세상의 삶에서도 이미 가질 수 있었을 터이다. 아니면 하느님의 은총에 더 많은 믿음을 원하고 모든 것에 더 많은 하느님의 도움을 원할 것인가? 이에 대해서도 앞서 한 말과 거의 같다.

마지막으로, 아마 더 많은 사랑을 원하리라. 진정으로 원하는 것은 이뿐이며, 또 이것이야말로 지상의 삶과 미래의 삶이 크게 다른—육체를 별개로 치면—점이다. 실제로 더 많은 사랑이 있었으면, 당신은 이 지상의 삶에서 모든 고뇌와 어려움을 겪지 않아도 되었을 것이다.

최후의 등산

마지막 폭풍이 몰아쳐도
정상을 향해 힘차게 올라가자.
여기서부터는 영원히 곧은 길
하늘의 사나리가 아득한 꼭대기까지 보이누나.

마침내 밝아오기 시작한 아침 산들바람이
형용할 수 없는 생각으로 내 가슴을 채운다.
하지만 순간순간 풍요로운 은총에

내 마음도 영혼도 꿈결 같네.

높은 영광이여, 마침내 도달했구나
오래전부터 생각했던 것과 이리도 다르다니!
그래도 긴 순례의 불안한 여로에 대비하여
다시 한 번 만반의 준비를 하자.

현실의 위험을 끝내 알지 못했던
나에게 다가온 것은 오직 공포의 그림자뿐
여기까지 친절하게 이끌어주신 주여
당신의 위대한 행위를 이루어주시겠나이까.

카를 힐티의 생애와 사상

생활의 발견

힐티는 자신의 마음을 상세히 살펴 개인적인 수양에 노력을 기울였던 사람입니다. 또한 사회문제도 언제나 주시하고 있었습니다. 힐티는 그즈음 유럽에서 신장하고 있던 사회주의에 대해서는 '결국 사회주의는 질투이다'라고 말했습니다.

제2차세계대전 이후 대학의 철학이나 사회과학계열의 교수는 대부분 마르크스주의자(Marxist)가 많았고 '사회주의는 질투이다'라고 한 힐티는 대학과는 맞지 않게 되었다고 할 수 있겠지요. 그러나 힐티가 남긴 영향력이 컸던지라 스위스는 유럽국가 중에서는 드물게 오늘날까지 거의 사회주의의 영향을 받지 않은 나라이며 어느 나라보다도 앞선 풍요로운 국가입니다. 스위스에는 상속세라는 것이 거의 없습니다. 부모가 계속 세금을 내다가 죽었을 때 재산이 남아 있으면 '그런 건 모두 국가가 징수하여라' 라고 주장하는 것은 질투심입니다. 사회주의적이라는 것은 아무리 훌륭한 말을 할지라도 결국에는 질투심이라는 것을 힐티는 꿰뚫어보고 있었습니다.

네덜란드 헤이그는 국제법의 중심지로, 힐티는 스위스를 대표해서 이곳에 나가 있었습니다. 그가 가 있었던 때는 러일전쟁이 끝날 즈음인데 그때 '나라와 나라의 전쟁도 질투이다'라고 그는 지적했습니다.

그즈음 유럽에서 가장 위험한 존재는 카이저 빌헬름 2세라는 독일 황제였습니다. 독일 육군은 세계최강이며 비스마르크가 만든 제국은 굳건하였지만 황제는 영국 같은 해군도 갖고 싶은 마음에 영국 해군에게 질투심을 일으켰던 것입니다. 그것이 제1차 세계대전을 일으킨 간접적인 원인이 된 것입니다. 정치학자나 역사학자는 제1차 세계대전에 대해 이런저런 이유를 붙이지만 힐티는 이전부터 계속 '독일 황제의 질투심이 가는 곳에는 대단한 사건이 일어나기 쉽다'는 것을 지적하고 있었습니다. 확실히 그 말을 듣고 보면 매우 알기 쉬운 일

입니다. 황제가 질투심을
일으키지 않았더라면 독일
은 해군을 만들지 않았을
것입니다. 그러면 영국과
사이가 벌어지지도 않았
을 테고 전쟁은 일어나지
않았을 것입니다.

이런 점은 역사학자도
사회학자도 국제관계자 또
한 말하지 않습니다. 인간
의 마음, 또 자신의 마음
을 줄곧 지켜보고 있고 사
회적으로 중요한 역할을
했던 힐티만이 잘라 말할
수 있었던 것이라 생각합
니다.

카를 힐티(1833~1909)

마지막까지 말과 행동이 일치한 힐티의 생애

《잠 못 이루는 밤을 위하여》는 성서를 많이 인용하고 있으므로 성경 대신
읽으면 잠이 잘 오리라는 용도로 읽혔으리라 생각합니다. 하지만 이른바 청년
교육의 현장에서 힐티는 거의 멀어져 버리고 말았습니다.

나는 세상에는 참고가 될 만한 두 종류의 사람이 있다고 생각합니다. 하나
는 매우 훌륭한 말을 했지만 자신의 인생은 그다지 행복하지 않았던 사람입
니다. 예를 들어 공자는 《논어》와 같은 최고의 고전을 남겼지만 그 자신은 어
디에서도 일자리를 가질 수 없었고 직업을 얻어도 삼일 안에 해고를 당해 마
지막까지 방랑을 하며 살았습니다. 소크라테스도 매우 훌륭한 인물이지만 최
후에 독배를 마시고 죽었습니다. 그리스도는 신이라고 말하는 사람도 있지만
십자가에 못 박혀 죽었습니다. 이들은 굉장히 훌륭한 말을 남겼습니다. 그 가
치는 지금까지도 빛나지만 그 말을 한 그들은 그다지 행복하지 않았다고 생각
합니다.

그런데 훌륭한 말을 남기고 본인도 죽을 때까지 훌륭한 생활을 한 사람도 있습니다. 손자가 바로 그런 사람입니다. 손자의 장점은 전쟁에서 지지 않았다는 것입니다. 손자는 전쟁에 대한 고전 중의 고전을 썼습니다. 훌륭한 책을 써도 전쟁에 지면 소용없겠지만 그 자신 또한 승리한 사람입니다.

그리고 힐티도 그렇습니다. 대대로 의사 집안에서 태어난 풍요로운 중산계급 출신입니다. 아버지는 의사로 꽤 크게 성공해서 그즈음 낡아서 아무도 사지 않던 성을 사서 꾸미고 그곳으로 이사했습니다. 그 성의 산기슭에 저택이 있었지만 성도 사들여 그곳으로 옮겨가 살았습니다.

힐티는 청년시절 그 성에서 여름휴가를 보냈고 책을 읽으며 명상에 빠져 지냈던 것 같습니다. 힐티는 변호사로 성공해 그 뒤 베른 대학 교수로 일하면서 스위스 군의 최고재판소 소장이 되었고 스위스를 대표해서 국제회의에 나가는 자격도 갖게 되었습니다. 외면적으로는 매우 평온하며 아무 일도 일어나지 않은 채 아이들에게 둘러싸여 지냈으며, 만년에는 하이델베르크 대학과 제네바 대학으로부터 명예박사를 받고 학자로서 마지막까지 영예로운 삶을 살았습니다.

만년의 힐티는 딸들과 제네바 호수 별장에서 살았습니다. 어느날 아침, 77세의 힐티는 언제나처럼 일을 마치고 산책을 하고 돌아와 딸에게 '조금 피곤하니 따뜻한 우유를 가져다 주렴'하고 말했습니다. 딸이 우유를 데워 가지고 와서 보니 힐티는 잠이 든 것처럼 죽어 있었습니다. 그리고 책상 위에는 〈평화론〉이라는 그날 아침에 작성한 원고가 남겨져 있었습니다.

힐티는 손자와 같은 인물로 자신이 했던 훌륭한 말과 함께 그 생애 또한 매우 성공적이었던 사람입니다.

모범적인 어린시절

이 책에서 처음으로 힐티를 접한 독자도 있을 것이라 생각합니다. 여기에서 힐티의 생애를 좀 더 자세히 소개해 보겠습니다. 카를 힐티(Carl Hilty)는 1833년 2월 28일 스위스의 장크트갈렌(프랑스어로는 생갈이라고 합니다) 주의 작은 도시 베르덴베르크에서 태어났습니다. 아버지 요한 울리히 힐티는 교양 있는 유명한 의사였는데, 안타깝게도 1858년 힐티가 25세가 되던 해 세상을 떠났습니다. 어머니 엘리자베스 칼리아스는 킬 시의 유서 깊은 집안 출신으로 재능이

카를 힐티의 생가

풍부하며 신앙심이 깊은 현명한 여성이었습니다. 그녀의 전기를 쓴 전기 작가는 이렇게 말하고 있습니다. '그녀의 얼굴은 투명한 마음의 창문과 같이, 창을 통해 그녀의 고상한 정신이 은은히 비쳐 나왔다. 그리고 그녀의 맑고 푸른 눈동자는 자애와 평화로 반짝이고 있었다.'

이런 간단한 사실만으로도 부모의 인품이나 자질이 힐티에게 큰 영향을 주었을 것이라는 점을 미루어 짐작할 수 있습니다. 힐티의 신비적인 경향, 고상한 근면성, 순수한 사랑, 역경에 처했을 때 굽힐 줄 모르는 정신력, 쾌활함, 질박함, 풍부한 재능 등 그의 뛰어난 자질은 모두 어머니로부터 물려받거나 감화받은 것입니다. 특히 그는 유년시절 어머니로부터 커다란 영향을 받았습니다. 그 또한 태어나서 여섯 살이 되던 해까지가 그의 생애를 결정지었다고 고백하고 있습니다. 하지만 불행히도 그는 14세의 나이에 어머니를 저세상으로 떠나보냈습니다.

그는 또한 외할머니에게 적지 않은 영향을 받았습니다. 외할아버지가 프랑스 군 연대의 군의관이었기 때문에 외할머니는 프랑스혁명시대부터 나폴레옹 몰락시대까지의 전란의 고통을 온몸으로 버텨온 현실적이고도 훌륭한 인격을 가진 여성이었습니다.

힐티는 6세에 킬의 초등학교에 입학했습니다. 이곳에서는 그는 최초로 인생의 소중한 경험을 합니다. 즉, 그는 가난한 집 아이들과 사귀면서, 자기 몫에 만족하며 성실하고 근면한 빈곤한 가정의 생활 방식을 볼 수 있었습니다. 이때 그는 그의 생애를 걸쳐 단 한 번도 흔들림이 없었던 민주주의에 대한 신념, 소외당한 계층에 대한 따뜻한 동정과 이해심을 길렀습니다.

그는 11세에 김나지움에 입학해 주로 고전학을 공부하고, 영문학과 불문학도 틈틈이 배웠습니다. 이 무렵부터 힐티는 열렬한 학구파로 마지막 3, 4학년이 되어서는 밤 12시나 1시가 되기 전에는 결코 침대에 눕지 않았을 만큼 학업에 열중했습니다. 그럼에도 건강을 해치지 않았던 것은 뛰어난 두뇌를 타고난 데다가 청년다운 건강함을 지니고 있던 덕분이었습니다. 또한 그는 산천의 공기를 마음껏 마실 수 있었으며 술과 담배를 멀리했습니다. 그러나 무엇보다도 고전의 위대함과 강건함에 감화받고, 고상한 독일문학을 연구하면서 정신력을 길렀기 때문이라고 힐티는 말합니다. 또한 이때의 경험으로 힐티는 뒷날 교양에 대해 논했을 때, 청년시절에 너무 일찍부터 신앙 서적의 영향을 받기 보다는 도리어 고전들을 읽고 자유롭게 자기 자신을 키우는 기간이 필요하다고 지적합니다.

김나지움 7학년, 18세에 학교를 졸업하고 독일 괴팅겐 대학에 입학해 법률학을 전공하였는데, 철학이나 역사 강의를 듣기도 하였습니다. 그러나 그 무렵 세력 있던 헤겔철학에는 그다지 공감하지 못하고 오히려 칸트에 깊은 흥미를 느꼈습니다. 그는 뒷날 칸트의 《순수이성비판》을 가리켜 진정 기초적인 지식을 가르쳐 주는 단 한 권의 철학서라고 말합니다.(《행복론》 제1부)

이 시기에는 그 또한 보통 쾌활한 학생들과 마찬가지로 자유분방한 생활 속에서 술도 마시고 결투를 하기도 하면서 방학에는 국내 도보여행을 즐기며 견문을 넓히기도 했습니다. 그러나 다음해 하이델베르크 대학으로 옮긴 다음부터는 학생의 향락적인 생활방식을 버리고 법률 연구에 전념하면서 오로지 독서에만 파묻혀 지냈습니다. 그리하여 1854년 4월, 21세의 나이로 학업을 마치고 박사학위를 취득하였고, 나아가 런던, 파리 유학길에 올랐습니다.

존경받는 법률가·학자·정치가로
다음해 그는 킬 시로 돌아와 곧바로 변호사 일을 시작하고 18년간 줄곧 그

괴팅겐 대학교 카를 힐티는 이 대학에서 법률학을 전공했다.

직업에 종사하였습니다. 그는 변호사라는 직업의 사회적인 의의를 매우 높게 평가하고 '어느 국가의 일반적인 도덕 상태는 그 나라 대다수의 법률가의 수준을 통해 측정할 수 있다'고 말합니다. 직무에서 그가 주안점을 둔 것은 착하고 정직한 사람의 권리가 교활하고 부정한 사람들 손에 놀아나다가 그들의 희생양이 되지 않도록 있는 힘을 다해 그들을 정당히 보호하는 일이었습니다. 그리고 그러기 위해서는 법의 본질에 대한 보다 높고, 올바른 견해를 가진 법률가, 일반대중보다 높은 도덕적 정신과 교양이 몸에 밴 법률가가 모든 나라에 셀 수 없이 많아야 한다고 생각했습니다. 그가 바쁜 업무 속에서도 시간을 쪼개어 열심히 독서하고 공부에 매달리며 인격을 갈고 닦는 것을 게을리하지 않았던 것도 첫째로는 이러한 이유에서였습니다. 그는 또 불쌍한 사람들이나 공익단체를 위해서는 무보수나 아주 적은 보수로만 일하면서도 비도덕적인 사건은 절대로 받지 않는 것을 신조로 삼았습니다.

이러한 사상을 갖고 뛰어난 재능과 학식으로 성심성의껏 열심히 자신의 직무를 다한 그는 이윽고 킬 시에서 꽤 유명해졌으며 여러 사람에게서 신임과 존경을 받게 되었습니다. 그는 본디 매우 유능했으며 이해력과 기억력이 뛰어났으므로 서기나 사자생(寫字生 : 글씨를 베껴 써 주는 일을 업으로 삼는 사람)을 고용할 필요가 없었습니다. 그들의 굼뜬 일처리와는 속도가 맞지 않았기 때문입니다. 그러나 그를 만족시킨 단 한 사람의 예외가 있었습니다. 그의 친구들은 때때로 그의 서류에 적힌

수려하고 또렷한 필적을 보고 남몰래 그를 부러워했지만, 그 서기를 넘겨받을 수는 없었습니다. 그 사람은 바로 그의 부인이었기 때문입니다.

힐티는 1857년 요한나 게르트나와 결혼했습니다. 그녀는 힐티와 40년간 행복한 결혼생활을 한 다음 남편보다 12년 일찍 먼저 세상을 떠났습니다. 부인이 얼마나 재덕을 겸비한 훌륭한 여성이었는지, 또 힐티가 얼마나 이 부인을 사랑하고 존경하였는지는 다음과 같은 그의 말을 통해 확실히 느낄 수 있습니다. '만약 내세라는 것이 있다면 나는 나의 반쪽이었던 단 한 명의 여성 말고는 과거 지상에서 알던 그 누구와도 무조건적으로, 그리고 절실히 재회하고 싶다는 생각을 하지 않는다. 이것은 그녀가 나의 가장 좋은 본질의 일부를 형성하고 있었다는 증거이며, 그녀가 죽음으로서 이 본질은 더 이상 완전하지 않다.' 또 여성해방의 가능성을 믿는 용기를 얻고 여성참정권운동에 온힘을 다했던 것도 이 뛰어난 여성의 생활을 너무도 잘 알고 있었던 것이 주원인이었다고 그는 고백합니다.

힐티는 스위스 관습에 따라 일찍이 군대에 몸을 담고 죽기 전까지 이 지위에서 활동했습니다. 1856년 보병장교로 법에 관한 업무를 맡았고, 차츰 승진하여 1892년에는 스위스 육군 재판장이 되었습니다. 그 이후 17년간 모범적인 용의주도함, 성실함으로 육군사법의 지도자로서 바쁘게 일에 몰두하여 모든 재판관들로부터 큰 존경을 받았습니다. 더구나 재직 중에는 마지막 3주를 제외하고는 단 한 시간의 휴가도 받지 않았다고 합니다.

그는 바쁜 생활을 보내는 가운데에서도 독서와 연구를 게을리하지 않았습니다. 1868년에는 〈민주정치의 이론가와 이상가〉라는 논문을 발표하고 스위스 민주정치의 개선을 논했습니다. 그런데 이 논문이 학계의 이목을 끌어 1873년에 수도 베른 대학의 정교수로 초청받게 되었습니다.

처음에는 스위스 국법을 강의했지만 나중에는 일반 국법학이나 국제법 강의도 하게 되었습니다. 그는 대학은 학문의 불씨가 그 시대 상황에 이리저리 이끌려 다니지 않는, 늘 은근히 타오르는 아궁이이어야 하며, 그 불씨는 단순히 향상해 나가는 청년들뿐만 아니라 모든 사람의 마음을 따뜻하게 비춰주어야 하는 것이라 생각했습니다. 단순히 과학이나 기술, 직업상의 지식이라면 다른 곳에서도 얼마든지 배울 수 있습니다. 그러나 대학은 본래의 존재의의에 따라 실제로 유익한 기능을 하지 않으면 안 된다는 것이었습니다. 즉, 학생들에게 대학(大學)다운 폭넓은 교양을 물려주고 시대의 문화 전체와 정신적 접촉을 하도록 만들어 주는 것이 그 자신의 임무라고 믿었습니다. 그러나 이것은 보통의 혼해빠진 강의만으로는 이룰 수 없었습니다.

그는 학자라는 직업은 하늘이 주신 직업이라고 생각했습니다. 이 천직을 완성하기 위해서는 투명한 양심에서 생기는 용기가 필요하며, 원대한 근면과 강한 극기심을 갖고 스토아주의적인 또는 종교적인 인생관을 기본으로 삼아 세속적인 향락과 사회생활로부터 자기를 분리해

칸트(1724~1804)
카를 힐티는 칸트철학에 심취하여 《순수이성비판》이 기초적인 지식을 가르쳐주는 단 한 권의 철학서라고 말했다.

낼 줄 알아야 한다고 믿었습니다. 더구나 학자다운 학자는 자기의 전문분야에만 외곬으로 파묻혀 다른 것에 대한 감각을 잃어버려서는 안 되며, 또 세속적인 마음에 학문을 장식용으로 과시하거나 단순히 화려한 강의로 지식의 부족함을 속여서는 안 된다고 생각했습니다. 진정한 학자는 반드시 한 시대의 스승의 표본이 되어야만 한다는 것입니다.

대학 및 학자에 대한 이러한 생각은 그의 의견이었을 뿐만 아니라 동시에 그의 행동의 기록이기도 했습니다. 그는 교수의 직분과 교육가의 직분을 구분하려고 하지 않았습니다. 무미건조한 법률학적 재료조차 청년들에게 고상한 인생의 진리를 가르쳐주는 교재였습니다. 그는 타고난 총명함과 오랜 세월의 실무경험에서 얻은 풍부한 인간지식, 거기에 시대와 세속에서 초연함으로써 얻은 우수한 견식과 흔들림 없는 신념으로 세상을 이끌었습니다. 또 깊은

학식, 동서고금의 문학에 걸친 박식한 지식, 어학에 대한 조예, 이 모든 것으로
청강자들을 경탄하게 만들었습니다. 본디 법률가적인 명석한 이론에 천성적인
웅변력이 더해져 학생들은 넋을 잃고 강의에 빠져들었으며, 강의실은 언제나
사람들로 가득찼다고 합니다.

1890년 힐티는 고향 선거구에서 대의원으로 선출되었고, 1909년에는 국제법
의 대가로서 헤이그 국제중재재판소 스위스위원으로 임명되었습니다. 그는 죽
기 얼마 전에 이 평화회의를 이렇게 말했습니다. '이 회의는 매우 규모가 커서
둔중하므로 민활한 활동이 불가능하다. 영국과 독일 사이의 경제경쟁이나 일
본과 미국 사이의 야심이나 세력의식의 대립에서 오는 깊은 틈새는 어떤 평화
회의를 개최한다 해도 도저히 제거할 수 없다. 평화는 우선 마음으로부터 평
화를 사랑하고 평화롭게 살 수 있는 개개인들 사이에서 성립되어야만 한다.
그러면서 점차 국민 사이에 평화가 실현되는 것이다. 그러기 전까지는 절대 평
화는 성립되지 않는다.'

1909년 10월 12일 힐티는 향년 76세의 나이에 심장마비로 세상을 떠났습니
다. 그의 유해는 베른으로 옮겨지고 국민들의 애도를 받으며 사랑하는 부인
곁에 묻혔습니다. 힐티의 묘비에는 '사랑은 모든 것을 이긴다'라는 구절이 라틴
어로 새겨졌습니다.

실천하는 자세로 쓴 힐티의 저작들

힐티는 노년에 이르기까지 활발한 활동력을 유지했고 매우 부지런했습니
다. 대학 강의도 아침 시간을 택해 겨울에는 8시, 여름에는 7시에 시작했습니
다. 대학에서 그의 75세 생일을 축하해 주기 위해 좋은 시간을 묻자 '아침 7시
가 가장 좋다'고 대답한 일화는 유명합니다. 극기심이 강하고 성실하며 규칙적
인 생활을 했으며 무익한 오락행위는 아예 삼가고 시간을 아껴 끊임없이 독서
에 매달렸습니다. '오늘날처럼 양서를 싼 가격으로 구할 수 있는 시대에, 누구
에게나 공개되는 이 최상의 쾌락을 제쳐두고, 생애의 단 한 시간이라 하더라도
헛되게 써버리고 정신적으로 무가치한 기분전환만을 추구하는 것은 어리석고
게으른 사람이나 하는 짓이다.'

그는 좋은 책을 골랐고 그것의 원전을 일정하게 정독해 나갔습니다. 특히
그리스·로마고전을 좋아하고 스토아 철학 최고의 대표자로서 에픽테토스와

하이델베르크 대학교 카를 힐티는 이 대학에서 법률연구에 전념하고 박사학위를 취득했다(1854).

마르쿠스 아우렐리우스를 즐겨 읽었습니다. 특히 에픽테토스의 어록은 스스로 새롭게 번역하고 세상에 널리 추천했을 만큼 좋아했습니다.《행복론》제1부, 에픽테토스) 그러나 무엇보다도 그가 가장 열심히 정독하고 깊은 감화를 받은 책은《성서》이며, 그 다음으로 단테, 타울러, 스펄전의 저작 등이었습니다. 프랑스어로는 많은 백과사전파 철학자들의 글을 읽고, 영어로는 칼라일이나 테니슨을 애독했습니다. '산 사람보다 죽은 사람과 정신적 교제를 했으며 현재 생존하는 사람보다도 수백 년 전에 살던 인물들을 더 깊이 이해했다. 내가 가장 깊이 이해한 사람들은 그리스도, 요한, 단테, 토마스 아 켐피스, 타울러, 크롬웰, 또 최근 사람은 칼라일, 블룸하르트, 부스부인, 톨스또이다.'《잠 못 이루는 밤을 위하여》제1부) 그가 그토록 여러 방면에 걸친 활동과 봉사를 한 것도, 첫째는 이러한 다양한 독서 덕분이었습니다.

그러나 그는 물론 서재 안에 틀어박혀있기는커녕 오히려 실천가였습니다. 학자일 뿐 아니라 정치가였으며 역사가이기도 했습니다.《스위스 연방정치에 관한 강의》(1875)에서는 스위스 건국 이래 이 나라를 지배해 온 다양한 정치사상을 소개하고, 가장 마지막에 장래의 올바른 정치는 어떠해야 하는가에 대해 구체적으로 시사해 주고 있습니다. 이어서 1878년에 공개된《스위스에 관한 공개강연》은 스위스 연방성립의 특수적인 시기(1798년 프랑스신공화국의 무력 간섭시대부터 스위스국민의 저항에 대해 1803년 나폴레옹이 조정적 헌법을 공포하기에 이르는 시기)에 관한 획기적이며 새로운 연구였습니다. 그는 이 정치적 조건이야말로 과거의 스위스 정치는 오래 이어지지 않았다는 것, 국가는 그 이상을 외국에서 빌려와서는 안 된다는 것, 또 추상적인 사변으로 그것을 결론지어서는 안 된다는 것의 증거로 들고 있습니다. 특히 이 연구는 역사가로서의 그의 의견에 귀 기울이게 만든 명저로 인정받고 있습니다.

그의 저술 가운데 정치적으로 가장 중요한 것은 《스위스연방정치연감》입니다. 1886년 이후 매년 그의 편집 아래 규칙적으로 발행된 6~700쪽 가량의 광범위하고도 정밀한 연보입니다. 이것은 국가에서 어떠한 원조도 받지 않았음에도 진정한 의미의 국민적 사업이었습니다. 그 내용은 정치, 법률, 사회문제는 물론 종교, 철학, 문학, 예술 등 사회 및 문화 각 부문에 걸친 연구·보고이자 특특한 비평이었으며, 대부분의 집필이 그의 손을 거쳐 이루어졌습니다.

그는 또 대학교수와 육군법무관의 공직 외에 여러 종류의 공익사업에도 최선을 다했습니다. 여성참정권운동에 참가하여 일반 여성문제에도 관여하고, 나아가 부녀자매매방지를 위해 싸우고 논문을 쓰면서(《백인노예매매》) 국민의 각성을 촉구하였습니다. 또 자주 금연의 필요성을 설파해(《금연운동에 대한 대학생의 사명》〈금연운동에서의 주된 장애에 대하여〉), 1908년 스위스 국회 대다수가 압생트금주령을 가결한 것에도 크게 영향을 미쳤다고 합니다. 그는 또 구세군에 깊은 애정을 품었으며, 이 운동에 대한 세상의 조롱과 박해에 맞서 공공연히 이것을 변호하고(《최선의 길》), 이를 위해 여러 모로 애썼습니다.

힐티가 세계적인 명성을 얻고 스위스 성자, 현대의 예언자로 널리 추앙받게 된 것은 주로 그 종교적이며 윤리적인 저작에 의해서였습니다. 그중에서도 가장 널리 읽힌 것은 《행복론》(3권, 1891~1899)이었으며, 이것은 일찍이 프러시아, 프랑스, 영국 그 밖에 여러 나라말로 번역되었습니다. 그 외 《잠 못 이루는 밤을 위하여》(2부, 1901~1919), 《서간집》(1903), 《신서간집》(1906)(교육의 기술, 우정, 단테, 신의 나라는 어떻게 도래하는가—정의인가 동정인가, 불행에 있어서의 행복, 부인의 찬부론, 보다 강한 그리스도교, 낙원 등의 주제를 다룬 논문집), 《독서와 연설》(1895), 《신경쇠약에 대하여》(1897), 《병든 정신》(1907)(모두 신에 대한 신앙에 의한 영혼의 평화와 정신의 강건함을 장려하고 있으며, 그것과 병행하여 주

베른 대학교 1873년 카를 힐티는 이 대학의 정교수로 취임했다.

로 섭생적인 생활법을 설명한 특색 있는 요양서),《영원한 생명》(1908),《힘의 비밀》(1909),《그리스도의 복음》(1910) 등이 주요저서입니다.

그 외에도 정치, 법률 또는 사회 문제를 매우 다방면에 걸쳐 다룬 서적이나 논문도 꽤 많습니다. 그러나 그들의 근본은 모두 일관적으로 그리스도교의 신앙에 바탕을 둔 이상주의적, 도덕주의적, 사회개선주의적인 색채가 깊이 흐르고 있습니다.

힐티의 깨달음

종교적이며 윤리적인 저술을 쓴 것은 비교적 말년의 일이었습니다. 오랜 세월 매진해온 독서로 기른 깊은 학식, 풍부한 인간지식, 점점 깊고 확고해진 신앙, 그 깊고도 높은, 그리고 건전하고 원숙한 사상을 힐티는 절대로 학문적으로 연결짓지 않았습니다. 오히려 수필식으로 자유롭고 간결하며 시원스러운 필치로 힘차게 써내려 가고 있습니다. '힐티 저서의 어느 부분, 어떤 책, 어떤 페이지를 펼쳐도 우리는 명석하고 단순하게 결연한 논의를 하고 있는 탁월한 사상가와 만나게 된다'고 케벨 박사는 《속소품집》에서 말합니다. 그의 사상은 물론 단순한 연구나 사색의 성과가 아니라 타고난 지혜로움과 성실한 체험에 의해 그의 전인격이 직접 분출된 것입니다. 따라서 그의 설명과 주장은 그대로 그의 행위이며, 생활이고 그 사이에는 한 치의 틈도 없었습니다. 그러므로 그의 모든 저서는 모두 확신과 진실로 가득 차 강렬하게 독자의 마음을 뒤흔드는 것입니다.

그는 세상의 사교나 오락 등은 모두 단념하고 〈시간을 얻는 기술〉을 연구했으며, 전공 공부 이외에는 독서와 사색에 열중하고 내적 생활의 길을 여는 데 힘을 쏟았습니다. 이리하여 그의 진리를 향한 열성과 노력이 드디어 열매를 맺을 때가 찾아왔습니다. F. 제바스의 저서 《카를 힐티》에 따르면 힐티는 1863년 무렵 중대한 신앙상의 깨달음을 경험했다고 합니다. 그리하여 1866년의 일기에서 힐티는 '그리스도와 그의 가르침에서 반가운 믿음을 발견했다'고 했으며, 이윽고 '새 생명'으로 소생했다고 합니다. 그 이후로 그의 정신적 발전은 새로운 단계에 접어듭니다.

힐티는 그의 전문분야보다도 그의 인생론적·종교적 저술로써 많은 독자에게 친숙해졌습니다. 그 까닭은 한마디로 말해서 그의 저서 곳곳에 풍부한 인생의 지혜가 담겨져 있기 때문입니다. 그의 지혜는 날카롭지만, 냉철하지만은 않으며 도리어 사랑과 선의에 차 있습니다. 세속적인 얕은 현명함이 아닌, 구체적이고 실제적인 고상한 영혼에서 나온 지혜입니다. 그의 말은 얼핏 보기에 일상적인 흔한 지혜로 생각하기 쉬우나 실은 확고한 신앙의 깊이에서 솟아나온 것입니다.

앞에서도 말했듯이 젊은 시절의 그는 그 왕성한 진리 탐구심으로 많은 책을 탐독했습니다. 철학·문학·종교·역사, 나중에는 특히 그리스도교 신학이나 신앙서 등 많은 것들을 읽었으나 그의 영혼의 목마름을 축여 주지는 못했습니다. 얼핏 보기에 심원하고 위대한 것 같은 철학이론도 삶과 죽음의 큰 문제를 어떻게 풀 것인가 하는 저울에 얹어 놓으면 허무하게 흔들려 떨어지고 말았던 겁니다. 진리를 추구하여 이렇게 먼 길을 찾아다닌 끝에 힐티는 30여 세가 된 무렵 진리의 샘에 이르렀습니다. 그것은 예수 그리스도의 복음을 믿고 사는 기쁨이었습니다. 이 옛 가르침은 더없이 간명하고 한없는 생명을 주는 것임을 깨달았습니다. 힐티는 그 자신이 신앙을 얻은 경험을 바탕으로 하여 옳은 길을 찾아 헤매는 사람들이 괜한 헛수고를 하지 않고 옆길로 잘못 들거나, 막다른 골목에 들지 않도록 어떻게 조언할 수 있는가를 생각했습니다.

▲카를 힐티 기념우표

▶군복차림의 카를 힐티(우편엽서)
1856년 스위스 보병 법무장교로 임
관하여 1892년 육군 재판관이 되었
으며, 죽기 전까지 이 지위에서 활동
했다.

일반적으로 교회 등에서는 예로부터의 교리, 그것도 이성으로서는 이해하기 어려운 교리를 처음부터 다짜고짜로 믿게 하려고 하므로 고지식한 많은 신자를 좌절시킵니다. 그래서 스스로 진리를 찾고자 하는 구도자들은 깊은 신학 속으로 들어가 헤매기도 합니다. 이것에 대해 힐티는 복음서의 예수의 가르침을 솔직히 받아들여 실행해 보라고 말합니다. 그 진실을 시험하고 그것으로써 마음에 기쁨이 주어지는 것을 경험하거든 그 가르침을 믿으라고 힐티는 권합니다. 이와 같이 신앙에 대해 경험이나 사실을 중요시하는 힐티의 태도는 현대인에게도 시사하는 바가 큽니다.

실제로 힐티 자신의 정신생활·종교생활을 보면 그는 처음부터 늘 생활과 실행에 의한 경험을 쌓은 다음 차츰 내적 진보의 단계를 밟고 올라간 사람임을 알 수 있습니다. 그러므로 그의 정신생활이나 신앙에 대해 이야기한 말은 조금도 공리공론이 아니라, 모든 것이 아주 실제적이며 간명하고 정확한 것입니다.

진실되고 살아 있는 신앙을 파악한 힐티는 주위의 그리스도 교회나 많은 신자들의 신앙생활의 실체를 살펴볼 때 그들에게 고언을 하지 않을 수 없었습니다.

교회가 과거에 이룩한 역할과 그 큰 공적은 높이 평가하면서도 현재의 상황은 너무도 마땅히 있어야할 모습과는 멀리 떨어져 있다고 힐티는 생각했습니다. 그래서 그는 교회가 다시금 근본적인 개혁이 필요하다는 것을 주장하고 그것에 대해 제언을 합니다.

힐티와《잠 못 이루는 밤을 위하여》

1909년 힐티는 거의 완성단계에 이르렀던《잠 못 이루는 밤을 위하여》제2부 초고를 끝맺지 못하고 생을 마감했습니다. 조금 모자랐던 부분은 딸 멘타 힐티가 아버지의 저서 가운데에서 채워 이 책을 완성하였습니다. 그러나 제1차 세계대전과 전후의 혼란 때문에 이 명작은 1919년에야 빛을 보게 됩니다.

《잠 못 이루는 밤을 위하여》제2부는《행복론》제3권이나, 힐티가 죽은 뒤 발표된《그리스도의 복음》의 상세한 주와 마찬가지로 만년의 힐티가 마지막에 다다른 사상을 이해하는 데 빼놓을 수 없을 만큼 중요합니다. 그리고 이 책을 읽은 사람은 누구나 힐티가 여기에서 사랑에 대해 많은 것을 이야기하고 있다는 점을 알게 될 것입니다.

힐티는 사랑이라는 말이 세상에서 흔히 남용되고 있기 때문에 그 말을 피하고, 도리어 선을 행한다는 표현을 쓰고 싶다고 말한 적이 있습니다. 그랬던 힐티가 이 책에서는 이전까지의 조심성을 버리고 사랑의 문제에 대해 되풀이해서 말합니다. 참사랑은 하느님으로부터 오는 것이며, 그릇된 행동도 그것이 사랑에서 생긴 것이라면 하느님의 용서를 받을 수 있다는 것, 이 모든 주장에 그의 깊은 통찰이 드러나 있습니다. 여기서도 그는 사랑의 이론을 펼치는 것이 아니라 단지 구체적인 조언을 할 뿐입니다.

또 하나 제2부에서 그가 다룬 주제는 죽음과 죽음 뒤의 문제입니다. 힐티 자신도 많은 나이가 든 이상 마음 깊이 이 문제를 생각했을 겁니다. 그리하여 사색을 거듭하다가 얻은 확신을 남겼습니다. 그것은 내세에 관한 장밋빛 미래를 그린 동화가 아니라, 양식 있는 사람이라면 거의 이해할 수 있는 온당한 사상입니다. 누구나 맞닥뜨리고 있는 죽음의 문제를 회피만 하고 있어서는 불만을 극복할 수 없습니다. 어떻게 해서든 어떤 해결책이 주어져야 합니다. 이 책

국제중재재판소 네덜란드의 수도 헤이그 소재. 1909년 힐티는 국제중재재판소 스위스 위원으로 임명되었으나, 그해 10월 76세로 생을 마쳤다.

에서 이야기하고 있는 힐티의 사상은 우리가 겸허하게 귀를 기울일 만한 가치가 있습니다. 이 책을 읽는 독자는 늘 성서를 옆에 놓고 저자의 인용부분을 참조하기를 권합니다.

일이란 '하면 할수록 재미있어지는' 것

이제 힐티가 주장하는 것을 좀 더 구체적으로 알아보도록 하겠습니다. 힐티가 하고 있는 말에는 여러 가지 중요한 것이 있습니다. 먼저 첫 번째로는 노동에 대한 생각입니다. 이것은 〈일하는 기술〉이라는 부분에서 매우 자세히 다루고 있습니다.

거기에서 힐티는 우선 '일과 일이 아닌 것과의 구별'을 간결하게 가르치고 있습니다. 즉, 열심히 하다보면 갈수록 재미있어지는 것이 일이며 그렇지 않은 것은 참된 일이 아니라는 것입니다.

일이란 오래 해도 질리지 않는 것입니다. 영화도 보면 즐겁습니다. 하지만 세 편쯤 보면 더 이상 한동안은 보고 싶어지지 않게 됩니다. 그런데 전문 서적은 한 권 읽으면 또 보고 싶고 전혀 질리지 않습니다. 더더욱 보고 싶어지고 전혀 질리지 않습니다. 과연 이것이 일의 본질이구나 하는 것을 깨닫게 됩니다.

빨리 시작하면 문제점이 눈에 들어오기 시작한다

다음은 '일을 시작할 때는 너무 세세하게 준비만 하지 말라'라고 말하고 있습니다. '어느 정도 준비했으면 일단 시작해 보라. 시작하지 않으면 모른다'라는 것입니다. 이것은 그가 책을 쓸 때의 요령이므로 모든 경우에 맞아 떨어질는지는 알 수 없지만 나에게는 뼈저린 충고입니다.

결국 준비만 하고 있으면 안 된다는 것입니다. 그는 농사의 예를 들어 싫어도 가래로 한 번 밭을 갈지 않으면 안 되며 어찌 되었든 시작하지 않으면 안 된다고 쓰고 있습니다.

힐티는 '준비에만 너무 힘을 들이지 말라'고 충고하는 것입니다. 그리고 '책도 서문만 정성들여 쓰면 내용이 부실하다'는 등 재미난 예도 여럿 들고 있습니다.

'계속해 나가다' 보면 결과가 나온다

힐티는 또 '실제로 일을 하고 있을 때 가장 좋은 아이디어가 떠오른다'라는 것도 지적하고 있습니다. 성경 속에는 천사가 나타나 여러 가지 좋은 말을 해주는 장면이 있는데, 천사가 나타나 좋은 말을 해주는 장면에 나오는 사람은 모두 일하고 있는 사람뿐이었다고 합니다.

확실히 생각을 하다보면 여러 영감이 떠오르는데, 이것은 꿈속에서 하는 생각과 그다지 다르지 않습니다. 실제로 일을 하고 있을 때 떠오르는 생각은 바로 현실화될 수 있는 발상이 많습니다. 공상가와 실무가가 다른 점은 이런 부분에 있지 않나 싶습니다.

에디슨은 잇따라 여러 가지 발명을 했지만 그것은 생각을 하고 발명한 것은 아니었습니다. 예를 들어 전등의 경우 거듭해서 무엇을 써야 필라멘트가 타서 끊어져 버리지 않을까 하는 것을 실험해본 결과 선물로 받은 부채에 있는 대나무를 쓰면 좋다는 것을 발견한 것입니다. 그것도 수십 개의 대나무를 시험해 보고 나서야 영감이 떠오른 것입니다.

노벨상을 받은 분들도 일단 언제나 실험을 하고 있습니다. 그러는 동안 생각이 나오는 것입니다. 머리만으로는 노벨상을 받을 수 있을 만한 생각이 절대 나오지 않습니다. 아침부터 밤까지 평범하다고 할 수 있는, 지루하기 짝이 없는 것을 반복하다보면 언젠가 영감이 번뜩 떠오르는 경우도 있습니다. 그렇게 하지 않으면 절대 나오지 않는 것이므로 계속 반복하는 수밖에 없습니다.

《잠 못 이루는 밤을 위하여》(1901~1919) 표지

풍요로워질수록 '좋은 습관'이 중요해진다

'인간은 본디 나태한 존재이므로 내버려두면 끝도 없이 나태해진다'고 힐티는 말하고 있습니다.

아침에는 일찍 일어나야 합니다. 그러나 너무 일찍 일어나도 안 됩니다. 해가 뜨기 전이 아니라 해가 뜰 때 해와 같이 일어나야 합니다. 그리고 일요일은 반드시 쉬도록 합니다. 일하는 것도 좋지만 엿새 일하고 하루 쉬어야 합니다. 이것이 첫번째 지혜이며 그 이상 쉴 필요가 없다고 그는 말합니다. 서유럽이 빠르게 번영한 것도 이 가르침을 지켰기 때문이라고 그는 지적합니다.

여기에서 중요한 것은 '습관'이라고 합니다. 습관론은 요즈음 그다지 활발히 논해지지는 않지만, 이것은 힐티만이 아니라 18세기 무렵부터 19세기, 20세기 첫무렵까지 영국과 미국, 스위스와 독일 어디에서나 매우 중요하게 여겨졌습니다. '어떤 습관을 붙이느냐가 중요하다'라는 말처럼 교육의 목적은 좋은 습관을 어떻게 붙여주느냐는 것에 한정되어 있습니다.

이것은 그즈음 유럽에 중산계급을 포함해 풍요로운 계급이 출현했다는 것과도 관계가 있습니다. 풍요로운 계급이 나타나자 아이들 교육이 얼마나 어려운 것인지를 알게 되었습니다. 몹시 가난해서 일해도 먹고 살기 어려울 때는

의외로 아이들 교육에 골치를 썩지 않습니다. 아이들은 부모의 고생을 지켜보므로 그다지 나쁜 짓을 하지 않게 됩니다.

풍요로워지면 아이들에 대한 교육의 힘이 사회에서 사라져 버립니다. 부모가 일로 집을 비웁니다. 아이들에게는 돈을 주고 편의점에서 사 먹으라고 말합니다. 사회가 가난할 때는 편의점도 없었습니다. 좋아하는 것을 먹으라고 해도 주변에 있는 떫은 감이라도 따든가, 아니면 밤이라도 주어오는 정도였습니다. 그래서 가난해도 아이들은 부모와 끈끈하게 이어져 있었습니다.

그런데 풍요로워지면 굶어죽지는 않기 때문에 부모의 관심도 해이해지고 아이들도 어떻게 해서든 먹고 살 수 있다는 생각이 듭니다. 오늘날 비행청소년들의 마음속에는 여러 생각들이 있겠지만, 그 가운데에는 '어차피 굶어죽지는 않는다'라는 생각도 있을 것입니다.

그러한 상황이 유럽에서는 한국보다 200년 정도 앞서 일어나지 않았나 싶습니다. 어떻게 교육할 것인가는 매우 중요한 문제입니다. 참된 교육은 지식을 가르치기 이전에 먼저 좋은 습관을 붙여주는 것이라 할 수 있습니다.

오늘날 한국에는 기숙학교가 필요하다

습관론의 결론은 '풍요로운 사회에서는 아이들을 부모 곁에 두면 제대로 길들이지 못한다'입니다. 그리하여 경제적으로 여유로운 계급은 아이들을 기숙사학교에 입학시키게 되었습니다. 그렇기 때문에 기숙학교는 공부도 시키면서 좋은 습관을 길들이는 것 또한 중요시합니다. 영국에서는 퍼블릭 스쿨이 그것입니다.

힐티 또한 기숙학교에 들어갔습니다. 기숙학교는 아침 일찍 일어나 공부하는 좋은 습관을 들이게 합니다. 이러한 습관이 없을 때는 사는 게 괴롭습니다. 하지만 익숙해지기만 하면 아무것도 아닙니다. 이것은 정말 그렇습니다.

앞으로 자녀 교육이 어떻게 될지 알 수 없지만 이렇게 윤택해지면 아무래도 기숙사가 좋은 학교가 필요할 것 같은 생각이 듭니다. 밥을 굶을 걱정이 없으니 부모는 좋은 생활 습관을 길러줄 수 없게 됩니다. 부모는 부모대로 마음대로 행동하기 때문에 죄의식이 들어 아이들에게 용돈을 조금 많이 줍니다. 이것은 '불량아가 되어라'고 말하는 것과 같은 짓입니다.

교육의 본질은 좋은 습관을 붙이는 데에 있다

아침 일찍 일어나는 것은 특히 청년에게 매우 중요한 미덕입니다.

습관의 힘은 무서운 것입니다. 교육이란 습관임을 다같이 생각해 보아야 하는 시대가 왔습니다. 가난한 시절에는 그런 생각을 하지 않아도 괜찮았습니다. 풍요로워졌기 때문에 습관이 중요해진 것입니다.

아침 일찍 일어나 여유를 갖고 아버지 어머니에게 '안녕히 주무셨어요' 하고 말하는 습관, 다같이 모여 아침식사를 하며 '잘 먹겠습니다'고 말하는 습관, 이것을 하지 않으면 기분이 개운치 않아 하루를 시작할 수 없을 것 같을 정도가 되지 않으면 습관이라 할 수 없습니다. 또 집에 돌아오면 공부할 시간을 어떻게 할까 하는 것도 습관의 문제입니다. 습관이 되면 편하겠지만 그렇지 않으면 엄청난 노력을 기울이지 않으면 안 됩니다. 결국 귀찮아서 그만두어 버립니다. 그래서 해이한 생활을 하게 되는 것입니다.

어떤 분야에서 남달리 뛰어난 사람은 그 직업에 맞는 습관을 갖고 있을 것입니다. 그렇지 않으면 성공할 수 없습니다. 그 습관이 무엇인가, 아이들을 위해서는 어떤 습관이 중요한가를 생각해 그 습관을 길러주는 학교를 다같이 만들어 나가야 한다고 생각합니다. 그러한 풍조가 만들어지기를 바랍니다.

풍요로운 시절 유럽과 미국에서는 그것이 잘 이루어지고 있었습니다. 오늘날은 그것이 대부분 무너져 내리고 있기는 하지만 그래도 여전히 조금 좋은 점이 남아 있어 엘리트 교육을 받은 사람은 특수한 습관을 교육받은 사람이라는 느낌을 받습니다. 그래서 예의도 바르고 신체도 튼튼하고 공부도 잘합니다. 이 '좋은 습관'에 대한 통찰은 힐티가 거듭 말하고 있는 요점입니다.

에너지를 쓸데없는 일에 낭비하지 마라

힐티는 '일을 하기 위해서는 에너지가 필요하므로 에너지를 쓸데없는 일에 쓰지 않는 것이 현명하다' 말하고 있습니다.

우리는 하고 싶은 일이 있습니다. 그것과 집안일을 동시에 할 수는 없습니다. 하고 싶은 것이 있으면 에너지를 다른 일에 빼앗겨서는 안 됩니다.

예전과 비교해 보면 지금은 인터넷도 있겠다, 책도 비교적 싸겠다, 연구 설비까지 갖추어져 있습니다. 그런데도 기대하는 만큼의 뛰어난 인물이 나오지 않고 있습니다. 인문계열 젊은 세대에서 특히 그렇습니다.

왜 그럴까요? 이공계열 사람은 집에서 일을 할 수 없으므로 반드시 연구실에 갑니다. 따라서 집안일을 하지 않습니다. 그런데 인문계열 사람은 많은 시간을 집에 있게 됩니다. 책만 읽고 있으니까 그가 무엇을 하고 있는지 다른 사람들은 알 수 없습니다. 그러니 가족이 '이것 좀 해 주세요' 하고 말하면 나가서 하게 됩니다.

이공계 사람들이 갈수록 업적을 쌓아가는 것도 집에 있지 않기 때문입니다. 회사 사람이 업적을 올리는 것은 회사에 있기 때문입니다. 회사에 있으면 일에만 열중할 수 있습니다. 집에 있는 사람이 잡일까지 한다면 모든 것을 망치게 됩니다. 그러니 회사라는 조직에 있는 사람은 매우 덕을 보는 셈입니다. 조직에 들어가 있지 않는 사람의 잡무 정리라는 것은 하지 않는 것보다는 하는 것이 낫지만 비서나 조수가 있다면 할 필요가 없는 것이라고 나는 생각합니다.

평등주의의 밑바닥에는 질투심이 있다

평등주의의 근본에는 질투가 있다고 생각하며 높은 사람은 평등하게 할 수 없기 때문에 낮은 사람만이 평등하지 않다고 생각하는 것이라 생각합니다.

오늘날 학교에서도 가장 문제가 되는 것이 평등주의입니다. 모두를 깨우치게 하려면 모르는 학생에게 수준을 맞출 수밖에 없습니다.

달리기도 마찬가지입니다. 똑같이 달리기 시작해 결승점 바로 앞에서 멈추어 기다리다가 뒤에 오는 사람의 손을 잡고 같이 들어가는 학교조차 있습니다. 느린 아이가 발 빠른 아이에게 맞추는 것은 불가능합니다. 그래서 두 사람을 평등하게 맞추려면 빠른 아이를 제자리걸음을 하도록 할 수밖에 없는 것입니다.

결국 노동의 질에는 차이가 있는 것입니다. 차이는 좋은 것이라고 인정하지 않으면 안 될 것 같습니다. 하지만 차별을 받는 쪽이 비인간적인 상황까지 가지 않도록 사회나 국가가 보호해주어야만 할 것입니다. 그것은 마땅한 일입니다. 그러나 모든 것을 평등하게 만들어 버리면 뛰어난 학자나 위대한 예술가도 없어져 버리는 것을 아닐까 하는 생각이 듭니다.

재간 있는 사람은 대성하지 못한다는 말이 있습니다. 아주 재간 있는 사람은 모든 일을 스스로 처리합니다.

공자라는 사람은 모든 일을 잘하는 사람이었던 것 같습니다. 그의 제자가

'어째서 스승님은 모든 일을 그렇게 잘하십니까'라고 묻자 '나는 젊은 시절 신분이 비천했기 때문에 여러 가지 일을 해야만 했다. 하지만 이것은 너희들에게 자랑할 만한 것은 못 된다'라는 말을 하고 있습니다. 이것을 근대적으로 말하면 힐티와 똑같은 충고가 되지 않을까요?

지치면 다른 일을 하는 것이 좋다

힐티 가르침의 중요한 하나의 기둥은 일하는 기술, 습관론입니다. 그리고 노동에 대한 깊은 통찰입니다. 그는 이렇게 말했습니다.

'노동은 피곤한 것이다. 피곤할 때 쉬는 것보다 더 빨리 피로를 회복시켜 주는 것이 있다. 그것은 다른 노동을 하는 것이다.'

즉, 노동의 종류를 바꾸어 보는 것, 여러 가지 일을 많이 해보는 것입니다. 화가는 하나의 그림만을 줄곧 그려 작품을 완성시키지는 않습니다. 화폭을 여러 개 세워놓고 한쪽에는 풍경화를 그리다 지치면 다른 쪽에 누드화를 그립니다. 그러면 계속 그림을 그려 나갈 수 있습니다.

미켈란젤로도 그렇지만 티치아노도 여든이 넘어서까지 계속 그림을 그렸습니다. 피곤해지면 다른 소재의 그림을 그렸기 때문입니다. 일을 할 때 시선을 조금 바꾸어 보는 것은 완전한 휴식을 취하는 것보다 더 빨리 피로를 회복시켜 줍니다.

그래서 '노동도 하지 않고 휴식을 취하는 것은 배가 고프지 않은데도 식사를 하려는 것과 같으며 전혀 즐거울 리가 없다'는 것도 지적하고 있습니다. 힐티는 노동에 대한 통찰이 매우 깊었던 것 같습니다. 《성지순례》라는 책을 읽고 과연 그렇다고 동감했습니다. 순례라는 것은 90%는 유희라고도 할 수 있는데 신에 대한 경배심이 들어 있으면 더욱 즐거워집니다. 그래서 그곳은 모두 유람지입니다. 단순히 놀기 위한 장소라고 하면 섭섭하게 여길 사람이 많을지 모르지만, 고생하며 걸어가 예배를 드린 다음 즐기는 오락은 더욱 재미있습니다. 중세시대의 순례는 그러한 것이었다고 합니다.

힐티 가르침의 커다란 기둥은 습관을 중심으로 한 노동이라는 것에 대한 본질적인 통찰입니다. 가장 불행한 사람은 자기가 좋아하는 일을 발견하지 못한 사람입니다. 하지만 힐티는 '열심히 하기만 하면 대부분의 일은 모두 재미있어진다. 이것이 일의 본질이다' 말합니다.

자유로워질 수 있는 일과 자유로워질 수 없는 일을 구별한다

또 하나 힐티가 크게 영향력을 준 것은 에픽테토스의 재발견입니다. 에픽테토스는 그리스 철학자지만 노예였습니다. 주인은 매우 난폭한 남자로 에픽테토스의 팔을 비틀었습니다. 에픽테토스는 '그런 짓을 하면 팔이 부러집니다. 보세요, 부러졌지요' 대답했다고 합니다. 에픽테토스는 철저한 스토아학파였던지라 '이것은 나의 팔이지, 나 자신은 아니다' 태연히 말했다고 합니다.

에픽테토스의 가르침 가운데 가장 핵심이 되는 것은 '자신의 힘으로 자유롭게 할 수 있는 일과 자유롭게 할 수 없는 일을 끊임없이 구별하라'는 말입니다. 예를 들어 남에게 칭찬을 받으려고 해도 남이 칭찬해 주느냐 안 해주느냐는 자기 마음대로 할 수 있는 일이 아닙니다. 그러므로 칭찬을 받으려고 또는 받지 않으려고 머리를 써보았자 아무 소용이 없습니다.

결국 문제는 자신이 무엇을 할 수 있느냐 입니다. 예를 들어 자기 일을 어떻게 하면 보다 훌륭하게 해낼 수 있는가 하는 궁리는 자기 힘으로 자유롭게 할 수 있는 것입니다. 그리고 그것을 해낸 결과 칭찬을 받는다면 그것은 그것대로 좋은 일이고, 칭찬을 받지 못한다 하더라도 그것은 자기 힘으로 어떻게 할 수 있는 일이 아닙니다. 그는 이것을 확실히 구별하라고 말했습니다.

인간에게는 여러 고민이 있지만 분명한 것은 자유로이 할 수 없는 일과 할 수 있는 일이 있다는 점입니다. 그것을 확실히 구분하면 구체적인 삶의 방식들에 화가 나게 되더라도 해결책을 제대로 발견해나갈 수 있습니다.

요컨대 자신의 자유대로 할 수 있는 일과 할 수 없는 일을 구별해서 자유롭게 할 수 없는 일은 체념하라는 것입니다.

이 가르침을 현대적으로 철저하게 실천한 사람은 미국의 웨인 다이어라는 심리분석자입니다. 그는 여러 가지 심리분석의 예에서 '자신이 할 수 있는 일과 할 수 없는 일을 명확히 구분하라' 말했습니다. 그는 철학은 잘 몰랐지만 정신분석으로 수많은 환자를 다루는 가운데 그러한 결론에 이르렀던 것 같습니다.

'체념한다'는 것은 '도리를 깨닫는' 것이므로 상황을 분명히 분별하게 될 때 가능한 것입니다. '꽃은 붉고 버드나무는 푸르다'라는 명제는 참입니다. 그러므로 버드나무가 빨갛게 되는 것은 말도 안 되고 벚꽃에게 '파랗게 되라'고 하는 것도 불가능합니다. 그렇게 생각하면 있는 그대로 받아들여야 합니다. '있는 그대로 받아들이는 것이 가장 중요하다'라는 것을 웨인 다이어는 말합니다.

자기의 힘이 미치지 않는 것을 고민할 필요는 없다

자기가 무엇을 할 수 있고 무엇을 할 수 없는지를 계속 물어보는 마음의 자세와, 그렇지 않고 발끈 화를 내거나 고민하는 것에는 매우 커다란 차이가 있습니다. 나 자신도 언제나 그런 것을 잊고 살지만 가끔 생각해 내서 실천해 보았을 때는 매우 좋은 성과가 있었습니다. 지금 나에게 무엇이 가능할까를 물어보고 불가능한 것은 포기하는 것입니다. 이것은 어떤 일에나 통한다고 생각합니다. 중요한 것은 '명확히 판별하는' 일입니다. 끊임없이 자기가 할 수 없는 일과 할 수 있는 일을 확실히 구별해야 합니다.

힐티는 만년에 이르기까지 늘 윤택한 환경에서 풍요롭게 살았기 때문에 자선사업을 하려고 생각했습니다. 자선사업에 손을 대면 본업인 베를린 대학 법률학 교수나 정부 일, 스위스 육군의 업무를 볼 수 없게 됩니다. 그래서 그는 어느 특정한 나라에 자선사업을 실시하기로 결심했습니다.

그래서 그는 아르메니아를 돕기로 했습니다. 그는 아르메니아의 고아원에 사는 고아에게 상당한 액수의 돈을 지원했습니다. 그 아이가 한 사람의 성인이 되어 취직할 수 있을 때까지 지원했습니다. 한 사람뿐입니다. 그 아이가 취직하면 이번에는 다른 고아 한 명을 지원했습니다. 한 사람당 십몇 년 동안 돈이 나가게 되어 있지만 그는 그것을 죽을 때까지 계속했습니다. 사람 수는 적었지만 개인이 한 자선이니 그 정도로도 충분할 것입니다.

자기의 일을 계속하면서 자선을 한다는 건 좋다고 생각합니다. 자신이 할 수 있는 이상의 것을 하려고 하면 그것은 비현실적인 것이 됩니다.

로버트 오언이라는 이름을 들어보았을지 모르겠습니다. 그는 지금으로부터 200년쯤 전에 세계에서 가장 존경받는 인물 가운데 한 사람이었습니다. 그는 실업가로 섬유공장을 운영하고 있었고 꽤 큰 성공을 거두고 있었습니다. 공장 직원들을 위해 학교를 짓고 온갖 복지시설을 세웠기 때문에 그의 공장은 교통이 불편한 스코틀랜드 시골에 있었음에도 세계적으로 유명졌습니다. 온 세계에서 왕족이나 귀족, 학자들이 견학을 하러 찾아와 모두들 깜짝 놀랐습니다.

그즈음 빈민계급은 모두 공장 및 그 주변 마을 사람은 모두 로버트 오언의 학교에서 공부하고 로버트 오언의 병원에 다녀서 혈색이 좋았습니다. 무례하고 교양이 없다는 통념이 있었던 노동자의 아이들도 모두 반듯한 모습으로 인사도 예의바르게 잘하고 말도 곱게 썼습니다. '영국의 명문학교 학생과 똑같다' 다들 경탄하고 스코틀랜드의 시골까지 온 세계에 사는 수천 명의 사람들이 견학을 하러 몰려오게 되었습니다. 거기까지는 좋았습니다. 대성공이었습니다.

그런데 로버트 오언은 이어서 사업 성공에서 번 돈으로 미국에 큰 대지를 사들여 자신이 생각한 유토피아를 만들기 위해 이주민을 모집했습니다. 그는 농장을 하거나 공동작업을 하리라는 이상에 불타오르고 있었지만 곧바로 실패로 돌아가 모든 것이 끝나 버리게 되었습니다.

로버트 오언이 자신의 공장을 번성케 하면서 그 수익으로 그러한 사업을 실시했으니 그렇게 성공적으로 일할 수 있었던 것입니다. 그런데 그것을 팔고 이상을 좇아가자마자 더 이상 이상은 이상이 아니게 된 것입니다. 마침내 3년 안에 모든 것이 흔적도 없이 사라져 버리게 되었습니다. 이것은 우리가 좋은 일을 할 때 무엇을 기준으로 삼아야 하는가라는 것을 생각해 보게 하는 하나의 교훈입니다. 힐티의 방법은 자신의 생활을 망가뜨리지 않고 조금이나마 좋은 일을 한다는 점에 있어 다른 사람의 모범이 될 만하다고 생각합니다.

개인의 재산 용도는 개인의 재량에 맡기는 것이 좋다

다시 한번 세금 이야기를 하겠습니다. 어째서 세금을 내려야만 하느냐 하면 돈을 개개인의 주머니에 두고 싶기 때문입니다. 그래서 힐티처럼 자기가 할 수 있는 일을 조금씩 해야 합니다. 그러는 편이 좋다고 생각합니다.

국가가 권력으로(즉 세금으로) 돈을 모아 함부로 쓰는 것은 좋을 것 같기는 해도 그건 잘못된 일입니다. 아마 그런 조직을 생각한 사람은 스스로 좋은 일을 해본 적이 없는 사람일 것입니다. 스스로 좋은 일을 한 적이 있는 사람이라면 모든 것을 관료들이 모아 관료 손으로 마구 써 버리는 것이 얼마나 낭비가 많은지 알고 있을 것입니다. '이만큼 거둔 세금을 내가 생각하는 대로 쓰게 해주면 잘 쓸 수 있을 것 같다'고 생각하는 사람이 많을 것입니다. 그러므로 되도록 국민의 재산은 국민이 갖고 국민이 쓰게 한다면 좋은 일을 생각해 낼 수 있는 사람이 많이 나올 것입니다.

힐티처럼 언제나 한 명의 고아만을 도와준다거나 자이르에 여행가서 우연히 비참한 광경에 마음이 움직여 자이르 아이 한 명을, 아니면 태국이 좋아서 태국 학생을 한 사람 유학시켜 석사가 될 때까지 보조해 준다든가 하는 식으로 쓰는 것입니다. 한 사람이라도 좋습니다. 졸업해서 돌아가면 또 한 사람을 도와줍니다. 그런 사람이 한국에서 십만 명, 이십만 명, 오십만 명 나오면 단기적인 외교정책보다 훨씬 외국과 한국과의 연대를 강하게 만들어 주는 방향이 될 것이라 생각합니다.

생로병사란 '하늘이 주는 충격'

마지막으로 힐티의 《병 치료법》이라는 책이 있습니다. 그는 따로 의학 공부를 한 것은 아니었지만 이 책은 그즈음 전문가도 주목했습니다.

이것에도 매우 상식적인 것이 쓰여 있습니다. 예를 들어 잠을 못 이루는 사람은 어떻게 하면 좋으냐에 대해선 '늘 술을 마시지 않으면 잠이 오지 않을 때 아주 조금만 마셔도 잠이 잘 옵니다. 그러므로 날마다 마시면서 잠이 오지 않는 사람은 금주해야 합니다. 그러다가 잠이 안 올 때 술을 마시면 반드시 잠이 옵니다'라는 태어나서 살며 늙으며 병들어 죽는 '생로병사'를 말하고 있습니다.

그리고 '아침에 너무 일찍 일어나서는 안 됩니다. 저녁에도 너무 늦게 자서는 안 된다는 것을 반드시 지키세요' 말하고 있는데 그것은 모두 체험에서 우러나온 말이라고 생각합니다. 그러므로 구체적입니다. 그리고 잠이 오지 않을 때는 따뜻한 우유에 꿀을 조금 타서 마시라고 말합니다.

그 무렵 스트레스라는 개념이 없었지만 힐티는 쓸데없는 스트레스가 쌓이지 않도록 해주는 생활법을 구체적으로 가르쳐주고 있습니다. 그리고 만일 병이 났을 경우의 마음 자세도 가르쳐줍니다.

병은 이런 바쁜 세상에서 조용히 자신의 인생을 돌아보고 지금까지 잊고 지냈던 가치 등을 다시 생각해 보는 데 매우 좋은 기회입니다. 그것이야말로 하나의 축복으로 받아들여도 좋습니다. '병은 하늘이 주는 충격과도 같은 것으로 그것을 원망하거나 당황하면 끝이 없지만, 받아들이는 방법을 통해 평소에는 절대 할 수 없을 것 같은 조용한 반성이나 안정하는 시간을 받았다고 생각하고 그것에 응답하라'고 구체적으로 쓰고 있습니다.

그리고 나이가 들어 죽을 때의 일입니다. 그때에도 수명 연장책이 있었던 것 같지만 힐티는 이에 부정적이었습니다. 그래서 나이가 들어 죽을 때 무리하게 한 달이나 두 달을 연장하기 위해 막대한 비용을 들여 자손을 괴롭히지 말라고 했으며 존엄한 죽음을 권유하였습니다. 하지만 존엄한 죽음도 모든 근대적인 방법은 쓰지 않습니다. 죽음은 옛날부터 누구도 피해갈 수 없는 것입니다. 요컨대 자신의 힘이 미치는 범위에 있지 않습니다. 보통 건강을 지키기 위해서는 여러 시도를 해볼 수 있지만 어느 정도 나이가 되면 모든 것이 효과가 없어지는 시기가 옵니다. 그때는 분명히 무리한 행동을 하지 말라는 것입니다.

어느 모로 보나 구체적인 가르침입니다. 그것은 힐티 자신이 평생 성공을 거듭한 사람이며 매우 반성적인 인물이었기 때문일 것입니다. 사회적인 반성도 합니다.

이러한 책이 차츰 읽히지 않게 된 것은 매우 안타까운 일입니다. 읽어보면 사람에 따라 와닿는 부분이 저마다 다르겠지만 반드시 도움이 되는 부분을 발견할 것입니다.

힐티는 이런 말도 하였습니다. '그리스도교 신학서는 수없이 많지만 그러한 것은 현실과 관계가 없다. 실제로 그리스도가 말한 것은 매우 간단하며 신약성서는 쉽다. 덧붙여 말하자면 신약성서 안에서도 그리스도가 말하는 부분만은 알아두는 것이 좋다.'

힐티는 매우 신앙심이 깊은 사람으로 그리스도 신자가 아니면 이해할 수 없는 부분도 있는데 그런 부분은 일반 독자는 그냥 넘겨도 상관없습니다. 그런 부분은 모두 빼고 정수만 읽으면 됩니다. 잠깐이라도 좋습니다. 힐티 자신도 '책은 읽기 시작해서 맨 처음 30분쯤만 집중할 수 있는 것이다' 말하고 있습니다. 시간이 비었을 때 10분이나 5분이라도 이 책을 읽으면 훌륭한 가르침을 얻을 수 있을 것입니다.

카를 힐티 연보

1833년　　　스위스 장크트갈렌의 베르덴베르크에서 태어나다.

1844년(11세) 주립 김나지움 입학. 종교교육을 받으며 고전학, 영문학, 불문학을 배우다.

1851년(18세) 독일 괴팅겐 대학교에 입학. 법률학, 철학, 역사를 배우다.

1852년(19세) 하이델베르크 대학교에서 법률 연구에 전념하다.

1854년(22세) 박사 과정을 마친 뒤 런던, 파리로 유학하다.

1855년(23세) 킬 시에서 변호사 개업하다.

1856년 (24세) 보병장교로 법무에 종사하다.

1857년(25세) 요한나 게르트나와 결혼하다.

1873년(40세) 베른 대학교 교수가 되어 스위스 국법, 국법학, 국제법을 강의하다.

1890년(57세) 베르덴베르크 구 대의원으로 선출되다.

1892년(59세) 스위스 육군 재판장이 되다.

1909년(76세) 헤이그 국제중재재판소 스위스 위원으로 임명되다. 그해 10월 12일 심장마비로 숨을 거두다.

곽복록(郭福祿)

일본 조치(上智) 대학교 독문학과 수학. 서울대학교 독문학과 졸업. 미국 시카고 대학교 대학원 독문학과 졸업(석사). 독일 뷔르츠부르크 대학교 독문학과 졸업(독문학 박사). 서울대학교·서강대학교 독문학과 교수 역임. 한국독어독문학회 회장. 한국괴테학회 초대회장. 서강대학교 명예교수 역임. 지은책《독일문학의 사상과 배경》옮긴책 에커먼《괴테와의 대화》프리덴탈《괴테 생애와 시대》요한 볼프강 괴테《파우스트》《젊은 베르테르의 슬픔》《빌헬름 마이스터의 수업시대·편력시대》《친화력》《헤르만과 도로테아》《이탈리아 기행》《시와 진실》《괴테시집》《괴테전집(12권)》토마스 만《마의 산》카를 힐티《행복론》니체《차라투스트라는 이렇게 말했다》《비극의 탄생》《즐거운 지식》《권력에의 의지》안데르센《안데르센 동화전집》등이 있다.

세계사상전집082
Carl Hilty
FÜR SCHLAFLOSE NÄCHTE
잠 못 이루는 밤을 위하여
카를 힐티 지음/곽복록 옮김
동서문화창업60주년특별출판
1판 1쇄 발행/2017. 2. 20
발행인 고정일
발행처 동서문화사
창업 1956. 12. 12. 등록 16-3799
서울 중구 다산로 12길 6(신당동 4층)
☎ 546-0331~6 Fax. 545-0331
www.dongsuhbook.com

＊

사업자등록번호 211-87-75330
ISBN 978-89-497-1597-1 04080
ISBN 978-89-497-1514-8 (세트)